国内外经典教材辅导系列·传播类

# 郭庆光《传播学教程》（第2版）

## 笔记和课后习题（含考研真题）详解

（新修版）

主编：圣才考研网

www.100xuexi.com

中国石化出版社

## 内 容 提 要

本书是普通高等教育“十一五”国家级规划教材《传播学教程》(第2版，郭庆光著)的学习辅导书。本书遵循该教材第2版的章目编排，共分为15章，每章由四部分组成：第一部分为复习笔记(含知识框架)，总结本章的重难点内容，勾勒本章的结构脉络；第二部分为课(章)后习题详解，对该教材的所有习题都进行了详细的分析和解答；第三部分为考研真题与典型题，精选了部分名校近年的考研真题和典型题，并按概念题、简答题、论述题等形式进行了整理；第四部分为考研真题与典型题详解，对第三部分的所有考研真题与典型题进行了详细的解答。

圣才考研网(www.100xuexi.com)提供郭庆光《传播学教程》(第2版)网授精讲班【教材精讲+考研真题串讲】、电子书、题库。购书即可享受大礼包增值服务【本书电子书+全国名校新闻传播学考研真题汇编电子书+专业咨询】。手机扫码(本书封面右上角)领取本书大礼包。

**图书在版编目(CIP)数据**

郭庆光《传播学教程》(第2版)笔记和课后习题(含考研真题)详解/圣才考研网主编.—3版.—北京：中国石化出版社，2021.2
(国内外经典教材辅导系列·传播类)
ISBN 978-7-5114-6141-4

Ⅰ.①郭… Ⅱ.①圣… Ⅲ.①传播学-研究生-入学考试-自学参考资料 Ⅳ.①G206

中国版本图书馆CIP数据核字(2021)第030310号



**中国石化出版社出版发行**

地址:北京市东城区安定门外大街58号
邮编:100011　电话:(010)57512500
发行部电话:(010)57512575
http://www.sinopec-press.com
E-mail:press@sinopec.com
湖北新华印务有限公司印刷
全国各地新华书店经销

*

787×1092毫米16开本18.75印张474千字
2021年4月第3版　2021年4月第1次印刷
定价:62.00元

# 序　言

我国各大院校一般都把国内外通用的权威教科书作为本科生和研究生学习专业课程的参考教材，这些教材甚至被很多考试(特别是硕士和博士研究生入学考试)和培训项目作为指定参考书。为了帮助读者更好地学习专业课，我们有针对性地编著了一套与国内外教材配套的复习资料，并提供配套的名师讲堂和题库。

郭庆光著的《传播学教程》(第2版)是我国高校采用较多的传播学权威教材之一。作为该教材的学习辅导书，本书具有以下几个方面的特点：

**1. 框架图表体系，通俗易懂易记**

本书每章的知识梳理框图，在全方位把握重要考点的同时，提纲挈领地以知识框架思维导图形式，呈现重要的考点、难点，脉络清晰，一目了然，更容易记忆。

**2. 下划线＋星级标记，透彻剖析必考点**

本书每章的复习笔记均对该章的考点难点进行了整理，全书考点均按重要程度分为一星(一般了解)至五星(熟练掌握)，并对关键词用下划线进行了标记，方便考生更有针对性地复习。

**3. 解析课后习题，提供详尽答案**

本书参考大量传播学相关资料对郭庆光《传播学教程》(第2版)的课后习题进行了详细的分析和解答。

**4. 精选考研真题，补充典型习题**

本书精选了部分名校近年的传播学考研真题，并补充了典型习题。所选习题涵盖的知识点全面，特别注重理论联系实际，凸显当前热点。

要深深牢记：考研不同一般考试，概念题(名词解释)要当作简答题来回答，简答题要当作论述题来解答，而论述题的答案要像是论文，多答不扣分。有的论述题的答案简直就是一份优秀的论文(其实很多考研真题就是选自一篇专题论文，完全需要当作论文来回答)！



圣才考研网编辑部

# 目　录

# 第一章　传播学的对象和基本问题

## 1.1　复习笔记

【知识框架(庖丁解牛)】

- 传播学的对象和基本问题
  - 传播与信息
    - 传播
      - 定义
      - 人类社会传播的基本特点
    - 信息
      - 定义
      - 功能
      - 分类
      - 社会信息
      - 信息科学对传播学的贡献
  - 社会信息系统
    - 定义
    - 特点
    - 问题
      - 传播障碍
      - 传播隔阂
    - 社会传播的五种形态
      - 人内传播
      - 人际传播
      - 群体传播
      - 组织传播
      - 大众传播
  - 精神交往理论
    - 精神交往理论的主要内容
    - 物质交往和精神交往的辩证关系
    - 马克思主义传播观

【本章概要】

本章主要论述了传播学的对象和基本问题的相关知识。本章考点以名词解释以及简答题为主，在学习时，需要着重对传播的定义、人类社会传播的基本特点、传播与信息、社会信息系统、精神交往理论、马克思主义传播观等内容加以把握，并大致了解互联网环境下的群体极化现象、互联网环境下群体传播与大众传播的融合等内容。

【考点难点归纳(厚积薄发)】

**考点一：传播　★★★**

**1. 传播的定义**(见表1-1)

**表1-1 传播的定义**

| 要点 | | 具体内容 |
|---|---|---|
| 国外学者 | 库利 | 传播是指人与人的关系赖以成立和发展的机制——包括一切精神象征及其在空间中得到传递，在时间上得到保存的手段 |
| | 皮尔士 | 从符号学或语义学角度界定，传播是指观点或意涵的传递过程 |
| | 施拉姆 | 传播至少包含传者、讯息与受者三个要素 |
| | 阿耶尔 | 传播是指传递讯息，不仅仅指阅读新闻，也包括情感、愿望、指令、期许等内容的传递，这是一种广义的传播概念 |
| | 戈德 | “共享说”：传播是指从独有到共有的过程 |
| | 格伯纳 | “互动关系说”：传播是指以讯息为手段的社会层面的相互作用 |
| | 贝雷尔森、塞纳 | “符号说”：传播是指运用词句、图表、画像、数字等符号来传递讯息、情感、知识等内容的过程 |
| | 霍夫兰 | “目的、影响、反应说”：传播是指传播者传递“刺激”(语言刺激为主)来改变或制约接受者思想或行动的过程 |
| 国内学者 | 郭庆光 | 传播是指传递社会信息或运行社会信息系统 |
| | 邵培仁 | 传播是指公众通过符号和媒介来互相传递信息并试图产生变化的过程 |
| | 胡正荣 | 传播是指“信息的流动”，包含信息和流动两个要素 |
| | 张国良 | 传播是指信息传播与接受的过程 |

**2. 人类社会传播的基本特点**

(1)本质是一种信息共享。

(2)依托于社会关系进行，又反映着社会关系。

(3)是一种双向的社会互动行为。

(4)共通的意义空间是否在传播者和接收者之间存在，是传播成立的重要前提。

(5)传播包含行为、过程、系统三个层面的含义。

**考点二：传播与信息 ★★**

**1. 信息**(见表1-2)

**表1-2 信息**

| 要点 | 具体内容 |
|---|---|
| 定义 | 信息的概念最早出现在通信领域，香农和维纳从信息论和控制论的角度提出了信息的概念。信息是指用以减少或者消除不确定性的任何事物。信息的作用在于表述它所在的物质系统，从而减少或消除人们对该物质系统的不确定性 |
| 功能 | 通过表征事物内部的形态、组成、性质和联系以及事物与外部环境的相互作用，来减少或消除人们的不确定性 |

续表

| 要点 | | 具体内容 |
|---|---|---|
| 分类 | 两分法 | 人类信息、非人类信息 |
| | 三分法 | 社会信息、生物信息、物理信息 |

**2. 社会信息**（见表 1-3）

**表 1-3　社会信息**

| 要点 | | 具体内容 |
|---|---|---|
| 定义 | | 指在人类社会的生产和交往活动中传递的信息，是一种生物信息和生理信息以外的、关于人类社会活动的信息 |
| 本质 | | 社会信息本质是一个包含物理载体和意义两部分的组合体 |
| 与其他信息的关系 | 联系 | ①社会信息是信息的一种类型，其表现形式与其他信息相同（质、能、波动等）。<br>②都需要用物质载体来呈现和传递信息，作用于信息接收者并获得反馈，即信息的物质性 |
| | 区别 | ①社会信息不仅仅停留在生物或物理层面，更表现并作用于人的心理、精神、认知、态度、价值观、情感等层面。<br>②社会信息的物质载体是由精神劳动所创造的，也即社会信息是意义与符号的统一 |

**3. 信息科学对传播学的贡献**

（1）为传播学引入了信息这一概念，增强传播学的科学性和严谨性。

（2）为传播学引入社会环境的因素，拓宽了传播学研究视野，将传播活动置于更广泛的社会系统和社会环境之中，深化关于人类社会传播规律的认知。

## 考点三：社会信息系统　★★★

**1. 社会信息系统概述**（见表 1-4）

**表 1-4　社会信息系统概述**

| 要点 | | 具体内容 |
|---|---|---|
| 定义 | | 社会传播活动需要在一定的场所（系统）中进行，这个场所或系统就是社会信息系统。社会传播存在不同的五种类型便是由于其所处的社会信息系统不同，并由此产生了不同的结构、特征、规律和功能。可以说，传播学研究的根本目标是探索社会信息系统及其运行规律 |
| 特点 | | ①开放性、包容性。<br>②由各种子系统相互联结、交织而构成。<br>③双重偶然性。<br>④自我创造、自我完善 |
| 运行与社会发展 | 传播障碍 | 传播制度的合理性、传播渠道的畅通性、信息系统功能的有效性等，都是决定传播是否会遭遇障碍的因素 |
| | 传播隔阂 | 包括无意的误解和有意的曲解两类情况。社会信息系统本身的多变量、复杂性和不确定性，以及系统中个体间不同的背景、意识、价值观念、利益等，都会加重传播隔阂 |

**2. 社会传播的五种基本形态**(见表1-5)

**表1-5 社会传播的五种基本形态**

| 基本形态 | 具体内容 |
| --- | --- |
| 人内传播 | 又称内向传播，是人接受外源信息并在内部进行信息处理的活动，它是人自身能够完成的信息交流，是各种社会传播活动的基础 |
| 人际传播 | 人与人之间进行的信息传播活动，是两个个体系统结合组成的一个信息传播系统。人际传播是两个行为主体之间的信息传播活动，是一种最典型、最活跃、最常见的社会传播类型，也是人的社会关系的体现 |
| 群体传播 | 群体是具有共同目标和共同的归属感、存在互动关系的个人的集合。而群体传播是群体和成员、成员与成员之间进行的信息传播活动 |
| 组织传播 | 是由各种相互依赖关系结成的社会网络，为应付环境中的不确定性而创造和交流信息的功能，包括组织内传播和组织外传播 |
| 大众传播 | 是组织化的传播机构及其从业人员利用大众媒介和专业传播技术向人数众多、各不相同、分布广泛的受传者进行的信息传播的社会过程 |

## 考点四：精神交往理论与马克思主义传播观 ★★★★

**1. 在人类交往活动的大系统中把握传播**

(1)马克思、恩格斯的精神交往理论。

马克思、恩格斯在《德意志意识形态》等著作中提出了精神交往理论，见图1-1。

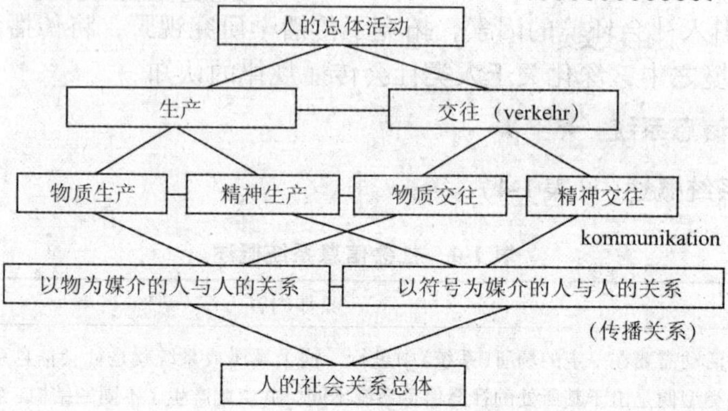


图1-1 马克思和恩格斯的精神交往理论

①人类的总体活动可以分为两类，一类是生产，一类是交往。交往是一个体现人的总体活动之关系性的概括性范畴，体现着人类活动之间的关系性，包括借助物质媒介的人类物质性交往活动，以及借助“语言”媒介的人类精神性交往活动。交往与生产密不可分。

②人类的生产活动可以分为两类：a. 物质生产，即物质资料的生产，对应着交往中的物质性交往关系；b. 精神生产，即语言资料(道德、法律、制度、意识形态、宗教、政治等)的生产，对应着交往中的精神性交往关系。物质生产和精神生产组成人类生产行动，物质交往和精神交往组成人类交往关系。人类生产活动与人类交往活动相互区别又相互联系，在辩证运动中共同推动着人类总体活动向前发展。

(2)物质交往和精神交往理论为科学唯物主义传播观的确立和发展提供了重要支撑和前提条件：

①“精神交往”与“传播”在概念上联系密切。

②以精神交往理论视角出发研究人类传播行为，克服了既往传播学研究(行为主义传播学)的视野局限。

③精神生产与精神交往密切联系，精神生产是精神交往的基础。精神生产力发展水平以及精神生产资料的占有方式很大程度上决定着精神交往关系的发展。因此，以精神交往理论来研究人类传播行为，必然要考虑精神生产力发展水平和精神生产资料占有方式对传播活动的影响与制约。

④精神生产的产品是信息，而精神生产行业包括内容产业、信息产业或文化产业。信息产品与物质产品的区别在于：物质产品消费物质本身，信息产品消费精神内容(意义)。

(3)马克思、恩格斯精神交往理论的启示。

在传播学范畴中，不能将传播过程孤立出来进行研究，必须将传播放在社会总体系统(人类生产活动和人类交往活动)中加以探索；也不可对人类信息传播行为进行抽象考察，必须将其与特定条件联系起来，与其他社会因素联系起来进行考察。

**2. 从物质交往和精神交往的辩证关系中把握传播**

(1)物质交往和精神交往的辩证关系。

①唯物史观要求，精神生产和精神交往需适应于物质生产和物质交往。

a. 物质生产和物质交往是精神生产和精神交往的源头。

b. 物质生产力的发展水平极大制约着精神生产和精神交往的水平。

c. 精神生产和精神交往表征着物质生产和物质交往。

②精神生产和精神交往还具有一定的独立性、自主性和能动性。

a. 精神生产和精神交往也是推动物质生产和物质交往发展的重要动力。

b. 在物质生产和物质交往发展进入完成时之际，精神生产和精神交往将成为制约社会发展水平的主要矛盾。

c. 精神生产和交往具备不同于物质生产和交往的独特规律。

(2)马克思主义传播观。

既要重视物质生产和物质交往的基础作用和规律，也要重视精神生产和精神交往(人类信息生产与传播活动)的特殊作用和规律。避免使传播学成为一种简单的“经济基础还原论”或“头重脚轻”的理论。必须从系统论视角出发，对人类信息生产与传播活动进行科学的理解。

## 1.2　课后习题详解

**1. 为什么说“信息是物理载体和意义构成的统一整体”？**

**答：**“信息是物理载体和意义构成的统一整体”是德国哲学家克劳斯提出的观点，这一观点概括了社会信息的本质。社会信息是指在人类社会的生产和交往活动中传递的信息，是一种生物信息和生理信息以外的、关于人类社会行动的信息。

(1)社会信息具有物理载体。

社会信息是信息的一种特殊类型，其表现形式与其他信息相同(质、能、波动等)，都需要用物质载体来呈现和传递信息，作用于信息接收者并获得反馈，即信息的物质性。

(2)社会信息具有精神内容。

①社会信息不仅仅停留在生物或物理层面，更表现并作用于人的心理、精神、认知、态度、价值观、情感等层面。

②社会信息的物质载体是由精神劳动所创造的，也即社会信息是意义与符号的统一。

**2. 什么是传播？它的基本特点是什么？**

**答**：所谓传播，就是信息的流动过程，是由多要素及其相互关系组成的动态的，有一定结构顺序的信息流动过程。其中信息是传播的材料，流动是传播的方式。信息和流动是传播必然包含的两个因素，它既是一种社会化行为又是一种人际间的关系。传播的本质是信息流动，是一切交往的本质。对传播的认识要越来越走向开放、连续、动态和联系。传播的特点包括以下五个方面：

(1)共享说。传播是一个信息共享的过程。

(2)互动说。传播是一种双向互动的过程。

(3)符号说。传播双方应有共同的意义空间。

(4)关系说。传播是在一定社会关系下进行的，又体现一定的社会关系。

(5)行为过程系统说。传播是一种行为过程，是动态的而非静态的。

**3. 传播是在一定社会关系中进行的，又是一定社会关系的体现。如何理解这个观点？**

**答**：“传播是在一定社会关系中进行的，又是一定社会关系的体现”是社会传播的基本特点，理解这一观点是理解传播的前提。

(1)社会传播活动需要在一定的场所(系统)中进行，这个场所或系统就是社会信息系统。施拉姆认为：“传播和社区(community)词根相同，意味着传播和社区互为前提。”社区即社会关系构成的集合体。传播诞生于社会关系之中，又是社会形成的手段。

(2)传播又是一定社会关系的体现。传播活动的参与双方所传递的信息、采取的态度等，都体现着各自的社会地位和社会身份。借助人类传播活动，社会关系得到强化或是改变。

**4. 如何理解社会传播的系统性？**

**答**：所有事物都会处于一定的系统之中，系统是一个由若干相互联系、作用、制约的部分组合形成的有机整体。系统性是指一个层次分明的整体，不同维度的指标处于不同层级，形成一定的秩序、同层级指标之间、指标层与指标层之间具有清晰的逻辑关系。

社会传播也具有系统性。社会传播通常包括五种基本类型——人内传播、人际传播、群体传播、组织传播和大众传播。这五种类型社会传播有着不同的结构、特征、规律和功能，但又均是社会传播总系统的一部分。

(1)人内传播。

人内传播又称内向传播，是人接受外源信息并在内部进行信息处理的活动，它是人自身能够完成的信息交流，是各种社会传播活动的基础。其特点是：①传受合一；②信息封闭；③传播效果受大脑活跃度的影响；④仍然具有社会性和实践性，是对社会外部信息的主动处理。

(2)人际传播。

人际传播是人与人之间进行的信息传播活动，是两个个体系统结合组成的一个信息传播系统。是两个行为主体之间的信息传播活动，是一种最典型的、最活跃、最常见的社会传播类型，也是人的社会关系的体现。其特点是：①传播信息丰富复杂；②传播交流渠道多样；③传播方法多样；④双向性强，互动性高，能够得到及时的反馈；⑤非制度化的传播，是自发的、非强制的传播活动。

(3)群体传播。

群体是具有共同目标和共同的归属感、存在互动关系的个人的集合。而群体传播是群体和成员、成员与成员之间进行的信息传播活动。其特点是：①受特殊的内部机制影响，存在集合行为，有群体感染和暗示、群体压力、群体模仿和匿名性的特殊传播机制；②群体传播的功能和目的在于对内进行指挥管理、协调、决议应变、形成共识，对外保持互动。

(4)组织传播。

组织传播是由各种相互依赖关系结成的社会网络，为应付环境中的不确定性而创造和交流信息的功能，包括组织内传播和组织外传播。其特点是：①有自上而下、自下而上和横向传递的传播形式；②有特定的传播周期和模式。

(5)大众传播。

大众传播是组织化的传播机构及其从业人员利用大众媒介和专业传播技术向人数众多、各不相同、分布广泛的受传者进行的信息传播的社会过程。其特点是：①传播者是组织化的；②传播渠道是大众媒介；③受传者为“大众”，具有巨大的数量、流动性、分散性和异质性、非组织化、趋同性和同质性倾向、分布广泛、匿名性等特点；④传播的高度社会化。

综上所述，传播的系统性是普遍存在的。

**5. 社会信息系统的特点是什么？**

**答：**社会信息系统的特点主要有：

(1)开放性、包容性。社会信息系统需要协调、联系、保持社会系统内部的稳定，并收集、整理和传递系统内外部信息，确保社会平稳运行。因此，其内部和对外都必须确保信息传播渠道的畅通，即开放性与包容性。

(2)外部整体性、内部结构性、互动交织性。经济、政治、文化等信息子系统，以及个人、人际、群体、组织、大众等信息子系统，纵横交织构成了社会信息的总系统。各子系统结构与功能相对独立，但又相互交织互动，共同促进社会信息总系统的运行与发展。

(3)双重偶然性。双重偶然性由德国社会传播学家鲁曼提出，是指由于传播过程的参与双方都存在一定的不确定性，因此，通过传播活动做出的选择有可能遭到拒绝。

(4)自我创造、完善与修复性。社会信息系统中的主体——人，可以自觉发现系统中的不平衡与矛盾现象，并积极做出反应进行纠偏，主动发现和解决社会信息系统中的传播障碍与隔阂，促进社会信息系统的良性发展。

**6. 如何理解社会信息系统中的“双重偶然性”？**

答：参见本章考点难点归纳相关内容。

**7. 什么是“传播隔阂”？**

答：参见本章考点难点归纳相关内容。

**8. 为什么说马克思和恩格斯的“交往”理论是唯物论传播观的出发点？**

答：参见本章考点难点归纳相关内容。

**9. 试述精神生产和精神交往与物质生产和物质交往的辩证关系。**

答：参见本章考点难点归纳相关内容。

**10. 马克思主义精神交往理论与行为主义传播学的本质区别是什么？**

答：马克思主义精神交往理论与行为主义传播学的本质区别在于看待研究对象的眼光和视角不同。

行为主义传播学把传播看成孤立的精神或心理现象，就信息论信息、就传播论传播。而马克思主义精神交往理论则不同，它既要重视物质生产和物质交往的基础作用和规律，也要重视精神生产和精神交往(人类信息生产与传播活动)的特殊作用和规律，竭力避免使传播学成为一种简单的“经济基础还原论”或“头重脚轻”的理论。强调必须从系统论视角出发，对人类信息生产与传播活动进行科学的理解。

## 1.3 考研真题与典型题

### 1.3.1 概念题

1. 传播学(北京师大2009年研；华东师大2007年研)

2. 传播(华农2011年研；辽宁大学2008年研)

3. 信息(浙工大2019年研；中南财大2018年研；复旦大学2016年研；华南理工2016年研；湖南大学2016年研；中传2013年研；上海大学2013年研；北京师大2012年研)

4. 双重偶然性(湖南大学2016年研；北邮2009年研；武汉理工2008年研)

5. 传播隔阂(湖南大学2017年研；兰州大学2016年研；南京大学2014年研)

6. 马克思主义精神交往论

### 1.3.2 简答题

1. 社会学家马克斯·韦伯指出“人是悬在由他自己所编制的意义之网之中的动物”，请谈谈这句话对传播学的意义。(北大2011年研)

2. 简述宣传与传播的异同。(人大2003年研)

### 1.3.3 论述题

1. 论中国传播学研究的本土化。(北邮2009年研)

2. 传播学是一门社会科学，在实证范式中：(北大2009年研)

(1)你认为，传播理论主要是解释传播过程中的“是什么”和“为什么”，还是“应该如何”的问题？

(2)你认为传播理论能够对价值观作出好坏的判断吗?

(3)你认为传播理论与研究问题之间关系是什么?

(4)你认为研究问题与文献综述之间的关系是什么?

(5)在定量研究中,你认为文献综述与研究假设之间的关系是什么?

## 1.4 考研真题与典型题详解

### 1.4.1 概念题

**1. 传播学**(北京师大2009年研;华东师大2007年研)

**答:**传播学是通过汇集各种观点和方法论来研究各种传播活动的学科,是研究人类一切传播行为和传播过程发生、发展的规律以及传播与人和社会的关系的学问,是研究社会信息系统及其运行规律的科学。简言之,传播学是研究人类如何运用符号进行社会信息交流的学科。它具有交叉性、边缘性、综合性等特点。传播学研究的重点和立足点是:人与人之间如何借助传播的作用而建立一定的关系。传播学作为一门独立的学科是从19世纪末以来逐步形成的,在20世纪30至40年代作为跨学科研究的产物,诞生于美国。当时的传播学具备了构成独立学科的必要条件:自觉性、一般性、系统性、科学性。在国际范围内,传播学研究大体分为两大学派:以美国为中心的传统学派和以西欧为中心的批判学派。

**2. 传播**(华农2011年研;辽宁大学2008年研)

**答:**传播是指信息的流动过程,是由多要素及其相互关系组成的动态的,有一定结构顺序的信息流动过程。其中信息是传播的材料,流动是传播的方式。信息和流动是传播必然包含的两个因素,它既是一种社会化行为又是一种人际间的关系。传播的本质是信息流动,是一切交往的本质。对传播的认识要越来越走向开放、连续、动态和联系。传播的特点包括以下五个方面:①共享说。传播是一个信息共享的过程。②互动说。传播是一种双向互动的过程。③符号说。传播双方应有共同的意义空间。④关系说。传播是在一定社会关系下进行的,又体现一定的社会关系。⑤行为过程系统说。传播是一种行为过程,是动态的而非静态的。

**3. 信息**(浙工大2019年研;中南财大2018年研;复旦大学2016年研;华南理工2016年研;湖南大学2016年研;中传2013年研;上海大学2013年研;北京师大2012年研)

**答:**参见本章考点难点归纳相关内容。

**4. 双重偶然性**(湖南大学2016年研;北邮2009年研;武汉理工2008年研)

**答:**"双重偶然性"(double contingency)由德国社会传播学家鲁曼提出,是指由于传播过程的参与双方都存在一定的不确定性,因此,通过传播活动做出的选择有可能遭到拒绝。"双重"是指在信源和信息接收方两个角度,这种双重性是基于传播本身是一个双方面的过程,是双向的社会互动行为,传播双方具有互动性,他们同时是信息的发出者和接受者。"偶然"是指人类社会信息与生物、物理信息不同,它没有固定的阈值和反应条件,由于传播障碍以及传播隔阂的存在,人们往往无法对于同一信息完全一致的看法,由此产生冲突和矛盾,但是这种冲突和矛盾是不可预知的。因为其涉及的变量是多且复杂的。同时,双重偶然性带来传播障碍和传播隔阂。双重偶然性的存在是社会信息系统难以避免的结构性问题，是传播学研究的重点问题，减少由“双重偶然性”带来的“被拒绝”的损失也是提高社会效率的方向。

**5. 传播隔阂**(湖南大学2017年研；兰州大学2016年研；南京大学2014年研)

**答：**传播隔阂是指传播制度、传播渠道、信息系统的功能因素导致的传播偏差和误解，包括无意识误解和有意识曲解两类情况。社会信息系统本身的多变量、复杂性和不确定性，以及系统中个体间不同的背景、意识、价值观念、利益等，都会加重传播隔阂。传播隔阂可分为个人与个人的、个人与群体的、成员与组织的、群体与群体的、组织与组织的、民族与民族的隔阂等。传播隔阂是社会信息系统中不可避免的一个问题，会造成系统中个人个体出现认知、思考、判断、行动等的迷茫。因此，传播学需要致力于从信息系统的研究视角帮助人们解决传播隔阂问题。

**6. 马克思主义精神交往论**

**答：**马克思主义精神交往理论是由马克思和恩格斯提出的传播学理论。在确定唯物史观的第一部著作《德意志意识形态》中，马克思、恩格斯在他们的著作中首次提出了“交往”的理论，创立了马克思主义的传播观。他们所说的“交往”包括“物质交往”和“精神交往”两个层面，这与现代“传播”概念之间存在密切的联系，是现代传播学派分支之一。思想、观念、意识的生产最初是直接与人们的物质活动，与人们的物质交往，与现实生活的语言交织在一起的。人们的想象、思想、精神交往在这里还是人们物质生活的直接产物，强调了人们的精神交往是物质活动的直接产物。但精神生产和精神交往还具有一定的独立性、自主性和能动性。

## 1.4.2 简答题

**1. 社会学家马克斯·韦伯指出“人是悬在由他自己所编制的意义之网之中的动物”，请谈谈这句话对传播学的意义。**(北大2011年研)

**答：**马克斯·韦伯是德国著名的社会学家和政治学家，是现代社会学的创始人之一，其所著的《新教伦理与资本主义精神》是社会学的经典著作之一。“人是悬在由他自己所编制的意义之网之中的动物”这一观点一定程度上概括了人在信息社会中的基本属性。主要包括三个方面：

(1)个体在社会中可以获得各个方面的信息，同时亦可以自己生产信息、传播信息，在广义的维度上，这些信息的生产传播都是由人完成的。因此，人类社会的信息是人自己所编制的。

(2)信息不是中立的，信息的传播也不是中立的，信息在传播过程中会被赋予意义，信息的传播过程正是信息本身被不断赋予意义的过程。因此意义的构建与人类生产、传播信息同时发生。在这一意义上，信息的交叉互动过程也是意义的交叉互动过程，这一过程可能产生拟态环境的效果，影响受众对于社会的理解和认知。因此，人生活在复杂的意义社会之中。

(3)人并不能在意义的社会中得到完全的自由，而是必然会受到其自身所编制意义的影响和限定。因此，人是悬在意义之网中的。

**2. 简述宣传与传播的异同。**（人大 2003 年研）

**答：**（1）宣传与传播的含义。

①宣传是运用各种有意义的符号传播一定的观念，以影响人们的思想，引导人们的行动的一种社会行为，它的基本职能是传播一种观念、理论、方针、政策、伦理道德、立场态度。

②传播是人类对现实进行的象征性表述，以及使这种表述得以成为可能的物质手段和制度条件，它直接表现为信息的社会流动和信息系统的运行。

（2）宣传与传播的相同点。

宣传本质上是传播的一个范畴，是一种特殊的传播形态。宣传的主要元素与传播一样，包括传者、媒介、信息、受众和效果。

（3）宣传与传播的不同点。

传播是一个一般的范畴，它概括了人类社会的一切信息传递活动，包括新闻、娱乐、广告、书刊评论、公关、宣传、演讲等。而宣传则是一个特殊的范畴，它特指那些借助于各种手段来对受众施加一定影响的有目的的传播形态，一般强调其政治含义。

### 1.4.3 论述题

**1. 论中国传播学研究的本土化。**（北邮 2009 年研）

**答：**（1）中国传播学研究的本土化的必要性。

①传播学只有和一定的历史、社会、文化条件相适应才能发展。传播学最先出现在美国，对于引进这门学科的其他国家来说，传播学是舶来品。但是，引进不是照搬也不是移栽，而只是一种手段、一种途径，最根本的是要通过引进来达到系统了解、分析研究、批判吸收、自主创造、为我所用的目的。如果传播学不与一定的历史、社会、文化条件相适应，不在一定的民族土壤上生长出来，不与所在国家传播实践相结合并为其服务，而只是简单地照搬，那必然不会有长远的发展，甚至会遭到人们的拒绝和反对。

②本土化建设是走向世界的前提。越是本土的，就越是世界的。对于中国传播学而言，本土化建设既可以增强其学科个性和民族特点，也可以推进其走出国门、走向世界，适应传播学研究的国际化趋势。随着中国社会、政治、经济各方面的快速发展，具有中国本土化特征的、能够解释中国社会的传播现象和传播问题的传播学研究必然会成为国际主流传播学研究中的一个重要部分。

（2）中国传播学研究的本土化应采取的做法。

①辩证地学习西方传播学。中国传播学研究的本土化，既不是一概排斥西方传播学，也不是照抄照搬西方传播学，它实际上是“迎中有拒、拒中有迎”，即迎新不迎旧，排污不排外，努力把内面和外面两个世界的优点和精华都收归已用。

②针对中国国情，联系传播实际，从中国传统文化和现代学术中吸取营养。只有适应中国的社会特征、文化积淀和受众的心理态势、意识取向等条件，传播学才能真正在中国大地上生根、开花、结果，才能真正融入中国的主流文化，成为一个有机组成部分，也才能参与国际传播研究的沟通与交流，取得与国外学者平等对话的地位与权利，并为国际传播学术作出贡献。

**2. 传播学是一门社会科学，在实证范式中：**(北大2009年研)

**(1)你认为，传播理论主要是解释传播过程中的“是什么”和“为什么”，还是“应该如何”的问题？**

**(2)你认为传播理论能够对价值观作出好坏的判断吗？**

**(3)你认为传播理论与研究问题之间关系是什么？**

**(4)你认为研究问题与文献综述之间的关系是什么？**

**(5)在定量研究中，你认为文献综述与研究假设之间的关系是什么？**

**答：**(1)社会研究有三个层次，第一个层次是回答“是什么”，即把现象描述出来；第二个层次是回答“为什么”，即对现象进行解释，挖掘现象背后的原因；而第三个层次“应该如何”则涉及价值判断，解释理想的状态应该呈现的样子。

在实证范式下，作为一门社会科学的传播学，主要是对传播现象的本质特征、运作及效果进行陈述，通过对大众媒介和媒介影响进行系统和客观的观测与解释，如解释电视和攻击行为的因果关联的研究。所以，传播学在实证范式下主要是回答“是什么”和“为什么”的问题，而很少涉及“应该如何”的问题。

(2)实证主义者主张自然科学的“价值中立”原则，认为研究的目的不在于判断好坏和善恶，而在于判断真假和是否。因此研究者必须采取客观的态度，排除个人的价值观和主观偏好。而人文主义者反对“价值中立”原则，认为社会研究应当像人文科学(如哲学、美学、伦理学)那样为人类提供规范和价值观。

这个争论涉及社会科学的真理性问题，尽管社会研究可能会受到研究者个人因素的影响，但只要研究是建立在经验事实的基础之上的，那从科学的程序上看，就能够保证研究的客观性。韦伯指出，社会科学的研究者在选择研究课题和研究角度上受其价值观的影响，但当进入研究阶段之后就应当排除个人偏好和价值取向。这样，社会研究同样能做到“价值中立”，能得到客观的认识。

因此，传播学应该对价值观进行判断，因为它关系着人的生存、社会的发展，对价值观进行判断能使媒介向着为人类社会的发展服务的方向前进。当然，研究者只能在选题和研究角度上进行价值观判断，当进入研究阶段之后就要价值中立，以使研究能得出准确的结果。

(3)在确定研究方向并进行文献检阅之后，研究者必须以一种可检验的假设或研究问题的方式对面临的问题进行陈述。研究问题是关于某件事情的某些方面的一个正式问题，它不限于研究变量之间的关系。当研究者对研究问题的性质不是很清楚时，采用研究问题就比较合适。传播学研究就是从研究问题出发开始进行研究，并且整个研究都是围绕着研究问题而进行资料收集整理的，而且应该根据不同的研究问题选择适合的研究方法。

(4)在文献综述的最后必须提出自己的研究问题。文献综述在研究者对自己研究方向的发展历史、前人的主要研究成果、存在的问题及发展趋势等方面进行全面的介绍和评论之后，须进一步提出自己的研究问题。文献综述保证了研究问题是在一定的理论知识的积累上提出的，这样研究问题才会更有价值、更有意义。而写文献综述的一个很重要的目的就是提出有意义的研究问题。

(5)假设是关于变量之间的关系。在进行定量研究之前，通常要提出有关研究问题的一些可检验的假设。假设和研究问题一样都应该是在文献综述的基础上被提出来的。

# 第二章　人类传播的历史与发展

## 2.1　复习笔记

### 【知识框架(庖丁解牛)】

- 人类传播的历史与发展
  - 动物传播与人类传播
    - 动物传播
    - 人类传播
    - 动物传播与人类传播的区别
  - 人类传播活动的发展阶段
    - 口语时代
    - 文字时代
    - 印刷时代
    - 电子传播时代
    - 网络传播时代
  - 信息传播与社会传播
    - 媒介进化
      - 媒介类型
      - 媒介形态变化六原则
      - 媒介进化论
      - 媒介进化与社会发展的关系与意义
    - 信息爆炸
    - 信息社会
      - 定义
      - 特点

### 【本章概要】

本章主要论述了人类传播的历史与发展的相关知识。本章考点以名词解释、简答题以及论述题为主，在学习时，需要着重对动物传播和人类传播、人类传播的发展进程、信息社会与信息传播等内容加以把握，并深入了解人类传播活动发展的四个阶段、哈特的传播媒介分类、媒介发展对社会的作用、网络传播时代与信息爆炸等内容。

### 【考点难点归纳(厚积薄发)】

**考点一：动物传播和人类传播**(见表2-1)　★

**表2-1　动物传播和人类传播**

| 要点 | 具体内容 |
| --- | --- |
| 动物传播 | 常见的传播信号有气味、超声波、动作、声音等 |

续表

| 要点 | 具体内容 | |
|---|---|---|
| 人类传播 | ①诞生的根本标志是语言的产生，根本动力是劳动。<br>②人类语言的本质特性：a. 超时空性；b. 灵活性；c. 发音经济性；d. 能动性和创造性 | |
| 区别 | 习得类型 | 动物的信息传播行为是先天的本能行为；人类传播是后天习得 |
| | 传受过程 | 动物是基于条件反射原理的过程；人类传播伴随精神和思维活动 |
| | 根本区别 | 是否具有能动性和创造性 |

## 考点二：人类传播的发展进程 ★★★

人类传播活动的历程可以划分为几个发展阶段，具体见表2-2。

表2-2 人类传播活动的发展阶段

| 发展阶段 | 意义 | 局限性 |
|---|---|---|
| 口语时代 | ①促进了人类认知的深化。<br>②加速了人类社会进化和发展的进程 | ①空间限制：仅限近距离。<br>②时间限制：音声符号转瞬即逝，记录性差 |
| 文字时代 | ①打破空间和距离的限制。<br>②能够长期保存信息，有利于人类文化的传承 | ①生产限制：效率低、规模小、成本高。<br>②学习限制：被统治阶层控制 |
| 印刷时代 | ①促进了批量生产意识的形成。<br>②古登堡印刷术和印刷机的发明为文字信息的机械生产和大量复制提供了物质基础，催生了近代报刊 | ①运输限制：依赖物质运输。<br>②学习限制：对教育背景和知识经验有较高要求 |
| 电子传播时代 | ①实现了信息的远距离快速传输。<br>②形成声音和影像信息系统。<br>③推动了计算机的诞生。<br>④开创了媒介大融合的时代 | ①生产限制：对技术高度依赖。<br>②使用限制：加剧霸权主义的影响 |
| 网络传播时代(20世纪80年代后) | ①对人类传播方式的一次解放和变革，突破了电子媒介时代大众化、非目标性、单向、区域化传播的障碍。<br>②使得传播走向个人化、目标性、双向和全球传播。<br>③满足了信息时代巨大的信息传播需求，并且利于人们行使自己的言论表达自由权，促进民主发展和进步 | ①加剧人们对媒介的依赖，致使得媒介依存症愈发严重。<br>②网络监管愈发困难，亟需网络空间治理 |

需注意的是，人类不同传播形式的出现是一个依次迭代的进程，而不是绝对割裂独立的，见图2-1。

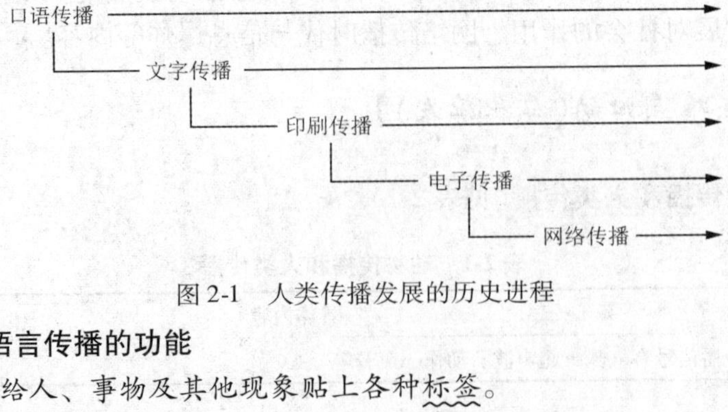


图2-1 人类传播发展的历史进程

【考点拓展】语言传播的功能

(1)命名。即给人、事物及其他现象贴上各种标签。

(2)互动沟通。人的本质是一切社会的总和，需要依靠群体的力量来完成个人无法完成的事情，需要借助语言来完成意义沟通和行为协调等。

(3)信息传递。语言为信息在时空中的传递提供了便利，促进了人类文明的进程。

## 考点三：信息社会与信息传播 ★★★

### 1. 传播媒介的进化与社会发展

(1)哈特[美国传播学家]的传播媒介分类，具体见表2-3。

**表2-3 哈特的传播媒介分类**

| 媒介类型 | 具体内容 |
|---|---|
| 示现的媒介系统 | 面对面传递信息的媒介，通过感官或器官本身实现功能的媒介系统，如表情和肢体动作等非语言符号 |
| 再现的媒介系统 | 信息的生产和传播者需要使用物质工具或机器，信息接收者则不需要，如绘画、文字、印刷和摄影等 |
| 机器媒介系统 | 传受双方都需要使用机器，如电话、广播、电视、计算机通信等 |

(2)罗杰·菲德勒[美国学者]的传播媒介形态变化六原则，具体见表2-4。

**表2-4 罗杰·菲德勒的传播媒介形态变化六原则**

| 要点 | 具体内容 |
|---|---|
| 共同演化和共同生存原则 | 新媒介的产生并不意味着旧媒介的消亡 |
| 形态变化原则 | 新媒介总是从旧媒介的形态中逐渐产生，新技术要连接过去 |
| 增殖原则 | 新媒介会在原有媒介形态特点的基础上有所改进 |
| 生存原则 | 新媒介要么适应进化，要么消亡 |
| 延时使用原则 | 一项技术的产生到最后普及一般间隔时间较长 |
| 机遇和需要原则 | 社会、政治、经济、文化等因素有时候会产生决定性影响 |

(3)保罗·莱文森[美国媒介伦理家]的媒介进化论。

①人性化趋势：是其主要理论，充分展示出人文主义研究立场和媒介乐观主义。传播媒介在进化过程中媒介的人性越来越多，而人为性越来越少，使得媒介进化方向表现出越来越符合人的需求和便于人类使用的倾向。

②补偿性媒介：是对媒介整体发展趋势的判断，任何一种后继的媒介都是一种补救措施，都是对过去的某一种先天不足的功能的补救和补偿，如广播是对报纸的补救，电视是对广播的补救，互联网综合了对报纸、书刊、广播、电视等媒介的改进，是对"所有补偿性媒介的补偿媒介"。

(4)传播媒介进化与社会发展的关系及其社会发展的重要意义。

一方面，社会发展的信息传播需要媒介进化与发展的动力。从文字到网络媒介的发展，每一次的飞跃，都是社会经济发展对更高的信息传播需求促进的结果。另一方面，社会的发展是建立在相应的信息传播系统基础之上，任何社会都离不开媒介系统的支持，需要借助媒介进行社会信息传递，从而使社会系统得以继承，文化得以发展，经济信息得以扩散，政治统治得以维持，社会发展才成为可能。总之，传播媒介的进化和社会发展紧密相连、相辅相成，不可将其关系割裂开来。媒介进化对社会发展的意义在于：

①媒介的进化改变了人类交往和生活的方式。正如麦克卢汉所说：媒介即讯息，新的媒介会改变人类交往和社会生活的新方式。

②媒介的进化改变了社会分层和社会结构。信息分配秩序的改变会导致“信息沟”或“知沟”的出现，进而改变了社会结构。

**2. 信息爆炸与信息社会**

(1)信息爆炸。

即人类拥有的信息量以指函数的速度急剧增加、倍增的时间周期越来越短的现象。媒介更新交替导致信息爆炸。海量信息改变着人类社会的结构和形态，信息社会由此诞生。

(2)信息社会，具体见表2-5。

**表2-5 信息社会**

| 要点 | 具体内容 |
|---|---|
| 定义 | 信息社会是建立于农业和工业社会高度发展的基础上产生的，以信息作为核心资源，通过信息改变社会经济、政治和文化，进而改变人类社会结构和形态的一种社会类型 |
| 概念提出过程 | ①D. 贝尔[美国社会学家]将人类社会的发展进程分为三大阶段：“前工业社会”(农业社会)、“工业社会”(生产商品的社会)和“后工业社会”。后工业社会最重要的因素是信息。<br>②A. 托夫勒[美国社会学家]认为，到目前人类社会经历了两次“浪潮文明”：第一次是从渔猎采集社会向农业社会，第二次是由农业社会向工业社会。如今，人类社会正在进入第三次“浪潮文明”，即以信息革命为代表的当下社会 |
| 特点 | ①社会经济的主体：以高新科技为核心的信息和知识产业。<br>②劳动力主体：信息的生产和传播者。<br>③交易结算的核心：信用。<br>④全球化进程加速推进，跨国贸易和全球贸易成为主流 |

**【考点拓展】新闻素养**

比尔·科瓦奇[美国学者]在其著作《真相：信息超载时代如何知道该相信什么》中提出了“新闻素养”这一概念，指普通公民阅读、理解新闻，并提出质疑的能力。作者认为，面对在信息时代，批判性地解读和使用媒体信息是文明社会成员必备的基本技能。他所说的“新闻素养”作为公民素养的一个组成部分，不同于通常意义上的“媒介素养”，而是指如何“阅读”新闻报道的技能，即怀疑的认知方法。

## 2.2 课后习题详解

**1. 为什么说劳动创造了语言？**

**答：**劳动创造语言的主要原因是：

(1)人们的劳动协助必须以语言为基础。

(2)劳动和语言在相互作用的过程中，共同进步。劳动促进了人类器官的进化，高级器官的作用进一步丰富，又促进了劳动和语言的发展。

**2. 人类语言具有哪5个特点？**

答：日本学者永野为武从外部现象上总结了人类语言的5个特点：

(1)有音节区分。

(2)发音和语句有逻辑性。

(3)具有模仿能力。

(4)无外部刺激的情况下也能发声。

(5)能形成一定的节奏和韵律。

**3. 人类语言区别于动物界信号系统的根本特性是什么？**

答：人类语言区别于动物界信号系统的根本特性是能动性和创造性。其中，能动性指人类可以主动地、自觉地、有目的地、有计划地运用语言提高生产实践的能力；创造性指人类根据现实实践的具体情况，更新现有语言系统，如表情包、网络语言的发明。

**4. 人类传播经历了哪些发展阶段？**

答：参见本章考点难点归纳相关内容。

【真题链接】

(1)人类社会的传播活动可以划分哪几个发展阶段，各自有什么特征？(华农2010年研；北邮2008年研)

(2)请简述人类传播演进的历史阶段。(中传2016年研)

**5. 人类传播的第一套体外化符号系统是什么？其产生有什么意义？**

答：(1)人类传播的第一套体外化符号系统是文字，是人类传播发展史上第二座重大里程碑。

(2)文字产生的意义：

①突破了时间的限制，并进而促进了人类文明的保存。

②超越了空间的限制，从而使人类的交流的空间距离得到了拓展。

③加速了对体外化媒介系统的利用进程，使得大规模的社会管理和社会控制成为可能，大大推进全球化的进程。

④改变了口语时代的社会结构，使得掌握读写能力的人才的社会地位得到了提高。

**6. 试论述中国的印刷术的发明对印刷传播发展的贡献和古登堡印刷术的意义。**

答：(1)中国印刷术的发明对印刷传播发展的贡献：

印刷术的发明为人类进入印刷传播时代提供了技术基础。毕昇发明胶泥活字印刷术给德国古登堡发明印刷机提供了技术基础和灵感源泉。

(2)古登堡印刷术的意义：

古登堡的印刷术是人类传播史的第三座里程碑，使得信息的大规模传播成为可能，并促进了近代报刊的诞生，从而推动了思想文化领域的解放和发展。

**7. 试论述电子传播的发展在人类传播史上的里程碑意义。**

答：电子传播的发展在人类传播史上的里程碑意义有：

(1)促进了体外化的声音和影像系统形成。人们可以以更加直观、高效的方式传播高质量的信息。

(2)推动了计算机的诞生。计算机的出现，将人脑的思维过程交由电子化的机器来处理，从而提高了工作效率。

(3)开创了媒介融合的时代。文音画影等各种形式的媒介被有机地纳入传播体系中，形成了媒介融合的格局。

**8．如何理解媒介的进化与社会的发展之间的关系？**

**答：**参见本章考点难点归纳相关内容。

**9．试述传播学家哈特对媒介系统的分类。**

**答：**参见本章考点难点归纳相关内容。

**【真题链接】**哈特对媒介系统的分类。(西安外国语大学 2021 年研)

**10．什么是信息社会？它具有哪些特点？**

**答：**参见本章考点难点归纳相关内容。

**11．体外化信息系统经历了功能分化和多样化的过程，正在迎来一个重新统合的时代。如何理解这个观点？**

**答：**这句话描述了信息系统的演化进程和其内部的复杂结构。具体来说：

(1)20 世纪 90 年代以前，人类体外化信息系统经历了功能分化和多样化的过程。从口语到文字、印刷、电子媒介等信息系统的形成的过程，也是社会信息系统愈发相对独立的过程。在这一过程中，体外化信息系统变得更加分工明确，分类清晰，如麦克卢汉描述的，像“人类器官的延展”一样，在视觉、听觉、记忆等各个方面，不同的媒介都得到了充分的发展，功能也越来越强。

(2)20 世纪 90 年代以来，社会进入了媒介融合的时代。在这一时代，过去由分散独立的媒介开始融合于数字信息系统中，呈现出媒介大融合的状态。

## 2.3　考研真题与典型题

### 2.3.1　概念题

1．“信息过载”(信息超载)(南京理工 2011 年研)

2．约翰·古登堡(华南理工 2019 年研；中传 2017 年研；人大 2015 年研；暨南大学 2015 年研)

3．媒介发展的 30 年法则(中国社会科学院 2004 年研)

4．信息社会(西安交大 2021 年研)

### 2.3.2　简答题

简述文字传播的意义与局限。(北邮 2009 年研)

# 2.4　考研真题与典型题详解

## 2.4.1　概念题

**1. “信息过载”(信息超载)**(厦门大学 2021 年研；南京理工 2011 年研)

**答：**信息过载(information overload)又称信息超载，是指信息超过了个人或系统所能接受、处理或有效利用的范围，并导致故障的状况。信息的意义确定是一个过滤过程、把关过程。当信息被传播、被表现时，受者需要对他所接收到的信息流进行判断和评价，确定与自己有关、有用的信息，而抛弃与己无关、无意义的信息。无意义的信息表现容易造成传播过程中的噪声，影响读者对信息的组织处理。信息过载使受众产生心理焦虑，从而削弱受众信息筛选、甄别和整合的能力。

**2. 约翰·古登堡**(华南理工 2019 年研；中传 2017 年研；人大 2015 年研；暨南大学 2015 年研)

**答：**约翰·古登堡(1397—1468)是一名德国工匠，是金属活字排版印刷和近代印刷工艺的发明者，对人类的新闻传播事业有重要贡献。1450 年前后，古登堡发明了字模浇铸金属活字印刷，用木质的、靠螺旋在印板上加压力的印刷机，代替了纯粹的手工操作，从而提高了印刷的质量和效率。古登堡西式活字印刷术的发明和应用在人类传播史上具有里程碑的意义。1455 年，古登堡用活字印刷方法印制了第一批拉丁文《圣经》，使信息得以规模化传播，为大众传播奠定了物质基础。

**3. 媒介发展的 30 年法则**(中国社会科学院 2004 年研)

**答：**媒介发展的 30 年法则是指由美国加利福尼亚州未来研究所所长保尔·萨佛提出的关于媒介发展的理论。他认为，在过去 5 个世纪的人类传播史中，新技术、新媒介取代旧技术、旧媒介的速度(如果可以取代的话)，并不如人们想象得那么迅速、顺利。它往往至少需要 30 年的时间，即所谓的媒介发展的 30 年法则。

**4. 信息社会**(西安交大 2021 年研)

**答：**参见本章考点难点归纳相关内容。

## 2.4.2　简答题

**简述文字传播的意义与局限。**(北邮 2009 年研)

**答：**文字是人类传播发展史上的第二座里程碑。文字的出现使人类进入了一个更高的文明发展阶段。

(1)文字传播的意义：

①时间上，文字克服了音声语言的转瞬即逝性，能够长期保存信息，有助于人类文化的传承与保护。

②空间上，拓展了人类交流和社会活动的空间，使不同地区之间的远距离交往成为可能。

(2)文字传播的局限性：

手抄传播效率低、规模小、成本高。文字信息的生产规模小，同时教育的普及的成本较大。

# 第三章　人类传播的符号和意义

## 3.1　复习笔记

### 【知识框架(庖丁解牛)】

- 人类传播的符号和意义
  - 符号
    - 定义
    - 分类
      - 信号与象征符
      - 语言符号与非语言符号
    - 功能
  - 人类传播过程中的意义交流
    - 意义的概念
    - 符号意义的分类
    - 符号意义的暧昧性
    - 传播过程中的意义
  - 象征性社会互动
    - 象征行为
    - 象征性社会互动
      - 含义
      - 功能
      - 象征性社会互动
      - 意义交换的前提和作用
    - 象征性文化

### 【本章概要】

本章主要论述了人类传播的符号与意义的相关知识。本章考点以名词解释以及简答题为主，在学习时，需要着重对符号的概念、性质，符号在人类传播中的基本功能，象征性社会互动等内容加以把握，并深入了解象征性互动理论、象征性社会互动与传播等内容。

### 【考点难点归纳(厚积薄发)】

**考点一：符号(见表3-1)　★★★**

表3-1　符号

| 要点 | 具体内容 |
| --- | --- |
| 定义 | 符号(sign)是信息的外在形式或物质载体，是信息表达和传播过程中不可缺少的一种基本要素。人类通过符号或符号体系来传递信息，但符号不是人类社会的独有现象。语言是人类传播的基本符号体系 |

续表

<table>
<tr><th>要点</th><th colspan="4">具体内容</th></tr>
<tr><td rowspan="4">名家观点</td><td>奥古斯丁<br>[古罗马思想家]</td><td colspan="3">“符号是这样一种东西，它使我们想到在这个东西加诸感觉的印象之外的某种东西”</td></tr>
<tr><td>洛克[英国哲学家]</td><td colspan="3">符号是达到、传递知识的途径</td></tr>
<tr><td>伦德伯格</td><td colspan="3">传播可以定义为通过符号的中介而传达意义</td></tr>
<tr><td>李彬</td><td colspan="3">符号是负载或传递信息的单元，表现为有意义的代码及代码系统</td></tr>
<tr><td rowspan="5">分类</td><td>信号与象征符</td><td colspan="3">①信号具有物理性质，是对象事物的代替物。信号与其表示的对象事物之间具有天然的一一对应的因果性。可以说，所有自然符号都是信号。<br>②象征符是人工的、自由创造的、后天的。它具有人类语义性质，是对象事物之表象的载体。语言是典型的象征符体系。象征符的性质包括：a. 必须是人工符号；b. 能够表示具体事物和观念、思想等抽象事物；c. 非遗传，通过传统或学习来继承；d. 可以自由创造，与其指代的对象之间具有随意性</td></tr>
<tr><td rowspan="4">语言符号与<br>非语言符号</td><td>语言符号</td><td colspan="2">包括口语、文字等</td></tr>
<tr><td rowspan="3">非语言符号</td><td>语言符号的伴生符<br>（副语言）</td><td>如声音的高低、大小，速度的快慢，文字的字体、大小、粗细、工整或潦草等</td></tr>
<tr><td>体态符号(体态语言)</td><td>如动作、手势、表情、视线、姿势等</td></tr>
<tr><td>物化、活动化、程式化、仪式化的符号</td><td>更具有独立性和能动性。包括仪式和习惯、徽章和旗帜、服装和饮食、音乐和舞蹈、美术和建筑等</td></tr>
<tr><td>功能</td><td colspan="4">符号是“传播中可以还原成意思”的要素，其功能包括：①表述和理解功能；②传达功能；③思考功能</td></tr>
</table>

## 考点二：人类传播过程中的意义交流(见表 3-2) ★★

**表 3-2 人类传播过程中的意义交流**

<table>
<tr><th>要点</th><th colspan="2">具体内容</th></tr>
<tr><td>意义</td><td colspan="2">指人对自然事物或社会事物的认识，是人给对象事物赋予的含义，是人类以符号形式传递和交流的精神内容，意义属于人的精神活动范畴，与人的社会存在和社会实践密切相关</td></tr>
<tr><td rowspan="3">符号意义<br>的分类</td><td>诗学和语义学</td><td>包括明示意义与暗示意义</td></tr>
<tr><td>逻辑学</td><td>包括外延意义与内涵意义</td></tr>
<tr><td>符号学</td><td>包括指示性意义与区别性意义</td></tr>
<tr><td>符号意义<br>暧昧性的体现</td><td colspan="2">①语言符号本身意义的模糊性，“非主流”。<br>②语言符号的多义性(具有两种及以上的含义)</td></tr>
<tr><td>传播过程<br>中的意义</td><td colspan="2">①在实际社会传播活动中，融合了符号本身的意义、传播者的意义、受传者的意义以及传播情景所形成的意义等。符号本身具有意义，但意义不仅存在于符号中，还存在于人类传播的全部过程和环节当中。<br>②符号本身之外还有意义，原因在于：<br>a. 一些尚未以明确符号形式表示出的意义不是清晰的意义，只是模糊的意义或意义的萌芽。<br>b. 符号具有相对稳定性，而意义与丰富的社会生活实际相关联，具有多变性。<br>c. 个人的能力是有限的，但人类驾驭符号表述和解读意义的能力是无限的。<br>d. 情景符号(如传播时间、地点、人物等)本身具有意义，情境符号及其相互之间的组合形成了情境意义，会影响符号文本系统与传播效果</td></tr>
</table>

【考点拓展】广告中的符号模式

每个广告都展现了一种在传播渠道中可以传达的符号构成物，如文字、图形、音响等。在广告中，符号可操作、指示事物，也可与其他符号联系，从而赋予指示对象的意义。

广告中的符号储备不仅包括语言、视觉、音响、图形等要素，还包括其表现出的观念、信念、价值及思想意识等。广告创意即是从符号储备中进行选择，将选择的符号与产品之间建立联系的创造过程。

## 考点三：象征性社会互动 ★★★★★

### 1. 人类的象征行为(见表3-3)

表3-3 人类的象征行为

| 要点 | 具体内容 |
|---|---|
| 象征符 | 指由其解释者产生的符号，具有双层意义：①符号的字面意义；②符号的类比或联想意义 |
| 象征行为 | 指以象征的方式表现出来的行为，即用具体事物来表示某种抽象概念或思想感情(象征符的字面意义→类比和联想意义)，具有智慧性、社会性、约定性、价值性、动机性、行为取向性 |
| 象征能力 | 指个体用具体事物来表示某种抽象概念或思想感情的能力，通过这种能力，人类可以发现宇宙和社会万事万物的象征关系，从个别事物和眼前事物、从包罗万象的具体性和千变万化的多样性的束缚中解放自我，进入开放自由的传播境界。这种能力为人类所特有 |

### 2. 象征性社会互动与传播(见表3-4)

表3-4 象征性社会互动与传播

| 要点 | | 具体内容 |
|---|---|---|
| 象征性社会互动 | 含义 | 指人与人之间通过传递象征符和意义，从而相互作用和相互影响的过程。互动双方通过象征符，可以交流或交换意义，进而产生社会互动的效应 |
| | 功能 | 赋予行为动机；确定行为取向；解释传播的社会过程 |
| 象征性互动理论 | 提出者 | 米德[美国社会心理学家] |
| | 其他代表学者 | 布鲁默(“自我互动理论”)；特纳 |
| | 理论内容 | 该理论将人类看作具有象征行为的社会动物，指出其象征活动是一个积极的、创造性的过程，赋予了人类创造文化的一种活力。研究象征行为可以揭示人的本质，有利于更深人地理解现实社会 |
| | 核心问题 | 考察象征符号与社会互动之间的关系 |
| | 基本前提 | 包括：①人根据“意义”来进行活动；②“社会互动”的过程产生了文化；③意义由人来“解释” |
| 意义交换的前提 | 交换意义的双方需有共通的意义空间，只能通过共通的部分进行，包括：<br>①在传播过程中，需使用共通的语言、文字等。<br>②生活经验和文化背景大体一致/相近。<br>传播的重要功能之一即扩大传播双方共通的意义空间，加深相互的理解 | |
| 意义交换的作用 | ①库利：意义交换是人与人关系赖以成立和发展的机制。<br>②米德：意义交换是个人与社会之间相互作用的纽带 | |

**3. 象征性文化与现代社会**

(1)文化的定义。

美国著名文化人类学家C. 吉尔兹被誉为当代美国社科界“文化复兴”式的人物，他在符号学、深度描述等方面的研究体现了“解释人类学”的基本理念，肯定了人类文化的本质是符号的和解释性的(象征性)。他认为文化是“从历史沿袭下来的体现于象征符号中的意义模式，是由象征符号体系表达的传承概念体系，人们以此达到沟通、延存和发展他们对生活的知识和态度”。

(2)象征符体系。

①象征符体系以语言为代表，是人类在社会生产和生活实践中自由创造的，具有相对独立性，可以大幅提升人类的传播速度和效率，进而提高精神生产力。

②象征符体系并非一成不变，它会随着社会生活本身的变化而发生变革(舍弃旧象征符和创造新象征符)。

(3)现代文化的象征化，具体见表3-5。

**表3-5　现代文化的象征化**

| 要点 | 具体内容 |
|---|---|
| 定义 | 象征化是现代文化的重要特色，社会的政治、经济、文化等领域都充满了大量新的象征符和象征意义 |
| 原因 | ①人类的基本价值之一是追求新事物及新意义。<br>②传播手段的发展和普及为大众提供了创造和传播象征符的条件和手段。当社会参与积累到一定程度时，必然会导致象征符创造活动的活跃化、象征体系的多元化及多样化 |
| 影响 | ①积极：象征符的创造和更新过程展现了社会的进步与活力。<br>②消极：象征符的过度泛滥和过频变动也可能造成意义、价值和规范的流动化和无序化，混淆社会成员的认知、判断，可能使其行动产生混乱 |

**【考点拓展】布鲁默符号互动论**

符号互动论是一种侧重于从心理学角度研究社会的理论流派。这一理论认为，社会是由互动着的个人构成的，对于诸种社会现象的解释只能从这种互动中寻找。

符号互动论的三大基本前提是：

(1)个人对事物所采取的行动是以他对事物赋予的意义为基础的。

(2)这些意义产生于互动过程中。

(3)这些意义不是固定的，而是通过自我解释过程得到修正。

**【真题链接】**布鲁默符号互动论的三个核心观点。(安徽师大2021年研)

## 3.2　课后习题详解

**1. 简述符号的定义。**

**答：**符号是人类传播的要素，独立于传播关系的参与者之间。在一个参与者的脑海中，它们代表某种意思，如果对方接受这些符号，它们在接受者的脑海中也代表类似的意思。表示符号(sign)的语词有好几个，不同的学者喜欢用的词各有不同，比如symbols，significant symbols。无论叫作什么，它们都是传播中的要素，可以解码为“意义”。

(1)符号的定义及实质。

①古罗马时期的基督教思想家奥古斯丁认为：“符号是这样一种东西，它使我们想到这个东西加诸感觉的印象之外的某种东西。”奥古斯丁正确地指出：符号对于人类来说重要的不是它本身，而是它之外的某种东西。但是，奥古斯丁的界定将符号与征兆或信号相混淆了。

②英国哲学家洛克于1690年发表了《人类理解论》，指出符号就是“达到和传递知识的途径”，“我们如果想互相传达思想，并且把它们记载下来为自己利用，则必须为观念造一些符号”，“因为人心所考察的各种事物既然都不在理解中(除了它自己)，因此它必须有别的一些东西，来作为它考察的那些事物的符号和表象才行”。他在认识符号问题上做出了很大贡献。

③结构主义语言学奠基人索绪尔最早提出了符号学概念，他认为，一个符号包括了两个不可分割的组成部分：a. 能指，又称意符，即语言的一套表述语音或一套印刷、书写记号，通常表现为声音或图像，能够引发人们对特定对象事物的概念联想。b. 所指，又称意指，作为符号含义的概念或观念，是意符所指代或表述的对象事物的概念(意义)。

④皮尔士在大量的论文中对符号进行了深入的剖析，给“符号”概念下了确切的定义。所谓符号，“是某种对某人来说在某一方面或以某种能力代表某一事物的东西”。

⑤英国学者特伦斯·霍克斯认为，任何事物只要它独立存在，并和另一事物有联系，而且可以被“解释”，那么它的功能就是符号。他认为符号及其相关要素主要有三个特征：a. 代表事物的形式；b. 被符号指涉的对象；c. 对符号的意义解释，又称媒介关联物、对象关联物和解释关联物。

从以上定义可得知，符号是在一定的关系中产生的，即指代和表述，没有这种关系，符号就无法存在。其次，符号虽然和指称的对象事物或意义密不可分，但实际是两种不同的事物，因此符号在形式上可以独立存在。在信息传播过程中，人们通过符号这种介质来达到意义的交流和互动的目的，只有通过传受双方的对符号意义的“解释”才能够获得这种交流与互动。在传播过程中，传播者主要利用符号化活动来“建构”意义，受传者则利用符号解读来理解意义。

(2)从传播的角度理解符号。

符号是传递信息意义的外在形式、物化载体，具备携带、传达意义的功能，在事物表述和传播过程中必不可少。

符号可以划分为基本的两大类：语言符号和非语言符号。传播学研究符号也是从这两个层面进行的。

**2. 象征符具有哪些特性?**

**答：**通过符号具体形象的表层意义赋予某种特定的象征意义，以传递与符号具体形象相似或相近的观念、思想，或寄托某种特别的感情，即为象征行为。其中具有象征意义的符号为象征符(号)。象征符是对象事物的表象的载体，具备人类语义性质。其特性主要有：

(1)象征符必须是人工符号，是人类社会的创造物。至少具有双层意义：第一层是符号的本义，即理性意义；第二层是符号经过类比或联想获得的具有象征性价值的意义，即象征意义。

(2)象征符具有指称功能，通俗讲可以代表对象。由于象征符可以自由创造，与其指代的对象事物之间不需要有必然联系，因此这种代表的资格具有任意性，这种随人而决定的典型例子就是语言符号。

(3)象征符只有在传播的互动中才能实现价值，只要传受的任何一方出现不协调，符号就会失去象征意义。没有传受双方的互动关系，也就没有什么象征意义。“意义—互动—解释”正是象征意义得以产生和实现价值的三个前提性的环节。

(4)象征符的作用已经不仅仅局限在知觉的层次，还具有表象和概念的功能。

(5)象征符是一种社会文化现象，在不同的社会环境中，同一个象征符会有不同的解释；即便在同一个社会的象征符，在时代变迁中也会发生意义的变化。

**3. 非语言符号有哪些类型？**

**答：**非语言符号的类型主要有：

(1)视觉性非语言符号。

①动态的视觉性非语言符号。

a. 体语(包括舞蹈语言)。体语是以人的身体动作表示意义的符号系统。一般包括手势、体态、面部表情、触摸、眼神等。它在实际的传播活动中可发挥替代、辅助、表露、调节、适应等功能。

b. 运动画面。主要是指电影、电视等大众媒介中使用的一种符号系统。在这个二元空间中，运动画面利用其光影、色彩、构图以及画面的组接和转换等元素来传递信息。

c. 人际距离。人际距离的远近呈现人际关系的亲疏。

②静态的视觉性非语言符号。

包括静止体态、象征符号、实义符号乃至衣着、摆设、环境、雕塑、绘画、图片等等。

人际互动过程中，静止体态不仅能沟通双方的思想和感情，而且它的不同样式还反映出双方社会地位和审美的区别。

象征符号代表某个抽象的意义，它往往是特定文化的结晶，如五角星，镰刀斧头等标志和徽记。

实义符号表达某个确定的意义，特征为简洁、形象、直观、易记，如狼烟、烽火、路标、信号旗等。

(2)听觉性非语言符号。

①类语言。类语言是人类发出的没有固定意义的声音，它是一种类似语言的符号，但是又不像语言一样有明确的字形和读音，也不像语言一样有固定的语法规律可循。类语言包括辅助语言和功能性发声。辅助语言是指辅助人类口头语言的声音要素，通俗地说，说话时的抑扬顿挫会使同一句话产生不同的意思。功能性发声是指人发出的哭、笑、哼、叹息、呻吟、口头语等声音。

②其他声音符号。如鼓声、口哨、汽笛、乐声等。在特定的传播情境下，某种单一的声音符号也可能担当起传播信息的重任。

**4. 符号的基本功能是什么?**

**答:** 符号的基本功能有:

(1)指代功能。法国学者皮埃尔·吉罗指出:“指代功能是一切传播的基础。这种功能确定讯息和它所指对象的各种关系;根本的问题在于为指代对象建立真实的信息,即客观的、可观察到的和可验证的信息。”如“沙发”“椅子”“方凳”不仅指代的是可见、可摸、可坐的客观事物,而且能使人们在同类事物中将其一一区分开来,从而可以避免符号与事物、讯息与被编码的现实之间产生混淆。

(2)表义功能。符号学认为,事物的表现形态一般说来都是某种“符号”,人的认识活动就是认识各种符号所表示的“意义”,而符号的一项重要功能就是“表义”。与指代功能不同,表义功能是通过符号表示和传达传播者自己的感受、情绪、见解和客观事物的形状、对客观事物的认识等信息。

(3)自律功能。人运用符号指代事物、表达意义、传播信息,同时,符号对人亦有规范、控制、约束的作用。古人早就认识到语言符号具有自律功能。此外,符号本身“又受着一定规则的约束,而规则则教给我们使用符号的方法,以便恰如其分地描述经验。从而,我们能够运用符号与别人共享经验,达到各种程度的相互理解”。

(4)显示功能。符号的使用和传播,能显示个人政治地位的高低、经济条件的好坏、工作关系的主从和家庭背景、教育程度等。例如,表达“我”的意思,皇上用“朕”,大臣用“臣”,佣人用“奴才”。

(5)认识功能。这是指接受者通过对符号的读解获得对客观世界的间接认识。一个人的生命和精力有限,不可能事事都通过直接经验去认识。符号的认识功能就在于,依靠符号来巩固和贮存人类的认识成果。

(6)交流功能。在俄罗斯语言专家雅可布森看来,符号的交流功能就在于,通过符号的使用来确立、维持和中断传播,或用于检验传播是否通畅,或用于吸引交谈者的注意力。符号是社会存在和发展的必要条件,又是人际关系的润滑剂。

上述符号功能,不是以一种平均的等量的状态分布在传播的过程和各种传播类型之中的,而是以不同的比例和主从关系分散在不同的讯息和传播活动之中的,有时是这一种功能占主导地位,有时是另一种功能占主导地位。还有,功能也不一定都是正向的、积极的功能,有时还会产生反向的、消极的功能。

**【真题链接】**简述符号的功能。(南昌大学2020年研)

**5. 什么是意义?意义是如何产生的?**

**答:** 在传播学研究中,过程学派把传播视作“信息的传递”,而符号学派则把传播视作“意义的表述”。换句话说,符号学分析的重点是表意过程,是符号所显示的对客观事物进行阐释或抽象的途径。

(1)意义的内涵。

参见本章考点难点归纳相关内容。

(2)意义的产生。

在与自然和社会打交道的过程中,人不断地认识和把握对象事物的性质和规律,并从中抽象出意义。

就某一事件来说，其意义的产生或阐释过程通常要遵循下述步骤：

①某位传播者面对某个具体的实在的事件本体。

②这一事件他可以感知的部分。

③这一事件他实际感知的部分。

④对于事件用符号表述的部分。

⑤传播者对于该事件形成的价值判断。

这一符号化过程，实际上是一个不断抽象的过程，而当符号(如字词)越发抽象时，它同某个具体的实在的事件本体关系就越发疏离。

**6. 符号的意义有哪些分类？**

**答：**符号的意义的类型有：

(1)明示性意义与暗示性意义。诗学和语义学将符号的意义分为明示性意义与暗示性意义。明示性意义指符号的字面意义，属于意义的核心部分；暗示性意义是符号的引申意义，属于意义的外围部分。一般而言，明示性意义相对稳定，是某种文化环境中多数社会成员共同使用和有着共同理解的意义；暗示性意义中既有多数成员共同使用的，也有特定个人或少数人基于自己的联想而在小范围内使用的，对它的理解也未必一致。

(2)外延意义与内涵意义。逻辑学将其分为外延意义与内涵意义。外延是概念符号所指示的事物的集合，内涵是对所指示事物的特征和本质属性的概括。

(3)指示性意义和区别性意义。符号学又将意义分为指示性意义和区别性意义。指示性意义是将符号与现实世界的事物联系起来进行思考的意义。区别性意义是表示两个符号的含义之间的异同的意义，它是通过分析符号间的关系来显示的，与意义区分无关的因素一般不包括在内。

**【真题链接】**符号意义的语义学、逻辑学、符号学分类分别有哪些？(华农2011年研)

**7. 如何理解语言符号的暧昧性和多义性？**

**答：**符号是人们交流意义的基本手段，但是符号传达的意义并不一定清晰，有时甚至很模糊，在很多场合无法明确判断。从语言学角度来说，符号的暧昧性和多义性是不可避免的，主要体现在：

(1)语言符号本身意义的模糊。当下词语众多，包容范围广，具有暧昧性，往往不容易分清。例如“潇洒”就具有社会规范和价值意义上的暧昧性，应结合具体语境来分析是褒义还是贬义。一些新出现的词语和流行语的意义也都具有这种暧昧性。

(2)语言符号的多义性。语言符号的多义性是指一种符号具有两种以上的意义，有时判断不准应该属于哪一种。这种情况普遍存在，另外同音异义词的存在也是语言符号具有多义性的重要原因。

语言符号的暧昧性和多义性有时会造成人们之间沟通意义的障碍，但这种障碍可以借助传播过程中的其他条件或情境来克服。除此之外，人们还能积极地利用这种暧昧性和多义性来创造和表达新的意义。

**【真题链接】**符号的暧昧性与多义性。(东财2021年研)

**8. 情境意义指的是什么？在传播过程中，除符号本身的意义之外还有哪些意义在起作用？**

**答：**(1)情境意义的定义。

传播情境是指传播情境对特定的传播行为直接或间接产生影响的外部事物、条件或因素的总称，既包括具体的传播活动进行的场景，也包括传播行为的参与人所处的群体、组织、制度、规范、语言、文化等。情境意义即由这些情境要素相互组合所形成的意义。

(2)符号意义以外的其他意义。

在社会传播活动中，除符号本身的意义外，传播者的意义、受传者的意义以及传播情境所形成的意义等也在发挥作用。

①传播者的意义。传播者在传播过程中通过符号来传达他所要表达的意义。然而，其意义并非总能被正确传达，因此，符号本体的意义并不总是等同于传播者的意义。

②受传者的意义。同一个或同一组符号构成的文本，不同时代的人会对其产生不同的理解；即便是同一时代的不同个人，也可能有不同的理解或解释。这说明符号本身的意义与受传者接收到的意义不一定相同。

③情境意义。俄罗斯语言学家雅各布认为，语言符号无法提供传播活动的全部意义，交流的所得有相当一部分来自语境，即传播情境会对符号文本系统的意义产生影响，并对传播效果形成制约。

**9. 什么是象征行为？它有哪些特性？**

**答：**参见本章考点难点归纳相关内容。

**10. 为什么说象征能力是人类特有的基本能力？**

**答：**象征能力是人类独有的能力，具体分析如下：

(1)创造使用象征符是人类独有的能力，人类通过使用象征符来传达象征意义。象征符为人类所独有，只有人类才能创造和使用象征符。

(2)人类的基本能力是象征能力。象征能力是人类具有的一项基本能力。通过象征能力，人类能够发现世间万物和社会万物间的象征关系，并能够将自己从其中解放出来，达到自由的传播境界。

**11. 共通的意义空间在传播中的作用是什么？**

**答：**(1)共通的意义空间的含义。

共通的意义空间是指对传播中所使用的语言、文字等符号含义的共通的理解，也指大体一致或接近的生活经验和文化背景。

(2)共通的意义空间在传播中的作用。

交换意义的双方需有共通的意义空间，只能通过共通的部分进行。社会生活的丰富多样使得社会生活具有多样性，每个社会成员的意义空间不可能完全相同。传播的重要功能之一即扩大传播双方共通的意义空间，加深相互的理解。

**12. 简述米德的“主我”(I)和“客我”(me)理论。**

**答：**米德是符号互动理论的创始人，他关于符号互动理论的基本立场源自社会行为主义，认为人的心智能力即在于理解与运用符号进行交流的能力，而心智与自我完全是社会的产物，并通过与社会的互动而发展。米德最早从传播的角度对人的自我意识及其形成过程进行了系统研究。他提出的“自我”概念是符号互动论的核心。他认为行动是“主我”(I)与“客我”(me)之间持续的相互作用，是以形成独特行为而告终的一系列阶段。具体内容有：

(1)作为区别于“身体”的“自我”，米德认为“自我”可以分解成相互联系、相互作用的两个方面，即“主我”(I)和“客我”(me)。他认为，完整的自我，既是“主我”又是“客我”，两者都包括在“自我”中，并在特定情景中互相支持。“主我”是有机体对其他人的态度做出的反应；“客我”则是一个人自己采取的一组有组织的其他人的态度。其他人的态度构成了有组织的“客我”，然后，一个人就作为“主我”对这种“客我”做出反应。

(2)人格(自我)乃是一个“主我”与“客我”不断互动的过程，这类似于有机体与环境的不断的互动。

(3)自我的形成是个人的社会化过程，即个人适应社会的过程，但形成后的自我反过来也会积极地作用于社会。即“个人一旦参加了保障社会秩序和社会整合的协作性社会关系，就可以作为能动的主体参与新的社会秩序和社会关系的创造”。个人必须适应社会，同时个人参与了社会创造，是社会创造的主体，体现了个人与社会的相互制约关系。人内传播是一个“主我”“客我”之间双向互动的社会过程，而互动的介质就是所谓的“有意义的象征符”。

**13. 谈谈现代文化的象征性。**

**答：**象征化是现代文化的重要特色，社会的政治、经济、文化等领域都充满了大量新的象征符和象征意义。参见本章考点难点归纳相关内容。

## 3.3 考研真题与典型题

### 3.3.1 概念题

1. 编码和解码(浙大 2020 年研；北邮 2012 年研；南京理工 2011 年研；北大 2010 年研)

2. 能指(signifier)/所指(signified)(湖南师大 2020 年研；青岛大学 2017 年研)

3. G. H. 米德(电子科大 2013 年研)、乔治·赫伯特·米德(中传 2012 年研)

相关试题：

(1)米德的“主我和客我”理论。(简答题，浙江工商 2021 年研；上海大学 2020 年研)

(2)简述主我与客我。(简答题，上海师大 2021 年研)

4. 符号(地大 2021 年研；广州大学 2021 年研；中南大学 2020 年研；河南大学 2020 年研；西南交大 2019 年研；复旦大学 2018 年研；北交 2016 年研；华东师大 2014 年研；南京大学 2013 年研)

5. 符号的任意性(深圳大学 2005 年研)

6. 意义(西北大学 2015 年研；华农 2010 年研)

7. 非语言沟通(中山大学 2016 年研)

相关试题：非语言传播(上海交大 2006 年研)

8. 非语言符号(西北大学2021年研；复旦大学2020年研；兰州大学2007年研)

9. 索绪尔(Ferdinand de Saussure)(北大2012年研；清华大学2007年研)

10. 象征性互动理论(郑州大学2021年研；北京工商2017年研；厦大2014年研)

相关试题：

(1)象征性互动理论的三个基本前提是什么？(简答题，华农2010年研)

(2)简述米德的符号互动论。(简答题，中央民大2020年研)

(3)简述符号互动论。(简答题，深圳大学2020年研)

(4)符号互动主义(北师大2021年研)

(5)符号互动论(北师大2021年研；兰州大学2021年研；广外2020年研；北大2012年研)

(6)象征性社会互动(福建师大2021年研)

(7)用象征性互动理论解释社交媒体中的互动行为。(简答题，西南交大2021年研)

11. 象征性文化(symbolic culture)(西南大学2021年研；电子科大2014年研)

12. 象征符(上海师大2021年研)

相关试题：象征(川大2020年研)

13. 互文性(暨南大学2020年研；北大2012年研)

14. 象似性(iconicity)

15. 皮尔斯(川大2020年研)

16. 高语境与低语境(high context &low context)(北大2008年研)

### 3.3.2 简答题

1. 象征性社会互动是什么？(南京大学2014年研)

2. 简述信号与象征符的区别。(北邮2021年研)

3. 简述奥格登和瑞恰兹的语义三角图。(上海交大2017年研)

如图所示：

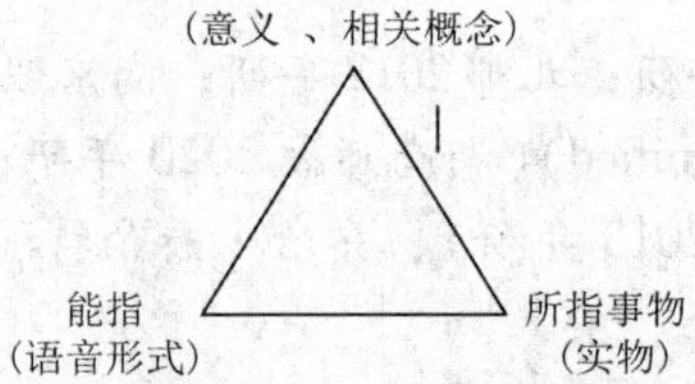


4. 谈谈国际传播中的文化对接。(上外2019年研)

### 3.3.3 论述题

1. 为什么说传播的过程可以理解为意义与符号的两度“翻译”过程？

相关试题：为什么说传播是一个符号化和符号解读的过程？(简答题，武汉理工2006年研)

2. 试论鲍德里亚的象征性交换理论的当下意义。

## 3.4　考研真题与典型题详解

### 3.4.1　概念题

**1. 编码和解码**(浙大2020年研；北邮2012年研；南京理工2011年研；北大2010年研)

**答：**编码和解码是指大众传播中符号与信息相互转化的两个相反的过程。编码(encode)是指将信息转化成便于媒介载送或受众接受的符号或代码的过程。在大众传播中，这一过程表现为传播从业者采集、编辑、制作传播内容的活动。解码即把接收到的符号或代码转化为受传者可以理解的信息的过程。该理论最早由霍尔提出，由于其迥异于实证主义传播模式的标新立异，引起巨大反响，随后以单篇论文形式收录于《文化，传媒，语言》，最后又冠以《编码，解码》为名出版。但由于传播者和受众并不处于完全对等的地位，因此霍尔提出在解读信息的过程中，存在三种解码过程，即：主导—霸权解读、协商式解读、对抗式解读。编码/解码模式超越了实证主义“发送者—信息—接收者”的线性传播模式，将话语、符号、权力、社会关系等引入媒介研究，标志着英国媒介文化研究开启了建立在结构主义和符号学概念基础上的马克思主义媒介理论的新纪元。

**2. 能指(signifier)/所指(signified)**(湖南师大2020年研；青岛大学2017年研)

**答：**能指与所指是结构语言学的一对范畴，是索绪尔语言学中的术语。索绪尔认为，任何语言符号都是由“能指”和“所指”构成的。“能指”是用以表示具体事物或抽象概念的语言符号以及单词的词形或词音；“所指”是语言符号所表示的具体事物或抽象概念以及意指作用中单词所表示的对象或意义。“能指”和“所指”是不可分割的，但是，某个特定的能指和某个特定的所指的联系不是必然的，而是约定俗成的。比如在“树”这个词中，树的概念和“树”的特定发音不是必然结合在一起的，“树”在英文中的读音和在法文、拉丁文中的读音明显不同，但却都能表达“树”的意思。这就是符号的任意性原理。

**3. G. H. 米德**(电子科大2013年研)、**乔治·赫伯特·米德**(中传2012年研)

**相关试题：**

**(1)米德的“主我和客我”理论。**(简答题，浙江工商2021年研；上海大学2020年研)

**(2)简述主我与客我。**(简答题，上海师大2021年研)

**答：**G. H. 米德(George Herbert Mead，1863—1931)是美国社会学家、社会心理学家及哲学家，他提出了“主我”与“客我”理论，被称为符号互动论的奠基人。米德认为，人的“自我”意识是伴随着意义的传播活动而形成的。自我是“主我”(I)和“客我”(me)的统一，前者是个人的主体意识，后者是从周围观察到的他人对自己的态度、评价和角色期待。“客我”意识只有通过与他人的意义交换(即传播)才能得到，“客我”和“主我”的对话和互动形成统一的社会自我。并且在米德看来，人的行动是有目的的、富有意义的。许多社会行为不仅包含了生物有机体间的互动，而且还包含了有意识的自我间的互动。在人的“刺激—反应”过程中，人对自己的姿势可能引起的反应有明确的意识。当一种姿势对其发出者和针对者有共同意义时，它就成了“有意义的姿势”，即符号，符号互动把人与动物区别开来。

**4. 符号**（地大2021年研；广州大学2021年研；中南大学2020年研；河南大学2020年研；西南交大2019年研；复旦大学2018年研；北交2016年研；华东师大2014年研；南京大学2013年研）

**答：**参见本章考点难点归纳相关内容。

**5. 符号的任意性**（深圳大学2005年研）

**答：**符号的任意性是指符号的能指（形式）和所指（意义）之间没有本质的必然的联系，它们之间的关系取决于社会的约定俗成。但是一旦进入了社交领域，就会具有强制性。比如在"树"这个词中，树的概念和"树"的特定发音不是必然结合在一起的，"树"在英文中的读音和在法文、拉丁文中的读音明显不同，但却都能表达"树"的意思。符号的任意性原则是索绪尔语言学的一条重要原则，它支配着索绪尔的整个语言学系统。

**6. 意义**（西北大学2015年研；华农2010年研）

**答：**参见本章考点难点归纳相关内容。

**7. 非语言沟通**（中山大学2016年研）

**相关试题：非语言传播**（上海交大2006年研）

**答：**非语言沟通又称"非语言传播"，是指使用除语言符号以外的各种符号系统，包括形体语言、副语言等进行传递、交流信息和沟通的过程。在沟通中，信息的内容部分往往通过语言来表达，而非语言则作为提供解释内容的框架来表达信息的相关部分。因此，非语言沟通常被错误地认为是辅助性或支持性角色。非语言沟通和语言沟通的区别在于它是连续的，通过声音、视觉、嗅觉、触觉等多种渠道传递信息，绝大多数是习惯性的和无意识的，在很大程度上是无结构的，并且是通过模仿学到的。非语言沟通的功能作用就是传递信息、沟通思想、交流感情。

**8. 非语言符号**（西北大学2021年研；复旦大学2020年研；兰州大学2007年研）

**答：**非语言符号是指不以人工创制的自然语言为语言符号，而是以其他视觉、听觉等符号为信息载体的符号系统。虽然语言是人类最重要的符号系统，但是非语言符号同样在日常传播活动中扮演着不可或缺的角色。有学者估计，在两个人传播的场合中，有75%的社会含义是通过非语言符号传递的。非语言符号可以分为三种形式：①语言符号的伴生符，如声音的高低、速度的快慢，文字的字体、大小、粗细、工整或潦草等，都是声音语言或文字的伴生物；②体态符号（gesture），例如动作、手势、表情、视线、姿势等；③物化、活动化、程式化的符号，如仪式和习惯、服装和饮食、美术和建筑等。

**9. 索绪尔（Ferdinand de Saussure）**（北大2012年研；清华大学2007年研）

**答：**索绪尔（Ferdinand de Saussure）是瑞士作家、语言学家、现代语言学的奠基者，被后世学者公认为结构主义的创始人，其符号理论促进了符号学科的建立。索绪尔把言语活动分成"语言"（langue）和"言语"（parole）两部分。语言是言语活动中的社会部分，它不受个人意志的支配，是社会成员共有的，是一种社会心理现象。言语是言语活动中受个人意志支配的部分，它带有个人发音、用词、造句的特点。他还认为符号由"能指"（signifier）和"所指"（signified）两部分组成。所指的就是概念，能指是声音的心理印迹音响形象。1907

年起，他曾三次讲授普通语言学，首创这一学科。索绪尔去世后，他的学生根据同学们的笔记和索绪尔的一些手稿及其他材料编辑整理成《普通语言学教程》一书，于1916年在法国巴黎出版。

**10. 象征性互动理论**（郑州大学2021年研；北京工商2017年研；厦大2014年研）

**相关试题：**

**（1）象征性互动理论的三个基本前提是什么？**（简答题，华农2010年研）

**（2）简述米德的符号互动论。**（简答题，中央民大2020年研）

**（3）简述符号互动论。**（简答题，深圳大学2020年研）

**（4）符号互动主义**（北师大2021年研）

**（5）符号互动论**（北师大2021年研；兰州大学2021年研；广外2020年研；北大2012年研）

**（6）象征性社会互动**（福建师大2021年研）

**（7）用象征性互动理论解释社交媒体中的互动行为。**（简答题，西南交大2021年研）

**答：**象征性互动理论由美国社会心理学家乔治·赫伯特·米德提出，是传播学史上的重要力量之一。象征性互动理论把人看作是具有象征行为的社会动物，把人类的象征活动看作是一个积极的创造的过程，是人类创造出广泛文化的一种活动，认为研究象征行为不仅对揭示人的本质，而且对理解现实的社会生活都具有重要意义。该理论的核心问题是考察象征符号与社会互动之间的关系。象征性互动理论侧重研究个体与他人的关系，重视人的主观因素，强调人既是主体又是客体，认为个体的自我概念是个体和他人互动的产物。20世纪60年代后，美国学者布鲁默、西布塔尼、特纳等进一步发展了该理论。

**11. 象征性文化（symbolic culture）**（西南大学2021年研；电子科大2014年研）

**答：**象征性文化是指在社会学和文化人类学中，将文化理解为“人类为了传达关于生活的知识和态度，使之得到传承和发展而使用的、以象征符形式来表现的继承性的观念体系”，强调文化的符号性和象征性。人类在生产过程中，创造了以语言为代表的象征符体系，从而摆脱了自然和生物学意义上的束缚。然而这些象征符体系一旦形成，也就具有相对的独立性，作为能动的力量作用于社会。现代社会的政治、经济以及生活与娱乐等各领域都存在文化的象征化，充满了新的象征符以及新的象征意义。

**12. 象征符**（上海师大2021年研）

**相关试题：象征**（川大2020年研）

**答：**参见本章考点难点归纳相关内容。

**13. 互文性**（暨南大学2020年研；北大2012年研）

**答：**互文性是近年来兴起的一种新的文本理论，其继承了结构主义的优点，并吸取了解构主义和后现代主义的破坏逻各斯中心主义的传统，强调文本本身的断裂性和不确定性。由于其理论符合现代文本理论的发展方向，故受到了普遍重视。互文性理论作为一种诞生于结构主义和后结构主义的文本理论，已经大大突破了理论研究和可操作性批评术语的范围，它以其对文学传统的包容性、对文学研究视野的可拓展性，在文学研究和文学写作中扮演着越来越重要的角色。作为一种重要的文本理论，互文性理论注重将外在的影响和力量文本化，一切语境无论是政治的、历史的，或社会的、心理的都变成了互文本，这样文本性代替了文学，互文性取代了传统，自主、自足的文学观念也随之被打破。互文性理论将解构主义的、新历史主义的，乃至后现代主义的文学批评的合理因素都纳入了其体系之内，从而也使自身在阐释上具有了多向度的可能。

**14. 象似性(iconicity)**

答：象似性是指符号与所指对象的象似关系，认为能指和所指之间有一种自然的联系，两者的结合是可以论证的，有理可据的。柏拉图认为，词很自然也很必要地与其所指代的物体联系在一起，这种联系受制于宇宙的结构。象似性的语言符号的层级体系包括组成规则和运转原则。

**15. 皮尔斯**(川大2020年研)

答：皮尔斯是美国最具原创性和影响力的哲学家、逻辑学家，他创建的一般符号理论是理解皮尔斯整个哲学体系的关键，对现代符号理论的建构和发展具有重大奠基作用，他也因此与瑞士语言学家索绪尔一起被公认为是现代符号理论的奠基人。皮尔斯将符号学定义为规范科学的学科设置，赋予了其符号理论以规范意义；而他对符号活动无限性的阐释又拓展了其符号理论的发展性意义。皮尔斯的符号理论对当代很多领域的研究产生了重大影响。

**16. 高语境与低语境(high context &low context)**(北大2008年研)

答：高语境与低语境是美国学者霍尔提出的两个概念。根据传播中所传达的意义是来自交流的场合还是来自交流的语言，将文化分为高语境和低语境两种。高语境传播是指在传播时，绝大部分信息或存于物质语境中，或内化在个人身上，极少存在于编码清晰的被传递的讯息中。低语境传播正好相反，即将大量的信息置于清晰的编码中，通过外在的语言方式进行传播。例如，家庭成员来由于长期共同生活形成的默契，交流中直接编码的信息较少，而两个陌生人的交流，却要花费更多的口舌。霍尔认为，中国文化是一种高语境传播，而美国文化属于一种较低水平的语境传播。

### 3.4.2 简答题

**1. 象征性社会互动是什么？**(南京大学2014年研)

答：参见本章考点难点归纳相关内容。

**2. 简述信号与象征符的区别。**(北邮2021年研)

答：(1)信号。信号是指直接来源于客体的讯息单位。之所以用“信”这个汉字来限定这个“号”，实际上就是借以限定此“号”来源的客体性、确定性，排除主观随意性。在汉语中，“信”的不欺不诈，确实不误的含义，要远早于后期的传递信息媒介的“书信”的名词含义。

(2)象征符，是符号的一种，指间接来源于客体、直接来源于主体(包括社会的或个体间的)约定的讯息单位。

二者之间的区别参见考点难点归纳相关内容。

**3. 简述奥格登和瑞恰兹的语义三角图。**(上海交大2017年研)

**如图所示：**

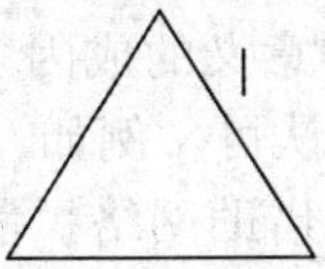


**答：**奥格登和瑞恰兹提出了语义三角图，代表了传统语义学的典型观点。他们阐述了有关语言的三个概念——所指(相关概念、意义和思想)、能指(语音形式、符号等)和所指事物(指说对象、实物)——之间的关系，构成一个三角图。

(1)语义三角图溯源。对语义三角关系的探究是针对以往研究在讨论语言与现实关系时往往采取二维方式而产生的，许多研究者认为二维方式不能说明语言与现实的关系实质，他们认为语言与万事万物都是有紧密联系的，语言、符号是有意义的。例如，早期的德国学者弗雷格就提出了符号(symbol)、指称(refer)、意义(sense)这样的三角关系。著名语言学家皮尔斯也提出了客体、解释因素、表现体的三角图式。

(2)奥格登和瑞恰兹的语义三角图的内容、美国学者奥格登和瑞恰兹在他们的著作《意义之意义》中认为索绪尔对语言进行二元分析是一个错误，并且提出了自己的语义三角图。他们把有关语言的三个概念，即思想(或概念)、指说对象(或所指)、符号(或词性)，构成一个三角形。

语义三角形包含以下几点含义：

①概念(所指)和客观事物(实物)之间是直接的联系。概念是在客观事物的基础上概括而成的，是客观事物在头脑中的反映。上图二者用直线连接，表示概念反映客观事物。

②概念(所指)与符号/词(能指)之间也有直接联系。概念是通过符号表达出来的，上图二者用实线连结，表示词代表概念。

③符号词(能指)与指称物/事物(实物)之间没有直接的、必然的联系，二者之间具有任意性，是约定俗成的。符号与指代物之间没有内在的必然联系，真正的联系存在于人的头脑之中。

在这个语义三角中，符号(能指)是传播过程中为传达讯息而用以指代某种意义的中介。符号有语言符号、非语言符号等，在新媒体环境下，顺应"读图时代"而产生的"表情包""颜文字"等也是一种符号。

符号所传达的意义并不是词语本身具有的，而是使用这些词语的人所赋予的。意义可以分为符号意义、指说对象意义和受者理解意义。只有当人们把词语与固定的指说对象联系起来，词语才有意义。这种联系直接产生的符号意义又称为"辞典意义"，为全体成员所认可。正是因为作为能指(语音形式)的符号有了固定辞典意义的所指(意义、相关概念)，一个社会中的成员才可以利用语言等符号进行交流。

解释者的思想概念与符号之间、思想概念和所指对象之间都有着直接联系，符号是思想的表达，思想概念是对所指对象的反映，而符号和所指对象之间并不存在因果关系，因为符号的意义是人赋予的。能指与所指之间并不完全一一对应，例如苹果也可以是 apple，它们指涉的是同一对象。在语义三角图中，可以通过实线和虚线表明了三者之间是否有直接关系。

另外，除了为全体社会成员所认可的辞典意义，在社会成员内部一些群体中还会衍生出有别于原始意义的“延伸意义”。延伸意义的成因多种多样，这些符号的延伸意义在网络等空间中迅速传播，为更多的人所广泛认可。例如，每年网络评选的“年度十大热词”基本都代表着脱离其原始意义的延伸意义。借助网络扩散的延伸意义，许多亚文化逐渐有了主流化的倾向。

(3)语义三角图的理论意义：

①“语义三角”首次明确地把符号、客观事物、思想或概念三个要素用三角形形象地联系了起来，指出了思想或概念是指示所指物的，也就是反映一定对象，并直观地说明了三者的关系。

②语义三角理论澄清了人们对词语意义存在于符号之内的惯性错误认识，阐明了词语意义发生的过程性，向人们展示了词语意义的符号化过程以及这一过程的各个成分之间的关系。

③语义三角理论揭示了影响和左右词语意义化过程中的社会和心理变量，说明了词语意义中稳定与不稳定的两重性。

④在语义三角理论峰起之后，不管是赞同还是反对语义三角理论，都使诸多语言学家在语言理论及方法论方面的探讨更深入。可以说，语义三角学为现代语义学和符号学的诞生和发展起到了不可估量的奠基作用和重要贡献。

**4. 谈谈国际传播中的文化对接。**(上外2019年研)

**答：**按照克利福德·格尔茨的界定，文化是“代代相传并用符号体现出来的一种意念模式，人类借以交流、保存和发展有关生活的知识以及对生活的态度的思想体系”。用来传播文化的主要符号是语言，而语言的表达(或话语方式)只有同信息流向的受众群体的“意念模式”“思想体系”相吻合，传播才能有效。根据上述观点，国际传播中的文化对接应当包括两方面的对接：

(1)与国际通行的认知、规范体系对接。

①国际传播是由世界各国的共同参与而形成的全球一体化的信息传播与互动系统。加入这个系统的前提条件，就是要遵循人类共同的伦理、道德标准和价值观念，按照国际通行的标准与规则行事。这涉及与国际接轨的问题。反对恐怖主义、反对非正义战争、维护世界和平、维护世界经济秩序，这是人类共同的道德伦理标准，也是国际社会价值体系中的核心部分，在国际传播中，在这些原则性的问题上一定要充分与国际社会接轨。

②在关注重心和诉求点上与国际接轨。与现代文明发展、科技进步相伴而生的一系列社会问题，如环境污染、人口膨胀、资源短缺、毒品泛滥、疾病流行等，也正在引起人类社会的普遍关注和重视。加入到国际传播中来，就不能不对国际社会面临的共同问题予以重视，形成一致性的关注与共同的话语，否则就会偏离国际传播的中心，就会被边缘化。

(2)与传播对象国的社会文化习俗对接。

国际传播不但是国际社会共同参与的传播，也是不同国家之间跨文化的传播，它不但要符合人类文化或文明的共性要求，还要对具体对象国的文化特性予以高度的重视。这涉及传播的针对性问题。文化传播中的适应理论启示我们，在两种不同的文化语境下进行传播，首先就要了解对方、适应对方，没有这种适应，传播便不能正常进行。因此，在国际传播中，充分了解当地的社会文化传统和风俗习惯，做好与传播对象国的社会文化习俗的对接，能有效地避免传播活动触犯当地的文化禁忌，引起不必要的文化误解与冲突。

### 3.4.3 论述题

**1. 为什么说传播的过程可以理解为意义与符号的两度“翻译”过程？**

**相关试题：为什么说传播是一个符号化和符号解读的过程？**（简答题，武汉理工2006年研）

**答：**人类传播是一种交流和交换信息的行为，符号是信息传播的介质，人类只有通过符号才能相互沟通信息。意义是人类以符号形式传递和交流的精神内容，是人与人之间传播的目的。将传播过程理解为意义与符号的两度“翻译”过程的原因如下：

(1)人类传播的过程是符号化和符号解读的过程。符号是人类传播的介质，人类只有通过符号才能够相互沟通信息。人与人之间传播的目的是交换精神内容，即交流意义。然而，精神内容的无形性要求传播者只有借助于某种可以感知的物质形式，即符号，才能够表现出来；传播对象也只有凭借这些符号，才能理解意义。因此，传播的过程首先表现为符号化和符号解读的过程。符号化是指传播者将自己要传递的信息转换为语言、声音、文字或者其他符号的活动。符号解读是传播对象阐释和理解接收到的符号，并进行读取意义的活动。同时，传播对象对传来的信息做出反应——反馈的过程也伴随着在符号解读基础上的再次符号化活动。

(2)传播的过程，同时也是一个互动双方通过符号或者符号体系来交流或者交流意义的活动过程。从社会传播的角度看，意义是人对自然事物或者社会事物的认识，是人给对象事物赋予的含义，是人类以符号形式传递和交流的精神内容。人类在传播活动中交流的一切精神内容都包括在意义的范畴之中。意义在人类的社会生活中起着重要的作用，人与人之间的社会传播，实质上是意义的交流。

综上所述，传播的过程不仅仅是符号化和符号解读的过程，同时也是互动双方通过符号或者符号体系来交流或者交流意义的活动过程，即在现象上，人类传播表现为符号的交流，其实质是交流意义(精神内容)。因此，人类社会的传播过程可以理解为意义与符号的两度“翻译”过程。

**2. 试论鲍德里亚的象征性交换理论的当下意义。**

**答：**(1)鲍德里亚的象征性交换理论。

鲍德里亚在继承和发展法兰克福学派等西方马克思主义流派和代表人物对消费社会的批判研究基础上，大量借鉴了符号学的研究方法，创立了自己关于政治经济学批判的“新范式”——符号政治经济学批判理论。在《符号政治经济学批判》中，鲍德里亚完成了符号政治经济学的整个理论模型的建构过程，提出了“象征性交换”的理论。

鲍德里亚认为，象征交换不是概念、体制或范畴，也不是“结构”，而是一种交换行为和一种社会关系。象征交换具有以下三个特征：

①象征交换的非生产性。象征交换型社会关系是给予和接受的不间断的循环，在原始的交换中，它包括对“剩余产品”的消费和蓄意的反生产，即是一种可逆性过程。正如苦行者的寓言所暗示的，对于符号政治经济学系统而言，致命的正是可逆性。

②象征交换的非商品性。象征交换不是凝聚了使用价值和交换价值的商品，等价交换原则不适用于象征交换活动。

③象征交换的不可替代性。象征交换只有一种结果，一旦象征交换结束，物品就成了与交换活动对应的唯一物，它获得了与特定的象征交换活动发生时的特殊意义，从而不可能在别的时空条件下再次发生具有同样意义和深度的可替代的象征交换。

象征交换建构出一个对生产主义社会的根本否定。鲍德里亚呼唤一种符号政治经济学系统外的符号反叛和文化革命。在提出象征性交换之后，鲍德里亚对使用价值、交换价值、符号价值以及象征性交换四者间的十二种转换关系及其中的五个公式进行了详细的阐述，最终构建起一种包含了传统政治经济学与符号政治经济学在内“新的”政治经济学：一般政治经济学。

(2)象征性交换理论的当下意义。

①象征性交换理论将马克思劳动异化理论从生产异化视角转向消费异化的视角。鲍德里亚将符号学引入，也在一定程度上发展了马克思的政治经济学，扩充了马克思劳动异化理论的现实维度。鲍德里亚提出“经济交换价值/使用价值 = 能指/所指”的著名公式，判定如同符号学中所指构成能指的实现等同于使用价值也对交换价值的实现。并进一步将符号价值从使用价值中分离开来，看到了在物的消费中蕴含的深层次的符号消费，符号应具有存在的地位和价值，物的符号价值的推崇已经成为当下异化消费中的新的症结，成为异化显现的新形式。鲍德里亚对于符号消费和价值的分析揭示了当下资本主义社会符号操控的新特点，在一定程度上开发了马克思政治经济学和劳动异化理论研究的新方向。

②象征性交换理论揭露了消费异化给人带来的精神奴役。鲍德里亚指出，现代社会的消费实际上已经超出了实际需求的满足，变成了符号化的物品、符号化的服务中所蕴含的“意义”的消费。即由物质的消费变成了精神的消费，人们购买某种商品或者服务主要不是为了它的实用价值，而是为了寻找某种“感觉”，体验某种“意境”，追求某种“意义”。物品变成了系统中的符号，其实质被形式化，成为空洞的能指体系；被消费的是符号价值，而不是物品；生活在消费社会里的人们的需要，从来就没有被满足过。

③象征性交换理论提示了消费社会对社会不平等结构的掩盖。生产力的大发展带来了物的丰富，使得所有人都可以享受到物或服务，似乎人们在物面前都是平等的，但正是这种表面上的平等掩盖了实际的不平等。事实上，人们在生产物时，物就被赋予了不同的等级和差异；人们去消费的时候也会受到这种等级的影响。不同身份、不同消费能力的人，他们消费的物是不同等级的；这就使得人们通过物构建了自己的等级。物本来是没有等级之分，却被人为划分出等级，而人们又通过消费物来构建自己的等级。在这个意义上，物已经成为了划分等级的标准。大众的对于物品的真实需求被隐藏起来，真实的社会结构的不平等被掩盖，统治者利用大众传媒对物进行符号化，以此激发人们的购买欲望，促进经济增长。

# 第四章　人类传播的过程与系统结构

## 4.1　复习笔记

### 【知识框架(庖丁解牛)】

- 人类传播的过程和系统结构
  - 构成传播过程的五要素
    - 传播者
    - 受传者
    - 传播内容
    - 传播媒介
    - 反馈
  - 传播过程模式
    - 传播过程的单向线性模式
      - 5W 模式
      - 香农—韦弗模式
    - 传播过程的双向传播模式
      - 奥斯古德与施拉姆的循环模式
      - 施拉姆的大众传播过程模式
      - 德弗勒的互动过程模式
  - 社会传播中的系统结构
    - 传播过程研究与传播系统研究
    - 社会系统模式
      - 赖利夫妇的传播系统模式
      - 马莱兹克的大众传播场模式
  - 社会传播总过程理论

### 【本章概要】

本章主要论述了人类传播的过程及系统结构的相关知识。本章考点以名词解释、简答题以及论述题为主，在学习时，需要着重对传播过程构成要素、传播过程模式、社会传播的系统结构、社会传播总过程理论等内容加以把握，并深入了解“5W 模式”、香农—韦弗模式、施拉姆的大众传播过程模式、德弗勒的互动过程模式、赖利夫妇的传播系统模式等具体内容。

### 【考点难点归纳(厚积薄发)】

**考点一：构成传播过程的五要素　★★**

传播过程的观点最早由伯洛[美国传播学家]提出，他认为传播是一种动态的、没有界限的过程。用过程观来审视传播，可以看出，传播是由多个要素及其相互之间的关系组合而成的有结构的动态的信息流动过程。构成传播过程的要素具体见表 4-1。

**表 4-1　构成传播过程的五要素**

| 要素 | 具体内容 |
| --- | --- |
| 传播者(信源) | 指传播内容的发送者，是传播链条的第一个环节 |
| 受传者(信宿) | 指传播内容的接收者、传播过程的终点 |
| 传播内容(信息) | 信息的流通是传播的本质，因此，传播内容是由一组相互关联的有意义的符号组成，能够表达某种完整意义，可以减少或消除不确定性 |
| 传播媒介(信道) | 即传播渠道。传播媒介存在于传播过程的中间，是传播或负载符号的物质实体和具体途径，将传播过程的各种因素和环节相互联结 |
| 反馈 | 即受传者对传播者的反作用。指受传者对接收到的讯息所作出的反应，可以操纵、规范整个传播行为，并体现社会传播的双向性和互动性 |

**【考点拓展】前馈**

前馈的概念最早由施拉姆提出，认为前馈就是在传播行为进行之前，对受众进行调查研究，了解其构成、需要、行为等，从而增强传播的针对性，提高传播效果。前馈改变了反馈因滞后于传播行为而影响了传播控制的功能。

## 考点二：传播过程的单向线性模式　★★★★★

### 1. “5W 模式”或“拉斯韦尔模式”(见表 4-2)

**表 4-2　“5W 模式”或“拉斯韦尔模式”**

| 要点 | 具体内容 |
| --- | --- |
| 简介 | 由传播学四大奠基人之一拉斯韦尔在《传播在社会中的结构与功能》(1948)一文中提出，是传播学史上第一个传播过程模式 |
| 基本内容 | 该模式将传播活动解释为由传播者(Who)、传播内容(Says what)、传播渠道(In which channel)、传播对象(To whom)和传播效果(With what effect)五个环节和要素，即“5W”构成的过程 |
| 图示 | 见图 4-1 |
| 意义 | ①第一次较为详细科学地分解了传播的结构和过程，为人们充分认识传播过程奠定了基础。<br>②第一次明确界定了传播学的研究领域。即从 5W 着眼，划分出 5 个领域：控制(传者)分析、内容(讯息)分析、媒介(渠道)分析、受众分析、效果分析 |
| 不足 | ①属于单向线性模式，忽视了反馈这一要素，未能为受传者提供反馈渠道，无法体现人类社会传播过程中的双向性和互动性。<br>②这一模式假定任何讯息总是有效果的，高估了传播效果，并助长了过高估计传播特别是大众传播效果的倾向 |

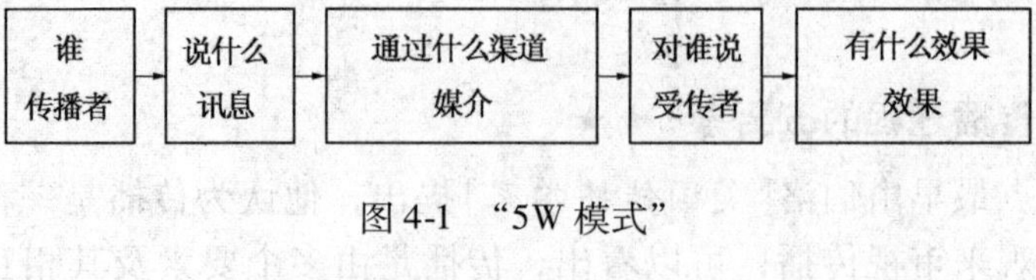


图 4-1　“5W 模式”

## 2. 香农—韦弗模式（见表 4-3）

**表 4-3　香农—韦弗模式**

| 要点 | 具体内容 |
|---|---|
| 简介 | 1949 年，由美国信息学者香农和韦弗在《传播的数学理论》一文中提出 |
| 基本内容 | 香农和韦弗在研究信息流通的过程时，提出了通信中的信息传送问题及模式，该技术性模式运用在传播学中同样能说明人类传播的过程，涉及的主要因素有：信源、讯息、发射器、信号、噪音、接收到的信号、接收器和信宿。首先，信源发出一个讯息或一组信息，发射器将讯息转化为信号，接着接收器将信号还原为讯息，在此过程中，接收到的信号不等于发射器发射的信号，原因在于传递过程中存在噪音的干扰，最后，接收到的讯息抵达信宿 |
| 图示 | 见图 4-2 |
| 意义 | 该模式使人们能够更精准地研究传播过程中的各个要素和环节，加深了人们对噪音概念的认识，为人类传播的学术课程提供了科学的证明，并将传播研究推向新媒介技术研究 |
| 不足 | ①属于单向线性模式，未能在模式中考虑到人和社会对传播的影响，缺少反馈环节，因此无法完全应用于人类的社会传播。<br>②忽视了讯息的内容、传播的效果等 |

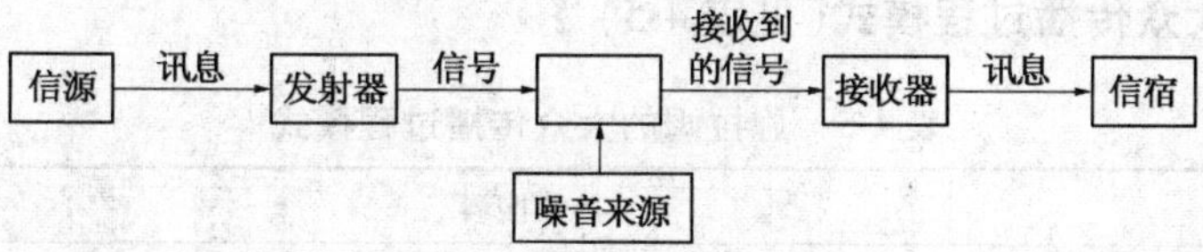


图 4-2　香农—韦弗模式

**【考点拓展】线性模式的缺陷**

线性模式对传播学的研究启发很大，但也有其自身的缺陷，主要包括：

（1）线性模式认为传播过程是起于传者，终于受者的单向、直线的过程，把二者的角色、关系和作用固化，没有信息的回路和反馈，不能发生角色的转换。

（2）线性模式将传播过程看作是与周遭环境不发生互动的静态过程，不考虑人的主观能动性，忽视了社会对传播的客观制约性。

## 考点三：传播过程的双向传播模式 ★★★★★

## 1. 奥斯古德与施拉姆的循环模式（见表 4-4）

**表 4-4　奥斯古德与施拉姆的循环模式**

| 要点 | 具体内容 |
|---|---|
| 简介 | 该模式由 C. E. 奥斯古德首创，施拉姆受奥斯古德观点的启发，在《传播是怎样运行的》（1954）一文中提出 |
| 基本内容 | 传播者中的一方在发出最初的传播讯息之后，就同样以译码者、释码者、编码者的身份加入传播过程。受传者也如此。其主要任务是：对所收到的讯息进行译码以理解其意义，在发出讯息前进行一定的编码以生产意义。传播就是一个在传播者之间持续进行的讯息互动过程 |
| 图示 | 见图 4-3 |
| 意义 | 强调了社会传播的双向性和互动性，较适用于人际传播 |

续表

| 要点 | 具体内容 |
|---|---|
| 不足 | ①这个模式传达了一种在传播中传受双方地位平等的错觉，但实际上，由于双方在传播资源、传播能力、社会地位上的差别，以及受传播场合等因素的影响，传播往往是相当不平衡的。<br>②该模式体现了人际传播特别是面对面传播的特点，不适用于大众传播 |

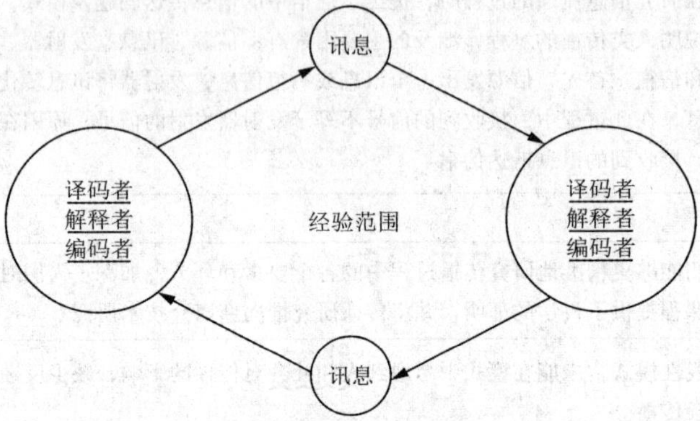


图4-3　奥斯古德与施拉姆的循环模式

## 2. 施拉姆的大众传播过程模式(见表4-5)

表4-5　施拉姆的大众传播过程模式

| 要点 | 具体内容 |
|---|---|
| 基本内容 | ①这一模式的中心是媒介组织，它执行着编码、释码和解码的功能。<br>②媒介组织每天收集大量新闻信息，经记者、编辑等加工整理成媒介产品，发送给受众。<br>③受众是由个体组成的，但绝大部分个体又分别属于不同的初级群体和次级群体，他们会受到群体的影响，在群体内对讯息进行再解释(反馈)。而大众媒介的内容经过个人和群体的过滤后，能产生最大的影响 |
| 图示 | 见图4-4 |
| 意义 | 一定程度上体现出社会传播过程的相互连结性和交织性，标志着传播模式研究从一般传播过程模式走向了大众传播过程模式，大众传播开始被看成社会的有机组成部分 |

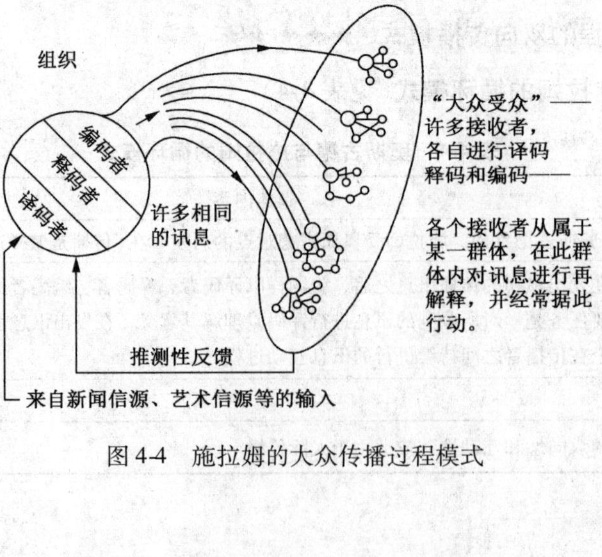


图4-4　施拉姆的大众传播过程模式

### 3. 德弗勒的互动过程模式(见表4-6)

表4-6 德弗勒的互动过程模式

| 要点 | 具体内容 |
|---|---|
| 简介 | 于《大众传播理论》(1960)一书中提出，在香农—韦弗模式的基础上发展而来 |
| 图示 | 见图4-5 |
| 意义 | ①克服了香农—韦弗模式中单向直线的缺点，加入并突出了"反馈"功能。<br>②深化和拓展了"噪音"的概念，认为"噪音"存在于传播过程的各个环节中。<br>③该模式适用范围普遍，以双向的环形结构体现出信息交流的复杂性，适用于大众传播在内的各种类型的社会传播过程 |
| 不足 | ①没有指出"在大众传播中，信源(传播者)只能从受众处获得有限的或间接的反馈"。<br>②没有指出针对传播者行为的是评价性或意见性的反馈信息。<br>③没有超出从过程本身或从过程内部来说明过程的范畴 |

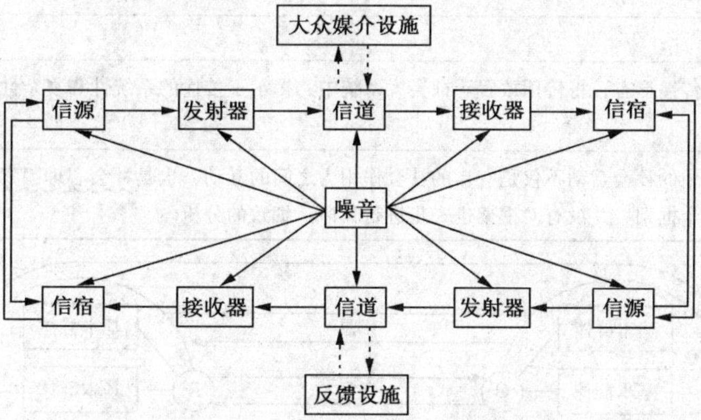


图4-5 德弗勒的互动过程模式

**【考点拓展】韦斯特利—麦克莱恩模式**

韦斯特利—麦克莱恩模式是指1957年，美国传播学者韦斯特利和麦克莱恩通过整理当时已有的研究成果，提出的适合于大众传播研究的、有系统的模式。这一模式引入了第二种传播者(即信息渠道角色)的概念，指出大众传播是经过选择，而且是经若干阶段选择进行的。该模式说明了大众传播过程中的把关人及其多重把关性，并且指出反馈的重要性，其不足之处有：①认为三个参与者之间是平衡的、互利的，整个系统完全自我调节。但在传播过程中三个参与者之间是很少平衡的。②它夸大了大众传播过程的一体化程度，而现实中，每一方都会追求各自不同的目标。③它过分强调了传播者对社会的独立性。

## 考点四：社会传播中的系统结构 ★★★★

### 1. 传播过程研究与传播系统研究(见表4-7)

表4-7 传播过程研究与传播系统研究

| 要点 | 具体内容 |
|---|---|
| 传播过程研究 | 探索传播过程中的微观环节和要素，揭示传播过程的内部机制 |

续表

| 要点 | 具体内容 |
| --- | --- |
| 传播系统研究（传播总过程研究） | 考察传播的宏观环境 |

**2. 社会系统模式**

(1)赖利夫妇的传播系统模式，见表4-8。

**表4-8 赖利夫妇的传播系统模式**

| 要点 | 具体内容 |
| --- | --- |
| 基本内容 | 由赖利夫妇于1959年从社会学角度提出，该模式解释了基本群体在传播过程中的作用。传播过程中，传播者和受传者都是独立的个体系统，有其内在活动及特点，个体之间的联系形成了人际传播，在各自的群体系统中又形成了群体传播，都受到基本群体的影响而用特定的方式去编码和解码。基本群体也不是在社会真空中发挥作用，而是一个更大的社会结构的组成部分 |
| 图示 | 见图4-6 |
| 优点 | 包含多种传播形态，将传播放置于社会大系统中，揭示了传播的系统性和复杂性，有利于全面把握社会传播 |
| 不足 | 传播过程中的社会互动不仅是有形的社会作用力之间的互动，也是社会心理因素之间的互动。该系统模式仅是一个框架，并没有对框架进一步进行具体、细致的分析 |

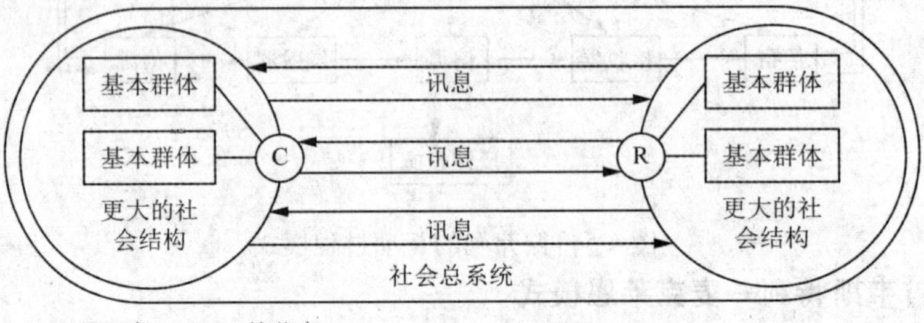


图4-6 赖利夫妇的传播系统模式

(2)马莱兹克的大众传播场模式，具体见表4-9。

**表4-9 马莱兹克的大众传播场模式**

| 要点 | 具体内容 |
| --- | --- |
| 简介 | 1963年，德国学者马莱兹克在《大众传播心理学》一书中提出大众传播过程的系统模式，开创了完全不同的研究角度 |
| 基本内容 | ①从社会心理学角度研究大众传播，把传播过程分为四个结构要素：传播者、信息、媒介、受传者，认为大众传播过程是众多结构要素构成的复杂的社会过程。<br>②指出了大众传播的社会制约性和心理变量。<br>③把大众传播看作是包括社会心理因素在内的各种社会影响力交互作用的“场”，这个系统的每个主要环节都是这些因素或影响力的集结点 |

续表

| 要点 | 具体内容 | |
|---|---|---|
| 图示 | 见图 4-7 | |
| 影响因素 | 影响传播者的因素 | 见图 4-8 |
| | 影响接收者的因素 | 见图 4-9 |
| | 其他影响因素 | ①接收者与传播者相互之间的形象。<br>②来自接收者的自发性反馈 |
| 意义 | 既指出了传播过程的社会制约性，也指出了其中的心理变量。分析更系统、全面，且更具社会性 | |

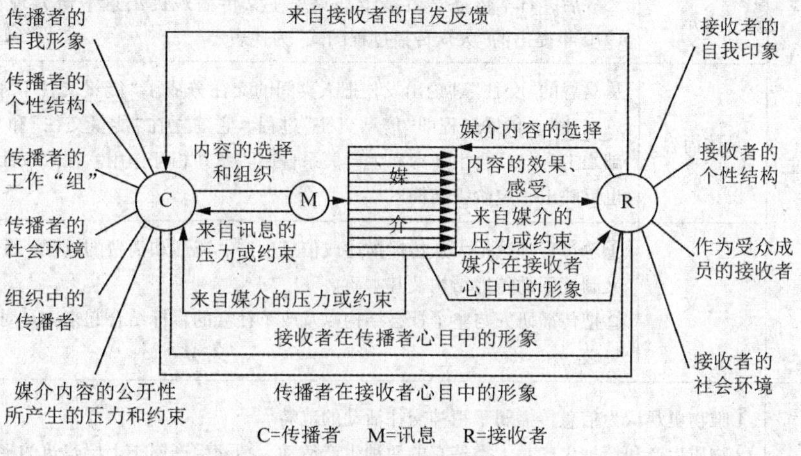


图 4-7 马莱兹克的系统模式

影响传播者的因素：
- 传播者的自我形象
- 传播者的个性结构
- 传播者的工作“组”，即“群体”
- 传播者的社会环境
- 媒介组织中的传播者
- 由媒介内容的公开性所产生的压力和约束
- 来自媒介的压力和约束
- 来自讯息的压力和约束

图 4-8 影响传播者的因素

影响接收者的因素：
- 接收者的自我形象
- 接收者的个性结构
- 接收者的社会环境
- 作为公众成员的接收者
- 来自媒介的压力或约束
- 接收者心目中的媒介形象

图 4-9 影响接收者的因素

**【考点拓展】德弗勒大众媒介系统依赖模式**

德弗勒认为大众媒介是一个信息系统，它在社会、群体和个体三个层次积极参与社会行动。这个模式中的受众、媒介体系和社会体系是决定大众媒介效果出现的条件，这三个要素之间是相互联系的。大众媒介因条件、社会环境不同，在数量、多样性、可靠性及权威性等方面都有所不同，与社会具有不同的生存依赖关系，其功能也会有所不同。媒介系统通过与个人、人际网络、组织和社会系统结成的复杂依赖关系已成为当今社会延续所必不可少的一个信息系统。

**考点五：社会传播总过程理论(见表 4-10) ★**

**表 4-10　社会传播总过程理论**

| 要点 | 具体内容 | |
|---|---|---|
| 日本的传播总过程研究 | 简介 | 二战后，日本传播学者基于马克思主义传播观提出这一研究理论，以田中义久 1970 年提出的“大众传播过程图式”为代表 |
| | 具体内容 | 从马恩的“交往”理论出发，把人类间的交往分成了“能量交往”“物质交往”和“信息交往”。传播过程即“信息交往”过程，它建立在“能量交往”和“物质交往”的基础之上，与社会生产力和生产关系普遍联系并相互作用。在阶级社会中，社会传播也反映出一定阶级结构 |
| | 意义 | ①总过程理论把大众传播描述成信息生产、流通和消费的过程，深刻剖析了资本主义制度下的传播结构及其本质。<br>②把传播研究与整个社会结构以及改革社会的目标结合起来，是对行为主义框架的突破 |
| 唯物史观下的社会传播总过程 | ①唯物史观认为信息传播属于精神交往活动的范畴。<br>②物质生产和精神生产是人类特有的两种生产活动，精神生产属于上层建筑的生产和再生产，同时受到经济基础规律和上层建筑规律的制约，且后者更为直接。<br>③精神生产过程中也存在着生产力和生产关系的辩证运动。<br>④人与人之间的传播关系只有放在更宏观的背景下，与社会精神生产和精神交往联系起来加以研究考察，才能揭示其实质。<br>⑤传播关系中同样存在着生产、分配、交换、消费四个环节，这些环节相辅相成，共同推动社会传播(“总体”过程)的运动。这一观点也体现了辩证唯物论关于社会传播过程的系统观 | |

# 4.2　课后习题详解

**1. 传播过程有哪些基本构成要素?**

**答：**参见本章考点难点归纳相关内容。

**2. 拉斯韦尔的“5W”模式的意义是什么？它有什么缺陷?**

**答：**参见本章考点难点归纳相关内容。

**【真题链接】**

(1)阐述 H. 拉斯韦尔“5W”的传播模式，并论述他对传播学的贡献。(北邮 2010 年研)

(2)简述拉斯韦尔的 5W 模式。(上海交大 2017 年研；中南大学 2017 年研；上海大学 2016 年研；复旦大学 2013 年研)

(3)举例说明拉斯韦尔模式。(上外 2018 年研)

(4)简述1948年拉斯韦尔在《传播在社会中的结构与功能》中提出的传播过程模式。(西安工程2019年研)

(5)简述拉斯韦尔“5W”模式的理论内涵。(上海交大2020年研)

(6)用5W结构简述新闻媒体技术对时尚传播的影响。(东华大学2021年研)

**3. 简述奥斯古德和施拉姆的循环模式。**

**答：** 参见本章考点难点归纳相关内容。

**4. 简述传播过程的特点。**

**答：** 传播是由多种要素及其相互关系组成的动态的有结构的信息流动过程，因此传播过程具有动态性、序列性、结构性的特点。

(1)动态性。

①形式上：在特定渠道中信息是流动的。

②实质上：传受双方意义或精神内容的双向互动，即作用与反作用。

(2)序列性。

在传播过程中，各个要素和环节按照先后次序发挥作用，根据信息的流向顺次执行功能。

(3)结构性。

①总体结构：传播过程中各要素、各环节之间相互联系，时间上有先后次序、形态上属于链式连结。

②深层结构：传播的传受双方都可担任译码者、释码者和编码者，是三者的统一体，信息则作为符号和意义的统一体。

**【真题链接】** 传播过程具有哪些特点？(华农2012年研)

**5. 简评赖利夫妇的传播系统模式。**

**答：** 参见本章考点难点归纳相关内容。

**6. 什么是社会传播的总过程理论？**

**答：** 参见本章考点难点归纳相关内容。

**【真题链接】** 试对社会传播的总过程理论进行述评。(电子科大2013年研)

**7. 田中义久的“大众传播过程图式”有什么特点？**

**答：** 田中义久的“大众传播过程图式”是二战后在日本兴起的“社会传播总过程理论”的代表，它集中体现了总过程理论观点，是第一个基于唯物史观的系统模式。

该图式有以下特点：

(1)把传播建立在物质交往和能量交往的基础之上，宏观考察传播过程。

(2)是首个基于唯物史观的传播系统模式，强调传播活动受传播主体的日常社会条件或环境背景的制约和影响。

**【真题链接】** 浅析田中义久的大众传播总过程图式。(华农2013年研)

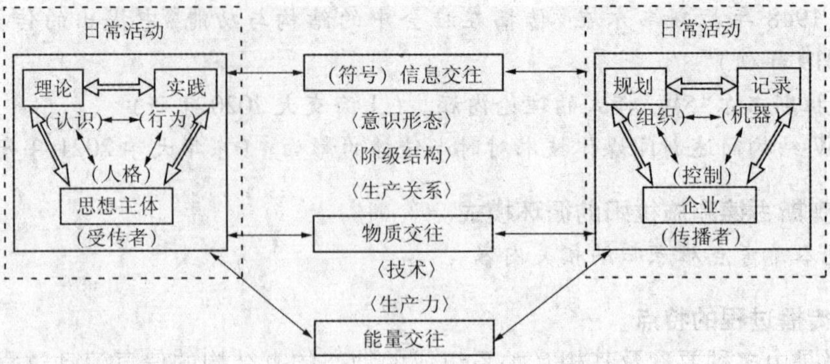


**8. 用唯物史观看问题，应该如何把握社会传播的总过程?**

答：参见本章考点难点归纳相关内容。

## 4.3 考研真题与典型题

### 4.3.1 概念题

1. 传播者(上海大学2005年研)

2. 讯息(message)(中传2015年研；北邮2008年研)

相关试题：信息与讯息(人大2014年研)

3. 模式(厦门大学2005年研)

4. 5W模式(拉斯韦尔模式)(上海大学2016年研；首都师大2013年研；上海财大2010年研)

相关试题：拉斯韦尔(安徽大学2021年研；辽宁师大2021年研)

5. 反馈(中南大学2020年研)

6. 噪音

7. 循环模式(人大2004年研)

8. 韦斯特利—麦克莱恩模式(清华大学2017年研；中传2015年研)

### 4.3.2 简答题

1. 简述香农的传播模式。(北邮2011年研)

2. 简述施拉姆的大众传播过程模式。(电子科大2011年研；北邮2009年研)

相关试题：施拉姆循环模式的内容和意义、局限。(湖南师大2021年研)

3. 简述德弗勒的互动过程模式。(四川大学2006年研)

4. 利用马莱兹克大众传播模式分析一个具体的信息传播行为。(电子科大2014年研)

相关试题：简述马莱兹克模式。(华科2006年研)

5. 请画出韦斯特利—麦克莱恩模式并阐释其含义。(清华大学2005年研)

### 4.3.3 论述题

1. 分析说明线性传播过程模式的缺陷。(西安工程2017、2013年研)

相关试题：简述传播过程直线性模式的贡献及不足。(电子科大2013年研)

2. 传播模式经历了从直线模式、循环模式到系统模式等变化过程，请从传播模式发展变化的角度，分析传播思想的变迁与进步。(黑龙江大学2014年研；武汉理工2007年研)

## 4.4 考研真题与典型题详解

### 4.4.1 概念题

**1. 传播者**(上海大学2005年研)

**答：**传播者又称信源，指传播内容的发送者，是信息传播链条的第一个环节。传播者主要解决“传播什么”和“如何传播”的问题，因此，传播者不仅决定着传播过程的存在与发展，而且决定着信息内容的质量、数量与流向。传播者可以是个人，也可以是一个组织。

**2. 讯息(message)**(中传2015年研；北邮2008年研)

**相关试题：信息与讯息**(人大2014年研)

**答：**讯息(message)是指由一组相互关联的有意义的符号组成，能够表达某种完整意义的信息。传播者与受传者通过信息发生意义的交往，进行社会互动。讯息一词，在中文中也译成“消息”“文告”等等，它与信息意思相近又有微妙的区别。信息是讯息的抽象量，讯息是信息的载荷者；讯息是具体的，信息是抽象的，讯息能够表达完整的意义。在传播学研究中，学者们通常使用“讯息”的概念以强调社会传播互动的意义完整性。

**3. 模式**(厦门大学2005年研)

**答：**模式是科学研究中详细解释对象的一种方法，通常以图形或程式的方式呈现。这种方法具有以下双重性质：①模式与现实事物相对应，是对现实事物的一种抽象化和定理化描述；②模式与一定的理论相对应，是对理论的一种解释或素描，一种理论可以对应多种模式。模式虽然具有抽象性和不完全性，但它有助于人们理解事物、探讨理论。

**4. 5W模式(拉斯韦尔模式)**(上海大学2016年研；首都师大2013年研；上海财大2010年研)

**相关试题：拉斯韦尔**(安徽大学2021年研；辽宁师大2021年研)

**答：**参见本章考点难点归纳相关内容。

**5. 反馈**(中南大学2020年研)

**答：**反馈，即受传者对传播者的反作用，指受传者对接收到的讯息所做出的反应。在人类传播活动中，受传者接受讯息后，运用代码将自己的感受、评价以及愿望和态度向传播者所作出的反应。反馈能够操纵、规范整个传播行为，是传播过程中不可或缺的要素，它是社会传播双向性和互动性的重要体现，其速度和质量依媒介渠道的性质而有不同。

**6. 噪音**

**答：**“噪音”最先使用在无线电通信的研究中，泛指那些不符合信息本来意义而又附着在信号上的意义或物理形式。在传播学中，噪音是指任何干扰讯息传递的东西。噪音的概念最早由香农提出，德弗勒对其进一步扩展。噪音的存在会使传播的信息发生衰减或失真现象，如电视节目信号播出后发生的图像扭曲、声音断续等都是受到噪音干扰所致。社会传播的过程中，虚假、捏造、歪曲的信息都是噪音干扰的结果，加大正面信息的传播量和传播次数、揭露虚假信息等是社会传播中消除噪音干扰的主要做法。

**7. 循环模式**(人大2004年研)

**答：**循环模式是施拉姆在奥斯古德观点的基础上于1954年在《传播是怎样运行的》一文中提出的过程模式，该模式是控制论模式的典型代表。它将传播看作是传播者和受传者对等的过程，认为传受双方在传播的不同阶段依次担当编码者、译码者、释码者，传播信息、分享信息和反馈信息的过程是循环往复、持续不断的。该模式克服了以往单向直线模式的缺陷，强调传播过程的双向性和互动性。然而，该模式存在以下两点不足：①它把传受双方放在完全对等的关系中，与现实情况不符；②它能体现人际传播特别是面对面传播的特点，却不适用于大众传播过程。

**8. 韦斯特利—麦克莱恩模式**(清华大学2017年研；中传2015年研)

**答：**参见本章考点难点归纳相关内容。

### 4.4.2 简答题

**1. 简述香农的传播模式。**(北邮2011年研)

**答：**参见本章考点难点归纳相关内容。

**2. 简述施拉姆提出的大众传播过程模式。**(川大2020年研；电子科大2011年研；北邮2009年研)

**相关试题：施拉姆循环模式的内容和意义、局限。**(湖南师大2021年研)

**答：**施拉姆的大众传播过程模式充分体现了大众传播的特点。该模式的中心是媒介组织，它执行着编码、释码和解码的功能；媒介组织每天收集大量新闻信息，经记者、编辑等加工整理成媒介产品，发送给受众。受众是由个体组成的，但绝大部分个体又分别属于不同的初级群体和次级群体，他们会受到群体的影响，在群体内对讯息进行再解释。而大众媒介的内容经过个人和群体的过滤后，能产生最大的影响。施拉姆的这个模式在一定程度上揭示了社会传播过程的相互连结性和交织性，标志着传播模式研究从一般传播过程模式走向了大众传播过程模式，标志着大众传播开始被作为社会的有机组成部分。

**3. 简述德弗勒的互动过程模式。**(四川大学2006年研)

**答：**(1)德弗勒的互动过程模式的基本内容。

德弗勒的互动过程模式是在香农—韦弗模式基础之上发展而来的一种传播过程模式，它克服了香农—韦弗模式单向直线的缺点，加入并突出了"反馈"功能，使传播过程更符合人类传播的互动特点。同时，这个模式还深化和拓展了"噪音"的概念，认为"噪音"存在于传播过程的各个环节中。德弗勒的互动过程模式适用范围普遍，包括大众传播在内的各种类型的社会传播过程。

(2)德弗勒的互动过程模式的不足。

该模式没有超越从过程本身来说明传播过程的范畴。事物的运动过程在受内部因素影响的同时，还要受外部条件或外部环境的制约。德弗勒的互动过程模式只提到了"噪音"这一外部因素，但除了“噪音”以外，影响传播过程的外部条件和环境因素还有很多。

**4. 利用马莱兹克大众传播模式分析一个具体的信息传播行为。**（电子科大 2014 年研）

**相关试题：简述马莱兹克模式。**（华科 2006 年研）

**答：**（1）马莱兹克大众传播模式。

参见本章考点难点归纳相关内容。

（2）马莱兹克模式的具体案例分析。

从 2009 年底山东卫视开播《爱情来敲门》以来，新一轮内地电视相亲节目拉开了序幕，电视相亲节目作为一种大众消费文化的新形式，得到了受众的青睐。从传播学角度入手，运用马莱兹克系统模式，可以分析出电视相亲节目热播的原因：

①传播者所面对的社会环境因素。当今社会正处于文化多元并存的时代。各种主流价值观和非主流价值观的冲突和矛盾日益突出，再加上西方一些追求自我享乐价值观的影响，人们已对传统价值观中的很多元素重新认识。时下的电视相亲节目，刚好与消费主义时代下的婚恋价值观一拍即合，于是受众表现出了极大的收视兴趣。这一社会环境因素是各大电视作为传播者设计此类节目迎合受众需求的重要原因。

②受众的心理因素。受众在接受传媒传播的信息时，会因自己的经济状况、受教育程度以及种种潜在的心理因素的影响，而改变自己的信息接收状况。而这其中最突出的便是猎奇心理和窥探心理。电视相亲节目中由话题而引申的价值观层面上的冲突和碰撞，似乎恰巧满足了受众的猎奇心理。受众在一轮接一轮的留灯和灭灯的“剧情”变化中，窥探着场上男女嘉宾向对方示好时以及最终选择结果揭晓时的心理变化。

③节目本身的视听因素。现在所有流行的电视相亲节目，无一例外地注重嘉宾的出场方式、形象特征等，增加了节目的视觉冲击。此外，节目中随着“剧情”进行的不同阶段，会出现渲染不同气氛和场景的音乐，给受众以极大的情感共鸣，增强了节目的现场表现力。

**5. 请画出韦斯特利—麦克莱恩模式并阐释其含义。**（清华大学 2005 年研）

**答：**韦斯特利—麦克莱恩大众传播模式是指 1957 年美国传播学者韦斯特利和麦克莱恩通过整理当时已有的研究成果，提出的适合于大众传播研究的、有系统的模式。如图 4-10 所示。

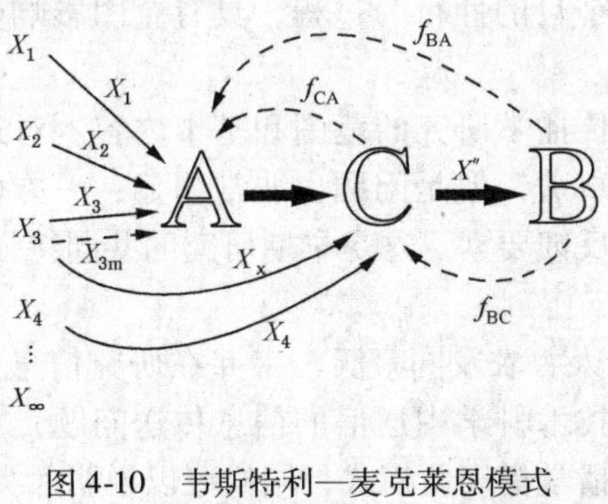


图 4-10 韦斯特利—麦克莱恩模式

韦斯特利—麦克莱恩模式的目的是想以保有以前那些简单模式的特点——传播双方与外界事物有着密切联系的方式，来达到反映大众传播复杂性的效果。

(1)这个模式包括以下五个要素:

①X 是社会生活中可以被感知、能够为大众媒介所传播的事物。

②A 是具有一定目的性的传播者。它既可以由个人,也可以由组织来承担。

③C 是传播的中介和渠道,由媒介组织及其成员承担。他们既可以在数量众多的 A 中依据自己所设想的受众需要和兴趣选择信息,也可以直接在 X 中进行这种选择。C 为 B 充当信息选择代理人的角色,同时也在一定程度上服务于 A。

④B 表示受众。他们因生活的需要而必须获取和应用来自 C 的信息。

⑤f 表示反馈。其中 fBA 是受众 B 向传播者 A 发出的反馈,fBC 是受众 B 向媒介组织 C 表达的反馈。C 作为守门人在选择信息时要受到来自 B 的反馈的影响。fCA 是媒介对信息来源 A 发出的反馈,这种反馈可能会鼓励、改变乃至抵制 A 的意图。

(2)这个模式的特点如下:

①信息选择具有多样性。传播来源可以在各种事件中进行选择;大众传播媒介可以在各种信息来源中选择,也可以在各种事件中直接进行选择。

②传播系统具有自动调节性。社会上数量众多的大众媒介间存在着激烈的竞争,在这种竞争的过程中,它们之间也互相取长补短、自动调节,以适应社会优胜劣汰的发展机制。

③信息反馈具有重要性。只有反馈才能真正保证传播过程中所有要素间关系的系统性。

### 4.4.3 论述题

**1. 分析说明线性传播过程模式的缺陷。**(西安工程 2017、2013 年研)

**相关试题:简述传播过程直线性模式的贡献及不足。**(电子科大 2013 年研)

**答:**线性传播过程模式一般指视传播过程为单向流动的观点,这种观点主要集中在早期传播学研究中,其中代表性的有拉斯韦尔模式和香农—韦弗模式。

(1)代表性线性传播模式。

①拉斯韦尔模式。

1948 年,哈罗德·拉斯韦尔在其《传播在社会中的结构与功能》一文中提出,传播过程就是:谁说了什么、通过什么渠道对谁、取得了什么效果。这一文字模式的提出,引起人们的关注,此模式被视为经典模式,人们称之为"拉斯韦尔公式"。从拉斯韦尔的这一模式中可以看出:传播过程是一个目的性行为过程,具有企图影响受众的目的。因此说他的传播过程是一种说服过程。

拉斯韦尔的模式奠定了传播学研究的范围和基本内容。对过程中的每个环节都可以进行独立的研究。该模式功绩卓著,但是问题也非常明显:一方面,它过高地估计了传播的效果;另一方面,它忽视了反馈要素。这是早期研究的共同特征。

②香农—韦弗模式。

1949 年,信息论的创始人香农及同事沃·韦弗在研究信息流通的过程时,提出了通信的数学原理。他们研究的是技术科学中通信的信息传送问题,本来是一个与社会系统无关的纯技术性模式。后来的传播学借用此模式,同样可以说明人类传播的过程。

香农—韦弗模式把传播描述为一种直线、单向的过程,使传播学者认识提高一步,使人们能够更精确地研究传播过程中的具体环节。但他们的模式也有自身的缺陷:他们未能在模式中更多地顾及人的因素、社会因素，忽视了讯息的内容、传播的效果等等。可以理解的是他们进行的这项研究本身就是技术科学的问题。

(2)线性传播过程模式的缺陷。

以拉斯韦尔模式、香农—韦弗模式为代表的一批线性传播过程模式，给传播学的研究启发很大。然而，不可避免地也具有明显的缺陷，主要的不足表现在：

①将传播过程视为起于一点、止于另一点的直线、单向的过程。没有信息的回路与反馈。

②将传播过程视为非环境互动的静态过程。即传播过程只是内部发生的活动，不考虑人的主观能动性，同时不与传播所生存的环境进行任何交换，忽视社会的客观制约性。

**2. 传播模式经历了从直线模式、循环模式到系统模式等变化过程，请从传播模式发展变化的角度，分析传播思想的变迁与进步。**（黑龙江大学2014年研；武汉理工2007年研）

**答：**模式是科学研究中详细解释对象的一种方法，通常以图形或程式的方式呈现。模式是对相应现实事物的抽象化和定理化，是对相应理论的一种解释和素描。因此，传播模式的发展变化印证了传播思想的变迁和进步：

(1)直线模式与线性传播思想。

直线模式或称“5W”模式、拉斯韦尔程式。这“5W”分别是Who(谁)、Says what(说了什么)、In which channel(通过什么渠道)、To whom(向谁说)、With what effect(有什么效果)。拉斯韦尔程式第一次将传播活动明确地表述为由五个环节和要素构成的过程。该模式虽考虑到了传播效果，却没有为受传者提供一条反馈渠道，因而这个模式没有揭示人类传播的双向性和互动性，也忽略了社会环境对传播的影响。

(2)循环模式下的传播思想。

认识到直线模式的局限性，1954年，施拉姆受C. E. 奥斯古德的观点的启发，在《传播是怎样运行的》一文中提出循环模式，该模式与直线模式有明显的不同：该模式认为，传播者中的一方在发出最初的传播讯息之后，就同样以释码者的身份加入传播过程。传播者也就是释码者，其主要的任务是：对所收到的讯息进行译码以理解其意义，在发出讯息前进行一定的编码以生产意义，传播就是一个在传播者之间持续进行的讯息互动过程。

该模式的不足在于：①该模式虽然传达了传受双方的平等，但实际上由于双方在传播资源、传播能力等方面存在差别，传播往往不平衡。②这个模式适用于人际传播特别是面对面传播，却不能适用于大众传播的过程。在此模式下的传播思想引入了反馈的概念，把传播看成一个循环、平衡的自我调节系统，一定程度上重视了受众的地位及其能动性对传播效果的影响，但仍然未能认识到传播过程中社会背景的制约。

(3)系统模式对社会背景的考量。

直线模式与循环模式只考察了微观单一的传播过程，并不能揭示社会传播的总体面貌。1959年美国的赖利夫妇提出了传播系统模式，该模式解释了基本群体在传播过程中的作用。传播过程中无论是传播者还是受传者都受到基本群体的影响而用特定的方式去编码和解码。基本群体也不是在社会真空中发挥作用，而是一个更大的社会结构的组成部分。

从系统模式中可以看到社会传播微观、中观和宏观的各种系统，每个系统既相对独立，又与其他系统普遍联系和相互作用，既受到其内部机制的制约又受到外部环境和条件的广泛影响。系统传播模式将传播放置于社会大系统中，揭示了传播的系统性，使传播制度环境和媒介规范理论研究得以重视，丰富了传播思想。

归纳而言，从直线模式、循环模式到系统模式，人们对传播过程的认识经历了从单向、孤立、封闭到双向或多向、联系、开放的过程，是传播学由微观视角向宏观视角发展、逐渐摆脱简单化的过程。在系统模式下，对传播的研究必须综合考虑微观和宏观的各种要素，在复杂多元的视角下考察人类传播活动和传播系统的运行，体现了传播过程模式研究的不断发展与完善，同时也体现了大众传播思想的不断变迁与进步。

# 第五章　人内传播与人际传播

## 5.1　复习笔记

【知识框架（庖丁解牛）】

- 人内传播与人际传播
  - 人内传播
    - 概念
    - 关联要素
    - 特点
    - 具体形式——内省式思考
    - 两种主要理论
      - “主我与客我”理论
      - “自我互动”理论
    - 个人信息处理的基模理论
  - 人际传播
    - 概念
    - 特点
    - 分类
    - 基本动机
      - 认识自我的需要
      - 与他人简历和谐关系
      - 控制周围环境
      - 情感沟通需求
    - 社会功能
  - “镜中我”理论

【本章概要】

本章主要论述了人内传播与人际传播的相关知识。本章考点以名词解释以及简答题为主，在学习时，需要着重对人内传播、人际传播、“镜中我”理论等内容加以把握，并深入了解人内传播的特点、“主我与客我”理论、“自我互动”理论、“详尽分析可能性”理论、个人信息处理的基模理论等内容。

【考点难点归纳（厚积薄发）】

**考点一：人内传播　★★★★**

**1.　人内传播**（见表5-1）

表5-1　人内传播

| 要点 | 具体内容 | |
|---|---|---|
| 概念 | 又称内在传播、内向传播或自我传播，指个人接受内在或外在刺激，经大脑处理，最后做出反应的过程，是“主我”与“客我”之间双向互动的社会过程 | |
| 关联要素 | 内在刺激 | 指来自身体内部，通过神经传导至大脑进行的处理，最终做出的相应的反应 |
| | 外在刺激 | 指来自身体外部环境的刺激，包括意识层面上被感知的显性刺激和在潜意识中被感知的隐性刺激 |
| 特点 | ①传受双方皆为同一个人，是规模最小的传播类型，但也有完整的传播流程。<br>②人内传播虽然是人体内部的信息交流活动，但它不是孤立的。它本质上是对社会实践活动的积极能动的反映，具有鲜明的社会性和实践性，其他一切传播活动均以人内传播为基础。<br>③信息方式多样，社交线索丰富，可以及时获得大量反馈 | |
| 具体形式：内省式思考 | ①内省式思考指一个人遇到困难，既有的行为方式难以克服困难时才会出现的自我反思活动，是一种短期的、以解决现实问题为目的的自我反思活动。<br>②横向来看，内省式思考的过程是开放的，与他人和外在环境有着密切联系，是重构自我与他人关系的过程。<br>③纵向来看，内省式思考是一个将过去与未来联系起来的、纵向发展和创造的过程 | |

【考点拓展】人内传播的形式

人的内向传播与人的心理活动是基本上重叠在一起的。借鉴心理学家的观点，从信息传播的角度分析人类的心理活动，可以将人内传播分为以下形式：①感觉和知觉；②记忆；③思维；④想象；⑤情绪和感情。

**2. 作为社会心理过程的人内传播的两种主要理论**(见表5-2)

表5-2　作为社会心理过程的人内传播的两种主要理论

| 理论名称 | 简介 | 具体要点 |
|---|---|---|
| “主我与客我”理论 | 指美国米德[社会心理学家]最早从传播的角度对人的自我意识及其形成过程进行系统研究的理论 | ①米德把自我区分为“主我(I)”和“客我(me)”。“客我”是自我的客体化，是个人对他人的社会评价和社会期待的认知和认同。“主我”则是自我的主体性，是自我作为意愿和行为主体，对“客我”作出反应的冲动性趋势。<br>②思想的过程就是“主我”与“客我”之间的内在对话过程。<br>③人的行为决策受自我意识的影响，这体现了人内传播的社会性、双向性和互动性 |
| “自我互动”理论 | 1969年，由布鲁默[美国社会学家]在《象征互动论》中提出 | ①内容：<br>a. 人们认识和行动的对象不仅包括外界事物和他人，也包括自己。人能够与自身进行互动。<br>b. “自我互动”在本质上是与他人的社会互动的内在化。<br>c. “自我互动”过程具有能动性和创造性。<br>②意义：<br>a. 通过“自我互动”过程，人们更容易理解社会传播与个体自我之间的关系。<br>b. 能够通过与社会、他人的接触不断认识自己，并实现自我发展和提高 |

【考点拓展】印象管理

印象管理是指个体向外在观众和内在观众呈现一种受赞许的形象。该概念由美国社会心理学家欧文·戈夫曼提出。人们通过控制自己的仪表、体态、言谈，以得到他人乃至社会的认可和赞同，并期望起到控制社会交往的结果。具体可以分为获得性印象管理和保护性印象管理等。

**3. 个人信息处理的基模理论**

(1)基模，具体见表5-3。

**表5-3 基模**

| 要点 | 具体内容 |
| --- | --- |
| 概念 | 指人的认知行为的基本模式，又称心智结构、认知结构、认知导引结构 |
| 特点 | ①自然存在，但在人的成长过程中可以发展改造。<br>②是一般化和抽象化的知识分类体系，呈现出层化结构。<br>③是知识、经验的集束，有机地结合了二者及对各种事物之间的关系的认识。<br>④展现出一定的预测和决策控制功能 |
| 分类 | ①个人基模[关系到个体人物]：对特定个体的特点和目标的看法。<br>②自我基模：个人对自我特征的看法。<br>③事件基模[关系到事件程式]：又称剧本，即描述熟悉的实践的程序。<br>④角色基模[关系到社会角色]：根据社会身份、地位产生的期待 |
| 作用 | 不同类型的基模能帮助处理不同类型的信息，影响个人的认识、判断和行为反应 |

(2)关于基模的理论，具体见表5-4。

**表5-4 关于基模的理论**

| 要点 | 具体内容 |
| --- | --- |
| 信息处理过程模式 | 该模式由罗伯特·阿克塞尔罗德[美国学者]提出，具体内容包括：当人们接触到一个新的事件或者信息时，便会触及头脑中的相关基模。如果二者相吻合，人们便会沿用原来的解释。如果不吻合，人们就会进行比较，补充新的信息解释和态度。处理结果也会影响原有的认知基模，对它进行强化或修改。被强化和修改的基模都会作为分析、推理或判断的依据，出现在下一个信息处理过程 |
| “详尽分析可能性”理论 | 该理论由理查德·佩蒂[美国社会心理学家]提出，具体内容包括：<br>①在处理信息时，每个人都会采用两种不同的方式：a. 沿核心路径，用详尽的方式、严谨的思考来处理信息；b. 沿边缘路径，以较为简单粗略的方式来处理信息。当事人的动机和能力会影响路径的选择。<br>②上述两个路径可能同时存在于同一个信息处理过程 |

## 考点二：人际传播(见表5-5) ★★★★

**表5-5 人际传播**

| 要点 | 具体内容 |
| --- | --- |
| 概念 | 是个体之间相互交换精神内容的活动，主要指在两者或两者以上之间进行的面对面的或直接的信息交流活动，直接展现了人与人的社会关系 |

续表

| 要点 | 具体内容 | |
|---|---|---|
| 特点 | ①多种信息形式，社交线索丰富。<br>②及时获得大量反馈。<br>③传受双方角色可互换，双方共同为传播负责。<br>④非制度化传播，目的在于意义共享。<br>⑤受情境影响，包括物质环境与社会环境 | |
| 分类 | 包括：①面对面的传播；②借助某种有形物质媒介的传播 | |
| 基本动机 | 认识自我的需要 | 客观的自我认知有利于个人充分发挥自身能力，人际传播是正确认识自我的重要途径 |
| | 与他人建立和谐关系 | 人是社会动物，只有与他人进行社会协作才能正常生存，要谋求与他人合作，就必须积极与他人进行沟通活动以建立和谐关系 |
| | 控制周围环境 | 人际传播是获取信息的重要渠道，人们通过沟通交流寻求关于生产、生活和社会的有用信息从而进行环境适应决策 |
| | 情感沟通需求 | 与周围的他人进行沟通交流，保持融洽关系，能够满足人的社会性的精神和心理需求 |
| 社会功能 | ①重要渠道：供社会成员之间交流信息。<br>②重要纽带：可实现社会协作。<br>③重要工具：有助于传承社会文化。<br>④影响个人的社会化进程，有利于完善和发展自我。<br>⑤体现了社会物质文明和精神文明 | |

**【考点拓展】社会交换理论**

社会交换理论由霍曼斯[美国社会学家]提出，这一理论将经济学的概念运用于人际传播领域，认为人们因为自我利益的需要而进行人际传播，通过相互的传播活动，获得地位、信息、金钱、感情、荣誉等一系列自己想得到的商品。他认为，人际传播能否发生以及发生的频率和范围，取决于传播双方或多方所能获得的报偿与付出交往的代价大小。按照社会交往理论，处于人际关系中的两个人会不断权衡得失，并试图维持双方关系的均衡，揭示了人际传播中追求回报或报偿的显在的或没有意识到的动机。

## 考点三："镜中我"理论(见表5-6) ★★★★★

**表5-6 "镜中我"理论**

| 要点 | 具体内容 |
|---|---|
| 理论提出 | 由库利[美国社会学家]在1902年出版的《人类本性与社会秩序》一书中提出，这个理论从个人与社会的关系上说明了人际传播的重要性 |
| 三重阶段 | ①感觉阶段：人们想象的是别人对自己的行为和外貌的感觉。<br>②解释(定义)阶段：人们想象的别人对其形象的评价或判断。<br>③自我反映：由上述想象而产生的某种自我感觉 |
| 主要内容 | ①人们通过想象别人对自己的行为和外貌的感觉来理解自己，因为这里的自我正反映了别人的意见，所以叫作"镜中我"。<br>③"镜中我"也是"社会我"，"人们彼此就是一面镜子，映照着对方"。传播是个人社会化的一个方法和途径，传播行为越频繁，其个人的"镜中我"越明晰，也可以更客观地认识自己 |

【考点拓展】约哈里之窗

约哈里之窗由美国心理学家约瑟夫与哈灵顿提出，他们将人们进行自我表露的内容分成四个部分，即开放、盲目、秘密和未知区域(如图5-1)。传播各方的“我”均认为可以公开的信息都集中“开放区域”内；“我”不知道，但是别人知道，看得很清楚的信息置于“盲目区域”内；传播各方的“我”均认为不能公开的纯私人信息在“秘密区域”；传播各方都不知晓的信息置于“未知区域”内。扩大人际间的信息交流就是互动扩大开放区域，缩小未知区域。

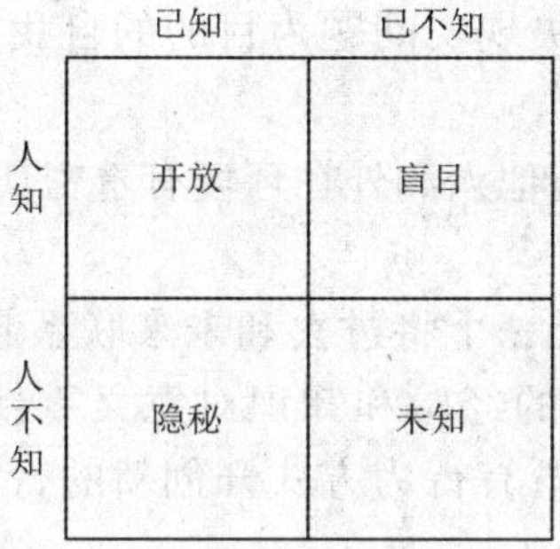


图5-1 约哈里之窗

## 5.2 课后习题详解

**1. 什么是人内传播？如何理解人内传播的性质和特点？**

答：参见本章考点难点归纳相关内容。

**2. 试述人内传播过程的主要环节或要素。**

答：构成人内传播过程的环节和要素如下：

(1)感觉。即将感受器收到的身体刺激转换成大脑可以理解的神经(电)脉冲的过程，分为视觉、听觉、嗅觉、味觉、触觉等，是人内传播的起点。

(2)知觉。指大脑将感觉进行释义的过程，包括确认、解释、整合和分离，也即感觉的集合。知觉的过程可以综合把握事物整体的感性信息。

(3)表象。指通过感知而形成的感性形象。

(4)概念。指在头脑里所形成的反映对象的本质属性的思维形式。把所感知的事物的共同本质特点抽象出来，加以概括，就成为概念，概念都有内涵和外延两个方面，并且随着主观、客观世界的发展而变化。概念是人类进行抽象思维的基础。

(5)判断。指在驾驭表象和概念进行分析的基础上，对事物之间的联系或关系进行定性的思维活动。判断是人们行为决策的基础。

(6)推理。指由一个或几个已知的判断推出新判断的过程。

(7)其他要素。在人内传播过程中，个体的感情和复杂的心理活动也会深刻影响人内传播的过程和结果。

**3. 简述米德的“主我与客我”理论。**

答：参见本章考点难点归纳相关内容。

**4. 简述布鲁默的“自我互动”理论。**

答：参见本章考点难点归纳相关内容。

**5. 为什么说“内省式思考”的过程也是一个社会过程？**

答：内省式思考指一个人遇到困难，既有的行为方式难以克服困难时才会出现的自我反思活动，是一种短期的、以解决现实问题为目的的自我反思活动。内省式思考是一个开放的社会过程，其原因在于：

(1)横向来看，内省式思考与他人和外在环境有着密切联系，是重构自我与他人关系的过程，因此具有社会性。

(2)纵向来看，内省式思考是一个将过去和未来联系起来的、纵向发展和创造的过程。在此过程中，个人调动自己已有的经验和知识对意义重新进行解释、选择、修改和加工，超越既有意义开创新意义、超越既有行为方式开创新的行为方式，这与人的未来发展密切相关。

总而言之，人内传播并不是孤立封闭的，而是一个与社会相联系的活动，人内传播在本质上是人的社会关系和社会实践的反映，它反过来也会影响社会关系和社会实践的发展。因此，人内传播也是一种推动社会发展的强大动力。

**6. 什么是基模或认知基模？它有哪些特点？**

答：参见本章考点难点归纳相关内容。

**【真题链接】**

(1)简述基模或认知基模的特点。(北大2019年研)

(2)简述个人信息处理基模。(吉林大学2021年研)

**7. 简述阿克塞尔罗德基于基模理论的信息处理过程模式。**

答：参见本章考点难点归纳相关内容。

**8. 简述理查德·佩蒂的“详尽分析可能性”理论的内容。什么是信息处理的“核心路径”和“边缘路径”？**

答：(1)“详尽分析可能性”理论的内容：

参见本章考点难点归纳相关内容。

(2)“核心路径”的定义：

“核心路径”是指用详尽的方式、严谨的思考来处理信息，通常发生在信息与个人关联度较大、有较高的认知需求的情境中。

(3)“边缘路径”的定义：

“边缘路径”，即以较为简单粗略的方式来处理信息，通常发生在信息与个人关联度较小，认知需求较低的情境中。

**9. 什么是人际传播？它有哪些特点？**

**答：**参见本章考点难点归纳相关内容。

**【真题链接】**

(1)什么是人际传播？请简述人际传播的特点。(首都师大2013年研)

(2)分析说明人际传播的特点。(西安工程大学2017年研)

(3)简述人际传播的定义及其特点。(南京财经2021年研；北京师大2013年研)

**10. 人际传播的基本动机有哪些？**

**答：**参见本章考点难点归纳相关内容。

**【真题链接】**人际传播的主要动机是什么？(华农2010年研)

**11. 从哪些方面理解人际传播的社会功能？**

**答：**人际传播是社会成员交流信息的重要渠道，是实现社会协作的重要纽带，也是传承社会文化的重要工具；它影响个人的社会化进程，有利于完善和发展自我；同时也是社会物质文明和精神文明的重要体现。到目前为止，传播学对人际传播社会功能的研究主要集中在两个领域：

(1)人际传播在个人社会化中的作用：

社会化是指个体在特定的社会文化环境中，学习和掌握知识、技能、语言、规范、价值观等社会行为方式和人格特征，适应社会并积极作用于社会、创造新文化的过程。个人的观念社会化主要包括自我观念的形成和社会观念的形成，社会观念又包括对他人和社会的基本看法、社会价值和行为规范的接受等。人际传播对人的社会化起着重要的作用。其中，相关的代表性研究成果是库利的"镜中我"理论、米德的"主我与客我"理论和法国社会心理学家塔尔德的"社会模仿"理论等，揭示了人际传播对个人社会化过程中的重要影响。

(2)人际传播对大众传播效果的影响：

在这一领域，主要研究成果有"意见领袖"与"两级传播"理论、"创新—普及"理论等。

①拉扎斯菲尔德在"两级传播"理论中提出，大众传播的信息在"流向"一般大众之前，首先要经过"意见领袖"这个中间环节，即形成"大众传播→意见领袖→一般受众"的两级传播格局。其中，意见领袖是指在人际传播中将信息经过自身处理传播给他人的"活跃分子"，他们在大众传播效果形成时起着中介或过滤的作用。

②新事物的创新与普及受人际传播影响。罗杰斯在《创新与普及》一书中指出，在新事物创新与普及的过程中，大众传播被分成信息传递过程、效果或影响的产生和波及过程两个方面，在信息传递过程，尤其是效果产生和波及过程中，人际传播的口耳相传发挥着重要的作用。

**12. 简述库利的"镜中我"理论。**

**答：**参见本章考点难点归纳相关内容。

**【真题链接】**

(1)库利的"镜中我"(the looking-glass self)理论的主要内容是什么？(华农2016年研)

(2)简述库利的"镜中我"理论。(中南大学2020年研；黑龙江大学2014年研)

**13. 为什么说人际传播是“真正意义上的多媒体传播”？**

答：人际传播是个人与个人之间相互交换精神内容的活动，主要指在两者或两者以上之间进行的面对面的或直接的信息交流活动，是人与人的社会关系的直接体现。之所以说人际传播是“真正意义上的多媒体传播”，是由于以下方面的原因：

(1)从人际传播特点看，人际传播手段多、渠道广、方法灵活。

(2)从语言的功能看，语言是人际传播的核心媒体。

(3)语言不是自我表达的唯一的媒体，还有体态、表情、眼神、着装、发型等媒体。

**14. 试述姿态的传播功能。**

答：姿态是指人的容貌形态。日本学者船津卫认为，姿态在传播行为中的功能有：

(1)强调语言。例如在说话时挥手、点头等动作来加强语言的力量。

(2)补充语言。当语言难以将信息表达充分时，姿态能够弥补这一缺点。

(3)代替语言。在不方便使用语言说明的情况下，可以利用姿态来传达信息。

(4)控制语言。姿态可以在一定程度上限制语言的效果。

(5)表达超语言的意义。姿态相较于语言来说，有着更强烈的情感表达效果。

**15. 谈谈社会价值规范对自我表达的制约。**

答：社会价值规范对自我表达有一定的制约作用，使人们不能更好地表达主我，而是为了符合社会价值规范，表达客我的方面。一方面，人们为了自身的利益，例如在他人眼中的美好形象，而不得不符合大众潮流地表达自己，而大众潮流往往会慢慢演变成社会规范的隐蔽规范。另一方面，人们在自我表达的时候往往也会受自身的价值标准的限制，并不会过于标新立异。对于由共同价值标准引起的冲突，则很少有人提及，其实冲突既由于不同的价值标准引发，也由相同的价值标准引发。共同的价值标准使人们养成了一种惯性思维，在自我表达的过程中会顾虑很多方面，如表达的方式是否为他人接受，是否能被社会大众所接受。

另外，人们在表达自我的过程中，是以他人为对象和在特定的社会文化环境里进行的。如果超过了普遍认可的社会准则和价值规范的范畴而达到伤风败俗的程度，则会受到他人的蔑视而陷入社会的孤立。因此，社会价值规范对于自我表达的制约更多地体现在其规范作用上。社会价值规范为每个人都提供了一个很好的标准，使人与人之间的相处更加和谐，使社会更加美好。

**【真题链接】**群体规范的社会制约作用。(南京林业2021年研)

## 5.3 考研真题与典型题

### 5.3.1 概念题

1. 自我传播(北大2021年研；人大2015年研)

相关试题：人内传播(华农2011年研；湖南大学2010年研；武汉理工2010年研)

2. 人际传播(华侨大学2021年研；湖北大学2017年研；武汉理工2009年研)

3. 亲身传播(西南大学2021年研；吉林大学2020年研；上海交大2007年研)

4. 主我/宾我(北邮2011年研)

相关试题：主我与客我(大连理工2021年研)

5. “自我互动”理论(西南大学2019年研；华南理工2016年研；南开大学2011年研；厦门大学2010年研)

6. “镜中我”(湖南师大2021年研；华中师大2018年研；安徽师大2016年研；人大2015年研；北京师大2014年研)

### 5.3.2 简答题

1. 网络传播扩大了哪些人际传播功能？

相关试题：在网络时代，人际传播的新趋势。(复旦大学2009研)

2. 谈谈人际传播中的社会渗透理论。(中国地大2017年研)

3. 大众传播与人际传播有何区别？(安徽师大2015年研)

4. 分析人际传播在新闻扩散中的作用。(人大2016年研)

5. 谈谈“社会交换理论”在人际传播中的应用。(河北大学2014年研)

### 5.3.3 论述题

1. 论述社交媒体的发展对人际传播的影响。(北大2018年研)

2. 简论人际传播的虚拟化。

相关试题：

(1)从传播学视角分析现实人际交流与网上人际交流的异同。(华农2008研)

(2)从人际沟通(interpersonal communication，也译作人际传播)视角如何看待当前手机微信沟通？(河北大学2015年研)

3. 中华传统文化中也蕴含着传播的思想，曾子曰：“吾日三省吾身，为人谋而不忠乎？与朋友交而不信乎？传而不习乎？”结合西方传播学理论，结合实例进行分析。(北京师大2014年研)

4. 根据给出的依附模式图，解释人与人交往出现四类心理状态的原因。(人大2013年研)

## 5.4 考研真题与典型题详解

### 5.4.1 概念题

**1. 自我传播**(北大2021年研；人大2015年研)

**相关试题：人内传播**(华农2011年研；湖南大学2010年研；武汉理工2010年研)

**答：**参见本章考点难点归纳相关内容。

**2. 人际传播**(华侨大学2021年研；湖北大学2017年研；武汉理工2009年研)

**答：**参见本章考点难点归纳相关内容。

**3. 亲身传播**(西南大学2021年研；吉林大学2020年研；上海交大2007年研)

**答：**亲身传播是指以语言为主要手段，以人体自身为媒介的个人对个人的传播。亲身传播最常见的是两个人面对面的交谈，可采用的方法主要有：①言语传播，如面对面交谈、远距离电话会谈等；②文字传播，如私人信件、电报、传真、E-mail、手机短信等；③体态语言传播，如手势、眼神、面部表情等；④信号传播，如革命时期地下工作者的窗外悬挂物、海上航行时的信号旗等。亲身传播的最大特点是信息传播有明确的对象，属于定向传播。其好处是传播信息针对性强，反馈快，互动快，可以迅速调整传播内容和方法。不足之处在于传播面窄，传播速度慢，保真度差。

**4. 主我/宾我**(北邮2011年研)

**相关试题：主我与客我**(大连理工2021年研)

**答：**主我和宾我理论是由美国学者米德提出的关于人类自我意识及其形成过程的传播学理论。米德把自我区分为"主我(I)"和"宾我(me)"。"宾我"是自我的客体化，是个人对他人的社会评价和社会期待的认知和认同，"宾我"是自我意识的社会关系性的体现。"主我"则是自我的主体性，是自我作为意愿和行为主体，对"宾我"作出反应的冲动性趋势。人的思维、内省过程就是"主我"与"宾我"之间的内在对话过程。人的行为决策受自我意识的影响，这体现了人内传播的社会性、双向性和互动性。

**5. "自我互动"理论**(西南大学2019年研；华南理工2016年研；南开大学2011年研；厦门大学2010年研)

**答：**参见本章考点难点归纳相关内容。

**6. "镜中我"**(湖南师大2021年研；华中师大2018年研；安徽师大2016年研；人大2015年研；北京师大2014年研)

**答：**参见本章考点难点归纳相关内容。

### 5.4.2 简答题

**1. 网络传播扩大了哪些人际传播功能?**

**相关试题：在网络时代，人际传播的新趋势。**(复旦大学2009研)

**答：**人际传播是个人与个人之间相互交换精神内容的活动，主要指在两者或两者以上之间进行的面对面的或直接的信息交流活动，是人与人的社会关系的直接体现。网络传播的特性扩大了人际传播功能，具体表现如下：

(1)传递信息功能。计算机网络的建构使信息的传递和共享更方便，人们不出家门便能尽知天下事，扩大了人际传播中获取信息、传递信息的功能。

(2)协调人际关系功能。网上人际传播成本低且更方便快捷，在计算机网络这个虚拟空间，人们可以自由地进行信息交流，联络感情、协调人际关系。

(3)调节情绪、满足心理需求功能。网络传播的匿名性给信息的发送者带来一种安全感，使得人际传播的调节情绪、满足心理需求功能得到了淋漓尽致的发挥。基于文本的网络传播，给信息的接收者留下了巨大的想象空间。

**2. 谈谈人际传播中的社会渗透理论。**(中国地大2017年研)

**答：**人际传播中的社会渗透理论由欧文阿特曼以及达尔马斯泰勒提出，指个体之间从表面化的沟通到亲密的沟通而经历的关系发展过程，强调了人际传播信息内容的逐步渗透性，由此而体现出人际关系的逐步发展过程。如同人格的形成和发展要随生活经历、知识水平、环境因素而逐渐形成，人际关系也是伴随时间推移而发展的。社交渗透理论认为，随着人际间关系的发展，人们之间的传播交流会从一个相对狭窄、非亲密的层面向更深、更个人的层面发展。亲密性不仅表现在身体上，还包括智力上、感情上以及共同参加活动等方面。因此，社会渗透过程必然包括语言行为(我们的用词)、非语言行为(身体姿势、表情等)和环境导向行为(传播者和受众的距离等)。认识和理解人际传播中的社会渗透理论，可以从以下几个方面来看：

(1)社会渗透理论的两个维度：

一是交往的广度，即交往或者交换的范围；二是交往的深度，即亲密水平。关系发展的过程是由较窄范围的表层交往，向较广范围的密切交往发展。并认为自我表露是一种社会交换的基本形式，随着关系的发展，这种交换会变得越来越广泛和深入。自我表露的形式会随着关系的发展而改变，在最初的关系中，人们倾向于以近似的程度对彼此的表露进行“交换”，然而一旦建立起良好的关系，严格的交换便很少发生了。从某种意义上讲，正是这种渗透式的自我表露，才使人们避免了由于表露太快或太慢而引起的消极反应。

(2)社会渗透理论的前提假设：

①关系会由不亲密向亲密发展。

②关系发展具有系统性和可预测性。

③关系的发展也包括逐渐恶化和终止。

④自我披露是关系发展的核心。

(3)社会渗透理论的发展阶段：

①摸索期：点头之交。

②情感试探期：针对一般事件，开始告白。

③情感期：开始谈到私事。

④稳定期：关系迈入高原期，可以相互预测情绪。

**3. 大众传播与人际传播有何区别？**(安徽师大2015年研)

**答：**人际传播是个人与个人之间相互交换精神内容的活动，主要指在两者或两者以上之间进行的面对面的或直接的信息交流活动，是人与人的社会关系的直接体现。而大众传播由一些机构和技术所构成，专业化群体凭借这些机构和技术，通过技术手段(如报刊、广播、电影等等)向为数众多、各不相同而分布广泛的受众传播符号内容。根据上述定义，可以看到，两者的区别主要有：

(1)传播者不同。人际传播的传播者是非组织性的普通个人，而大众传播的传播者则是组织化的专业传播者，如记者、编辑等。

(2)媒介不同。人际传播一般不借助媒介，多为面对面交流，或只是凭借简单的人际媒介进行传播，而大众传播则是通过复杂媒介，如电视、广播、报纸等进行传播，技术性很强。

(3)传播内容不同。人际传播的内容一般是私人性的话题，主观性较强，而大众传播的内容一般是具有公众性的新闻信息以及娱乐信息。

(4)受众不同。人际传播中，传受双方的角色是交互的，互动性强；而在大众传播中，传者与受众的地位比较固定，受众是隐匿的大规模社会公众，反馈具有延迟性，交互性弱。

(5)影响范围不同。人际传播在两人或两人以上人之间进行，因而影响是小范围的，而大众传播则会在广大的社会范围产生巨大影响。

**4. 分析人际传播在新闻扩散中的作用。**(人大2016年研)

**答：**(1)人际传播。人际传播是指个人与个人之间的信息传播活动，也是由两个个体系统相互连接组成的新的信息传播系统。人际传播是一种最典型的社会传播活动，也是人与人之间社会关系的直接体现。人际传播的特点有：①人际传播传递和接收信息的渠道多，方法灵活；②人际传播的信息的意义更为丰富和复杂；③人际传播双向性强，反馈及时，互动频度高；④与组织传播和大众传播相比，人际传播属于一种非制度化的传播。

(2)新闻扩散。新闻扩散是指新闻从发布开始，受众面逐渐扩大，知晓度逐步上升，影响力逐渐增加的过程。扩散研究(Diffusion Research)又译为"散布研究"，"扩散"的定义是"散播关于创新消息的一种特殊传播样式"。扩散研究的分支之一是新闻的扩散，20世纪60年代是新闻扩散研究最活跃的时期，其核心是将影响新闻扩散的各类因素作为因变量来测试其对新闻扩散过程的影响或是作用于新闻事件扩散的效果。

(3)人际传播在新闻扩散中的作用：

①人际传播在新闻扩散中的积极作用：

a. 人际传播传递信息的渠道多，方法灵活，在新闻扩散的过程中能够运用多种形式更加生动的扩散新闻。传播者不仅可以使用语言，而且能够运用表情、眼神、动作等多种渠道或手段来传达信息。同样，受传者也可以通过多种渠道来接收信息。

b. 人际传播所传递信息的意义比其他形式的传播更为丰富和复杂，因此能够保证新闻扩散过程中新闻内容的完整性和到达度。人际在面对面的情况下，多种渠道和多种手段的配合，会形成特殊的传播情境，接收者在这种特殊情境中能够更好地收听和理解新闻。

c. 人际传播双向性强，反馈及时，互动频度高。可以使受众有效接收和理解新闻。人际传播中，双方的信息授受以一来一往的形式进行，传播者与受传者不断交换角色，每一方都可以随时根据对方的反应把握自己的传播效果，并相应地修改、补充传播内容或改变传播方法。在说服和沟通感情方面，其效果要好于其他形式的传播。

d. 人际传播的对象通常较为熟悉，属于同一个群体之中，因此关心的新闻事件和社会话题相似度较高，通过人际传播获知的新闻往往会获得更高的关注度，引导人们在大众传媒中进行进一步关注。这种作用类似于意见领袖，但范围更小，到达度和精准度也更高。

e. 新媒体环境下，人际传播更易于转化为大众传播，促进新闻的扩散。自媒体的不断发展使得人际传播不再仅仅局限于当面传播或者电话传播，人们可以利用微信、微博等软件进行实时的交流，而这些自媒体软件通常都具有大众传播的功能，人们可以将自己感兴趣的内容通过朋友圈或微博等方式和网民共享，这无疑扩大了新闻的扩散范围。

②人际传播在新闻扩散中的消极作用：

a. 人际传播在新闻扩散中的作用是有限的和有条件的。首先，通过人际传播进行扩散的新闻十分有限，通常只与双方切身利益相关，或是双方都感兴趣的新闻。其次，人际传播在新闻扩散的初期效果较好，但扩散范围实在有限，扩散后期更多依赖于大众传播，才能产生较大影响。

b. 人际传播易导致新闻客观性与真实性的缺失。人际传播的过程，是个人对个人的传播，而这些广大的没有经过培训的个人传播者很容易在新闻扩散过程中加入许多自身的主观理解和看法，从而导致新闻内容的曲解。尤其是在新媒体环境下，网络的匿名性以及网民的猎奇心理、虚荣心理使得传播者倾向于夸大新闻，进行主观层面的自我改编。

**5. 谈谈“社会交换理论”在人际传播中的应用。**（河北大学 2014 年研）

**答：**社会交换理论是20世纪60年代兴起于美国，进而在全球范围内广泛传播的一种社会学理论。这一理论主张人类的一切行为都受某种能够带来奖励和报酬的交换活动的支配，因此人类的一切社会活动都可以归结为一种交换，人们在社会交换所结成的社会关系也是一种交换关系。该理论有助于解释社会资源的分配不均，以及由此产生的权力，地位不平等，同时该理论也遭受到了来自社会学家对其将人看作纯粹经济人的攻击。社会交换理论由霍曼斯创立，主要代表人物有布劳，埃默森等。

（1）小群体中的人际传播——以乔治·霍曼斯为代表。

霍曼斯着眼的是人与人之间的互动，他把人的所有行为均看作是一种交换行为：为了获得某种利益而去和其他个体进行交换。霍曼斯的社会交换理论包含六个命题：

①成功命题：在一个人所做过的所有行动中，若其中某一特定行动经常得到酬赏，那么这个人就越愿意重复该行动。

②刺激命题：如果一个人在过去对某一种或一组刺激做出的某一行动获得了报酬，那么，当类似于过去的那种刺激再发生时，这个人就有可能做出与过去相同或类似的行动。

③价值命题：如果某种行动带来的结果对一个人越有价值，则这个人就越有可能做出该种行动。

④剥夺——满足命题：某人在近期越是经常得到某一特定酬赏，则随后而来的同样酬赏对他的价值也就越低。

⑤侵犯——赞同命题：这一命题包括两个副命题：a. 若以个人之行动没有得到预期酬赏或甚至受到没有预期的惩罚时，此人会被激怒并可能采取侵犯行为；b. 若一个人的行动获得了预期的酬赏或得到的酬赏比预期的还多，或此人的行动没得到预期的惩罚，则这个人会产生喜悦的心情，并可能做出别人赞同的行动。

⑥理性命题：在面对各种行动方案时，行动者总是选择价值最大和获得成功的概率最高的行动。

（2）组织中的人际传播——以彼得·布劳为代表。

布劳的社会交换理论主要在《社会生活中的交换与权力》一书中得到阐述。在这本书中，布劳对霍曼斯的社会交换理论进行了发展。布劳认识到霍曼斯式理论只适合于解释小群体内成员面对面的互动。在他看来，面对面互动的小群体内的交换与大型和复杂社会群体内的交换是不同的。于是，布劳在霍曼斯理论的基础上分析了大型复杂组织中的交换与权力。

①个体出于一种原始的社会吸引力去和其他个体进行交往。所谓吸引，就是感觉能从某个人那里获得报酬，这样他就对你产生了吸引力，这种力量吸引你与他交往。

②为了吸引他和你交往，你就要证明你自己也有吸引力，但其中可能会出现竞争的过程。这是由于要向对方展现吸引力，对整个群体来说，吸引力越大，代表能贡献出更多的利益，而这种人一般会成为领导核心。所以大家都会积极地展现吸引力，从而表现为一种竞争的过程。

③相互吸引促使人们去建立一种交往。他们在交往中互相提供的报酬，将维持他们相互吸引和继续交往。一种社会关系就建立起来了。

④但这时候会出现一种不平衡的情况。比如，乙给了甲利益，并且甲还继续需要乙的帮助，但是甲没有能给乙的东西。如果此时他选择使自己服从乙，这就是使乙获得了对自己的权力。权力在此诞生了。获得权力的人成为上级，权力被支配的人成为下级。

⑤如果上级能公平公正地使用权力会引起下级的赞同，集体赞同某种权力就会这一权力合法化。这是合法化的过程。合法化的权力成为权威。而不公正的剥削则会引起不赞同。它产生一种抵消性的力量，它们否认现存权力的合法性，促进反抗和分裂。

以上就是一个完整的社会交换过程。包含了社会吸引、竞争、分化、整合和反抗这五个环节。

布劳最大的贡献在于将微观结构的社会交换转移到宏观结构中，他发现，这几个环节除了表现形式上的细微差别在两个结构中都是相通的。不过，宏观结构还有很多特殊之处，包括有共同的价值规范存在(它使个体之间的直接交换成为社会中的间接交换)。

### 5.4.3 论述题

**1. 论述社交媒体的发展对人际传播的影响。**(北大2018年研)

**答:**(1)人际传播的内涵:

参见本章考点难点归纳相关内容。

(2)社交媒体环境下的信息传播特点:

社交媒体又称社会化媒体，是指允许人们撰写、分享、评价、讨论、相互沟通的网站和技术的总称。它是人们彼此之间用来分享意见、见解、经验和观点的工具和平台，现阶段主要包括社交网站、微博、微信、博客、论坛、播客等。它实现了信息传播的全方位、立体化，并表现出新的传播特征:

①传播主体趋向多元化。社交媒体打破了传统主流媒介的垄断格局，每个人都可以作为传播者通过各种社交媒体去发布和传递信息，因而传受主体的界限变得更加模糊。

②赋予传受双方平等地位。社交媒体上传播者与受众之间的互动更加频繁，传受关系趋于平等，受众主体性不断增强。微博上，各个领域、各个行业的网民均可针对热点事件发声，意见领袖与现实身份地位相脱离。

③多种传播形态相互交织。在社交媒体上，人内传播、人际传播、群体传播、大众传播等多种形态交互共存。例如在微博上，官方媒体发布关于某明星的消息，粉丝群体在圈层内部形成讨论，而与非粉丝群体形成对立。

④传播内容的个性化。传统媒介突出大众传播的作用，而新媒体侧重通过用户数据库分析不同受众群体的偏好，然后针对受众的偏好传播其感兴趣的内容。这种兴趣挖掘和推荐大多依赖于社交媒体上的传播。

(3)社交媒体的发展对人际传播的影响:

基于上述新的传播环境和传播特点，社交媒体的发展使得传统的人际传播方式发生改变，传播效果也受到影响。

①社交媒体突破了人类传播活动的时空界限。微信、QQ等即时通信工具扩展了人际传

播范围，为人际传播提供了方便快捷的手段，使相距千里的人可以在任何时间、任何地点进行交流，媒介成了名副其实的“人的延伸”。

②社交媒体提高了公众表达的积极性。全媒体时代受众通过信息平台高效、便捷地互动，大大提高了受众参与讨论的热情度。以兴趣为基础的垂直化社交媒体，促进社会人际关系向持续健康的方向发展。

③社交媒体拓展了人际传播的形式。社交媒体上图片、文字以及 H5、超链接的运用，使媒介内容呈现更加丰富多彩，便于传播扩散；社交媒体的分享、评论功能促使新闻内容裂变式传播。例如西瓜视频、抖音等直播类社区，以丰富的形式吸引年轻人的关注。

④社交媒体可能导致现实人际关系的疏离。社交媒体改变了人们传统的交往方式，这种程式化的、缺少感官参与的信息传播方式，在一定程度上造成了人们情感的冷淡和人际关系的疏离，网络的虚拟性使人际交往缺乏信任感，一些不法分子便乘虚而入进行诈骗活动。

⑤社交媒体导致“媒介依赖”群体的出现。社交媒体的普及和应用使越来越多的人沉迷其中无法自拔，他们沉浸其中而对周围的人和环境熟视无睹，已成了“手机控”和“媒介依赖”群体中的一员，极易导致人际交往的障碍，严重者出现情感偏颇或患上“失语症”。

**2. 简论人际传播的虚拟化。**

**相关试题：**

**(1)从传播学视角分析现实人际交流与网上人际交流的异同。**(华农 2008 研)

**(2)从人际沟通(interpersonal communication，也译作人际传播)视角如何看待当前手机微信沟通？**(河北大学 2015 年研)

**答：**人际传播是个人与个人之间相互交换精神内容的活动，主要指在两者或两者以上之间进行的面对面的或直接的信息交流活动，是人与人的社会关系的直接体现。传统的人际传播方式主要有面对面谈话、书信往来、打电话等，互联网出现后，电子邮件、QQ、微信等人际传播方式大行其道，网络中的人际传播越来越虚拟化。

(1)人际传播的特点：

参见本章考点难点归纳相关内容。

(2)人际传播的虚拟化：

人际传播的虚拟化就是人与人之间并不是面对面，而是通过手机、互联网等媒介进行信息的授受，具有不确定性、虚拟性。人际传播虚拟化导致本来可以面对面解决的问题，现在更多的依赖网络，人与人之间面对面沟通的机会少了，发短信代替了打电话，微信代替了面对面的交流。

①网络中人际传播的特点：

网络传播超越大众传播正在于其互动性，网络传播的其他特点也是基于这种互动性。网络成功地把自己虚拟化，使得人们仿佛可以无屏障地在网络中直接同他人和现实世界交流。

a. 网络聊天具有信息的流动与控制无中介、双向、传受双方自由平等参与，不受时间空间的限制等特点。

b. 网络聊天的对象具有广泛性。人们可以不断地变换交流的对象，这些交流对象的来源广泛，基本打破了地域的局限性。

c. 网络传播形式虽不依赖口头语言，但其聊天信息的文本和图本也可视为人际传播口头形式的延伸，传播形式基本是无组织的，内容以线性或非线性的方式呈现。

d. 从传播的接收与限制看，网络传播形式是互动，反馈是即时的，虽然一定程度受到时间和空间的限制(比如对方不在线或网络忙而无法接通)，但机动性较强。

②网络中人际传播的虚拟化：

网络中的人际传播具有许多传统面对面传播不具有的特点：匿名性、虚拟性、多重角色交互、不稳定的多样化和充分的自由原则等。因此网络中的人际传播是虚拟化的人际传播。

a. 匿名性使得每个人可以用“化身”在网络虚拟社区中与他人进行互动，选择的自由度大大高于真实世界。大多数情况下，网友如果不愿意继续沟通，可以随时中止，而没有太多的压力和包袱。人际传播的虚拟化使得这种传播更加自由、自信和自足，人们在虚拟的人际交流中可以扮演不同的角色，在不同的窗口中自由切换，选择不同的心境和兴趣。

b. 人际传播的虚拟化允许个人扮演不同的角色，这一方面疏远了现实世界的人际关系，另一方面可以在虚拟中逐渐建立与他人的互动关系，跨越时空障碍与生理限制，在虚拟空间实现一般不能达到的人际传播功效。

c. 网络中人际传播的虚拟化也是传受双方探索新的身份认同的过程，以网络隔离为基础，经由网络联结功能，建立新的人际关系，塑造自己的新身份认同，进而成为自我认同的一部分。

③虚拟化的人际传播的社会化功能：

传统的人际传播的一大功能便是强调在个人社会化中的作用，人际传播特别是初级群体中的人际传播对个人人格的形成、社会价值和行为规范的接受等，都起着重要作用。但是，人际传播的虚拟化完全可能造成人们在认知上混淆真实世界与虚拟世界，有些人借着在虚拟世界培养的与人相处的能力，在真实世界里更加顺利地生活，也有人以网络上的人际传播驱逐了真实世界的人际交流，追求虚拟空间带来的人际关系的满足，逃避真实世界生活的压力，患上“网络沉迷症”。

(3)应对人际传播虚拟化：

①人际传播虚拟化的利弊。虚拟的环境下，人们的心态更接近本我，减少了现实社会给人们的身心造成的压力。但也因此出现了许多问题。有些人一旦投身网络关系后，会有意识地减少对他人的同情心和怜悯，因为他们不能辨别真假，但这也使一些真正有问题并希望通过网络求助的人丧失了得到援助的机会。所以网络除了对人际关系有一定益处之外，也同样在一定程度上导致了误传和欺骗。

②应对人际传播虚拟化。网络造成的人际传播的虚拟化既有有利的方面，也有不利的一面。要在正确利用网络虚拟人际传播有利一面的同时，探索出行之有效的方法减少它的不利影响，这就要求作为网络媒介控制主体的政府、行业组织、网络媒介内部的管理职能部门加强监管力度，从技术、规范、道德各个层面上加强对网络信息的过滤，加强“把关人”的影响力。

**3. 中华传统文化中也蕴含着传播的思想，曾子曰："吾日三省吾身，为人谋而不忠乎？与朋友交而不信乎？传而不习乎？"结合西方传播学理论，结合实例进行分析。**（北京师大2014年研）

**答：**曾子的"吾日三省吾身，为人谋而不忠乎？与朋友交而不信乎？传而不习乎？"出自《论语·学而》，原指每日从多个方面检查自己，后指多次自觉检查自己。属于西方传播理论中四大传播类型之一的人内传播。

人内传播，又称内向传播、内在传播或自我传播，是个人接受内在或外在刺激，经大脑处理，最后做出反应的过程，也是"主我"与"客我"之间双向互动的社会过程。

(1)人内传播的特点：

①人内传播虽然是人体内部的信息交流活动，但它不是孤立的，它的两端都与外部过程保持着衔接关系。

②人内传播不是对外部世界消极被动的反映，它本质上是对社会实践活动的积极能动的反映，具有鲜明的社会性和实践性。

③人内传播是人类最基本的传播活动，也是人类一切传播活动的前提和基础。

(2)人内传播相关理论：

人内传播具有社会性和互动性，可以用米德和布鲁默等人的研究来进行说明。

①米德的"主我"与"客我"理论。参见本章考点难点归纳相关内容。

②布鲁默的"自我互动"理论。参见本章考点难点归纳相关内容。

③内省式思考。参见本章考点难点归纳相关内容。

曾子曰："吾日三省吾身，为人谋而不忠乎？与朋友交而不信乎？传不习乎？"这表明：作为社会心理过程的人内传播，具有鲜明的社会性和明确的互动机制。

**4. 根据给出的依附模式图，解释人与人交往出现四类心理状态的原因。**（人大2013年研）

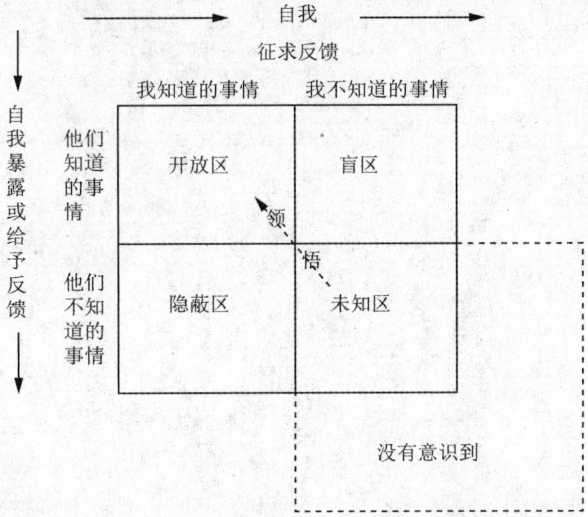


**答：**"约哈里之窗"(Johari Window)是由美国社会心理学者约瑟夫·勒夫(Joseph Luft)和哈里·英格拉姆(Harry In-gram)提出的一种关于人际信息交流的过程管理工具，又称"自我意识的发现—反馈模型"。

(1)根据其理论，人的内心世界分为四个“象限”：公开区、盲目区、隐秘区和未知区，每个区包含的信息性质导致了人出现不同的心理状态。

①第一个方格为公开区，指双方都知道、均认为可以公开的内容。

②第二个方格为盲目区，指传播双方的“我”不知道的别人的评价，这些内容自己不知道，而别人很清楚。

③第三个方格为未知区，该区内容为传播双方都不知道的、待开发的信息和潜能。遇到新情况时这些内容会生成和表现出来，得到开发。

④第四个方格为隐秘区，包括自己知道而别人不知道的信息，如隐私、弱点等。

(2)人际传播中，真正有效的沟通只存在于公开区。在盲目区和隐秘区，由于信息掌握不对称、潜在心理因素制约等，难以完全“知己”“知彼”，沟通效果也就可想而知了。“约哈里之窗”理论同时指出，如果“开诚布公的公开区”扩大，相应封闭的私人区就会缩小。因此，为了获得理想的沟通效果，就要不断扩大公开区、缩小盲目区和隐秘区、揭明未知区。

(3)人际传播是人人相互依赖的传播过程，每个人都会获得部分盲区的信息，也会暴露部分封闭区的信息，同时从未知区获得新信息，人人有四种心理状态，人际传播就是这样处于永恒的流动中，人们总希望获得更多的对方信息，但总是无法完全达到目的。

# 第六章　群体传播、集合行为、组织传播

## 6.1　复习笔记

### 【知识框架（庖丁解牛）】

- 群体传播、集合行为、组织传播
  - 群体传播
    - 群体
      - 概念、特征与分类
      - 成立条件
      - 意义
    - 群体传播
      - 群体传播与群体意识
      - 群体传播网络
      - 群体规范
      - 群体压力
  - 集合行为及其传播机制
    - 定义
    - 产生条件
    - 群体的特殊传播机制
    - 流言传播
  - 组织传播
    - 组织的概念与特点
    - 组织传播的概念与功能
    - 组织传播的过程和机制
      - 组织内传播
      - 组织外传播

### 【本章概要】

本章主要论述了群体传播、集合行为、组织传播的相关知识。本章考点以名词解释以及简答题为主，在学习时，需要着重对群体、群体规范、群体压力与趋同心理、集合行为及其传播机制、流言传播与集合行为中的“信息流”、组织传播等内容加以把握，并大致了解互联网对群体传播和集合行为的影响等内容。

### 【考点难点归纳（厚积薄发）】

**考点一：群体　★★★**

**1. 群体的要点**（见表6-1）

表 6-1　群体的要点

<table>
<tr><th>要点</th><th colspan="3">具体内容</th></tr>
<tr><td>概念</td><td colspan="3">又称团体，指一定数量的个体基于某些因素和目的，以特定方式组合而成的系统</td></tr>
<tr><td>特征</td><td colspan="3">①有共同的目标。<br>②群体内的各成员遵循一定的结构化的角色关系和行为规范，具有群体身份的感知</td></tr>
<tr><td>成立条件</td><td colspan="3">①共同的目标、利益和兴趣等。<br>②成员之间具有协作意愿。<br>③进行群体传播</td></tr>
<tr><td>分类</td><td colspan="3">①库利：初级群体和次级群体。<br>②韦伯：团体和一般群体，前者拥有管理组织系统。<br>③威瑟：组织群体和非组织群体</td></tr>
<tr><td rowspan="3">意义</td><td rowspan="2">积极</td><td>对社会</td><td>①群体作为社会的中观系统，是连结个人与社会的桥梁与纽带。<br>②群体有助于维持社会秩序，推动社会进步</td></tr>
<tr><td>对个人</td><td>①是个人获取信息的重要渠道。<br>②能够满足个人安全、社交等需求。<br>③可帮助个人表现自我、实现自我价值</td></tr>
<tr><td>消极</td><td colspan="2">①对社会：某些群体将群体利益置于社会利益之上，扰乱社会秩序。<br>②对个人：群体规范束缚和压抑个性</td></tr>
</table>

**【考点拓展】初级群体与次级群体**

初级群体和次级群体的概念由库利提出。初级群体是指具有亲密的、面对面交往与合作特征的群体，主要指家庭、邻里和儿童游戏群伙等，又称首属群体。这些群体是人们自我观念发展的摇篮，在人的早期社会化过程中发挥着重要作用。

次级群体又称次属群体，是人们为了达到一定的社会目的而建立起来的社会群体。一般来说，次级群体的规模比初级群体大，成员较多，有些成员之间不一定有直接的个人接触，群体内人们的联系往往通过一些中间环节来建立。次级群体既是个人步入社会所必须加入的群体，也是个人社会活动领域拓展和活动能力增强的标志。

**2. 群体传播**(见表 6-2)

表 6-2　群体传播

<table>
<tr><th>要点</th><th colspan="2">具体内容</th></tr>
<tr><td>内涵</td><td colspan="2">指使观点、知识和其他信息在群体成员之间自由、迅速流通的过程，可实现共同目标、连接协作意愿，是维持群体生存和发展的生命线。群体意识即在其中酝酿而成</td></tr>
<tr><td>群体意识</td><td colspan="2">①指参加群体的成员所共有的意识，包括群体感情、归属意识、群体目标和群体规范。<br>②群体意识是群体传播作用下的结果，一旦形成就会对群体成员的个人态度和行为产生制约作用</td></tr>
<tr><td rowspan="2">群体传播网络</td><td>轮式网络</td><td>指信息经由中心人物而向四周多线传递的沟通网络，其特点是高度集中的信息流动。大致相当于一个主管领导直接管理几个部门的权威控制系统</td></tr>
<tr><td>圆周式网络</td><td>类似于一个圆桌会议或某种议事机构。与聚合性的轮式网络不同，圆周式网络更具发散性。每个人都可以同时与两侧人沟通信息，地位平等</td></tr>
</table>

续表

| 要点 | | 具体内容 |
|---|---|---|
| 群体传播网络 | 链式网络 | 信息是自上而下或自下而上传递，集中性更为明显。领导者也处于信息传播中心，接收和处理全部信息，他人处于从属地位，而且其中一些成员还不能与领导直接沟通 |
| | Y 式网络 | 即聚合型网络，兼具轮式和链式网络的优缺点。工作效率高、传播速度快、正确度高，但成员满意度低 |
| | 全通道式网络 | 开放式的网络系统，任何人都可以和任何其他人进行交流，每个个人可以发挥同等影响，平均满意度高且差异小 |

**【考点拓展】群体极化**

群体极化概念由斯托纳提出，人们往往与和自己观点相似的人进行交往，形成特定群体。而群体内部互相影响，最终观点日趋极端。群体极化的原因在于群体讨论中大部分观点与主导型观点一致，而同类观点表述得越多，被认同程度就越高。另外，一旦他人对自己观点持支持态度，他们就会变得更加自信。

## 考点二：群体规范(见表 6-3) ★★★★

**表 6-3　群体规范**

| 要点 | 具体内容 |
|---|---|
| 定义 | 指在小群体互动过程中自然产生的有关认知、态度和行动的规范、规则和要求等 |
| 功能 | ①有利于达成群体目标。<br>②增强群体结构性和一致性，利于群体整合。<br>③维持群体内成员之间的自我同一性。<br>④有助于成员个人进行安全决策 |
| 作用 | ①排除偏离性意见，制约群体内的传播活动，提高群体决策和群体活动的效率。<br>②影响来自群体外的信息或宣传活动的效果 |

## 考点三：群体压力(见表 6-4) ★★★★

**表 6-4　群体压力**

| 要点 | | 具体内容 |
|---|---|---|
| 定义 | | ①指已经形成的群体规范束缚其成员行为的无形力量，或是群体中的多数意见给个体造成的心理压力。群体活动中的基本原则是“个人服从集体、少数服从多数”。<br>②群体为保持其共同活动顺利进行和关系状态的稳定，会形成一些共同的价值观念和行为规范，违反者会受到孤立甚至驱逐，这种意见对个体所形成的压力过程为四个阶段：合理辩论——好言相劝——围攻抨击——隔离排挤 |
| 产生群体压力的原因 | 信息压力 | 通常情况下，一般人会认为多数人提供的信息的正确率大于少数人提供的信息，因此个人更加信任多数意见 |
| | 趋同心理 | 又称遵从性，指个人为避免被孤立或者遭受群体制裁，从而希望与群体中多数意见保持一致的心理 |

【考点拓展】群体动力论

群体动力论由社会心理学家卢因提出，“场”是该理论的一个核心概念，它指的是“被察觉到的作为相互依存的协同存在的事实的总体”。应用到人类社会中，一个群体就形成了一个场，处于这个群体中的个体，其行为往往不是个人控制，而是受到群体的深刻影响。二战期间卢因进行了劝导人们改变饮食习惯的实验，该实验证明群体共识对于人们决策和行为的影响是极大的，原因多半在于人们希望与自己所属的群体保持一致。该结论不仅影响了各种说服活动，也影响了当代社会的管理观念和管理行为。

## 考点四：集合行为及其传播机制(见表6-5) ★★★★

表6-5 集合行为及其传播机制

| 要点 | 具体内容 | |
|---|---|---|
| 定义 | 集合行为是指在某种社会因素的刺激下，许多人脱离或违背社会制度和常规而共同做出的组织性、结构性和秩序性较差的行为 | |
| 产生条件 | ①结构性压力：例如社会事件或自然灾害等导致的社会上普遍存在着的不安、焦虑和紧张情绪。<br>②触发性事件：一般由一些突发事件或突然的信息刺激引起。<br>③正常的社会传播系统功能减弱，非常态的传播机制活跃化 | |
| 群体的特殊传播机制 | 群体暗示 | 指个人或群体通过语言、表情、行动或某种符号，使群体成员在无批判、不自觉的情况下盲目接受某一意见或观点并产生与之相符的行为 |
| | 群体感染 | 指在暗示机制的作用下，某种观念、情绪或行为迅速在人群中蔓延开来，并支配人群、引发整个人群的激烈行动 |
| | 群体模仿 | 塔尔德[法国心理学家]认为，“模仿是最基本的社会现象”。在集合行为中，模仿倾向于无意识的、条件反射性的状态。人受安全本能的影响，在具有高度不确定性的突发事件中会倾向于与在场的他人保持一致 |
| | 匿名性 | 在集合行为中，每个人都认为自己处在一个人们互不认识的陌生环境中，个人的标志被掩盖起来，自己做任何事情都不用对自己的行为后果承担责任，或者责任被分散，构成法不责众的心理 |

【考点拓展】乌合之众

“乌合之众”这一概念出自古斯塔夫·勒庞[法国社会心理学家]创作的社会心理学著作《乌合之众：大众心理研究》，勒庞阐述了群体以及群体心理的特征，指出了当个人是一个孤立的个体时，他有着自己鲜明的个性化特征，而当这个人融入群体后，他的所有个性都会被群体所淹没，他的思想立刻会被群体的思想所取代，而当一个群体存在时，他就有着情绪化、无异议、低智商等特征。

## 考点五：流言传播(见表6-6) ★★★★

表6-6 流言传播

| 要点 | 具体内容 |
|---|---|
| 流言的定义 | 指在人们之间私下流传的，对公众感兴趣的事物、事件或问题的未经证实的阐述或诠释 |

续表

| 要点 | 具体内容 |
| --- | --- |
| 流言的产生原因 | ①反映社会公众对某一具体人物或事件的一种强烈的共同愿望。<br>②源于对某事物的好奇。<br>③源于公众的不安和恐惧。<br>④为发泄对某一具体人物或事件的妒忌、憎恨及敌视情绪 |
| 流言的特点 | ①常以“传播真相”的形式出现，目的是让人相信。<br>②主要渠道是口头传播。<br>③往往涉及人们关心、重视或感兴趣的话题。<br>④传播的信息缺乏确切证据 |
| 集合行为中流言的特点 | ①传播迅速。<br>②信息易变形，且出现奇异回流的现象。<br>③流言中伴随着大量的谣言 |
| 网络环境下流言的新变化 | ①数字化电子传播加快了流言传播速度，使网络谣言裂变式扩散和传播，并且具有传播者和受众的交互性特点。<br>②分享、转发、群发等功能形成了二次或多次传播，甚至经过二次加工和改造后的同一事件，会出现不同的版本，出现频率高，传播速度快，危害性极大 |
| 流言传播公式 | ①奥尔波特[美国社会心理学家]提出流言流通量公式：<br>R＝I×A(流言流通量＝问题的重要性×证据的暧昧性)<br>a. “问题”通常是人们关心的议题，涉及其切身利益。<br>b. “证据的暧昧性”是指证据中的多重意义、不确定性，往往与信息流通不畅有关。<br>②流言传播公式的新变化：<br>R＝I×A×U(流言流通量＝与问题的关联度×社会成员的不安感×环境的不确定性)<br>a. “关联度”是指社会成员与流言信息所包含问题的相关性。<br>b. “不安感”是指流言发生和传播的心理条件。<br>c. “不确定性”指环境的不稳定状态和信息紊乱 |

## 考点六：组织传播 ★★★

### 1. 组织与组织传播(见表 6-7)

**表 6-7　组织与组织传播**

| 要点 | | 具体内容 |
| --- | --- | --- |
| 组织 | 概念 | 介于个人与社会之间，是一个通过协调活动来达到个人和集体目标的社会集合体 |
| | 特点 | ①部门分工专业化。<br>②职务分工，实行岗位责任制。<br>③组织系统实行阶层制或等级制 |
| 组织传播 | 概念 | 指组织成员之间或组织与组织之间的信息交流行为，是由各种相互依赖关系结成的网络，是为应付环境的不确定性而创造和交流信息的过程。可分为组织内传播和组织外传播 |

续表

| 要点 | 具体内容 | |
|---|---|---|
| 组织传播 | 功能 | ①确保组织内部协调活动的发生，以实现组织目标。<br>②确保组织与外部环境建立起联系，来完成正常的信息输入输出的交换活动，使组织活动与外部环境相适应。<br>③通过组织内部情感交流，加强相互间的了解，增强内部成员的凝聚力和向心力。<br>④通过组织内部多层次、多角度的信息交流满足其成员的社会心理需求 |

**2. 组织传播的过程和机制**(见表6-8)

**表6-8　组织传播的过程和机制**

| 传播类型 | 过程和机制 | | |
|---|---|---|---|
| 组织内传播 | 正式渠道 | 横向传播 | 又称平行传播，指在组织内部具有相近或相似权力和地位的成员之间进行的一种信息交流，其双向性强，互动渠道通畅 |
| | | 纵向传播 | 具备单向流动的性质，可分为下行传播(信息自上而下，又称领导传播)和上行传播(信息自下而上) |
| | 非正式渠道 | 内涵 | 包括组织内的人际传播和非正式的小群体传播 |
| | | 特点 | ①采用小群体交叉传播的形式，具有多向性和交叉性。<br>②传播速度快，覆盖面广。<br>③多为本意交流和感情交流 |
| | | 意义 | 能够弥补正式传播渠道的不足，在组织内部营造积极、健康、活跃的人文环境，增进成员的一体感和向心力，充分调动成员积极性以推动组织目标的实现 |
| | 媒体形式 | 书面媒体、会议、电话、组织内公共媒体、计算机通信系统及互联网 | |
| 组织外传播 | 信息输入 | 包括：①DSS(决策支援系统)；②MIS(战略信息系统)；③POS(销售数据系统) | |
| | 信息输出 | 包括：①公关宣传；②广告宣传；③企业标识系统(CIS)宣传 | |

**【考点拓展】网络环境下的组织内传播**

内联网传播改变了传统的组织结构，实现了信息共享，使得组织结构由金字塔变为网络式，由集权制向分权制转变，决策中心变为多中心式。内联网组织传播改变了组织成员间的交流方式，可以增强成员交流热情，拓宽交流范围。但也可能削弱非语言辅助信息，匿名性导致虚假信息出现。

## 6.2　课后习题详解

**1. 试述群体的社会功能。**

答：参见本章考点难点归纳相关内容。

**2. 什么是群体意识？它是如何形成的？**

答：(1)群体意识的含义。

群体意识指参加群体的成员所共有的意识，包括群体感情、归属意识、群体目标和群体规范。

(2)群体意识的形成。

群体意识是群体传播作用下的结果。群体意识形成的原因有：

①信息流量：如果信息流量大，信息覆盖面就广，群体成员间互动频率高，群体意识中的合意基础好。

②信息流向：如果信息的流向是双向的，传播者是群体的一般成员，就有利于群体意识的形成。

**3. 群体规范在群体传播中具有什么功能？**

**答：**参见本章考点难点归纳相关内容。

**【真题链接】**群体规范在群体传播中的功能。(辽宁大学2021年研)

**4. 群体压力对群体成员的意见表明会产生什么影响？**

**答：**群体压力对群体成员的意见表明会产生的影响有：

(1)群体活动中的基本原则是“个人服从集体、少数服从多数”。群体为保持其共同活动顺利进行和关系状态的稳定，会形成一些共同的价值观念和行为规范，违反者会受到孤立甚至驱逐，这种意见对个体所形成的压力过程为四个阶段：合理辩论——好言相劝——围攻抨击——隔离排挤，因此个人在进行有效的社会合作的过程中，会在一定程度上对多数人的意见做出妥协和让步。

(2)在任何情况下，服从多数意见的决定并非都是基于理性判断做出的。在不少场合，群体压力会使人形成对多数意见的盲目服从。其原因在于：①从信息压力的角度讲，一般人在通常情况下会认为多数人提供的信息正确率大于少数人提供的信息，因此个人更加信任多数意见。②从趋同心理的角度讲，个人为避免被孤立或者遭受群体制裁从而希望与群体中多数意见保持一致。

(3)多数意见并非在任何场合都处于支配地位。在群体中持有少数意见的意见领袖的作用不容忽视。当这些意见领袖具有坚定的意志、一贯的主张和强烈的态度时，可以在一定程度上左右多数群体的意见，甚至可以改变群体已有的合意，形成新的合意。

**【真题链接】**群体压力对群体意见表明的影响。(南京师大2021年研)

**5. 什么是集合行为？集合现象的发生的三个基本条件是什么？**

**答：**参见本章考点难点归纳相关内容。

**【真题链接】**简述集合行为产生的基本条件。(中传2020年研)

**6. 什么是群体暗示和群体感染？**

**答：**参见本章考点难点归纳相关内容。

**【真题链接】**群体感染(名词解释，北工商2021年研)

**7. 什么是群体模仿？**

**答：**参见本章考点难点归纳相关内容。

**8. 匿名性原理在集合行为中会起什么作用?**

答:“匿名性原理”指人们因为自己的姓名和身份不被知晓，而处于一种丧失社会约束力和个人责任感的状态。通常来说，这种状态往往会导致出于原始本能(如暴力)的冲动行为。匿名性原理在传统社会时代，多体现在集合行为，即非常态化的社会群聚现象中。比如暴动、骚乱等破坏公共社会秩序的事件中，密集的人群给了不法分子绝佳的掩护，从而抱着法不责众的心理做出越轨之举。

在数字时代，互联网赋予了匿名性新的含义。我们不是躲在实体意义上的人群之后，而是躲在一个个虚拟的网络身份背后，在这层保护壳之下，网络公共领域成了负面情绪的容器。漫天乱飞的谣言、无中生有的诽谤、层出不穷的网络暴力……都是匿名性诱使人突破道德底线的失序。

**9. 简述流言的定义和特点。**

答:参见本章考点难点归纳相关内容。

**10. 简述奥尔波特的流言流通量公式及其后来的修改变化。**

答:美国社会心理学家奥尔波特认为社会中的流言流通量与流言所涉及的重要性和涉及该问题的证据的暧昧性的乘积成正比，具体参见本章考点难点归纳相关内容。

**11. 简述集合行为中流言传播的几个特异点。**

答:流言是指拿不出信得过的确切证据，而在人们中间相互传播的一种似是而非的消息，是一种客观存在的社会现象。在集合行为中，流言是其中的主要信息形式。

(1)传播迅速。

通常情况下，流言主要通过人际传播，传播速度缓慢。而在集合行为中，流言多以“演讲”的形式进行传播，即一对多传播，加快了流言信息连同它携带的情绪的传播速度。

(2)流言信息易变形且出现奇异回流现象。

在集合行为中，人们不必为自己的传播行为负责，每个人都可以根据自己的意愿改造流言内容，从而造成信息变形。同时，流言传递过程中会出现奇特的回流现象:谣言往往能够经过漫长的传播过程，再传回给造谣者。但是谣言很可能已经被改得面目全非了，与最初发布的信息大相径庭，很难辨认其原貌，因此就会把它作为新的信息。

(3)流言具有虚假性。

任何流言都提不出信得过的确切的证据，但它为了争取人们对其可信度的确信，总是尽量地提出一些直接的但却是虚假的“证据”来。这种虚假性也就使得流言必然具有欺骗性。在这种情况下，就可能引起重大、严重的社会问题，而表现出严重的危害性。

【真题链接】紧急事态下的流言有什么特点?(北大2015年研)

**12. 试述组织传播及其功能。**

答:参见本章考点难点归纳相关内容。

【真题链接】组织传播的主要功能是什么?(华农2011年研)

**13. 组织内传播过程具有什么样的结构特点?**

答:组织内传播的渠道包括正式与非正式两种。对其具体阐述如下:

(1)组织内传播的正式渠道。

组织内传播的正式渠道是指信息沿着组织内部的关系环节进行流通的过程，可分为横向传播和纵向传播，参见本章考点难点归纳相关内容。

(2)组织内传播的非正式渠道。

非正式渠道是指制度性组织关系以外的信息传播渠道，包括组织内的人际传播和非正式的小群体传播，参见本章考点难点归纳相关内容。

**【真题链接】**

(1)组织内传播一般有哪些渠道？(武汉理工2006年研)

(2)简述组织内非正式传播的特点。(兰州大学2007年研)

**14. 谈谈组织内非正式传播渠道的作用。**

**答**：组织内非正式传播渠道的作用有：

(1)在组织内部营造积极、健康、活跃的人文环境。非正式渠道的特点是交流信息广泛、交流双向平等、交流成分多为本意交流和感情交流，有利于营造组织内的软环境，利于提高组织效率、实现组织目标。

(2)增进成员一体感和向心力。非正式渠道的传播交流能够充分调动成员积极性以推动组织目标的实现。

**15. 试述组织的信息输入活动的作用和意义。**

**答**：组织的信息输入活动具有以下重要的作用和意义：

(1)帮助组织及时获取信息，了解外部环境的变化。

(2)为组织适应外部环境变化，做出适应性行为提供依据。

(3)方便组织进行日常管理和变更管理，是组织决策的基础。

总之，建设具有快速高效的信息输入系统是信息化社会对一切现代组织提出的时代要求。

**16. 企业组织的信息输出活动主要有哪些类型？各有什么作用？**

**答**：现代企业组织的信息输出活动大致可分为：

(1)公关宣传。指利用各种宣传途径、各种宣传方式向外宣传自己，提高本组织的知名度，从而形成有利的社会舆论。使外界公众了解组织的宗旨、目标和社会意义，树立良好的组织形象，预防或解决组织与周围公众发生的矛盾和冲突等。

(2)广告宣传。指社会组织尤其是企业组织广泛采用的一种信息输出活动。广告不仅可以提高企业和商品的知名度，扩大企业影响力，还具有直接的促销效果。

(3)企业标识系统(CIS)宣传。指利用普遍接触和重复记忆机制来系统塑造企业形象的宣传活动，利于塑造、维持、更新企业形象。

## 6.3 考研真题与典型题

### 6.3.1 概念题

1. 群体规范(华中师大2017年研；华农2010年研)

2. 群体意识

3. 群体压力(武汉理工2007年研)

4. 流言(东北财经2021年研;电子科大2014年研;华农2011年研;南京理工2011年研)

5. 奥尔波特公式(电子科大2011年研)

6. 集合行为(华东政法2021年研;西安外国语2021年研;重庆大学2019年研;华中师大2014年研;中山大学2013年研;华南理工2013年研;电子科大2011年研)

7. 组织传播(西安外国语2021年研;南京财经2021年研;兰州大学2019年研;浙工大2019年研;安徽师大2018年研;浙大2017年研;华南理工2014年研;华农2013年研;南京理工2011年研;厦门大学2009年研)

### 6.3.2 简答题

1. 简析群体规范与群体思维在群体传播(group communication)中的作用。

2. 简述组织传播研究的几大流派。(北大2009年研)

3. 简述网络谣言对社会生活的危害性以及如何应对网络谣言的传播。(北大2009年研)

相关试题:网络谣言的治理。(北工商2021年研)

### 6.3.3 论述题

在关于传闻的三个要素“重要性、模棱度、批判能力”(importance; ambiguity; critical ability)中,大众传媒在哪两个要素上可以发挥作用以抑止传闻的进一步蔓延?宜采取哪些传媒的工作方式来引导舆论?(人大2006年研)

## 6.4 考研真题与典型题详解

### 6.4.1 概念题

**1. 群体规范**(华中师大2017年研;华农2010年研)

**答:**群体规范指在小群体互动过程中自然产生的有关认知、态度和行动的规范、规则和要求等,是群体意识的核心内容。广义的群体规范是一个社会里多数成员共同遵守的行为模式,包括社会制度、法律、纪律、道德、风俗和信仰等。群体规范能够增强群体结构性和一致性,利于群体整合,实现群体目标;同时为成员个人的安全决策提供依据。

**2. 群体意识**

**答:**群体意识是指群体成员所共有的意识,包括关于群体目标的合意、群体感情和群体归属意识。群体意识是在群体传播中形成的。每个群体都有自己的传播结构,在这个结构中,信息的流向越大、越具备双向性,群体传播中民主讨论的成分也就越多,在这个基础上形成的群体合意更统一,群体感情和群体归属意识更稳固,群体的凝聚力也越强。群体规范是群体意识的核心内容,是指成员个人在群体活动中必须遵守的规则,广义上也包括群体价值,即群体成员关于是非好坏的判断标准。

**3. 群体压力**(武汉理工2007年研)

**答:**参见本章考点难点归纳相关内容。

**4. 流言**（东北财经 2021 年研；电子科大 2014 年研；华农 2011 年研；南京理工 2011 年研）

**答：** 参见本章考点难点归纳相关内容。

**5. 奥尔波特公式**（电子科大 2011 年研）

**答：** 奥尔波特提出了著名的流言流通量公式，他认为，在一个社会中，流言的流通量，与流言涉及问题的重要性和该问题证据的暧昧性之乘积成正比。即：$R = I \times A$（流言流通量 = 问题的重要性 × 证据的暧昧性）。这个公式指出了流言发生的两个特点：①流言涉及的问题通常是人们关心的或者涉及人们的切身利益；②官方信息渠道堵塞，权威信息不足，问题的暧昧性、不确定性增加，推动人们去通过流言渠道寻求信息。后来这一公式改进为：$R = I \times A \times U$（流言流通量 = 与问题的关联度 × 社会成员的不安感 × 环境的不确定性）。

**6. 集合行为**（华东政法 2021 年研；西安外国语 2021 年研；重庆大学 2019 年研；华中师大 2014 年研；中山大学 2013 年研；华南理工 2013 年研；电子科大 2011 年研）

**答：** 参见本章考点难点归纳相关内容。

**7. 组织传播**（西安外国语 2021 年研；南京财经 2021 年研；兰州大学 2019 年研；浙工大 2019 年研；安徽师大 2018 年研；浙大 2017 年研；华南理工 2014 年研；华农 2013 年研；南京理工 2011 年研；厦门大学 2009 年研）

**答：** 参见本章考点难点归纳相关内容。

### 6.4.2　简答题

**1. 简析群体规范与群体思维在群体传播（group communication）中的作用。**

**答：**（1）群体规范是指成员个人在群体活动中必须遵守的规则，在广义上也包括群体价值，即群体成员关于是非好坏的判断标准。群体规范的功能包括以下几项：

①有利于达成群体目标。

②增强群体结构性和一致性，利于群体整合。

③维持群体内成员之间的自我同一性。

④有助于成员个人进行安全决策。

（2）群体思维是群体决策中的一种现象，是指群体对于从众的压力使群体对不寻常的、少数人的或不受欢迎的观点得不出客观的评价，即当人们对与寻求一致的需要超过了合理评价备选方案需要时所表现出来的思维模式。群体思维是伤害许多群体的一种疾病，它会严重损害群体绩效。换言之，在群体就某一问题或事宜的提议发表意见时，有时会长时间处于集体沉默状态，没有人发表见解，而后人们又会一致通过。通常是组织内那些拥有权威，说话自信，喜欢发表意见的主要成员的想法更容易被接受，但其实大多数人并不赞成这一提议。

（3）群体规范与群体思维在群体传播中的作用：

①在群体传播中，群体规范和群体思维的主要作用在于排除偏离性的意见，将群体内的意见分歧和争论限制在一定范围之内，以保证群体决策和群体活动的效率。

②群体规范与群体思维不仅对群体内的传播活动起着制约作用，而且对来自群体外的信息或宣传活动的效果具有重要的影响。主要表现在：在说服观点与群体规范一致时，群

体规范可以使成员接受其观点，加强和扩大说服效果；反之，群体规范可以阻碍成员接受对立观点，使说服效果大打折扣。

**2. 简述组织传播研究的几大流派。**(北大2009年研)

**答：**目前的组织传播研究，内容丰富，学派纷呈，大体上可以分为基础学派和现代学派两大类。其中，基础学派包括古典学派、人际关系学派和人力资源学派；现代学派则主要包括系统学派、文化学派和批判学派。

(1)古典学派。伴随着19世纪末第一次工业革命的到来，机械化大生产迅速取代了家庭手工作坊，一些古典管理理论相应产生。古典管理理论对组织的核心比喻是“机械”。“机械”比喻中包含着专业分工、标准化、可代替及可预测性等若干原则。古典学派侧重于对管理要素和管理原则的考察，如等级结构秩序、自上而下的权力集中式管理、个人服务组织等，其管理目标在于用科学的管理手段提高工作效率。因此，古典学派的传播内容主要是和工作有关的问题，信息传播流向在等级结构链中自上而下垂直流动。在古典学派管理中，书面传播方式最为普遍。古典管理理论在今天的组织中仍然被广泛运用，如军队组织、生产装配车间及快餐店等，对纪律秩序、生产标准及工作效率的强调非常突出。

(2)人际关系学派。其对组织的核心比喻是“家庭”。这一比喻包含着对员工社会需求和感情需求的重视，对组织中各种非正式社会因素的关注及对管理风格变化的强调等。在组织这一“家庭”中，管理者应当像“父母”一样负责为孩子们提供良机，使他们的需求得到满足，能力得到培养。它在传播流上不否定信息垂直流动的必要，但却大力提倡横向流动，即员工间的互动。突出强调面对面的传播，更多地体现了管理的人性化特点。

(3)人力资源学派。其对组织的比喻是“团队”，把员工看成组织的体力和智力的贡献者，员工的思想和观念能使组织更好的合作。其传播内容除任务传播和社会传播外，还强调创意传播，即组织中关于新观念的互动——包括如何使工作做得更好，关于新产品及不同的组织结构方式等。从传播方向上看，人力资源学派鼓励组织中各方位的信息流动，即从上到下、从下到上、水平和交叉方向上的传播。由于人力资源学派强调以团队为基础的全方位传播，因此偏重非正式传播，但不排斥正式传播。

(4)系统学派。其对组织的比喻是“系统”。组织被概念化成一个复杂的开放性系统，它依赖各部分之间的互动即组织与外部环境之间的互动而生存和发展。系统中包含着类似于古典学派的等级秩序的观念，但这种等级秩序必须按次级系统和超级系统等方式组织起来。系统比喻也包含相互依存的观念。各系统之间有很高的相互依存性，一个子系统出了问题，会导致其他部分甚至整个系统的功能丧失。系统的第三个观念是组织具有一个可渗透的边界，以供组织与外部环境进行各种交换，包括信息的输入和输出。组织内外的信息交换也具有反馈性质，以利于组织的有效管理。

(5)文化学派。其将组织看成是一种“文化”。他们认为，一种正确的文化能使组织获得成功。如果一个组织具有强势文化的成分，那么它将是一个适合个人工作的地方，同时会提高个人和组织的绩效。强势文化有四个关键部分：①价值观，是组织强调的信念和看法；②英雄，是代表了组织价值观的个人神话，如柳传志等；③礼俗和习俗，是组织用来弘扬其文化价值观的仪式；④文化网络，即用于确立和强化文化价值的传播系统，以促进价值观的广泛传播。但是，对强势文化的过度重视，偏信“正确”文化对组织成功的作用，有使组织的生活简单化的倾向。

目前很多关于组织文化的研究强调组织文化是通过组织成员互动而创造出来的多元复杂现象。对组织文化的研究应当更多地借助于对成员互动的密切观察来进行，要通过“文化故事”的细节化叙述来充分理解组织文化的特性。

(6)批判学派。其对组织的比喻是政治和权利的斗争。批判学派将组织视为权力支配的场所，理论家的作用在于揭露组织结构和过程所导致的基本的权力失衡现象，以促使某些社会阶层和团体从压迫中解放出来。因此他们特别关注权力在生产方式、组织话语及意识形态中的表现，对性骚扰等问题的研究代表了批判学派中女权主义的批判观点。

**3. 简述网络谣言对社会生活的危害性以及如何应对网络谣言的传播。**(北大2009年研)

**相关试题：网络谣言的治理。**(北工商2021年研)

**答：**(1)网络谣言的定义。

网络谣言是指通过网络介质(例如微博、网络论坛、社交网站、聊天软件等)而传播的没有事实依据带有攻击性，目的性的话语。主要涉及突发事件、公共领域、名人要员、颠覆传统、离经叛道等内容。

(2)网络谣言对社会生活的危害性。

基于网络覆盖范围广、传播方式自由，网络谣言所产生的负面作用也越来越大，谣言的传播不仅严重干扰了人们的网上活动，败坏了网络的信誉，甚至危害到现实社会，成为引发社会震荡、危害公共安全的因素。

①引发社会震荡，危害公共安全，损害公众利益。由于网络谣言的传播速度快捷，范围广，一旦一些危言耸听的谣言形成了一定规模，就会造成不良的影响，引起广大网民的慌乱，从而造成社会的不稳定。例如，2011年3月，日本发生9.0级大地震引发海啸，导致福岛核电站发生核泄漏，一些网民开始热议核辐射的影响。网络谣言乘虚而入，称海盐受到核污染，抢盐风潮开始爆发，再有“碘盐可以预防核辐射”公众在陷入恐慌中开始抢盐。之后权威部门辟谣，最后又演出了全民“退盐”的社会闹剧。这一事件最后的得益者是背后造谣的谋利组织，广大民众不明事实，自身利益受到的了严重损失，造成了不小的社会震荡。

②扰乱人们的思想、心理和行为。人们经常是因为一个虚假的谣言而表现出种种不适当的行为，尤其是面对有关自己切身利益的谣传，人们就更加失去了理智，失去了判断力，从而从内心深处觉得这就是真的，一传十，十传百，到最后，弄得人心惶惶。

③网络谣言误导社会舆论。网络的开放性使得网上各种流言、谣言蔓延，这些流言、谣言似是而非，混淆了人们的视野，导致了人们对社会主流意识形态的离心离德，污染了网络舆论环境，一些青少年社会经验不足，分辨能力、自控能力较弱，面对网络谣言，可能会对社会、对未来产生消极情绪，从而玩物丧志，放弃精神追求和事业进取。有些谣言矛头指向企业，严重的会影响企业形象，甚至破产。

④社会事件复杂化。各种信息可以在互联网上广泛的传播，这些信息表现出的价值和观点呈多元化，加上每个人的实际利益需求不同，这就导致社会舆论变得更加复杂。个体在网上发布信息时不会经过非常严格的筛选，所以互联网上的信息不仅量大，而且真假也不容易分辨，对事件的真实性不能全面反映，最终可能让事件变得复杂，解决时难度也就

会相应的增加。

(3)网络谣言的应对措施。

①加强政府引导。

a. 提升信息公开的及时性。谣言并不是空穴来风，所有的谣言在形成的过程中都有一定的客观基础和事实根据。通过相关的调查可知，大部分群众都认为政府发布信息不透明是谣言广泛传播的主要原因。在人们不能从正规渠道去获取相关信息的时候，人们就会选择通过网络的渠道。当涉及公共利益的事故发生时，人们都希望能够尽快获知事件的真相，但是政府部门大部分时间都会选择封锁消息，希望可以及时地消除事件带来的负面影响。在人们不能从权威部门获取事件真实信息的时候，就只能到互联网中去寻找事件的真相。谣言的传播主要根据事件的重要性和真相的模糊性。如果不能有效消除政府和群众间信息不对称的情况，群众对谣言的追逐程度就不会减退。所以当产生谣言后，政府部门应该要及时发布信息，将事件的真相告知群众，防止谣言的快速传播。

b. 建立健全相关法规。政府部门在对网络谣言进行治理时，应该首先要对网络监督管理的相关法律法规进行完善，对网络谣言的传播者和制造者要依法进行处理，同时还要对制度管理进行不断补充、修改和完善，建立起相应的治理和预防机制。

②规范媒体监管。

a. 新闻媒体加强监管。新闻媒体是一个公共信息平台，也是舆论监督的平台。在社会经济快速发展的过程中，虽然我国传媒业也得到了很好的发展，但是同时也存在很多值得重视的问题，如有偿新闻、虚假新闻以及缺乏公信力等。在市场经济条件下，因为受到各种文化思想和利益关系变化的影响，新闻媒体的商品性开始表现得越加明显。在这种情况下，新闻媒体应该加强对虚假新闻的防范，更好地杜绝网络谣言的传播，另外还要对媒体行业的职业伦理进行严格规范，提升相关从业人员的职业素养，遏制网络谣言的传播。

b. 积极进行谣言屏蔽。在网络时代，对网络信息的真实性普通民众很难去查证，大部分网民面对网上信息时基本上都是选择接受的态度。另外还有一些法律素养和基本道德素养缺乏的网民在网络上制造谣言，编造假新闻等来引起关注。这些行为都会对正常的网络传播秩序造成影响，最终可能会影响到社会的正常发展。所以在网络媒体快速发展的过程中，政府部门应该要正确认识到网络谣言可能会造成的负面影响，采取有效措施来对谣言进行屏蔽，比如加强网络安全立法和对互联网信息进行过滤等。

c. 充分发挥“意见领袖”的作用。在信息传播的过程中“意见领袖”是比较特殊的一类人群。“意见领袖”就是在信息传播时经常给他人提供一些新意见、评论，能影响其思想行为的“活跃分子”。所以在对网络谣言进行治理和防范时，应该要重视引导和培养“意见领袖”，让“意见领袖”的作用能够充分发挥出来，这样才能更好地完成网络谣言的治理和防范工作。

③不断提升群众意识。

a. 提高群众法律意识。现阶段我国群众的法律意识水平普遍较低，大部分人对法律的认识还停留在比较零散、片面和直观的层面上。要对网络谣言进行有效的治理和防范，就需要让群众的法律意识得到有效提高，加强网络法制教育和网络法制宣传，让群众能快速树立起系统和科学的网络法律意识。这样，在平时的生活和工作中，群众才会站在法律的角度去分析、思考，从而养成良好的行为习惯。

b. 提高公民社会责任感。加强对公民的社会主义核心价值观教育，让其树立起正确的价值导向，主动承担自身的历史使命，树立起正确的义务和权利观念，让其能够用比较合理的方式去面对网络谣言、抵制网络谣言，做一个奉公守法的好公民，并通过自身的方式去感染和教育周围的人。

c. 加强公民素质教育。公民素质是某个国家的公民在改造社会和自然过程中所表现出来的智力、体魄和思想道德的总体水平。在治理和防范网络谣言的过程中，加强公民素质教育具有非常重要的作用。要让全体公民的素质得到有效提升，就应该从下面两点来进行：首先要为公民的素质教育创造出一个良好的氛围；另外就需要建立起完善的公民素质教育的长效机制。当公民整体素质提高之后，才可能会采用比较合理的行为来对自身的行为进行约束，从而来降低网络谣言的危害。

### 6.4.3 论述题

**在关于传闻的三个要素“重要性、模棱度、批判能力”(importance; ambiguity; critical ability)中，大众传媒在哪两个要素上可以发挥作用以抑止传闻的进一步蔓延？宜采取哪些传媒的工作方式来引导舆论？**(人大2006年研)

**答：**考察流言(传闻)的发生和传播可采用如下公式：

流言 = 事件的重要程度 × 事情的模棱度/批判能力

传播的内容对传播对象而言越重要，涉及的切身利益越大，且传播对象对其了解越模糊，那么流言传播的速度越快、范围越广；传播对象对所传播的内容了解得越清晰，或具有批判理性，那么流言的传播就会遇到阻力。

在这个公式里，流言内容的重要性一般是难以变更的，因为这通常是客观存在的没有解决的问题。但是关于事情的清晰程度是可以改变的，公众对事情的理性认识也可以提高。大众传媒在进行舆论引导的过程中应在事情的模棱度和批判能力两个方面加以改变。具体而言应采取以下工作方式：

(1)公开真实的情况，减少信息的模棱度。

“谣言止于公开”，在流言蔓延的社会环境下，大众传媒应充分发挥社会监测的功能，及时、真实地向公众报道与他们利益相关的信息，哪怕这些信息是不令人愉快的。报道负面信息可能会造成暂时的恐慌，但它也能够调动全体成员共同参与，克服危机。而隐瞒和谎报信息，即使目的是减少惶恐，但效果恰恰相反，会带来社会混乱，因为人们没有了可以信赖的信息渠道，长久的不确定性必然导致恐惧。

(2)提供相关问题的科学解释，增强公众批判能力。

大众传播媒介在流言四起的环境中应保持理性的思维和态度，利用自身的优势，提供相关问题的专业解释和科学看法，从而引导公众，提高公众的科学认识和理性意识，使公众对事情有正确的认识，这样公众也就更容易抵制不真实的传闻，避免无谓的恐慌。

# 第七章 大众传播

## 7.1 复习笔记

**【知识框架(庖丁解牛)】**

- 大众传播
  - 概述
    - 定义与特点
    - 社会功能
    - 社会影响
      - 传播信息
      - 引导舆论
      - 教育大众
      - 提供娱乐
  - 大众传播的产生与发展
    - 大众报刊与大众传播
    - 电报、电影、广播与大众传播
    - 当代的电视媒介与大众传播
    - 互联网与大众传播
  - 大众传播的社会影响
    - 大众传播产生积极的社会影响
    - 大众传播产生消极的社会影响
  - 大众传播对人的行为的影响
    - 人与环境互动过程的变化
    - 大众传播与现代信息环境
    - “信息环境的环境化”现象

**【本章概要】**

本章主要论述了大众传播的相关知识。本章考点以名词解释、简答题以及论述题为主，在学习时，需要着重对大众传播、大众传播的产生与发展过程、关于大众传播社会影响的两种观点、大众传播、信息环境与人的行为等内容加以把握，并深入了解拉斯韦尔“三功能说”、赖特“四功能说”、拉扎斯菲尔德和默顿的功能观、“拟态环境”“拟态环境的环境化”等内容。

**【考点难点归纳(厚积薄发)】**

**考点一：大众传播 ★★★★★**

**1. 大众传播的定义与特点**(见表7-1)

**表 7-1 大众传播的定义与特点**

| 要点 | 具体内容 |
|---|---|
| 定义 | 大众传播是人类进行社会信息交流的过程，在这个过程中，职业传播者利用机械媒介广泛、迅速、持续不断地发出讯息，目的是使人数众多、成分复杂的受众分享传播者所要表达的含义，并试图以各种方式影响他们 |
| 特点 | ①传播者：专门从事信息生产及传播的媒介组织。<br>②传播方式：运用先进的传播技术和产业化手段生产、复制并传播大量的信息。<br>③受传者(受众)：社会上不定量的多数的一般大众。<br>④传播内容：传播的信息兼具商品和文化属性。<br>⑤传播过程：单向性强，互动机制较弱。<br>⑥大众传播是一种制度化传播，具有社会性 |
| 大众传播是社会系统的组成部分 | ①大众传播与社会紧密联系，必须依赖社会而存在。<br>②大众传播的发展以社会生产力的发展为基础。<br>③大众传播必然被打上社会阶层和阶级的烙印。<br>④大众传播受到社会的制约，如法律、大众监督等 |

## 2. 大众传播的社会功能与社会影响(见表 7-2)

**表 7-2 大众传播的社会功能与社会影响**

| 要点 | | 具体内容 |
|---|---|---|
| 社会功能 | 拉斯韦尔 | “三功能说”：①对环境进行监视；②使社会各部分为适应环境而建立相互关系(社会联系与协调)；③使社会遗产代代相传 |
| | 赖特 | “四功能说”：①对环境进行监视；②解释与规定；③社会化；④提供娱乐 |
| | 施拉姆 | 大众传播的社会功能包括：①政治功能；②经济功能；③一般社会功能。施拉姆明确提出了传播的经济功能，指出大众传播能够提供关于资源以及买卖机会的信息，通过解释经济信息来制定经济政策、开创经济行为 |
| | 拉扎斯菲尔德和默顿 | 功能观：①社会地位授予功能；②准则实施功能；③麻醉作用 |
| 社会影响 | 传播信息 | 连续不断地向受众传递大量信息 |
| | 引导舆论 | 媒介报道决定大多数人议论的内容，决定其对这些问题的看法及要采取的应对措施 |
| | 教育大众 | 传播知识、科技等，传承文化遗产，促进成员社会化 |
| | 提供娱乐 | 人们选择以大众媒介为娱乐的主要工具和手段 |

**【考点拓展】准社会互动**

霍顿和沃尔提出大众媒介(主要是电视)具有准社会关系或准社会互动的功能，即人们把电视中的人物或媒体名人看作是真实的交流对象，与其发生互动并建立某种关系。人们常常会像谈论一个朋友或邻居一样谈论某个名人，在看到某些主持人时会有一种亲切感，这些都是准社会互动的表现。

## 考点二：大众传播的产生与发展过程 ★★

### 1. 开幕：大众报刊与大众传播(见表7-3)

表7-3 大众报刊与大众传播

| 要点 | 具体内容 |
|---|---|
| 廉价报纸(便士报) | 19世纪30年代，大众报刊诞生，标志着大众传播时代到来。<br>大众报刊具有以下特点：<br>①价格低，发行量大。<br>②主要报道新闻、信息及社会事件，以娱乐为主，面向劳动大众。<br>③读者是"分散的、成分复杂的、不定量多数的一般大众" |
| 两个转变 | ①"观点纸"转变为"新闻纸"。<br>②由政党经费运营转变为市场化运营和企业化经营 |

### 2. 媒介革命：电报、电影、广播与大众传播(见表7-4)

表7-4 电报、电影、广播与大众传播

| 要点 | 时间 | 具体内容 |
|---|---|---|
| 电报 | 19世纪三四十年代 | 电报的诞生加快了大众传播进程，并推动了通讯社的出现与发展 |
| 电影 | 19世纪末 | 二战后，电影在较短时间内发展成为包括生产、发行和放映在内的、融艺术、娱乐、商业和现代技术于一体的大规模产业 |
| 广播 | 20世纪20年代 | 广播是人类历史上第一次进入家庭的大众电子媒介。二战后，半导体技术的发展使收音机趋于小型化，方便携带且价格低廉，成为现代人获取信息和娱乐的主要媒介 |

### 3. 当代的电视媒介与大众传播(见表7-5)

表7-5 当代的电视媒介与大众传播

| 要点 | 具体内容 |
|---|---|
| 产生发展 | 二战后，电视的发明和普及开辟了大众传播的新时代。电视媒介经历了不断发展与变革的过程，由黑白到彩色、由地上波传输到卫星传输、由信号模拟到数字化 |
| 媒介特性 | ①视听结合。<br>②广泛的辐射力与快速性。<br>③信息取自生活中的画面和声音，真实感强 |
| 新发展 | ①数字压缩技术的进步加快了电视多频道化时代的到来，电视媒体内容丰富，可选择性强。<br>②多媒体技术丰富了电视的表现手段，提高了传输信息的质量。<br>③互联网技术增强了电视传播的双向性和互动性。<br>④卫星传输技术的普及使电视跨国传播和全球传播成为可能 |

## 4. 新革命：互联网与大众传播(见表7-6)

表7-6 互联网与大众传播

| 要点 | 具体内容 |
| --- | --- |
| 产生发展 | 1969年，美国国防部为达到军事目的建立“阿帕网”。现如今，互联网已成为影响政治、经济、文化和社会生活等各个领域的全球信息系统。互联网的功能有：<br>①对个人：互联网是个人处理信息的工具。<br>②对传播过程：互联网是人际传播、群体传播、组织传播和大众传播的重要手段 |
| 互联网传播的特点 | 包括：①无可比拟的时效性和全时性；②传播内容的海量性和开放性；③信息形态的多媒体性；④传播方式的虚拟性；⑤传播过程的双向性和交互性；⑥传播环境的个性化 |
| 使用互联网的目的 | ①获取信息。<br>②寻求娱乐 |
| 评价 | 互联网的出现和发展给传统媒体带来了巨大的机遇和挑战，如何与互联网媒体有效融合，实现全面化的数字化转型，已成为传统媒体亟待解决的问题 |

## 考点三：关于大众传播社会影响的两种观点(见表7-7) ★★

表7-7 关于大众传播社会影响的两种观点

| 态度 | 具体内容 | |
| --- | --- | --- |
| 肯定态度 | 布莱士<br>[美国政治学家] | 报刊具有三种功能：①报道和讲解事件；②代言政治主张；③反映读者的一般意见 |
| | 塔尔德<br>[法国社会学家] | 报刊造就了公众，即现代舆论的主体，只有代表公众意见的舆论才具有政治上的正当性和合理性。报刊能将分散的、异质的公众连成一个有机的整体；随着报刊的普及，公众的规模将不断扩大 |
| | 库利<br>[美国社会学心理学家] | 印刷意味着民主，报刊实现了一种社会组织性，在舆论获得这种组织性时才能将民主变为现实。近代传播媒介的不断发展扩大了人类的交流与沟通，同时促进了各国、各民族和阶层间人性和道德的发展 |
| 怀疑态度 | 拉扎斯菲尔德和默顿 | 提出麻醉理论，从宏观角度提出大众传播具有“麻醉”功能，即明显的负面作用。受众会淹没在大众传播所提供的表层信息和通俗娱乐之中，使人们沉醉于其中而丧失行动能力 |
| | 清水几太郎 | 现代社会是一个“拷贝支配”的社会，导致这种状况出现的重要原因是环境的扩大和社会生活的间接化。由于大众传媒的大量生产和大量提供，现代人每日每时都处在“拷贝”的洪水的包围中，已经屈服于大众传媒机构的庞大规模和垄断地位 |

## 考点四：大众传播对人的行为的影响 ★★★★★

### 1. 人与环境互动过程的变化(见表7-8)

表 7-8　人与环境互动过程的变化

| 要点 | 具体内容 |
|---|---|
| 互动要素 | 包括：①客观环境；②环境认知；③人的行为；④人的行为对客观环境的反作用 |
| 互动变化 | ①在传统社会里，人们进行生产和社会交往的空间有限，其对环境的认知建立在感性经验的基础之上。②往后包括工业革命在内的一系列变革使人对环境的认知活动发生了根本性的质变。现代社会环境丰富且复杂，人们仅凭自身的感性经验无法认知，只有通过大众传播才能去把握 |
| 变化影响 | 大众传播向人们提示的环境，即信息环境，是环境的再现而非客观环境本身。在客观环境和人对环境的认知之间建立了信息环境的环节，信息环境的出现给人们认知环境和协调活动带来了新的机遇和挑战 |

## 2. 大众传播与现代信息环境(见表 7-9)

表 7-9　大众传播与现代信息环境

| 要点 | 具体内容 |
|---|---|
| 信息环境 | 信息环境是指我们所能触及或获取到的广义信息。理解这一概念应把握以下几点：<br>①具有特定含义的语言、文字、声音、图画、影像等信息符号是构成信息环境的基本要素。<br>②一系列信息符号有机结合构成具有完整意义的讯息，讯息制约人的认知和行为。<br>③信息环境具有社会控制功能 |
| 大众传播在营造信息环境方面的优势 | ①大众传播通过生产和复制大量的信息并进行大面积传播，能够迅速将同类信息传播到整个社会，造成普遍的信息声势。<br>②大众传播的信息具有公开性、显著性、权威性和直达性等特点，更容易营造信息环境 |

## 3. 现代社会中的“信息环境的环境化”现象(见表 7-10)

表 7-10　现代社会中的“信息环境的环境化”现象

| 代表人物 | 提出时间 | 具体要点 |
|---|---|---|
| 李普曼：现代人“与客观信息隔绝” | 20 世纪 20 年代 | ①现代社会环境丰富且复杂，人们仅凭自身的感性经验无法完整把握，只有通过各种“新闻供给机构”，即大众传播才能去把握超出自己亲身感知以外的事物。因此，人们的行为是对新闻机构提供的某种“拟态环境”的反应，而非对真实的客观世界的反应。<br>②“拟态环境”是新闻供给机构通过对象征性事件或信息进行选择和加工、重新加以结构化以后向人们提示的环境，并非对现实环境的再现。然而，由于这种加工、选择和结构化通常在媒介内部进行，人们看不到、意识不到，因此便把“拟态环境”看作真实的客观环境。<br>③拟态环境不仅制约人的认知和行为，还通过这种制约影响客观的现实环境 |
| 藤竹晓：“拟态环境的环境化” | 20 世纪 60 年代 | ①许多最初并不普遍的“拟态事件”进入大众传播渠道后，便会迅速成为社会流行现象。<br>②“拟态环境”与现实环境相差很大，人们在认识环境后所采取的行动与媒介提供的信息有关，这些行动又反作用于现实环境，使得现实环境有了“拟态环境”的特点 |

## 7.2 课后习题详解

**1. 简述大众传播的定义。**

**答**：关于什么是大众传播，学者们有各种各样的定义，有学者认为，大众传播是“人类社会信息交流的方式之一，职业工作者(记者、编辑)通过机械媒介(印刷媒介、电子媒介)向社会公众公开地、定期传播各种信息的一种社会性信息交流活动”。我国学者郭庆光认为，所谓大众传播，是指专业化的媒介组织运用先进的传播技术和产业化手段，以社会上一般大众为对象而进行的大规模的信息生产和传播活动。

此外，杰诺维茨的定义被西方学者广泛引用，他认为，大众传播由一些机构和技术所构成，专业化群体凭借这些机构和技术，通过技术手段(如报刊、广播、电影等)向数量众多、各不相同而分布广泛的受众传播符号内容。

**2. 大众传播有哪些特点？**

**答**：参见本章考点难点归纳相关内容。

**【真题链接】**

(1)大众传播具有哪些重要特点？(华南理工 2017 年研)

(2)大众传播的特点。(山东大学 2021 年研)

**3. 大众传播的基本社会功能是什么？**

**答**：在现代社会中，大众传播执行着极为重要的社会功能。关于大众传播功能的具有代表性的观点主要有以下几种：

(1)拉斯韦尔的“三功能说”。

①对环境进行监视。自然环境与社会环境处于持续不断的变化之中，只有及时对环境进行监控，人们才能了解、把握并适应内外环境的变化，人类社会才能更好地生存和发展。

②使社会各部分为适应环境而建立相互关系。社会各部分只有建立相互关系，合理分工运作，才能有效地适应环境的变化。传播正是执行联络、沟通和协调社会关系功能，使社会各部分联系起来的重要社会系统。

③使社会遗产代代相传。人类社会的发展以继承和创新为基础，传播正是将人类经验、智慧和知识加以记录并传给后代的重要机制。

(2)赖特的“四功能说”。

①对环境进行监视。大众传播收集与传播社会内外部的信息以警戒外来威胁、满足社会常规性活动对信息的需要。

②解释与规定。大众传播在传达的信息的过程中通常会对事件进行解释，并给人们应该采取什么样行为反应的提示，从而引导和协调社会成员的行为，该含义与拉斯韦尔的“社会协调”基本一致。

③社会化功能。大众传播在传播知识、经验、价值观以及行为规范等方面发挥着重要作用，推动个人的社会化进程。

④提供娱乐。大众传播中的内容包括文学、艺术、游戏等，都是用来满足人们的精神生活的需要。

(3)施拉姆对大众传播社会功能的概括。

1982年，施拉姆曾《男人、女人、讯息和媒介》一书中从政治功能、经济功能和一般社会功能三个方面对大众传播的社会功能进行了总结。其中，政治功能包括环境监视、社会协调和传承遗产；一般社会功能包括社会控制、规范传递、娱乐等；施拉姆分类法的重要贡献是明确地提出了传播的经济功能，指出大众传播能够提供关于资源以及买卖机会的信息，通过解释经济信息来制定经济政策、开创经济行为。

(4)拉扎斯菲尔德和默顿的功能观。

拉扎斯菲尔德和默顿认为大众传播的功能有：

①社会地位授予功能。指出个人、群体和事物经过大众传播过程，社会影响就会扩大。

②准则实施功能。大众传媒通过曝光偏离社会规范和公共道德的行为，能够唤起社会的普遍谴责，将违反者置于强大的社会压力之下，从而有利于社会准则的实施。

③作为负面功能的"麻醉作用"。他们认为过度沉溺于媒介提供的表层信息和通俗娱乐中，就会不知不觉地失去社会行动力，而满足于"被动的知识积累"。

总之，大众传播既有正功能，又有负功能。传播学研究的任务，正在充分发挥大众传播的积极功能而防止或减弱其消极功能。

**【真题链接】**

(1)施拉姆是如何概括大众传播的社会功能的？(清华大学2004年研)

(2)大众传播的"四功能说"是指哪些功能？(华农2010年研)

(3)试述H. 拉斯韦尔、C. R. 赖特、W. 施拉姆、拉扎斯菲尔德和默顿等的大众传播功能观。(华农2016年研)

(4)简析赖特的大众传播"四功能说"中社会化功能的主要观点。(人大2018年研)

(5)大众传播的基础功能。(华科2021年研)

**4. 大众传播的"地位赋予功能"指的是什么？**

**答：**大众传播的"地位赋予功能"是指大众媒介授予社会问题、个人、团体以及社会运动以地位。大众媒介可以使个人和集体的地位合法化，从而提高其权威性。拉扎斯菲尔德与默顿认为，大众媒介的这种社会地位赋予功能会给大众传媒传播的事物带来一种正统化的效果。大众传媒的信息共享性、权威性等特点使其具有社会地位赋予功能。

**5. 大众传播的"社会规范强制功能"指的是什么？**

**答：**大众传播的"社会规范强制功能"是指大众传媒可以通过曝光某些背离公共道德的行为，发起有组织的社会行动。通过让某些问题暴露在阳光之下，人们必须表明自己支持或反对社会准则的态度。拉扎斯菲尔德等人认为，这弥合了"个人态度"和"公共道德"之间的差距，发挥着社会规范强制功能。

**6. 如何理解大众传播的"麻醉功能"？**

**答：**大众传播的"麻醉功能"由拉扎斯菲尔德和默顿提出，他们认为大众传媒会使广大群众在政治上冷漠和迟钝，把大量时间用在阅读、收听、思考大众媒体中，而不是投入到有组织的实际行动中。他们认为大众在使用媒介的过程中虽然也在读、听、看、思考，但是，他们却没有真正行动起来。即过度沉溺于媒介提供的表层信息和通俗娱乐中，在不自觉中失去社会行动力，而满足于“被动的知识积累”。

**7. 大众报纸（廉价报纸）的特点是什么？**

**答：**19 世纪 30 年代，大众报刊诞生，标志着大众传播时代到来。大众报刊具有以下特点：

（1）价格低，发行量大。

（2）主要报道新闻、信息及社会事件，以娱乐为主，贴近普通人的生活。

（3）读者是“分散的、成分复杂的、不定量多数的一般大众”。

（4）报纸经营的主要财源是广告收入。

从政党报刊到大众报刊，报纸完成了两个转变：一是由“观点纸”转变成“新闻纸”，二是由政党经费运营转变成市场化运营和企业化经营。只有到了这个时期，报纸才成为“以报道新闻、传播知识、提供娱乐”为宗旨的信息产业，才是真正意义上的大众传播媒介。

**8. 你认为大众传播时代到来的标志是什么？**

**答：**大众传播是一个过程，在这个过程中，职业传播者利用机械媒介广泛、迅速、持续不断地发出讯息，目的是使人数众多、成分复杂的受众分享传播者所要表达的含义，并试图以各种方式影响他们。19 世纪 30 年代，大众报刊诞生，标志着大众传播时代到来。其原因如下：

（1）大众报纸是专业化的媒介组织。政党报刊时期的报纸是政党事业的组成部分，报纸主要是观点纸而不是新闻纸。只有到了大众报刊时期，报纸才由政党经费运营转变为市场化运营和企业化运营，报刊才成为以采集、制作、发布新闻为目的的专业化媒介组织。

（2）大众报刊发行量大。政党报刊或政论时期的报刊内容以政论为主，发行量大都在数千份以下，因此还不能称为真正意义上的大众传媒。而大众报纸由于售价低廉且内容具有贴近性，与政党报纸相比有着巨大的发行量，由此才真正实现大规模的信息生产和传播。

（3）大众报纸以社会上的一般大众为读者对象。大众报纸价格低廉，内容以新闻、信息、社会事件和娱乐为主，贴近普通大众的生活，读者面向一般大众。只有到了大众报纸时期，报纸才由以政治组织的成员和受其影响的部分群众为读者对象转变为以一般大众为读者对象。

**【真题链接】**简述进入大众传播时代的标志特征。（复旦大学 2018 年研）

**9. 电报、电影、广播在大众传播的发展中起到了什么作用？**

**答：**电报、电影、广播在大众传播的发展中起到的作用有：

（1）电报诞生于 19 世纪三四十年代。电报的诞生加快了大众传播进程，并推动了通讯社的出现与发展。

（2）电影出现于 19 世纪末，从一开始就是属于传播大众文化的媒介。二战后，电影在较短时间内发展成为包括生产、发行和放映在内的、融艺术、娱乐、商业和现代技术于一体的大规模产业。

（3）广播于 20 世纪 20 年代开始了商业化进程，成为大众化传媒。广播是第一种进入家庭的大众电子媒介。二战后，半导体技术的发展使收音机越来越趋于小型化，方便携带且价格低廉，成为现代人获取信息和娱乐的主要媒介。

**10. 试析电视的媒介特性。**

**答：**二战后，电视的发明和普及开辟了大众传播的新时代。电视媒介主要经历了由黑白到彩色、由地上波传输到卫星传输、由信号模拟到数字化的发展与变革过程。

电视的媒介特性有：

(1)电视媒介视听结合，更具真实感，且有广泛的辐射力和快速性。

(2)电视不仅是人们获取信息的重要渠道，而且是人们丰富文化生活的重要手段。

(3)数字压缩技术的进步加快了电视多频道化时代的到来，电视媒体的海量内容使人们选择性更强。

(4)多媒体技术丰富了电视的表现手段，提高了传输信息的质量。

(5)互联网技术增强了电视传播的双向性和互动性。

(6)卫星传输技术的普及使电视跨国传播和全球传播成为可能。

**11. 谈谈互联网传播的特点和革命性意义。**

**答：**(1)互联网传播的特点：

①无可比拟的时效性和全时性。

②传播内容的海量性和开放性。

③信息形态的多媒体性。

④传播方式的虚拟性。

⑤传播过程的双向性和交互性。

⑥传播环境的个性化。

(2)互联网传播的革命性意义：

互联网传播在创造了几乎“全能”的自身的同时，还推动了传统大众传播的转型。与互联网相比，包括书籍、报刊、广播电视在内的传统媒体都有着不可克服的缺陷。互联网的出现和发展给传统媒体带来了巨大的机遇和挑战，如何与互联网媒体有效融合，实现自身全面的数字化转型，已成为传统媒体亟待解决的问题。

**12. 简述关于大众传播社会影响的两种观点。**

**答：***参见本章考点难点归纳相关内容。*

**13. 布莱士认为报刊在民主政治中有三种重要功能，它们分别是什么？**

**答：**美国政治学家J. 布莱士认为，报刊具有以下三种功能：

(1)报道和讲解事件。

(2)代言政治主张。

(3)反映读者的一般意见。

报刊通过发挥这三项功能，就能使舆论超越个人意见的简单相加，成为组织化的有机整体。

**14. 如何理解塔尔德关于报刊与公众的观点？**

**答：**法国学者塔尔德提出了报刊的社会与政治功能，发表了关于报刊与公众的观点。在1901年出版的《舆论与群集》一书中，塔尔德认为报刊对社会的一个重要贡献就是造就了现代舆论的主体——公众，与“集群”不同，公众是“纯粹的精神上的集合体”。只有代表公众意见的舆论才具有政治上的正当性和合理性。报刊能将分散的、异质的公众连成一个有机的整体；随着报刊的普及，公众的规模将不断扩大。社会也不再受“习惯和传统”支配，以“流行和革新”为主流的时代到来。

**15. 试论大众传播时代人与环境的互动关系。**

**答：**参见本章考点难点归纳相关内容。

**【真题链接】**试论大众传播时代人与环境的互动关系。（华农2014年研）

**16. 什么是信息环境？理解这个概念应注意哪些方面？**

**答：**（1）信息环境的含义。

信息环境是指我们所能触及或获取到的广义信息。日本学者后藤和彦认为，“信息环境，即在与自然环境相区别的社会环境中直接或间接地控制社会成员之行为方式的符号部分；并且，它主要是通过非人际关系向社会提示的环境。”

（2）理解这个概念应注意以下三方面：

①具有特定含义的语言、文字、声音、图画、影像等信息符号是构成信息环境的基本要素。

②一系列信息符号有机结合构成具有完整意义的讯息，讯息制约人的认知和行为。

③信息环境具有社会控制功能，能够制约人的行为。

**17. 试论现代社会“信息环境的环境化”现象。**

**答：**（1）“信息环境的环境化”的含义。

现代社会环境丰富且复杂，人们仅凭自身的感性经验无法认知，只有通过各种“新闻供给机构”，即大众传播才能去把握超出自己亲身感知以外的事物，因此，人们的行为是对新闻机构提供的某种“拟态环境”的反应，而非对真实的客观世界的反应。

“拟态环境”是新闻供给机构通过对象征性事件或信息进行选择和加工、重新加以结构化以后向人们提示的环境，并非对现实环境的再现。然而，由于这种加工、选择和结构化通常在媒介内部进行，人们看不到、意识不到，因此便把“拟态环境”看作真实的客观环境。

拟态环境不仅制约人的认知和行为，还通过这种制约影响客观的现实环境。

（2）“信息环境的环境化”在现实中的表现。

许多最初并不普遍的“拟态事件”进入大众传播渠道后，便会迅速成为社会流行现象。

（3）“信息环境的环境化”的意义。

“信息环境的环境化”现象说明，大众传播通过影响人们对环境的认知活动来制约人的行为，从而发挥其社会影响力。

**【真题链接】**

（1）如何理解现代社会中“信息环境的环境化”现象？（电子科大2011年研；华农2011年研）

（2）信息环境的信息化。（电子科大2021年研）

# 7.3 考研真题与典型题

## 7.3.1 概念题

1. 大众传播(广州体育学院2022年研；复旦大学2017年研；南京理工2010年研)

2. 社会雷达(环境监视)(南京财经2021年研；深圳大学2011年研；南京理工2011年研)

3. 社会地位赋予功能(南林2019年研；河北大学2013年研)

4. 大众传媒的麻醉功能(厦门大学2017年研；人大2016年研)

相关试题：大众传播的负面功能(北邮2009年研)

5. 结构功能主义(北大2011年研)

6. 信息环境(南京大学2016年研；华中师大2014年研；华农2012年研)

7. 拟态环境(广州体育学院2022年研；兰州大学2021年研；重庆大学2019年研；上海师大2019年研；南京师大2018年研；暨南大学2017年研；华东师大2017年研；清华大学2016年研；中传2016年研；华南理工2016年研；上海交大2015年研；四川大学2015年研；北京师大2014年研；南京理工2011年研；中山大学2010年研)

8. 社会认同模式(北京大学2012年研)

## 7.3.2 简答题

1. 简述大众传播的社会整合功能。(暨南大学2018年研)

2. 简述拉斯韦尔与默顿关于传播的功能的观点。(北大2018年研；中央民大2018年研)

相关试题：

(1)简述拉扎斯菲尔德的大众传播负功能。(上海大学2017年研)

(2)什么是大众传媒麻醉的负功能？在新媒体时代，这个负功能还存在吗？(北大2011年研)

3. 简述大众传播媒介的正负效应。(湖南大学2017年研)

4. 何谓“社会认同模式”(social identification modal)？如何用该模式来理解大众传播媒介在舆论形成过程中扮演的角色？(清华大学2007年研)

5. 大众传播理论的目标。(上外2018年研)

6. 大众传播对认知基模的影响。(上海理工2019年研)

## 7.3.3 论述题

1. 评价李普曼的拟态环境。(中传2015年研)

相关试题：

(1)阐述李普曼与拟态环境理论，并结合当前信息网络社会的特点，谈谈你对这个理论的理解。(北邮2011、2008年研)

(2)简述拟态环境和对社会的影响。(简答题，中山大学2015年研)

(3)谈谈对拟态环境的理解。(简答题，中国地大2017年研)

(4)拟态环境的定义和特点。(安徽师大2021年研)

2. 李普曼认为有哪几种现实与人的行为发生联系？(华农2012年研)

# 7.4 考研真题与典型题详解

## 7.4.1 概念题

**1. 大众传播**(广州体育学院 2022 年研；复旦大学 2017 年研；南京理工 2010 年研)

**答**：大众传播是社会媒介组织通过文字(报纸、杂志、书籍)、电波(广播、电视)、电影、电子网络等大众传播媒介，向社会大众公开地传递自己用各种手段复制的信息的社会实践活动的全过程。大众传播的特点包括：①传播者：专门从事信息生产和传播的媒介组织。②运用先进的传播技术和产业化手段生产、复制并传播大量的信息。③受传者：社会上不定量多数的一般大众，即“受众”。④传播内容：传播的信息同时具有商品属性和文化属性。⑤传播过程：单向性强。⑥大众传播是一种制度化传播，具有社会性。

**2. 社会雷达(环境监视)**(南京财经 2021 年研；深圳大学 2011 年研；南京理工 2011 年研)

**答**：社会雷达是对大众传播环境监视功能的一种形象比喻，由美国传播学家施拉姆提出。环境监视功能是指大众传播媒介通过报道社会政治、经济和文化等各个方面的信息，监控社会的发展变化，为人们察知和掌握内外环境的变动，认识自身所处的地位，确定应变之策提供帮助。大众传播的这种功能与雷达收集和处理信息的活动具有类似性，因而施拉姆将之称为“社会雷达”。在现代社会，大众传播的社会雷达功能是其首要功能，是社会正常运作的前提。

**3. 社会地位赋予功能**(南林 2019 年研；河北大学 2013 年研)

**答**：社会地位赋予功能是由拉扎斯菲尔德和默顿提出的大众传播的三种功能之一，指大众媒介授予社会问题、个人、团体以及社会运动以地位。大众媒介可以使个人和集体的地位合法化，从而提高其权威性。拉扎斯菲尔德与默顿认为，大众媒介的这种社会地位赋予功能会给大众传媒传播的事物带来一种正统化的效果。大众传媒的信息共享性、权威性等特点使其具有社会地位赋予功能。

**4. 大众传媒的麻醉功能**(厦门大学 2017 年研；人大 2016 年研)

**相关试题：大众传播的负面功能**(北邮 2009 年研)

**答**：大众传媒的麻醉功能是指大众传媒会使广大群众在政治上冷漠和迟钝，把大量时间用在阅读、收听、思考大众媒体中，而不是投入到有组织的实际行动中。该功能由拉扎斯菲尔德和默顿提出，他们认为大众在使用媒介的过程中虽然也在读、听、看、思考，但是，他们却没有真正行动起来。即过度沉溺于媒介提供的表层信息和通俗娱乐中，就会不知不觉地失去社会行动力，而满足于“被动的知识积累”。

**5. 结构功能主义**(北大 2011 年研)

**答**：结构功能主义是指以塔尔科特·帕森斯、罗伯特·K. 默顿等为代表的一个西方社会学流派。结构功能主义认为，社会是具有一定结构或组织化手段的系统，社会的各组成部分以有序的方式相互关联，并对社会整体发挥着必要的功能。整体以平衡的状态存在着，任何部分的变化都会趋于新的平衡。结构功能主义的研究涉及面很广，包括社会理论探讨、经验研究和历史研究，其学术观点涉及人类学与政治学等社会科学领域。具有这一理论倾向的传播学代表性观点包括：①美国政治学家拉斯韦尔概括的传播“三功能说”：对环境进行监视、使社会各部分为适应环境而建立相互关系、传承遗产功能。②美国社会学家赖特提出的“四功能说”：对环境进行监视、解释与规定功能、社会化功能、提供娱乐功能。③美国学者施拉姆所总结的政治功能、经济功能和一般社会功能。

**6. 信息环境**(南京大学2016年研；华中师大2014年研；华农2012年研)

**答**：信息环境，又称拟态环境或象征性现实，是一个社会中由个人或群体接触可能的信息及其传播活动的总体构成的环境。大众传播是信息环境的主要营造者。理解这一概念应把握以下几点：①具有特定含义的语言、文字、声音、图画、影像等信息符号是构成信息环境的基本要素。②一系列信息符号有机结合构成具有完整意义的讯息，讯息制约人的认知和行为。③信息环境具有社会控制功能，能够制约人的行为。

**7. 拟态环境**(广州体育学院2022年研；兰州大学2021年研；重庆大学2019年研；上海师大2019年研；南京师大2018年研；暨南大学2017年研；华东师大2017年研；清华大学2016年研；中传2016年研；华南理工2016年研；上海交大2015年研；四川大学2015年研；北京师大2014年研；南京理工2011年研；中山大学2010年研)

**答**：拟态环境即信息环境，是一个社会中由个人或群体接触可能的信息及其传播活动的总体构成的环境，是由美国学者李普曼在其所著的《公众舆论》一书中提出来的关于大众传播的社会影响与效果的一个重要概念。拟态环境并不是客观环境的镜子式的再现，只是一种“象征性的环境”。李普曼认为，人必须根据对环境的认识和判断来调节自己的环境适应行为。现代社会环境丰富且复杂，人们仅凭自身的感性经验无法认知，只有通过各种“新闻供给机构”，即大众传播才能去把握超出自己亲身感知以外的事物，人们的行为是对新闻机构提供的某种“拟态环境”的反应而不是真实的客观世界的反应。因此，人的认识和判断(头脑中关于外部世界的图像)已不再是对客观环境的反映，而成了对传媒提示的某种拟态环境的反映。人们采取的行为是对拟态环境的反映，而这种反映的作用对象却是现实环境。这样，大众传播形成的拟态环境，不仅制约人的认知和行为，而且通过制约人的认知和行为来对影响客观的现实环境。

**8. 社会认同模式**(北京大学2012年研)

**答**：社会认同是指个体认识到他属于特定的社会群体，同时也认识到作为群体成员带给他的情感和价值意义。社会认同模式(social identification model)指出，社会群体(social group)的定义应该是拥有共同的社会特征的两个或两个以上的人，或认为他们自己是同属于一个社会类型的成员。按照这种概念，群体的成员彼此之间不需要有直接的关系，这个群体也不必有一个结构。对群体成员身份的认同主要是一种认知的过程，这个过程通常是人们在回答“我是谁?”这样一个问题时产生的。这个问题可以根据个人所属的或所确认的群体的立场来回答，因此，一个人从其赞赏和确认归属的群体中获得一种社会认同(social identity)感。社会认同模式以某些显著的方式改变我们对群体的看法：①群体成员重要的一种分类是根据认知的反应(“我是谁?”)而不是情感的反应(“我是否喜欢这些人?”)。②这种人对社会类别的自我定位不是一种微弱的联系，而是他们自己心中认为重要的一种群体成员的感觉。③这种对社会类别的认同过程可能产生重要后果。

### 7.4.2 简答题

**1. 简述大众传播的社会整合功能。**(暨南大学 2018 年研)

**答:**(1)不同学者对大众传播社会整合功能的表述。

①拉斯韦尔的“三功能说”:使社会各部分为适应环境而建立相互关系。在传播学研究史上,拉斯韦尔最早对传播的社会功能做出较全面的分析。1948 年,他发表的《传播在社会中的结构与功能》一文中,将传播的基本社会功能概括为以下三个方面:对环境进行监视;使社会各部分为适应环境而建立相互关系;使社会遗产代代相传。其中,使社会各部分为适应环境而建立相互关系是指:社会各部分只有建立相互关系,合理分工运作,才能有效地适应环境的变化。传播正是执行联络、沟通和协调社会关系功能,使社会各部分联系起来的重要社会系统。

②赖特的“四功能说”:解释与规定。1959 年,美国学者赖特在《大众传播:功能的探讨》中提出了“四功能说”:对环境进行监视、解释与规定、社会化、提供娱乐。其中,“解释与规定”功能是指:大众传播在传达的信息的过程中通常会对事件进行解释,并给人们应该采取什么样行为反应的提示,从而引导和协调社会成员的行为,该含义与拉斯韦尔的“社会协调”基本一致。

③麦奎尔的传播功能说:社会整合功能。英国传播学者丹尼斯·麦奎尔认为,传播的功能方面的研究大多可归入受众研究的“使用与满足”理论之中。他把传播的功能和受众关注传媒的动机看作一回事,并列举了传播媒介个人功能在四方面的表现:信息功能、发展个性的功能、社会整合的功能和娱乐功能。新闻界对于世界上发生的各种大小事件不仅是加以报道,而且还通过自己对新闻的选择、解释和评论表明态度,提出相应的解决方案和策略。这实际上对社会的发展起了一个整合、导向的作用。

(2)大众传媒促进社会整合。

①传播促进个体的社会化,为社会整合奠定基础。人的社会化是由社会教化和个体内化两条途径实现的。社会教化作为一种外在力量,对于个人的社会化颇具意义。大众传播媒介在为社会大众提供丰富多彩的大众传播内容的同时,对受众的认知、态度和行为的转变具有潜移默化的影响。

②大众传播促进了社会互动。信息跨时间和空间的传递,是为了满足人们生存的基本需求,“变动产生新闻,关系决定需要”。传统社会的纸媒、电视等大众传播媒介传递的消息成为日常聊天的谈资。而随着科学技术的进步,新的传播媒介和通信工具的涌现提高了人们的互动强度和频率,使人们更加紧密地联系在一起。

③大众传播促进了文化融合和社会统一。传播是社会的黏合剂,大众传播促进了不同文化间的相互渗透和融合,加速了社会的统一。

④大众传播缩短了社会距离,使社会变成了一个统一的社区。如今的社会如同一个地球村,传播把离散的个人联系起来,形成有秩序的社会。大众传播为社会成员提供了统一的文化,提供了共同遵守的行为规范,提供了一致的价值观念,提供了彼此得以联系起来的社会关系。

**2. 简述拉斯韦尔与默顿关于传播的功能的观点。**(北大2018年研;中央民大2018年研)

**相关试题:**

**(1)简述拉扎斯菲尔德的大众传播负功能。**(上海大学2017年研)

**(2)什么是大众传媒麻醉的负功能?在新媒体时代,这个负功能还存在吗?**(北大2011年研)

**答:**1948年,拉扎斯菲尔德和默顿在《大众传播、通俗口味和有组织的社会行动》一文中强调了大众传播的三种功能:

(1)社会地位授予功能。指出个人、群体和事物经过大众传播过程,社会影响就会扩大。

(2)准则实施功能。大众传媒通过曝光偏离社会规范和公共道德的行为,能够唤起社会的普遍谴责,将违反者置于强大的社会压力之下,从而有利于社会准则的实施。

(3)作为负面功能的"麻醉作用"。他们认为过度沉溺于媒介提供的表层信息和通俗娱乐中,就会不知不觉地失去社会行动力,而满足于"被动的知识积累"。

总之,大众传播既有正功能,又有负功能。传播学研究的任务,正在充分发挥大众传播的积极功能而防止或减弱其消极功能。

**3. 简述大众传播媒介的正负效应。**(湖南大学2017年研)

**答:**拉扎斯菲尔德与罗伯特·默顿在论文《大众传播、大众鉴赏力和有组织的社会行动》中,讨论了大众传播的两种正面功能和四种负面功能,被概括为大众传播的"正负功能论"。一方面,大众传媒具有赋予社会地位和重申社会准则的正功能;但另一方面,大众传播也具有诸多负面功能,如麻醉受众精神、导致人们顺从现状、降低审美水平和鉴赏力、剥夺人们的自由时间、媒介依赖、异化作用、媒介暴力、造成民族文化生存与文化认同危机等。

从大众传播的实际效果来看,大众传播媒介的正负效应主要表现在以下五个方面:

(1)大众传播把世界呈现在人们面前,但是新闻失实、信息污染干扰误导受众。人们对当今世界的了解,绝大多数是来自超越时间和空间的大众传播,但正因为对大众媒介的极度依赖和信任,受众往往轻信大众传播,甚至受骗。

(2)大众传播连接了世界,却淡漠了人际关系。大众传媒把个人和世界联系起来,增进了各国、各地区人民的彼此了解和交流,但每个家庭之间却变得封闭起来,人与人之间的亲身交往被人机交流所取代,人际交往日益淡漠。"容器人""电视人""虚拟现实人"就是对大众传播成为拆散家庭的分离器的生动体现。

(3)大众传播丰富了知识,却降低了人们的思考能力。大众传播使人们了解了很多知识,但这些知识往往零碎而不系统,肤浅而不深刻。阿多诺的"文化工业理论"指出,大众传媒带来的大量知识倾泻,使人们满足于被动的知识积累,成了缺乏批判和思考能力的"单向度"的个人。

(4)大众传播改变了人们的时空观,却诱发了个人无限的欲望。大众传播使人们可以在同一时间做不同空间的比较,从安于现状到不满现状,再到改革现状。这激发了人们的进取心。然而,这在一定程度上也会诱发个人不切实际的求名、求利、求享乐的欲望,导致社会不安定现象。

(5)大众传播促进了人类文明的发展，却污染了社会空气。大众传媒源源不断地向人们输送各种信息，沟通国内外联系，促进交流，加快社会民主进程，加强了经济的横向联系。然而，大众传播中一些与社会公序良俗相悖的信息却污染了社会空气，这在西方表现得尤为明显。

**4. 何谓“社会认同模式”(social identification modal)？如何用该模式来理解大众传播媒介在舆论形成过程中扮演的角色？**(清华大学 2007 年研)

**答：**(1)“社会认同模式”的主要内容。

社会群体是拥有某一共同的社会特征的两个或两个以上的人，或认为他们自己是同属于一个社会类型的成员。群体的成员彼此之间不需要直接的关系，也不必有一个结构，对群体成员身份的认同主要是一种认知的过程，人们对自我的认识和了解往往可以根据个人所属的或所确认的群体立场来获知。因此，一个人可以从其赞赏和确认归属的群体中获得一种社会认同感。社会认同感在某种特定的情境中出现或消失，当出现时，个人的言行会试图与他或她所属社会类别的规范一致，并配合相关的情境行动。

(2)大众传媒在舆论形成过程中的作用。

根据社会认同模式理论，大众传播媒介在带来社会认同、从而支持舆论形成的过程中扮演着重要的角色，具体理解如下：

①大众传播媒介通过描述哪些群体对哪一特定议题存在争议，来显示出哪些群体特征与议题有关。

②媒介通过描述各种群体是如何对该议题做出反应的，可以指出每一个群体所持的意见，并且告诉认同该群体的人们什么是应该遵守的规范。

③群体的意见规范在受众心目中的感觉很可能被传播夸大。

④人们自觉承担起维护这种被认为是群体规范意见的责任，且更可能去表达这种夸大的规范。正是在这个时候，对不同议题的舆论可能表现得更坚定、更具体。

**5. 大众传播理论的目标。**(上外 2018 年研)

**答：**大众传播理论较为具体的目标包括以下几个方面：

(1)解释大众传播的效果。

(2)解释人们用大众传播来做什么。

更加重视受众的主动性以及他们对大众传播的使用而非大众传播的效果，主要基于以下两个因素：

①认知心理和信息处理方法。

②传播技术的转变，这些转变使得用户更加松散，用户选择范围更广泛，传播内容更加多样，以及各个用户更能积极参与传播内容。

(3)解释用大众媒介学习的机制。

(4)解释大众媒介在形成人们价值观和观点方面所起的作用。

**6. 大众传播对认知基模的影响。**(上海理工 2019 年研)

**答：**大众传播是人们认识世界的重要渠道，它也影响着人们认知基模的形成，与媒体一起生活的过程中，人们甚至形成了许多专门处理媒体信息的基模。认知基模也影响着人们处理大众传播信息的过程，对大众传播的效果产生影响。

(1)大众传播对认知基模的影响。

①大众传播向人们展示了大量受众无法亲身体验的个体、群体、角色和事件。

②媒体的表达方式也会影响与内容无关的基模。

③与人际传播相比，大众传播具有一定的权威性，或者至少会让普通受众产生错觉，认为大众媒体的信息都是由专家发出的，这会影响他们新基模的建立和对既有基模的修改。

④基模的使用过程可以分为受控的和自动的两种。前者是一种有意识的过程，而后者则参与度较低。和那些同个人生存与发展息息相关的人际传播相比，对大众媒体信息的理解即使出现失误，但是成本和风险较低，因此受众个人参与度较低。在这种情况下，人们既容易通过被动学习形成新的基模，也容易使用已有的基模处理大众传媒的信息。

(2)对认知基模的辩证看待。

①目前大量的研究关注于基模的缺点，但是其优点也显而易见，如果没有基模，人们对所有新信息的处理都要从头做起，这势必会使人们的认知效率大大降低。

②无论是作为信息的传播者还是接受者，人们都要注意自己在认知过程中可能面临的陷阱，这样才能提高信息传播的准确性和有效性。

### 7.4.3 论述题

**1. 评价李普曼的拟态环境。**(中传 2015 年研)

**相关试题：**

**(1)阐述李普曼与拟态环境理论，并结合当前信息网络社会的特点，谈谈你对这个理论的理解。**(北邮 2011、2008 年研)

**(2)简述拟态环境和对社会的影响。**(简答题，中山大学 2015 年研)

**(3)谈谈对拟态环境的理解。**(简答题，中国地大 2017 年研)

**(4)拟态环境的定义和特点。**(安徽师大 2021 年研)

**答：**(1)拟态环境的含义。

早在 20 世纪 20 年代，美国著名新闻工作者李普曼在他的《自由与新闻》《舆论学》等论著中便提出了现代人“与客观信息的隔绝”的问题。他认为，现代社会环境丰富且复杂，人们仅凭自身的感性经验无法认知，只有通过各种“新闻供给机构”，即大众传播才能去把握超出自己亲身感知以外的事物，因此，人们的行为是对新闻机构提供的某种“拟态环境”的反应而不是真实的客观世界的反应。

“拟态环境”是新闻供给机构通过对象征性事件或信息进行选择和加工、重新加以结构化以下向人们提示的环境，并非对现实环境的再现。然而，由于这种加工、选择和结构化通常在媒介内部进行，人们看不到、意识不到，因此便把“拟态环境”看作真实的客观环境。

李普曼的这段话提出了一个重要的观点：拟态环境不仅制约人的认知和行为，还通过制约人的认知和行为对客观的现实环境产生影响。

(2)对拟态环境的评价。

李普曼提出的“拟态环境”这一观点，不仅让人们认识到大众传播具有形成信息环境的力量，还为以后的学者提出培养理论以及大众传播的议程设置功能提供了理论契机。

(3)“拟态环境”理论在当今网络时代的重建。

在当下的信息时代，随着传播技术不断发展、社会自由民主观念深入人心甚至变成制度设置，公众的信息渠道和交往范围得到了极大扩展，随之而提升的是他们运用理性关注公共事务的能力。李普曼所指的处于20世纪初的“拟态环境”中可以被社会精英随意操纵的公众已为历史陈迹，代之而起的是有着交往需求和行动能力的公众。这些公众既是信息的接收者，也会成为信息的发布者，他们参与现代社会中“拟态环境”的构建。

①“拟态环境”的非结构化趋向。李普曼提出“拟态环境”理论的20世纪初是传统媒体一家独大的时代。那个时代，经媒体操作进行选择、加工的“信息环境”具有内部统一性即结构化的特征。而在当今时代，公众接收信息的渠道里增加了网络、手机等新媒体。新媒体的出现及其地位的提升给信息环境带来两大变化，一是信息渠道的多元化，二是信息把关的弱化。

网络是促使“拟态环境”出现非结构化趋向的主要动力。网络是一个自由的信息平台，甚至是对现实世界的全面模拟。相对于传统媒体，公众可以在网络上更自由地获取自己需要的信息，但他们已不仅仅满足于被动接受，还会对当前的信息做出判断，进而有选择地接收，甚至会否定已有信息的真实性，动用网络的力量扩展交往范围或亲自行动起来去挖掘信息。近年来“人肉搜索”的兴起及“躲猫猫”事件中网友们的亲自调查就是例证。

②“拟态环境”理论的重建。李普曼的“拟态环境”理论是基于其个人经历提出的，但这些理论正是其所处时代的社会现实的反映。那个时代，公众处在对媒介的未启蒙状态，当他们相信了媒介提供的那看似符合理性与逻辑的一切事实，会渐渐地形成媒介依赖，不由自主地减少思考的过程，甚至再也不思考了。

李普曼只是从媒介的视角出发，塑造了一个“拟态环境”的媒介神话。在这个神话中，李普曼把社会精英塑造得能力非凡，而把受众当作击而必中的靶子。而现实中，受众有一定的批判能力和行动能力。尤其在当今时代，受众自己已经具备了建构“拟态环境”的能力，他们更加不会对“拟态环境”不加判断就全盘接受，更不会根据自己所不相信的“媒介真实”去做出下一步行动。

总之，李普曼所谓的被社会精英操纵的结构化的“拟态环境”已转变为公众积极参与构建的非结构化的“拟态环境”。这种非结构化的“拟态环境”内部呈现原生态、多样性、无序化的特征。

**2. 李普曼认为有哪几种现实与人的行为发生联系？**(华农2012年研)

**答：**(1)李普曼与“拟态环境”理论。

“拟态环境”(pseudo-environment)是说明大众传播社会影响力的重要概念，由美国学者李普曼提出。

他认为，现代社会越来越巨大化和复杂化，人们由于活动范围、精力和注意力有限，不可能对与己相关的整个外部环境和众多事物都保持经验性接触，对超出自己感知范围以外的事物，只能通过大众传媒去了解。大众传播以提示环境变化为己任，但它所提示的并不是环境的全部，而是一种“拟态环境”。

“拟态环境”是传播媒介通过对象征性事件或信息进行选择、加工并重新结构化以后向人们提示的环境。李普曼认为，大众传播产生之后，人与环境的互动关系发生了明显的变化，传统社会中人的行为是对环境的直接反映，而在现代社会，“人与环境之间插入了一个拟态环境”，人的行为很大程度上成了对“拟态环境”的反映。

(2)李普曼的三种“现实”。

按照李普曼的观点，在现代社会，由于大众传媒的作用，使人的行为与三种“现实”发生密切的联系：①实际存在的“客观现实”；②传播媒介有选择地提示的“象征性现实”(拟态现实、拟态环境、拷贝世界、媒介现实)；③人们在自己的头脑里描绘的“关于外部世界的图像”，即“主观现实”。

在传统社会里，主观现实是对客观现实的直接反映。但是，在媒介社会里，人们对客观现实的反应，要通过媒介所塑造的“象征性现实”的中介。

# 第八章　媒介技术与媒介组织

## 8.1　复习笔记

**【知识框架（庖丁解牛）】**

- 媒介技术与媒介组织
  - 媒介技术
    - 媒介技术与传播媒介
    - 技术道德观
      - 技术“善”论
      - 技术“恶”论
      - 技术“中性”论
    - 媒介技术与社会的相互关系
      - 技术决定论
      - 社会决定论
      - 技术与社会互动论
    - 麦克卢汉的媒介理论
      - 理论内容
      - 意义与局限
    - 媒介技术对社会的影响
      - “电视人”和“容器人”
      - 电视与人的“充欲主义”
      - “媒介依存症”和网瘾症
      - 当代新媒介技术发展趋势及社会意义
  - 媒介组织
    - 传播者的概念
    - 大众传媒的含义、特点及优势
    - 大众传媒的组织目标
      - 经营目标
      - 宣传目标
      - 公共性与公益性目标
    - “把关人”理论

**【本章概要】**

本章主要论述了媒介技术与社会发展、媒介组织的性质和社会作用的相关知识。本章考点以名词解释、简答题以及论述题为主，在学习时，需要着重对媒介技术、麦克卢汉的媒介理论、媒介工具和技术对现实社会的影响、媒介组织的性质和社会作用等内容加以把握。并深入了解“媒介依存症”、媒介技术的“4C”趋势、大众传媒的组织目标、“把关人”理论等内容。

## 【考点难点归纳(厚积薄发)】

### 考点一：媒介技术(见表8-1) ★★★★★

表8-1 媒介技术

| 要点 | | 具体内容 |
|---|---|---|
| 内涵 | | 又称传播技术，是控制信息传播、提高信息生产和通信效率所使用的手段、工具、知识和操作技能等 |
| 传播媒介 | | 指介于传播者与受传者之间的用以负载、传递、延伸、扩大特定符号的物质实体，具有实体性、中介性、负载性、还原性和扩张性等特点 |
| 技术道德观 | 技术“善”论 | 该理论的代表人物是培根和圣西门等，他们以合理主义和功利主义为信念，主张技术是一切进步的原动力，肯定技术的重要性 |
| | 技术“恶”论 | 该理论的代表人物是卢梭和一些分析批判技术资本剥削性的社会主义思想家，主张技术是万恶之源，对技术持否定态度 |
| | 技术“中性”论 | 该理论的代表人物是梅赛尼，主张技术只是工具和手段，无善恶之分。该理论较为客观，说服力强 |
| 与社会的相互关系 | 技术决定论 | 最早由凡伯伦提出，该理论认为技术已成为一种自主的技术，可以支配、决定社会和文化的发展。由此衍生出了“技术乐观主义”和“技术悲观主义”两种思想表现。技术决定论建立在两个重要原则基础上：①技术是自主的；②技术变迁导致社会变迁 |
| | 社会决定论 | 又称背景论，认为技术不只是解决问题的手段，而且也是伦理、政治与文化等社会价值的体现的理论观点。社会的政治、经济制度决定技术的产生和发展 |
| | 技术与社会互动论 | 技术与社会的发展存在着协同进化的关系，即两者之间存在着相互联系、相互作用、共同发展的关系。科学技术推动社会的发展，社会政治和经济制度也制约技术的发展 |

### 考点二：麦克卢汉的媒介理论 ★★★★★

**1. 麦克卢汉的媒介理论概述(见表8-2)**

表8-2 麦克卢汉的媒介理论概述

| 要点 | 具体内容 |
|---|---|
| 媒介即讯息 | 每一种新媒介的出现，无论它传递的内容如何，这种媒介的形式本身就会给人类社会带来某种信息，并引起社会的某种变革。从这个意义上说，媒介本身就代表着某种时代的信息，媒介即讯息 |
| 媒介是人体的延伸 | 技术的任何进步，都使人类更有效地生活和劳动；媒介的任何发展，都能延伸人类五官的功能。例如：印刷品是眼睛的延伸；广播是耳朵的延伸；电视是耳朵和眼睛的同时延伸；计算机是人类整个中枢神经系统的延伸等等 |
| “热媒介”与“冷媒介” | ①热媒介：指对某一感觉器官具有高清晰度扩张的一类传播媒介。热媒介提供的信息较多，明确度和完备度较高，因而要求接受者补充的信息少，参与的程度低，无需发挥想象力和进行再创造。包括报刊、象形文字、无声电影等。<br>②冷媒介：指对某一感觉器官具有低清晰度抑退的一类传播媒介。冷媒介提供的信息较少，明确度和完备度较低，因而需要接受者积极参与、发挥想象力，努力填补媒介在传播中留下的许多空白和“回旋余地”。包括漫画、有声电影、电视等 |

【考点拓展】地球村

地球村的概念最早由麦克卢汉提出，他指出，电视和卫星等技术的出现，使地球“越来越小”，人类已跨越空间和时间的限制，使信息在瞬息之间即可传送到世界的每一个角落，因而，地球已变成了一个小村庄。“村民”即人类互相之间的信息传播和思想交流极为方便。在这个信息爆炸的时代，任何国家都不可能与世隔绝而游离于地球村之外。

**2. 麦克卢汉媒介理论的意义与局限**(见表8-3)

**表8-3　麦克卢汉媒介理论的意义与局限**

| 要点 | 具体内容 |
|---|---|
| 意义 | ①麦克卢汉对现代传播媒介的分析深刻地改变了人们对20世纪生活的观念。<br>②他着眼于传播科技的历史影响的研究是对长期局限于媒介内容的短期效果研究的一种补充或丰富，拓宽了人们的思路，特别是指出了长期以来忽视媒介、技术本身对社会的独特影响的偏向。<br>③关于“地球村”的预言成为当代科技工作者奋斗的目标 |
| 局限 | ①过分地强调和夸大了媒介的作用，忽略了人的主导性、能动性，也忽略了媒介内容的重要性。<br>②理论的全部依据都集中在媒介对中枢感觉系统的影响上，是片面的。<br>③文风晦涩，缺乏逻辑性，有故弄玄虚之嫌，遭到批判 |

## 考点三：媒介工具和技术对现实社会的影响 ★★★★★

**1. “电视人”和“容器人”**(见表8-4)

**表8-4　“电视人”和“容器人”**

| 要点 | “电视人” | “容器人” |
|---|---|---|
| 提出 | 由日本学者林雄二郎提出，强调电视对现代人社会化过程的巨大影响，是对现代人行为方式特征的一种概括 | 由日本学者中野收提出，强调电视等大众传播媒介对个人社会化和人格形成过程的影响 |
| 含义 | 指伴随着电视的普及而诞生和成长的一代。与在印刷媒介环境中成长的父辈相比，他们的感官长期处于电视画面和音响的刺激中，使他们成为重感觉而轻理性和逻辑的“感觉人” | 指在现代大众传播环境中，特别是在电视传播环境中，人们的内心世界是一个封闭的“罐状”容器，与他人进行交流的过程只是一种容器外壁的碰撞，并不会深入到对方内部 |
| 特点 | 背靠沙发、面向荧屏的观看状态是在封闭、缺乏现实社会互动的环境中进行的，因此他们当中的大多数人养成了内向、孤独、以自我为中心的性格，缺乏社会责任感 | “容器人”注重自我意志的自由，不认同甚至抵抗外部的强制和权威，却极易接受大众传播所传递的信息和内容 |

**2. 电视与人的“充欲主义”**

“充欲主义”由日本学者佐藤毅提出，他认为，电视展示了充满吸引力和诱惑力的物质世界，能够激发和唤起人们的无限欲望，丰富的色彩、影像和声音直接刺激了人们对这些商品的占有欲和享乐欲，并使现代社会呈现出追求奢侈化的倾向。同时，人们的价值观也从勤劳节俭转变为享乐主义，人的自私化由此而生。

3. “媒介依存症”和网瘾症(见表8-5)

表8-5 “媒介依存症”和网瘾症

| 要点 | 具体内容 | |
|---|---|---|
| “媒介依存症” | “媒介依存症”是现代人的一种社会病理现象，其特点有：<br>①过度沉迷于媒介接触。<br>②依靠媒介进行价值判断和行为选择。<br>③倾向于虚拟的社会互动而回避现实的社会互动。<br>④性格孤僻、自闭等 | |
| 网瘾症 | 定义 | 又称上网成瘾综合征，主要是指长时间沉迷于网络，对之外的事情都没有过多的兴趣，从而影响身心健康的一种病症。这是一种媒介病理现象 |
| | 产生原因 | ①前提：网络技术的发展为网瘾症的产生提供了信息空间和媒介接触条件。<br>②网络作为一种新事物，人类社会对它缺乏认识，尚未形成相应的控制机制。<br>③个人、家庭和社会因素在网瘾症的形成过程中也发挥着重要作用 |

4. 当代新媒介技术发展趋势及社会意义

(1)当代新媒介技术，见表8-6。

表8-6 当代新媒介技术

| 要点 | 具体内容 |
|---|---|
| 表现领域 | ①数字技术，传播信息丰富化。<br>②网络技术，传播方向多元化。<br>③多媒体技术，传播手段多样化。<br>④实时传输技术，传播速度快捷化和全球化 |
| 发展趋势 | 1991年，美国“信息高速公路计划”的参与者，加州大学伯克利分校的鲁塞尔·纽曼对媒介技术的发展进行预言，提出“4C”趋势：<br>①control。社会成员越来越多地参与和控制传播过程。<br>②convergence。媒体融合程度越来越高。<br>③convenience。人们接触和使用媒介更加方便。<br>④cost。人们以越来越低廉的经济成本接触和使用媒介 |
| 社会意义 | ①传播过程的双向和多向性将改变传统的大众传播过程受到传播者支配的局面，增强受众的主动性。<br>②多媒体技术将提高人们信息采集、处理和传输的质量和效率。<br>③传播资源的丰富化将降低信息传播的门槛，使更多的社会成员、群体和组织成为能动的传播者。<br>④全球传播技术的发展扩大了人类的传播范围，使人们的认知、判断和行为受到更广泛因素的影响 |

(2)“电子乌托邦”思想。

“电子乌托邦”思想是一种认为网络可以解决人类社会的一切问题的倾向思想。单方面认为当代大众传媒会因其传播渠道的双向性和网络的实时互动性能够带来民主和自由；因大众传媒的监督功能和现今受众的舆论压力能够带来人性和道德的发展，从而解决人类社会的一切问题的乌托邦式期待。这一思想是建立在对新媒介某些技术特性的期待的基础上的，是片面的。在大众传媒大战的今天已经成为了一种与社会制度和文化紧密相连的大型社会信息系统，而对于这样一个强大的系统会发挥什么作用在于使用者和管理者，在于具体的历史和社会条件。

## 考点四：媒介组织的性质和社会作用 ★★★

### 1. 传播者与大众传媒（见表8-7）

表8-7　传播者与大众传媒

| 要点 | | 具体内容 |
|---|---|---|
| 传播者 | | 又称传者、信源等，是传播行为的引发者，对传播内容、传播方向和传播效果起着重要的控制作用 |
| 大众传媒 | 含义 | 指在信息传播过程中处于职业传播者和大众之间的媒介体，即复制、传递信息的机械和传播组织、团体及其出版物和影视、广播节目等 |
| | 特点 | 包括：①地位稳固；②具有组织性；③直接控制和使用大众传播的生产资料 |
| | 优势 | ①专业性强，收集、加工、生产和传播信息的能力高。<br>②信源公开可靠，信息的可信性高。<br>③制定了一套公认的行业规范和职业道德，并在此基础上建立了吸引和联系受众的有效机制 |

### 2. 大众传媒的组织目标（见表8-8）

表8-8　大众传媒的组织目标

| 组织目标 | 具体内容 |
|---|---|
| 经营目标 | ①传媒必须面向市场销售其信息产品或服务。<br>②传媒的经济收益主要来自广告收入和信息产品的销售收入。<br>③特殊而复杂的市场压力关系及其处理方式促使各种媒介组织形成不同的特点和趋势 |
| 宣传目标 | ①宣传目标是一种非经济收益目标，包括宣传某种思想、灌输某种意识形态、提倡某种信仰、行使某种权利或施加社会影响等。<br>②大众传媒宣传目标的实现方式包括言论活动和报道活动 |
| 公共性与公益性 | ①大众传媒的公共性：他们作为社会公众了解沟通外界的重要信息来源，是为整个社会所共有的，不仅新闻工作者具有使用参与大众传播的权利，社会公众也具有使用大众传媒行使监督、批评、请愿等权利，即大众传媒是一种社会公共资源，同时又因为其强大的影响力对整个社会的政治、经济、文化道德具有广泛而强大的影响力，这种影响力涉及普遍的社会秩序和社会公共生活。<br>②大众传媒的公益性：大众传媒是某些稀有公共传播资源的受托使用者，作为公共财产的使用人，他们必须对社会和公众承担相应的责任和义务，这就是他们的公益性 |

### 3. 传媒组织在信息生产过程中的作用——“把关人”理论（见表8-9）

表8-9　“把关人”理论

| 要点 | 内容 |
|---|---|
| 含义 | 这一概念最早由传播学四大奠基人之一卢因在《群体生活的渠道》一文中提出，他认为在群体传播过程中，信息流动的渠道中存在着一些把关人，只有符合群体规范或把关人价值标准的信息才能进入传播渠道。20世纪50年代，怀特提出了新闻传播的“把关”过程模式。他认为，新闻媒介并非对所有新闻都进行报道，而是对众多的新闻素材进行取舍选择和加工后再加以报道 |

续表

| 要点 | 内容 |
|---|---|
| 大众传媒的“把关”标准 | 包括：①新闻信息必须真实、客观、有新意；②新闻价值；③大众传媒组织的立场和方针 |
| “把关”过程的实质 | ①大众传媒并不具有纯粹的“客观中立性”，而是根据媒体的某些立场、政策和价值标准进行选择和处理活动。<br>②符合媒介方针和利益的内容会优先得到传播。<br>③媒介的“把关”过程多环节、有组织，体现了传媒组织的立场和方针 |
| 评价 | 将把关视为新闻编辑基于个人主观判断的取舍选择活动，没有意识到把关是一种组织行为，此外也未说明新闻把关的标准 |

**【考点拓展】怀特的守门人模式**

怀特将“把关人”概念引入新闻传播领域，他认为：新闻报道活动不是“有闻必录”，而是对新闻素材进行选择和加工的过程，具体见图8-1。在这个过程中，媒介形成一道关口，通过这个关口传达给受众的新闻只是少数。怀特的“把关”研究对一个中小城市的新闻编辑室里的盖茨先生的新闻把关行为进行个案分析，这一研究仅局限于个人的心理因素，没能摆脱拉斯韦尔的线性传播模式的束缚，对于横向上的控制没能予以分析，忽略了把关的组织因素。

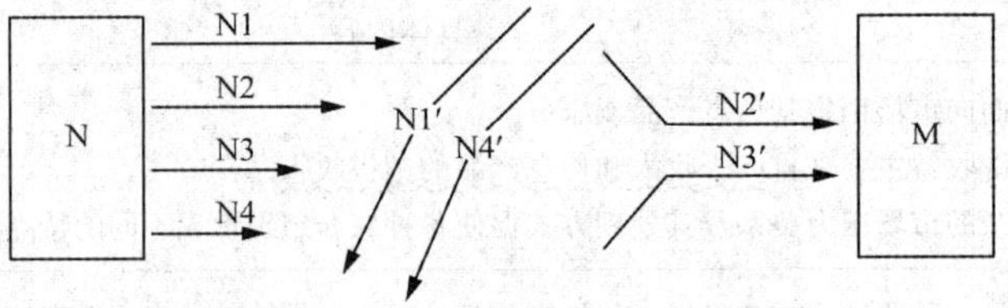


图8-1 怀特的守门人模式

# 8.2 课后习题详解

**1. 如何定义技术和媒介技术?**

**答：**(1)技术的定义。

技术是制造一种产品的系统知识，所采用的一种工艺或提供的一项服务，不论这种知识是否反映在一项发明、一项外形设计、一项实用新型或者一种植物新品种，或者反映在技术情报或技能中，或者反映在专家为设计、安装、开办或维修一个工厂或为管理一个工商业企业或其活动而提供的服务或协助等方面。知识产权组织把世界上所有能带来经济效益的科学知识都定义为技术。

(2)媒介技术的定义。

媒介技术又称传播技术，是控制信息传播、提高信息生产和通信效率所使用的工具、手段、知识和操作技能。具体内涵有：

①人们使用的符号体系、文本形式、制作工具、物理载体和采集、保存、传输、接收手段及其知识和操作技艺等，都属于媒介技术。

②媒介技术发展的动力来源于人类社会控制信息传播、不断提高信息生产和传播效率的基本需求和不懈努力，同时也是一个社会或一个时代精神生产力发展水平的标志。

③技术发展要解决的主要问题是实际应用层面的效率问题。从媒介技术的角度来看，如何以最方便、灵活、快捷、经济、有效的手段来提高信息生产和传播效率是所要解决的主要问题的关键。

**2. 试述三种不同的技术道德观。**

**答：**参见本章考点难点归纳相关内容。

**3. 如何理解技术与社会的相互关系？**

**答：**关于技术与社会的相互关系，存在着“技术决定论”“社会决定论”“技术与社会互动论”三种不同的观点，参见本章考点难点归纳相关内容。

**4. 如何理解“媒介是人的延伸”？**

**答：**(1)麦克卢汉在《理解媒介：论人的延伸》里提出了“媒介即人的延伸”的著名观点。他认为，技术的任何进步，都使人类更有效地生活和劳动；媒介的任何发展，都能延伸人类五官的功能。例如：印刷品是眼睛的延伸；广播是耳朵的延伸；电视是耳朵和眼睛的同时延伸；计算机是人类整个中枢神经系统的延伸等等。这一观点虽然并不是严密的科学考察的结论，但作为一种思辨性的推论，具有重要的启发意义。

(2)麦克卢汉把所有的媒介都视为人体的延伸。他的媒介观念，不仅包括传播的技术硬件，还包括具有社会情感的软件。他从 W. 麦克道格尔的心理学体系中撷取研究的方法，用一种“泛”媒介的观点来看待、解释各种现象。于是，衣服、房屋、钟表、交通工具、武器、自动化系统，连同电视机、广播、幽默卡通连环画等，都成了“媒介”。他认为，所有这些“媒介”，都影响并改变着人们的生活方式、工作方式和思维方式。人体的任何延伸，无论眼、耳、皮肤、手、脚……都必定对社会的发展造成影响，促成变革，使一部分人行进在时代的前列，而使另一部分人落伍。

**【真题链接】**媒介即人的延伸(名词解释，同济大学 2021 年研)

**5. “媒介即讯息”的含义是什么？**

**答：**麦克卢汉提出的“媒介即讯息”高度总结了传播媒介在人类社会发展中的地位和作用，认为每一种新媒介的出现，无论它传递的内容如何，这种媒介的形式本身就会给人类社会带来某种信息，并引起社会的某种变革。从这个意义上说，媒介本身就代表着某种时代的信息，媒介即讯息。

麦克卢汉认为，人类历史由三个阶段组成：

(1)部落文化阶段。这一阶段人类以群居方式生活，彼此十分接近，用口头方式进行传播。

(2)戈登堡阶段或个人阶段。人类用印刷的文字进行传播，思维也随之变得具有线性、连续性的特点。

(3)新部落文化阶段或电子文化阶段。在此阶段中，电子计算机、电视及其他电子传播媒介，使人类又重新接近。

在《理解媒介：人体的延伸》一书中，麦克卢汉对各种媒介进行了详尽而独到的分析。他认为，每一种"媒介"发出的"讯息"，都代表着或是规模、或是速度、或是类型的变化。因此，这里的"讯息"，即技术特征，甚至比内容更加重要。举例说，印刷媒介出现之前，人们交流的信息都是直接的、即时的。印刷媒介的出现把复杂的现实生活用一系列语言符号加以表现，并迫使人们按顺序阅读和思考，而不能像现实生活中那样立体地、复合地认识和省察。

**【真题链接】**媒介即讯息(名词解释，南京师大2021年研；上海师大2021年研；东北财经2021年研；复旦大学2020年研)

**6. 简评麦克卢汉媒介理论的意义和局限性。**

**答：**(1)麦克卢汉的媒介理论。

麦克卢汉的媒介理论包括媒介即讯息、媒介是人的延伸、"热媒介"与"冷媒介"。

①媒介即讯息。

这是麦克卢汉对传播媒介在人类社会发展中的地位和作用的高度概括。其含义是：每一种新媒介的出现，无论它传递的内容如何，这种媒介的形式本身就会给人类社会带来某种信息，并引起社会的某种变革。从这个意义上说，媒介本身就代表着某种时代的信息，媒介即讯息。

②媒介是人体的延伸。

这个观点的含义是：技术的任何进步，都使人类更有效地生活和劳动；媒介的任何发展，都能延伸人类五官的功能。例如：印刷品是眼睛的延伸；广播是耳朵的延伸；电视是耳朵和眼睛的同时延伸；计算机是人类整个中枢神经系统的延伸等等。

③"热媒介"与"冷媒介"。

"热媒介"与"冷媒介"是麦克卢汉就媒介分类提出的两个著名概念。热媒介是指对某一感觉器官具有高清晰度扩张的一类传播媒介。热媒介提供的信息较多，明确度和完备度较高，因而要求接受者补充的信息少，参与的程度低，无需发挥想象力和进行再创造。包括报刊、象形文字、无声电影等。而冷媒介是指对某一感觉器官具有低清晰度抑退的一类传播媒介。冷媒介提供的信息较少，明确度和完备度较低，因而需要接受者积极参与、发挥想象力，努力填补媒介在传播中留下的许多空白和"回旋余地"。包括漫画、有声电影、电视等。

麦克卢汉的这种分类存在着逻辑上的矛盾，本身并没有多少科学和实用价值，但是它拓展了媒介研究的领域，对传播学研究具有重要意义。

(2)麦克卢汉媒介理论的意义。

他对现代传播媒介的分析深刻地改变了人们对20世纪生活的观念；着眼于传播科技的历史影响的研究是对长期局限于媒介内容的短期效果研究的一种补充或丰富，拓宽了人们的思路，特别是指出了长期以来忽视媒介、技术本身对社会的独特影响的偏向；他关于"地球村"的预言成为当代科技工作者奋斗的目标。

(3)麦克卢汉媒介理论的局限性：

①过分地强调和夸大了媒介的作用，忽略了人的主导性、能动性，也忽略了媒介内容的重要性。

②理论的全部依据都集中在媒介对中枢感觉系统的影响上，是片面的。

③文风晦涩，缺乏逻辑性，有故弄玄虚之嫌，遭到批判。

**【真题链接】**

(1)简述麦克卢汉的媒介理论的主要论点及其局限。(电子科大2010年研)

(2)怎样理解麦克卢汉说的“媒介是人的延伸”?(华农2014年研)

(3)试述麦克卢汉的媒介理论，并说明其意义和局限性。(安徽师大2017年研)

(4)浅谈麦克卢汉的媒介理论。(上海交大2017年研；清华大学2012年研；华农2012年研)

(5)试论新技术形势下，麦克卢汉的理论有何意义(启发)和局限性。(北京师大2018年研)

(6)什么是“冷媒介”?(南宁师大2021年研)

**7. “电视人”“容器人”是说明什么问题的概念?**

**答**：“电视人”“容器人”是在说明媒介工具或技术对人的影响问题上提出的概念。学者们认为，影响人们认知、行为和价值观的不仅是媒介传递的内容，也包括媒介本身，“电视人”“容器人”的概念就是这种观点的代表，参见本章考点难点归纳相关内容。

**8. 什么是“媒介依存症”? 如何看待网络时代的网瘾症现象?**

**答**：(1)“媒介依存症”是现代人的一种社会病理现象，其特点有：①过度沉迷于媒介接触；②依靠媒介进行价值判断和行为选择；③倾向于虚拟的社会互动而回避现实的社会互动；④性格孤僻、自闭等。

(2)网络时代的网瘾症现象：

①网瘾症的定义。

网瘾症又称上网成瘾综合征，主要是指长时间沉迷于网络，对之外的事情都没有过多的兴趣，从而影响身心健康的一种病症。这是一种媒介病理现象。

②网瘾症产生的原因。

a. 前提：网络技术的发展为网瘾症的产生提供了信息空间和媒介接触条件。

b. 网络作为一种新事物，人类社会对它缺乏认识，尚未形成相应的控制机制。

c. 个人、家庭和社会因素在网瘾症的形成过程中也发挥着重要作用。

**9. 当代新媒介技术的发展趋势具有哪些特点?**

**答**：当代新媒介技术又称新传播技术，其发展趋势及特点有：

(1)数字技术：传播信息丰富化。

数字化是指在电子信号的传输方式上，用数字压缩方式来取代传统的信号模拟方式。数字化增强了信息的保真性，提高了信息的传输质量，同时能够大幅度节约电波频率资源。数字化影响包括广播电视、报业、出版业等在内的各个领域。

(2)网络技术：信息海量化和传播方向多元化。

网络通信将大量分散的信息源和用户集成到一个系统中，形成了一个巨大的信息海洋。其超链接功能也使用户在信息的联系、判断和处理方面有了更多的选择。其次，传统大众传播过程是一个信息单向流动的过程，缺乏及时有效的反馈渠道，而网络的即时通信功能增强了信息传播的双向互动性，实现了传播的多向性。

(3)多媒体技术：传播手段多样化。

多媒体是指利用数字压缩和网络技术，将广播、电视、电话、传真、电子出版、计算机通信和其他信息媒体合为一体，对声音、图像、文本和数据等进行高速处理提供给用户。多媒体加网络，实际上已经成了“信息高速公路”的代名词。

(4)实时传输技术：传播速度快捷化和全球化。

卫星、光缆和移动技术保障了信息传输的质量，加快了传播速度。同时，卫星具有的通信或跨国传播功能将人们带入了一个全球传播的时代，也为日常生活提供了空前的便利。

**10. 鲁塞尔·纽曼预言的媒介技术发展的“4C”趋势是什么？**

**答：**美国“信息高速公路计划”的参与者鲁塞尔·纽曼在1991年预言了媒介发展的“4C”趋势：

(1)control。社会成员越来越多地参与和控制传播过程。

(2)convergence。媒体融合程度越来越高。

(3)convenience。人们接触和使用媒介更加方便。

(4)cost。人们以越来越低廉的经济成本接触和使用媒介。

**11. “电子乌托邦”思想指的是一种什么倾向？**

**答：**参见本章考点难点归纳相关内容。

**【真题链接】**

(1)简述“电子乌托邦”思想。(暨南大学2016年研)

(2)电子乌托邦的主要观点与思想渊源。(华农2017年研)

**12. 简述大众传播者的特点。**

**答：**作为传播者的大众传媒的特点有：

(1)地位稳固。

与人际传播不同，大众传播中传播者与受众的角色关系是固定的，受众只能被动地接受来自传媒的信息，传播者地位较稳固。

(2)具有组织性，有一定的组织目标和组织结构。

媒介组织内部有专业的记者、编辑及其他相关人员，他们各司其职，但在这大众传播过程中以组织代表的身份出现。记者写出的稿件必须符合报社的立场和价值标准。

(3)直接控制和使用大众传播的生产资料。

传媒组织直接控制和使用先进的技术、昂贵的机器和设备等，其他重要的“稀有”公共传播资源，例如广播、电视使用的电波频率等，也是国家以某种制度方式委托给传媒组织专用的。

综上所述，与其他类型的传播者相比，大众传媒地位更优越、力量更强大，其传播能力和权力超过任何作为个人的社会成员或一般社会群体。

**13. 麦奎尔认为传媒组织在性质上属于“功利”要素和“规范”要素的混合形态，你是否同意这个观点？**

**答：**我同意这个观点。

(1)组织目标决定社会组织的性质，据此组织社会学家艾兹奥尼将组织分成三类：

①强制性组织，如军队、警察、法院、监狱等，这些组织通常采用强制性手段实现组织目标。

②功利性组织，如企业、公司及从事物质商品生产或流通的其他组织，通常采用金钱、物质报酬或法律合同等来实现组织目标。

③规范性组织，如宗教组织、教育机构或科学团体等，主要通过宣传、传授或讨论的手段实现组织目标。

(2)英国传播学者麦奎尔认为，艾兹奥尼的分类法没有明确传媒的组织性质：①媒介作为一定社会权力的宣传工具，虽然具有一定的强制力，但并不是强制性社会组织；②媒介虽然从事信息产品的生产和销售，具有一定的功利性，但又与以营利为唯一目的的私有企业有本质不同；③媒介虽然能够宣传意识形态，但这种功能只有当它们的信息产品满足社会需求、得到市场消费者承认时才发挥作用。因此，除了在极权主义制度下以外，传媒组织一般属于“功利”要素和“规范”要素的混合形态。

**14. 试析大众传媒的组织目标与制约因素。**

**答：**大众传媒作为一种社会组织，其组织目标可以分为经营目标、宣传目标、公共性与公益性三个方面，同时也制约着传媒组织的活动，参见本章考点难点归纳相关内容。

综上所述，传媒组织的经营目标、宣传目标及公共性和公益性制约着它的传播活动，但是具体到现实中不同形态的媒介组织，以上各种因素的制约程度各不相同。一般而言，以追求社会效益为主要目的的国有或公营媒介的活动受宣传目标和公共性、公益性制约的程度较高，而以追求利润为目的的私营商业媒介受经营目标制约的程度较高。

**15. 如何理解大众传媒的公共性和公益性？**

**答：**参见本章考点难点归纳相关内容。

**16. 试述怀特的“把关”过程模式。**

**答：**参见本章考点难点归纳相关内容。

**17. 谈谈传媒组织在信息生产中的“把关”作用及其实质。**

**答：**参见本章考点难点归纳相关内容。

**18. 如何理解“新闻价值”？试举一些你认为重要的新闻价值要素。**

**答：**(1)新闻价值。

新闻价值，是指事实的内涵能够在多大程度上引起受众普遍关注的要素，以及其传递价值观的能力，是新闻传播主体衡量、选择新闻事实的依据。

(2)新闻价值要素。

①时新性(或称时间性、新鲜性)。报道及时，内容新鲜。事件发生和公开报道之间的时间差越短，新闻价值越大；内容越新鲜，新闻价值越大。

②重要性。对国计民生的影响越大，就越重要，新闻价值也越大。

③接近性。包括地理上的接近，利害上的接近，思想上的接近，感情上的接近。凡是

具有接近性的事实，受众关心，新闻价值就大。

④显著性。新闻报道对象(包括人物、团体、地点等)的知名度越高，新闻价值越大。

⑤趣味性。具有趣味性的事实，往往有新闻价值。

⑥真实性。客观事物的反应的程度也决定了新闻价值。

## 8.3 考研真题与典型题

### 8.3.1 概念题

1. 马歇尔·麦克卢汉(南昌大学2021年研；广西大学2017年研；华中师大2016年研；河北大学2014年研；北工商2014年研；黑龙江大学2014年研；北京师大2013年研；华南师大2013年研；清华大学2012年研；苏州大学2012年研；中传2011年研；安徽大学2011年研；武大2010年研；西北大学2010年研)

2. 地球村(暨南大学2008年研；南京大学2007年研)

3. “热媒介”和“冷媒介”(上海大学2020年研；北京师大2019年研；南开大学2011年研)

4. 电视人(湖南大学2016年研)

5. 容器人(南京师大2021年研；电子科大2014年研；南京理工2011年研)

6. “充欲主义”(电子科大2014年研)

7. “电子乌托邦”(南京林业2021年研；南昌大学2020年研；中传2018年研；华中师大2018年研；南开大学2010年研)

8. 媒介融合(重庆大学2021、2016年研；陕西师大2020年研；云南大学2018年研；华东师大2016年研；西北大学2016年研；北大2015年研；复旦大学2015年研；华科2015年研；上海交大2014年研；清华大学2013年研；中传2013年研)

9. 大众传媒的公共性与公益性(北邮2009年研)

相关试题：传媒公共性(清华大学2018年研)

10. 把关人(gatekeeper)理论(北师大2021年研；华东政法2019年研；南林2019年研；上海理工2017年研；上海大学2016年研；西南大学2016年研；上海交大2015年研；华科2015年研；中山大学2014年研；北京师大2014年研；首都师大2013年研；厦门大学2012年研；电子科大2011年研；南京理工2011年研；北邮2010年研)

11. 媒介事件(人大2020年研；浙工大2019年研；复旦大学2018年研；中传2017年研；中山大学2017年研；南京师大2017年研；兰州大学2016年研；厦门大学2015年研)

12. 自媒体(北邮2019年研；广西大学2018年研；北大2016年研；北京师大2016年研；中传2014年研；南京大学2013年研)

13. 社交媒体(厦门大学2016年研；中传2015年研)、社会化媒体(social media)(中传2016年研；中央民大2013年研；北邮2010年研；北大2010年研)

14. 媒介依存症(北邮2021年研；西北大学2021年研)

### 8.3.2 简答题

1. 试析技术在人类传播发展中的作用。(吉林大学2011年研)

相关试题：请举出本世纪以来有关信息传播的重要事件，并说明技术发展对于传播的影响。（论述题，四川大学 2018 年研）

2. 麦克卢汉在《理解媒介》一书中引用了庄子讲的一则寓言。庄子在这则寓言里借用一位农人的话说："吾闻之吾师，有机械者必有机事，有机事者必有机心，机心存于胸中，则纯白不备，纯白不备，则神生不定；神生不定者，道之所不载也。……"请说明麦克卢汉用庄子这则寓言来阐述什么论点。（北大 2004 年研）

3. 麦克卢汉媒介理论的要点有哪些？请以微信为例说明该理论在当代的适用性。（中山大学 2018 年研）

4. 简述尼尔·波兹曼提出的"媒介环境学"（又译为"媒介生态学"）中的研究对象"作为环境的媒介"的含义以及对现今传播学的意义。（人大 2014 年研）

相关试题：简述媒介环境学派的代表人物和各自的主要思想。（兰州大学 2021 年研；西北大学 2021 年研）

5. 简述大众传媒组织的公共性与公益性的根据，以及受其制约的表现。（湖南大学 2018 年研）

6. 简述怀特把关研究的优缺点。（中传 2016 年研）

相关试题；把关人要点和意义。（上海交大 2021 年研）

### 8.3.3 论述题

1. 媒介技术快速发展的今天，有人认为"技术改变了一切"，有人认为"技术带来了更大的不公平"，你对于这些意见有什么看法？试结合实例分析。（华南理工 2017 年研）

2. 技术决定论指什么？在新媒体语境下技术给新闻传播业带来什么影响？（复旦大学 2017 年研）

3. 结合新媒介技术的发展分析"媒介是人的延伸"。（人大 2011 年研）

相关试题：互联网时代如何理解"媒介是人的延伸"？（湖南大学 2015 年研）

4. 媒介在人类社会发展中起着极其重要的作用，试问可以从哪些角度分析理解媒介对社会变迁的影响，请举例说明。（北大 2011 年研）

5. 结合媒介融合，分析大众传播的组织目标。（南京师大 2018 年研）

6. 请运用传播学有关知识和理论，结合具体案例，阐述传媒组织在信息生产中的把关作用及其实质，分析大众传媒的把关标准，探讨在以微信为代表的自媒体环境下把关人理论所遇到的挑战。（湖南大学 2017 年研）

相关试题：

(1) 试论社交媒体背景下，传统媒体的把关人地位是否被今日头条这类平台型新媒体削弱。（北京师大 2018 年研）

(2) 把关人在智能传播中涵义的实践及理论变化，新的价值意义。（北师大 2021 年研）

7. 请结合相关传播学理论，谈谈你对媒介融合之含义的理解，分析融合出现的主要原因并对融合的前景做出评价。（北京大学 2013 年研）

# 8.4 考研真题与典型题详解

## 8.4.1 概念题

**1. 马歇尔·麦克卢汉**(南昌大学2021年研;广西大学2017年研;华中师大2016年研;河北大学2014年研;北工商2014年研;黑龙江大学2014年研;北京师大2013年研;华南师大2013年研;清华大学2012年研;苏州大学2012年研;中传2011年研;安徽大学2011年研;武大2010年研;西北大学2010年研)

**答:** 马歇尔·麦克卢汉是加拿大文学批评家、传播学家、传播学媒介环境学派一代宗师。他被誉为信息社会、电子世界的"圣人""先驱"和"先知"。他是20世纪最富有原创性的传播学理论家。其著名的传播学理论有"媒介即讯息""媒介是人的延伸""热媒介与冷媒介"等。他对电子时代和赛博空间的预言一个个变成现实,被传播和科技界认作"IT时代的先知"。麦克卢汉的著述主要有《机械新娘》《古登堡群英》《理解媒介:论人的延伸》《媒介即讯息》等。

**2. 地球村**(暨南大学2008年研;南京大学2007年研)

**答:** "地球村"是指电视和卫星等技术的出现,使地球"越来越小",人类已跨越空间和时间的限制,使信息在瞬息之间即可传送到世界的每一个角落,因而,地球已变成了一个小村庄。"村民"即人类互相之间的信息传播和思想交流极为方便。在这个信息爆炸的时代,任何国家都不可能与世隔绝而游离于地球村之外。这一概念最早由麦克卢汉提出,在跨国卫星电视,互联网络和信息高速公路飞速发展的今天,无论是在国际政治、经济还是在跨文化交流领域,"地球村"已经成了形容当今世界的一个普遍的概念。

**3. "热媒介"和"冷媒介"**(上海大学2020年研;北京师大2019年研;南开大学2011年研)

**答:** 参见本章考点难点归纳相关内容。

**4. 电视人**(湖南大学2016年研)

**答:** 参见本章考点难点归纳相关内容。

**5. 容器人**(南京师大2021年研;电子科大2014年研;南京理工2011年研)

**答:** 参见本章考点难点归纳相关内容。

**6. "充欲主义"**(电子科大2014年研)

**答:** 参见本章考点难点归纳相关内容。

**7. "电子乌托邦"**(南京林业2021年研;南昌大学2020年研;中传2018年研;华中师大2018年研;南开大学2010年研)

**答:** 参见本章考点难点归纳相关内容。

**8. 媒介融合**(重庆大学2021、2016年研;陕西师大2020年研;云南大学2018年研;华东师大2016年研;西北大学2016年研;北大2015年研;复旦大学2015年研;华科2015年研;上海交大2014年研;清华大学2013年研;中传2013年研)

答："媒介融合"（Media Convergence），最早由美国马萨诸塞州理工大学教授伊契尔·索勒·普尔提出，原意是指各种媒介呈现多功能一体化的趋势。其概念包括狭义和广义两种，狭义的概念是指将不同的媒介形态"融合"在一起，产生"质变"，形成一种新的媒介形态，如电子杂志、博客新闻等等；而广义的"媒介融合"则范围广阔，包括一切媒介及其有关要素的结合、汇聚甚至融合，不仅包括媒介形态的融合，还包括媒介功能、传播手段、所有权、组织结构等要素的融合。换言之，"媒介融合"是信息传输通道多元化下的新作业模式，是把报纸、电视台、电台等传统媒体，与互联网、手机、手持智能终端等新兴媒体传播通道有效结合起来，资源共享，集中处理，衍生出不同形式的信息产品，然后通过不同的平台传播给受众。媒体融合是信息时代背景下的一种媒介发展理念，是在互联网迅猛发展基础上的传统媒体的有机整合。

**9. 大众传媒的公共性与公益性**（北邮 2009 年研）

**相关试题：传媒公共性**（清华大学 2018 年研）

**答：** 参见本章考点难点归纳相关内容。

**10. 把关人（gatekeeper）理论**（北师大 2021 年研；华东政法 2019 年研；南林 2019 年研；上海理工 2017 年研；上海大学 2016 年研；西南大学 2016 年研；上海交大 2015 年研；华科 2015 年研；中山大学 2014 年研；北京师大 2014 年研；首都师大 2013 年研；厦门大学 2012 年研；电子科大 2011 年研；南京理工 2011 年研；北邮 2010 年研）

**答：** 把关人（gatekeeper）理论是传播学先驱者库尔特·卢因通过对大众媒介"传播者"角色的研究而得出的一种传播理论。把关人又译为"守门人"，是指那些在新闻媒介系统中居于决断性的关键位置，对信息进行过滤和加工的人或组织，而这种对信息进行的过滤和加工的过程就是把关。这一概念最早由传播学四大奠基人之一库尔特·卢因在《群体生活的渠道》一文中提出的，他认为在群体传播过程中，信息流动的渠道中存在着一些把关人，只有符合群体规范或把关人价值标准的信息才能进入传播渠道。20 世纪 50 年代，怀特提出了新闻传播的"把关"过程模式。他认为，新闻媒介并非对所有新闻都进行报道，而是对众多的新闻素材进行取舍选择和加工后再加以报道，传媒内部存在着一系列的把关环节，把关是一种有组织的活动。

**11. 媒介事件**（人大 2020 年研；浙工大 2019 年研；复旦大学 2018 年研；中传 2017 年研；中山大学 2017 年研；南京师大 2017 年研；兰州大学 2016 年研；厦门大学 2015 年研）

**答：** 媒介事件是指经过某"组织"（政府、政党团体、企业、社团等）有计划、有目的地策划并执行，以大众媒体为媒介和渠道，向受众进行有目的传播的事件及其过程。这个概念包含两种理解：①媒介事件是"假事件"。美国历史学家丹尼尔·布尔斯廷提出"假事件"一词，他将假事件界定为经过设计而刻意制造出来的新闻，指出了假事件具有人为策划、适合传媒报道的特点。媒介事件，就是其提出的假事件，是由各种利益集团制造的假事件。②丹尼尔·戴扬和伊莱休·卡茨在《媒介事件》中将媒介事件定义为"对电视的节日性收看，即关于那些令国人乃至世人屏息驻足的电视直播的历史事件"。媒介事件具有三个特点：①突破空间界限，使观众直接参与到事件的进程当中；②打破时间的限制，让受众以改变日常的生活规律为代价，投入到"表演"的收看当中；③由于媒介经过了提前的策划和电视参与，使得媒介事件在转播之前就产生相当的“知名度”。

**12. 自媒体**(北邮2019年研；广西大学2018年研；北大2016年研；北京师大2016年研；中传2014年研；南京大学2013年研)

**答：**自媒体是指普通市民或机构组织能够在任何时间、任何地点，以任何方式访问网络，通过现代数字科技与全球知识体系相联结，提供并分享他们的真实看法、自身新闻的一种途径和即时传播方式。自媒体包括个人微博、个人日志、个人主页、空间、人人网、Facebook等。当前，以微博、微信为代表的自媒体，已成为网络传播最活跃的主体和新兴舆论场。自媒体具有平民化、个性化、门槛低、运作简单、交互性强、传播迅速、良莠不齐、可信度低、相关法律不规范等特点。

**13. 社交媒体**(厦门大学2016年研；中传2015年研)**、社会化媒体(social media)**(中传2016年研；中央民大2013年研；北邮2010年研；北大2010年研)

**答：**社交媒体(social media)又称社会化媒体，是允许人们撰写、分享、评价、讨论、相互沟通的网站和技术的总称。它是人们彼此之间用来分享意见、见解、经验和观点的工具和平台，现阶段主要包括社交网站、微博、微信、博客、论坛、播客等。其特点有两个：①人数众多；②自发的传播。如果缺乏这两点因素的任何一点就不能构成社交媒体的范畴。社交媒体以互联网为基础，发展迅速，其传播的信息已成为人们浏览互联网的重要内容，不仅制造了人们社交生活中争相讨论的一个又一个热门话题，更吸引传统媒体争相跟进。

**14. 媒介依存症**(北邮2021年研；西北大学2021年研)

**答：**参见本章考点难点归纳相关内容。

### 8.4.2 简答题

**1. 试析技术在人类传播发展中的作用。**(吉林大学2011年研)

**相关试题：请举出本世纪以来有关信息传播的重要事件，并说明技术发展对于传播的影响。**(论述题，四川大学2018年研)

**答：**在人类传播的历史中，技术扮演了至关重要的角色，技术发展直接推动了人类传播发展的进程。随着传播媒介的不断丰富，传播手段的不断进步，人类社会的信息系统也日趋发达、日趋复杂，人类社会也日趋进步。在所有这些进步的背后，都能看到科学技术发展的力量。

(1)技术推动传播媒介形态的变革。

从人类传播发展的历史来看，人类所能选择的媒介工具的数量呈加速增长的趋势，而这种加速发展的推动力正是科技的进步。人类传播大体经历了四个阶段：语言传播、文字传播、印刷传播、电子传播。这四个阶段的划分是以人类用于传播的媒介形态的变化为标准的。回顾人类传播的历史，人类传播史上的每一次变革都是传播媒介形态发生革命的结果，而媒介形态的每一次变革又都是科学技术进步的直接产物。

(2)技术推动传媒产业的产生和发展。

传媒产业的形成发端于19世纪于美国诞生的“便士报”。第一次科技革命从英国开始，带来了横扫欧洲的工业大革命。随着生产力的发展，商品经济空前活跃，对信息的需求成为传媒产业诞生的市场基础。同时随着造纸术和机械印刷的发展，文字信息的大规模生产和复制成为可能，为廉价报纸的诞生创造了技术条件。“便士报”的诞生是科技发展的结果，报纸成为一个有利可图的行业大规模发展起来。

随着科技的不断进步，传媒产业的疆界也随着新媒介的产生而不断扩展。一方面，广播业、电视业、互联网相继出现并走向繁荣；在科技的推动和经济利益的驱策下，传媒产业开始突破单一媒介的界限，出现了媒介融合的趋势。另一方面，数字技术、卫星技术、计算机网络技术等高科技的飞速发展，使传播突破一国的范围向全球扩展，其结果是传媒产业出现媒介集中化与全球化的趋势。

(3)技术导致传播中语言形态的变换。

技术推动媒介形态变化，但随着媒介形态的发展，语言作为人类最重要的传播手段，在传播中的作用以及形态都在发生着变化。

在口语传播时代，口语是人与人之间信息传播的最主要工具。语言是口语化的，简单易懂。进入文字传播时代，文字弥补了口头语言时空障碍的缺陷，具有了规范、便携、能长期保存等优点。印刷时代的大众媒体使得用于表述的书面语言有通俗化的趋势，表达不再如过去那么晦涩难懂。电子传播时代使得传播的语言形态从文字扩展到声音、影像等其他形态。互联网的问世更是发展出“网络语言”。

总之，科技发展深刻地影响了人类的传播事业，并深刻影响了人类社会本身。当今世界，科学技术的发展日新月异，新的科技从理论转化到实践应用的时间越来越短，以信息化、数字化为特征的新一轮科技革命还在加速发展，将继续影响、改变人类的传播事业。

**2. 麦克卢汉在《理解媒介》一书中引用了庄子讲的一则寓言。庄子在这则寓言里借用一位农人的话说：“吾闻之吾师，有机械者必有机事，有机事者必有机心，机心存于胸中，则纯白不备，纯白不备，则神生不定；神生不定者，道之所不载也。……”请说明麦克卢汉用庄子这则寓言来阐述什么论点。**（北大2004年研）

**答：**(1)这段古文的意思是：

我从我的老师那里听到这样的话，有了机械之类的东西，必定会出现机巧之类的事情，有了机巧之类的事情又必然出现机变之类的心思。机变的心思存留在心中，那么不曾受到世俗污染的纯洁心境就不完整齐备；纯洁的心境不齐备，那么精神就不会专一安定；精神不能专一安定的人，天下大道也就不会充实他的心灵。……

(2)麦克卢汉引用庄子这段话意在阐述技术变革不但改变了人的生活习惯，而且改变了人的思维模式和评价模式，对人们的思想产生了深刻影响。麦克卢汉认为，首先，传播媒介的影响比传播媒介所传达的信息内容的影响更为深远。人类有了某种媒介才可能从事与之相关的传播和其他社会活动，真正有意义、有价值的信息是这个时代所使用的传播工具的性质、它所开创的可能性和带来的社会变革。其次，任何媒介都不外乎人的感觉和感官的扩展或延伸，不同的媒介通过作用于不同的感官影响人类的感觉中枢和思维方式。这便是麦克卢汉的“媒介即讯息”和“媒介是人的延伸”的观点。

**3. 麦克卢汉媒介理论的要点有哪些？请以微信为例说明该理论在当代的适用性。**（中山大学2018年研）

**答**：麦克卢汉是加拿大文学批评家、传播学家、传播学媒介环境学派一代宗师，被誉为信息社会、电子世界的“圣人”“先驱”和“先知”，是20世纪最富有原创性的传播学理论家。麦克卢汉认为技术是一种按自身逻辑发展的独立力量，技术的后果内在于技术而非人。其主要著作有：《理解媒介：论人的延伸》《媒介即讯息》等。在这些著作中，他提出的著名的媒介理论有：“媒介即讯息”“媒介是人的延伸”“热媒介与冷媒介”“地球村”等。

(1)麦克卢汉媒介理论的要点。

参见本章课后习题第6题答案。

(2)以微信为例探讨麦克卢汉的媒介理论在当代的适用性。

在现代传播学史上，麦克卢汉无疑是一位极具特色的理论家。在他之前，传播学基本都是围绕媒介的信息内容及效果进行研究，而麦克卢汉则强调了媒介技术在信息传播过程中的重要作用。如果说“媒介即讯息”，那么在媒介流变的今天，微信体现着新媒体时代的传播功能和效果。

①微信平台即信息。

较之微信平台上传播的信息，更为重要的是微信这一平台，即这一平台本身才是更值得瞩目的信息。Facebook、Twitter等社交平台借助机器算法分发+人工辅助，通过收集用户喜好、用户所在地和上网习惯、用户的社交网络来绘制用户画像，借此来进行信息分发。与此不同，微信更多的是借助人工分发，公众号的运营者将自己认为有价值的信息推送到受众面前，受众各取所需。

②微信的成长进化是对人的延伸。

微信的进化速度超乎人的想象。从文字、语音到表情包，从群聊、视频聊天、在线支付到丰富多彩的小程序、“拍一拍”等，微信在满足用户人际交往需求的同时，也满足了他们感知娱乐和低成本消费的生活需求。人际交往是微信的基本特性，产品功能的步步升级，在变革用户个人感官的同时，也使用户关系发生改变。这种将个人的眼、口、耳、手融合的感受模式所带来的整体知觉的延伸，必然会带来新一轮的媒介技术发展和人类传播文化的改变。

③微信重塑时空，人类回归部落化。

麦克卢汉在《理解媒介》中开创了以媒介技术变化来划分人类文明发展阶段的先河，并强调技术对塑造环境的重要作用。媒介技术论准确预测了技术将在未来重塑时空距离，人类将通过光速般的信息传递实现互通，再度实现向部落文化的心灵回归。进入电子传播时代后，互联网强大的信息搜集、传输和存储能力使人们能及时了解世界上各个地方的人，使整个世界成为一个部落，形成“地球村”。回顾传播史，人类经历了从部落化到非部落化最终重归部落化的阶段，虽然麦克卢汉没有预测到微信这一新型媒介的产生和发展，但微信将人与人的交流从键盘和显示屏中解放出来，人们能够利用高度移动性的智能手机进行语音对讲，图片、文字、表情发送，以及各种转发和多渠道分享，这些使人的自由度大大提高，也为麦克卢汉预言的重返部落化演进增添了崭新的内容。

④微信对社会环境的重塑。

从麦克卢汉关注媒介所创造的环境对人的传播行为和态度层面出发，微信在以下几个方面发挥着重要作用：

a. 经验与感知。在移动互联的时代，从日常生活到个性化的思维感知，无不受到技术的影响。微信最主要的交流内容是利用文字、图片、视音频与好友进行沟通，虽然这些媒介形态都是从旧媒介中变化而来，但微信利用互联网技术将这几种功能融合起来，使之成为一种能安装到智能手机客户端上的应用软件，这种科技创新适应了时代的变化。

b. 时空观念。麦克卢汉的老师伊尼斯提出了"传播的偏向"理论，认为口语社会偏好时间，印刷时代偏好空间，这是因为口语传播离不开共时性，而印刷媒介可跨距离传播。麦克卢汉也注意到这种媒介对时空观念的影响。电子媒介以电力为依托，文字以电力为载体，信息的创建→重组→传播在瞬间即可完成。微信作为移动社交媒体，进一步颠覆了传统时空观，不论是作为传播或接收信息的人，还是作为传播内容的信息，都将不再受时空束缚，进而得以自由交流。

c. 历史与现实形态。媒介是社会发展的动力之一，每一种新媒介的产生都开创了人类感知和认识世界的新方式。麦克卢汉的媒介理论表达出他在不同的媒介时代对人类存在方式的一种领悟。每一种新媒介的产生与发展都不同程度地改变着人类对世界的感知和认识。微信凭借瞬时传播的特性成为新媒介的代表，渗透到人们的生活中，使人与信息广泛而自由地接触。微信多种功能的开发预示着它将改变人与人之间的社交关系，也将会创造出新的社会行为模式。

综上，微信平台本身才是更重要的信息，它作为人的视、听、触三种感觉的延伸，分别提供了如短视频一类的热媒介、表情包一类的冷媒介，并通过移动互联，实时消除了时空的局限，使得人们"再部落化"。由此可认为，麦克卢汉提出的媒介理论在当代仍有适用性。

**4. 简述尼尔·波兹曼提出的"媒介环境学"(又译为"媒介生态学")中的研究对象"作为环境的媒介"的含义以及对现今传播学的意义。**(人大 2014 年研)

**相关试题：简述媒介环境学派的代表人物和各自的主要思想。**(兰州大学 2021 年研；西北大学 2021 年研)

**答：**1968 年，尼尔·波兹曼首次正式提出媒介生态的概念，并将其定义为把"媒介作为环境的研究"。麦克卢汉在他的理论中提出，人通过使用媒介，逐渐被媒介影响，某些与媒介相一致的感觉器官得到扩展，从而造成文化偏向于某种感觉而忽略其他感觉。媒介作为一种环境结构，制约着人们的感觉、思维和表达方式。

(1)波兹曼提出的媒介生态，就像意识形态，是人们理解和想象世界的框架。因此，波斯曼提出"媒介即隐喻""媒介即认识论"。人们思考、感知、谈论和表现身边的世界时，不是站在传播媒介之外，而是处在传播媒介的符号结构中。

(2)波兹曼将媒介作为环境来研究，肯定了媒介作为环境对人类生活、社会的影响。媒介生态学这个舶来品，进入我国后被诸多学者理解为"媒介是条鱼"，学者崔保国曾发表相关论文《媒介是条鱼——理解媒介生态学》，这种理解将媒介视为总体环境生态中的一条鱼，与其他子系统进行能量交换以满足媒介自身生态维系所需，而不是研究其对社会的影响，所以研究连篇累牍却没有实质性的成就。

(3)波兹曼还在麦克卢汉的"媒介的内容是另一种媒介"的基础上提出，我们所面临的环境往往不止有一种媒介的代码和语法。不同媒介之间还存在相互影响，它们共同构成了我们的媒介环境。因此媒介共存对我们产生的影响，以及它们如何互动产生新的合成环境，也是媒介生态学关注的问题。

(4)媒介生态学，弱化了麦克卢汉理论中的决定论色彩，从认识论的角度，提出了媒介格式对符号编码、解码的影响。媒介环境就像墨镜，它并不决定人们看到什么，但是会影响人们看到的世界的色调。和麦克卢汉不同，波兹曼在对媒介影响的讨论中，带有明显的批判色彩和道德评价，他更关注媒介技术是否促进个人发展和社会民主。他对电子媒介的评价带有悲观主义的色彩，他的理论中有梭罗追求自然、恢复传统生活的乡愁，也有现代西方存在主义哲学对技术理性的反思。当然，媒介可能是产生不良后果的一个重要影响因素，但它不是唯一的或决定性的因素。

在互联网的新技术创作时代，由于新媒体与传统媒体的融合，信息接收、发布终端的多元化等外部条件的影响，网络语言平民化、片断化、解构化的趋势越来越明显，新的思维方式、表达方式、创作方式正不断地向传统规则、观念提出挑战。一些最基础、最本源的常识性概念需要人们重新思考。媒介生态学关于“媒介作为环境”的典范内容，首先将有助于人们更好地理解这些新技术创作时代下的表达方式，以新的视角来看待正以“草根”之势兴起的网络。

**5. 简述大众传媒组织的公共性与公益性的根据，以及受其制约的表现。**(湖南大学2018年研)

**答：**(1)大众传媒公共性与公益性的根据。

大众传媒的活动，在更大程度上受到公共性和公益性的制约。这种公共性和公益性的依据包括三个方面：

①大众传媒作为现代社会不可或缺的信息生产者和提供者，在满足社会总体信息需求方面发挥着公共服务的作用。

②大众传媒的信息生产和传播活动影响社会的政治、经济和文化道德，这种影响力涉及普遍的社会秩序和公共生活。

③大众传媒是某些稀有公共传播资源的受托使用者，作为公共财产的使用人，它们必须对社会和公众承担相应的责任和义务。

(2)公共性与公益性受到一定制约。

公共性和公益性是大众传媒的权利基础。大众传媒拥有最大限度的采访权、言论权、编辑权和刊载权，并拥有广泛的舆论监督的权利。但另一方面，公益性和公共性制约大众传媒的传播活动，它要求传媒的活动必须符合社会公共利益。

综上所述，传媒组织的经营目标、宣传目标及公共性和公益性制约着它的传播活动，但是具体到现实中不同形态的媒介组织，以上各种因素的制约程度各不相同。一般而言，以追求社会效益为主要目的的国有或公营媒介的活动受宣传目标和公共性、公益性制约的程度较高，而以追求利润为目的的私营商业媒介受经营目标制约的程度较高。

**6. 简述怀特把关研究的优缺点。**(中传2016年研)

**相关试题；把关人要点和意义。**(上海交大2021年研)

**答：**“把关人”(gatekeeper)是指那些在新闻媒介系统中居于决断性的关键位置，对信息进行过滤和加工的人或组织，而这种对信息进行过滤和加工的过程就是把关。1950 年，传播学者怀特利用个案研究法，对美国某报社编辑一周内的稿件筛选进行研究，明确提出了新闻筛选过程的“把关”(gate-keeping)模式。

(1)怀特的把关研究的优点。

①第一次将“把关人”概念引入新闻传播研究领域，有利于人们理解大众传媒在新闻传播中的作用。

②说明新闻媒介并非对所有新闻都进行报道，而是对众多的新闻素材进行取舍选择和加工后再加以报道。在取舍和加工过程中，作为“把关人”的报社编辑收到的稿件相当于把关前的“输入信息”，而选择刊登的稿件则相当于把关后的“输出信息”，这整个过程便是一个具体的把关环节。

③强调把关人的独立权限，把关内容基于新闻编辑和记者个人的主观判断取舍。

(2)怀特的把关研究的缺点。

过分强调把关者的个人权限，忽略了各种联系所形成的必然性与社会性。

### 8.4.3 论述题

**1. 媒介技术快速发展的今天，有人认为“技术改变了一切”，有人认为“技术带来了更大的不公平”，你对于这些意见有什么看法？试结合实例分析。**(华南理工 2017 年研)

**答：**(1)“技术改变了一切”是正确但片面的。

在新闻传播领域，“技术改变了一切”体现为一种技术决定论的思想。这种思想有其产生的实践基础，但是夸大了媒介技术的决定性作用，因此是片面的。

就新闻媒介形态的变化而言，技术扮演了核心的推动作用。没有技术的进步，就不可能有媒介形态与功能的不断进步。在人类社会发展的早期，由于生产力和技术水平极端低下，人类只能凭借身体语言和简单的信号进行信息传递。随着社会的进步，语言和文字得以发明，这促成人类传播史上的第一次伟大的变革，即信息可以借助文字进行编码并传播久远。中国造纸术和印刷术的发明，为人类传播提供了简便的载体，并为信息的大规模复制和广泛传播提供了可能性。近代科学技术的发展，促成了电子媒介的诞生，使得人类信息传播的速度大为提升。随着卫星和互联网的出现，信息可以在全球范围内快速流动，人类媒介技术的进步，使得人类以时间压缩空间成为当今时代最为鲜明的特征。

但社会制度和社会形态对技术的发展有制约作用。如果不是在一个宏观的政治经济脉络和历史情境中去分析，技术决定论只能导致似是而非的分析和标新立异的结论。工具毕竟是人创造和发明的，它可能会改造人、改造人类社会，但终究是在人和人类社会复杂性基础上进行的改造。人类如何利用和控制技术，社会占有结构、所有制关系如何，也反过来规定着技术的特点和性质。

(2)“技术带来了更大的不公平”是客观但不是绝对的。

从传播技术的发展历史看来，“技术带来了更大的不公平”的确是客观存在的，“数字鸿沟”等理论为媒介技术的这种特性提供了解释，但这并不是绝对的，在某种程度上，技术对于消除不公平也具有重要意义。

“知沟”“数字鸿沟”理论是“技术带来更大不公平”的一种体现。1970 年，美国学者蒂奇诺等人在一系列实证研究的基础上，提出了"知沟"假说——由于社会经济地位高者通常能比社会经济地位低者更快地获得信息，因此大众媒介传送的信息越多，这两者之间的知识鸿沟也就越有扩大的趋势。后来的研究者认为，与经济条件相联系的新媒介技术的采用和使用能力，是造成"知沟"存在和扩大的一个重要原因。在数字技术日益成为主要传播手段的今天，"知沟"衍生为"数字鸿沟"，即以互联网为代表的新数字媒体技术的接触和使用状况的四种差异。客观而言，互联网新技术的高速发展确实扩大了这些差异，扩大了"数字鸿沟"，并因此"带来了更大的不公平"。

但技术具有中立性，技术进步的效果取决于其使用目的和使用的人，因此技术并不只会增加不公平，也可能成为减少不公平的重要手段。例如，教育信息化便被视为促进教育公平的重要途径和有效手段，信息化既能促进先进教育理念的传播，又能促进城乡教育资源的合理配置，而这必然需要提供技术上的支持和保障。

总之，对于技术与社会之间的关系应当从多方面进行实践与价值的分析。从历史上看，根源于西方发展历史的技术决定论，从本能的意义上恰当地描述了西方近现代文明的特征，也得到了广泛的认可，但唯技术论不能适应人类所面临的新问题。在现实中，必须对技术决定论进行正确的认识、合理的批判，既要理解技术进步对于人类发展的积极意义，也要理解其客观上可能产生的消极影响。

**2. 技术决定论指什么？在新媒体语境下技术给新闻传播业带来什么影响？**(复旦大学2017年研)

**答：**(1)技术决定论。

技术决定论是20世纪70年代以前，关于技术发展的理论中最具影响力的一个流派。技术决定论者认为，技术是一种按自身逻辑发展的独立力量，它虽然产生于人类的需要，但一旦成为一种气候，就很容易脱离人类的控制，变成一匹脱缰的野马，技术的后果是技术所固有的，并不依赖于人类的意志。技术决定论建立在两个重要原则基础上：①技术是自主的；②技术变迁导致社会变迁。主要代表有法国的埃吕尔、加拿大的麦克卢汉、美国的L. 温纳等。

(2)新媒体语境下技术对新闻传播业的影响。

新媒体是一个宽泛的概念，主要是指利用数字技术、网络技术，通过互联网、宽带局域网、无线通信网、卫星等渠道，以及电脑、手机、数字电视机等终端，向用户提供信息和娱乐服务的传播形态。新媒体语境下的技术就是指以数字技术、网络技术为代表的新媒体技术的合集。这些新技术为新闻传播业带来了以下四个方面的影响：

①传播内容与表现形式的多样化。在新技术的应用下，传统媒体主要有三种表现形式：a. 传统媒体的内容以新的表现形式通过新的媒体渠道传播出去；b. 传统媒体利用新媒体技术提高受众和媒体之间的互动能力；c. 新旧媒体之间的结合，如传统媒体纷纷推出自己的网络门户，打造网络媒体传播平台。

②受众参与挑战传统媒体权威。随着用户更多地参与到新闻内容制作和传播的领域，内容的产生和消费的界限越来越模糊。网络用户通过论坛、微博等转发新闻、分享视频、发表评论，从而完成对新闻内容的生产和消费的统一过程。

③新的分工合作模式带动网络新闻生产传播流程再造。互联网技术的发展将促使网络

新闻生产和传播更加细化、专业分工更加明确，将呈现出传媒与其他企业进行多元化的合作模式。现今，传统媒体充当着纯粹的内容提供者，技术公司充当内容电子化的包装者和发行者，网络运营商充当新闻传播的渠道平台的趋势已经非常明显。

④新媒体语境下，技术如果不能及时更新与整合，将会给新闻传播业带来巨大冲击。在新闻传播被新媒体技术所承办的时代里，受众接受的信息有好有坏，这些信息引导受众自身对于新闻传播心理的形成。假使新媒体技术遭到滥用，再加上新闻传播行业的迅速发展，后果不堪设想。而如果新媒体技术的开发有着完备的形成体系与检测系统，将会对新闻传播行业的发展产生积极的推动作用。

**3. 结合新媒介技术的发展分析“媒介是人的延伸”。**（人大 2011 年研）

**相关试题：互联网时代如何理解“媒介是人的延伸”？**（湖南大学 2015 年研）

**答：**（1）“媒介是人的延伸”理论。

*参见本章课后习题第 4 题答案。*

（2）“媒介是人的延伸”在新媒介技术下的发展。

新兴媒介对于受众的感觉和感官延伸是更加深入、更加强大的。

①互动机制的延伸。

互联网的出现带来了互动机制的延伸。互联网可以完全复制电视的影音功能，而且对人类的感知模式也产生影响。人类之所以能感知，除了拥有中枢神经、感官系统，还因为人类有一套感知机制。互动就是其中的机制之一。没有反馈，感知变得没有意义。互联网带给人们的一大体验就是极强的互动性，人们通过电子邮件、聊天软件等即时通讯工具，通过摄像、话筒等辅助工具，可以体会到面对面交谈的感觉。互联网和通信技术使得人类即时互动和交流变得非常便捷，因此属于人类互动感知机制的良好延伸。

②移动机制的延伸和感官重构。

互联网实现了一个“完整的人”，通过它，人类能听、能看、能互动交流，利用互联网传输气味在技术上已经可以实现，电子味觉技术也已经得到突破，3D 技术作为一种新媒介对个人整体感知的延伸赋予了全新意义。网络融合文字、图像、声音、视频等多种传播手段于一体，人们在进行网络游戏、网络聊天等活动时，中枢神经高度涉入，网络成为人的嘴巴、眼睛、耳朵与中枢神经系统的综合延伸。在全媒体时代，笔记本电脑、手机等媒体的广泛使用突破了空间的限制，众多新媒体与新的传播手段的出现以及媒介间的融合，使人们置身各种媒介的包围之中，可以从各种各样的媒介渠道获得讯息，同时深度调用眼睛、耳朵和中枢神经等感觉器官，使感知外部世界的过程具有立体感。这时，人作为一个整体，全身各种感官以及中枢神经都得到了延伸。这些新的媒介技术将促进人类移动机制的延伸和感官重构。

③新媒介技术对人的延伸带来的问题。

新媒介技术对人类全面感知的延伸也带来了精神沉迷的问题。互联网的最大问题是它的虚幻现实特征，根据麦克卢汉的理论，其他媒介是人体个别感官的延伸，而网络新媒介是人们整体感觉的延伸，另外多媒介组合为它提供全面的感觉创造了条件。随着科技和人类提供感觉体验能力的逐步增强，人们将把更多的注意力投入到网络中去，这容易使人们将自己的精神世界停留在网上，混淆现实与虚幻。

**4. 媒介在人类社会发展中起着极其重要的作用，试问可以从哪些角度分析理解媒介对社会变迁的影响，请举例说明。**(北大2011年研)

答：(1)媒介的含义。

“媒介”有广义和狭义之分。广义的媒介，是指将不同事物连接在一起的中介物，这种中介物可以是人，也可以是物，还可以是人与物结合在一起的事物。一切中介物都是媒介，这一意义上的媒介也就是人们所说的“介质”。狭义的媒介，则是指从各学科、各领域自身出发所界定的媒介。

(2)媒介对社会变迁的影响。

①从媒介是社会发展的基本动力的角度来看，是媒介而非信息在推动人类社会的发展。例如，麦克卢汉曾指出“媒介即讯息”，在他看来，人类社会漫长的发展过程中，真正有意义、有价值的“讯息”不是各个时代的传播内容，而是这个时代所使用的传播媒介。

在这里，麦克卢汉的媒介概念是广义的，它不仅指语言、文字、印刷物、电信、广播电视和互联网等，还包括了各种交通运输工具，甚至服饰、住宅、货币等，任何能够延伸人体功能的事物，都在他的媒介范畴之内。

②从媒介划分不同社会形态的角度(即媒介是不同社会形态变化的决定因素)来看，每一种新媒介的产生，都开创了人类感知和认识世界的方式，传播中的变革改变了人类的感觉，也改变了人与人之间的关系，并创造出新的社会行为类型。因此，媒介又是区别不同社会形态的标志。在麦克卢汉看来，人类由“部落社会”到“脱部落社会”再到“地球村”，都是源于媒介及其技术的发展。

例如，在原始社会，口语是主要的传播媒介，由于听力的物理限制，人们必须生活在狭小空间的部落群体中，相互保持着近距离的密切关系。文字和印刷媒介产生之后，人类由“耳朵的社会”，转向了“眼睛的社会”，由于交往和传播不再以物理空间的接近性为前提，人类可以分散到广阔的地域，人与人之间的关系变得疏远，部落社会便发生解体。电子媒介尤其是电视的普及再次改变了这种情况，它们以接近于实时的传播速度和强烈的现场感、目击感把遥远的世界拉得很近，人与人之间的感觉距离大大缩小，于是人类在更大的范围内重新部落化，整个世界变成了一个新的“地球村”。

③从媒介技术改变人类社会的交往方式来看，媒介技术发展促进了传播手段的革新，使得跨越时间维度和空间维度的信息交流共享得以实现，也体现出了麦克卢汉所描述的“地球村”景象，这促进了不同文化的交流，扩展了人类社会的认知领域，不断改变着人类的交流和交往方式，新兴的微博、网络社区等就是这种社会变迁的证明。

④从媒介产生的社会参与影响看，媒介是各种社会意见文化得以表达阐释的平台，各种意见可以得以平衡，信息和意见的交流促进人类文化素养的提升，也为发泄社会不满提供了途径，起到了缓冲矛盾的效果。媒介同时促进了政治体制的改革与全球的民主化进程，公民社会得以出现，不同意见得以交流。世界各国的民主革命，都将开放媒体、繁荣交流媒介作为基本诉求之一。

⑤从产业发展来看，媒介是文化产业的主要构成要素，而文化产业则是发展第三产业的主要拉动力量。媒介的发展可以促进社会产业的升级，促进社会分工。媒介提供了文化资本、创意资本、智力资本的表现渠道，对于产业的升级和转型有重要意义。

⑥从对媒介功能的认知来看，媒介系统是社会系统之一，对于媒介的考察需要置于大的社会系统中。结构功能主义认为，社会的各组成部分以有序的方式相互关联，并对社会整体发挥必要的功能。而法兰克福学派则从批判的角度切入，对于媒介文化的功能进行反思，是社会文化思想的结晶，在社会变迁的思想文化史层面上有重要意义。

**5. 结合媒介融合，分析大众传播的组织目标。**(南京师大2018年研)

**答：**大众传媒是一种社会组织。社会组织的性质是由组织目标来决定的，英国新闻学者托斯塔尔简明扼要地将报社的组织目标分为两个方面：经济收益目标和非经济收益目标，认为报社的组织目标就是两者的综合体。这种观点可以说是比较客观的，一般认为，大众传媒的组织目标包括经营目标和宣传目标，它们是制约和影响传媒组织活动的重要因素。另外，公共性与公益性也是大众传媒组织运作过程中必须考虑的内容。

“媒介融合”最早由美国马萨诸塞州理工大学的普尔教授提出，原意是指各种媒介呈现多功能一体化的趋势。其概念包括狭义和广义两种，狭义的概念是指将不同的媒介形态“融合”在一起，产生“质变”，形成一种新的媒介形态，如电子杂志、博客新闻等；而广义的“媒介融合”则包括一切媒介及其有关要素的结合、汇聚甚至融合，不仅包括媒介形态的融合，还包括媒介功能、传播手段、所有权、组织结构等要素的融合。

(1)大众传媒的经营目标。

一般而言，大众传媒必须面向市场销售其信息产品或服务；传媒的经济收益主要来自广告收入和信息产品的销售收入；特殊而复杂的市场压力关系及其处理方式促使各种媒介组织形成不同的特点和趋势。

在新媒体的语境下，媒介融合是一种时代趋势，也是传统大众媒介应对市场竞争压力，实现转型发展的必由之路和必要选择。随着新媒体的不断崛起与发展，以报纸、广播、电视为代表的传统大众传媒的受众和广告收益被分流，其生存和发展空间日益受到挤压。而新媒体的诞生并不意味着传统媒体的消亡，如今的传媒格局是传统媒体与新媒体并存融合发展的时代，相互竞争、相互依存，这种先进的数字技术革命和由此引发的产业改革——媒介融合，提示人们必须重新检视传媒运营体制改革的进程，不断进行资源整合，并重新确立以开放、服务、人本、创新为核心的新的传媒经营理念。

(2)大众传媒的宣传目标。

大众传媒在从事市场和经营活动的同时，还具有重要的非经济收益目标，包括宣传某种思想、灌输某种意识形态、提倡某种信仰、行使某种权利或施加社会影响等。大众传媒宣传目标的实现方式包括言论活动和报道活动。

对我国社会主义制度下的大众传媒而言，在媒介融合盛行的大环境下，为了更好地实现大众传媒的宣传目标，传统大众媒体需要不断地革新自身的舆论引导、宣传的观念。在媒体融合时代，新闻舆论受众身份发生了变化，他们不再是单纯的信息接受者，还扮演着信息制作者、传播者的角色。信息流的逆向传播突破了传统新闻舆论传播模式的禁锢，延伸出新兴媒介为基础的新型传播态势。对此，大众传媒要充分理解网络时代的舆论传播特点，把握媒介融合对于社会、新闻舆论引导的创新和突破，以及由此产生的困难和阻碍，以便更好地适应媒介融合的大环境，使得传统媒体和新媒体进行较为融洽的结合，提高新闻舆论引导力。

(3)公共性与公益性。

大众传媒的活动，在更大程度上受到公共性和公益性的制约。这种公共性和公益性的依据包括三个方面：①大众传媒作为现代社会不可或缺的信息生产者和提供者，在满足社会总体信息需求方面发挥着公共服务的作用；②大众传媒的信息生产和传播活动影响社会的政治、经济和文化道德，这种影响力涉及普遍的社会秩序和公共生活；③大众传媒是某些稀有公共传播资源的受托使用者，作为公共财产的使用人，它们必须对社会和公众承担相应的责任和义务。

在媒介融合的背景下，传媒组织在大力推进融合发展的同时也不能忽视其社会职责，即大众传媒必须为社会提供公共服务。目前，为了赶上融合发展的潮流，从中央到地方的媒介融合形式正在如雨后春笋般出现，资金、人才、资源的大量投入使得中央厨房、县级融媒体中心成为了媒体融合的新方向。对此，大众传媒更需要在这样的环境下做好公共性与公益性服务，不能因追赶潮流而忽视了自身的基本责任。

综上所述，传媒组织的经营目标、宣传目标及公共性和公益性制约着它的传播活动，但是具体到现实中不同形态的媒介组织，以上各种因素的制约程度各不相同。因此，在当下融合发展的大环境中，大众传播的组织目标应综合考虑多种制约因素，做到在综合平衡中稳步推进。

**6. 请运用传播学有关知识和理论，结合具体案例，阐述传媒组织在信息生产中的把关作用及其实质，分析大众传媒的把关标准，探讨在以微信为代表的自媒体环境下把关人理论所遇到的挑战。**(湖南大学2017年研)

**相关试题：**

**(1)试论社交媒体背景下，传统媒体的把关人地位是否被今日头条这类平台型新媒体削弱。**(北京师大2018年研)

**(2)把关人在智能传播中涵义的实践及理论变化，新的价值意义。**(北师大2021年研)

**答：**1950年，传播学者怀特利用个案研究法，对美国某报社编辑一周内的稿件筛选进行研究，明确提出了新闻筛选过程的“把关”(gate-keeping)模式。这个模式说明新闻媒介并非对所有新闻都进行报道，而是对众多的新闻素材进行取舍选择和加工后再加以报道。在当下以微信为代表的自媒体传播环境中，把关过程依然存在，但传统的把关人理论在权威性、可行性、把关难度等方面受到了严峻的挑战。

(1)传媒组织在信息生产中的把关作用。

由“把关人”理论可知，传媒组织决定着什么样的新闻信息能够进入大众传播渠道。在新闻选择和加工过程中，记者作为把关人决定着哪些素材应该写成新闻稿；编辑作为把关人决定着哪些新闻稿应该发表；编审和总编作为把关人决定着哪些内容应该成为重要新闻等等。这意味着把关是一种有组织的活动。此外，把关虽然在记者、编辑个人的价值判断下进行，但也与组织的立场和价值标准密切相关，这也说明了把关活动的组织性。

(2)把关过程的实质。

①大众传媒并不具有纯粹的“客观中立性”，而是根据媒体的某些立场、政策和价值标准进行选择和处理活动。

②符合媒介方针和利益内容会优先得到传播。

③媒介的“把关”过程多环节、有组织，体现了传媒组织的立场和方针。

(3)大众传媒的把关标准。

①新闻信息必须真实、客观、有新意。

②新闻价值。

③大众传媒组织的立场和方针。

(4)自媒体环境下把关人理论受到的挑战。

在传统的信息传播中，媒体几乎垄断了信息源，把关是比较容易实现的；但是，随着以微信为代表的自媒体的兴起，信息传播的速度与范围突破了原有时间空间的限制，媒体形态及传播渠道的多样性，使受众越来越分散，在自媒体环境下的把关人，面临着前所未有的挑战。

①过度迎合受众需求，导致把关人权威性弱化。

传统的新闻把关需要编辑、校对、审阅三审，以微信为代表的自媒体则由于过度迎合受众需求、争相追逐点击量而放松把关环节，从而出现了虚假新闻、标题党现象。把关人权威性的弱化导致以微信为代表的自媒体公信力降低。例如，曾经刷爆朋友圈的《一个出身寒门的状元之死》一文，最后被证实是一篇杜撰造假的文章。这就是把关不严、权威性降低的表现。

②海量信息迅速传播，导致把关可行性降低。

在突发事件面前，如果权威政府部门或传统媒体失声，舆论场就会被媒介素养良莠不齐的网民所发表的意见充斥，易发谣言。而谣言借助先进的传播手段迅速传播，使得把关人来不及做出反应，把关本身的可行性降低。疫情期间，关于“双黄连口服液可预防新型冠状病毒”的新闻正是由于新媒体时代信息的海量性、传播的迅速性才使得把关人难以在有限的时间内甄别出其事实的可靠性，从而使得诸如此类的谣言在微信朋友圈中泛滥成灾。

③多媒体的信息传播模式使得把关难度加大。

微信公号中的文章多是兼视听符号于一体的新闻，人工观看海量视频或是收听海量音频文件是不现实的，这就使得微信平台的把关难度加大。以抖音为例，正是由于人工监管力度远远不能匹配海量视频所需的监管水平，才导致了“大胃王”“清华女跪谢父亲”等视频泛滥。

综上所述，媒介组织在信息传播中并不是有闻必录，只有符合媒介组织传播宗旨、把关标准的才可以进入大众传播渠道，这在一定程度上体现了信息传播的严谨性。然而，以微信为代表的自媒体在把关环节上却远不及传统媒体那样严格、自律，把关标准的降低以及把关难度的加大使得虚假信息等得以在朋友圈自由穿梭。面对这种情况，于受众自身来说，要提高媒介素养，树立“人人都是把关人”意识，倡导“交往理性”，提高辨别真伪能力。

**7. 请结合相关传播学理论，谈谈你对媒介融合之含义的理解，分析融合出现的主要原因并对融合的前景做出评价。**(北京大学2013年研)

**答：**(1)媒介融合的含义。

媒介融合是指报刊、广播电视、互联网所依赖的技术越来越趋同，以信息技术为中介，以卫星、电缆、计算机技术等为传输手段，数字技术改变了获得数据、现象和语言三种基本信息的时间、空间及成本，各种信息在同一个平台上得到了整合，不同形式的媒介彼此之间的互换性与互联性得到了加强，媒介一体化的趋势日趋明显。

(2)媒介融合出现的原因。

随着媒介技术的发展，媒介组织进一步走向联合，“媒介融合”已经成为一个无处不在，影响巨大的现象。一方面，随着卫星技术、数字化技术和网络技术的进步，以及这些技术在广电、通信领域的全方位渗透与应用，传统媒介的界限渐渐模糊，新媒体形式层出不穷，媒介终端可实现功能逐步强大。另一方面，社会经济及文化潮流的发展与进步引发社会阶层的“碎片化”，并由此延伸到市场的“碎片化”和受众的“碎片化”，大众时代过渡为分众时代，媒介受众从以往的单向阅听人的角色转变为需要为其量身订制娱乐、资讯服务的用户。媒介与消费者的互动更加充分，传媒产业正以日益丰富的信息娱乐元素满足消费者的需求。

(3)媒介融合的前景。

①媒介融合将更加注重资本的纽带作用。应当看到，近年来中国媒介产业发展过程中，资本运作形式逐渐趋于多元化，资本融合渠道在慢慢变宽。媒介产业的部分领域已经允许民营资本和国外资本进入。媒介可以通过“借壳上市”“买壳上市”来融资，也可以通过媒介和企业合资的方式经营相关产业，还可以通过银行信贷和媒介企业债券的方式来运作资本，解决媒介发展资金短缺的问题。面对中国媒介市场巨大的利润空间以及入世后中国媒介市场提供的巨大机遇，许多境外资本已经蠢蠢欲动。相信未来媒介产业发展中，资本融合的力度会更大，融合的方式会更多，对今后传媒业的发展影响也会与日俱增。

②媒介融合更趋向于多元化。西方发达国家媒介融合的突出特点是，信息产业的三“巨头”——电脑、电信和以电视为主的媒介行业不断地相互渗透和融合，呈现出多元化融合的态势。与西方发达国家相比，中国现在的媒介产业异地扩张规模都不大，而且体现出异地重复建设的弊端。随着信息产业的技术融合和体制改革的深入，媒介融合将逐步纳入到更广阔的产业背景下来进行，信息产业并购和信息产业的战略联盟会使媒介产业融合形式更加多样化，媒介产业集团、信息产业集团等将给媒介行业的运营带来全新的局面，在这种多元化的产业融合中，电信业、计算机业、大众传媒业的技术性壁垒被打破，政策性壁垒得到不同程度的放宽。

③“融合媒介”将更加注重拓展新的赢利模式。由于“融合媒介”在中国的发展还处于初始阶段，大多数“融合媒介”的赢利模式也较为单一。以手机媒体为例，2006年，手机报可谓是遍地开花，迅速从年初的寥寥几家报社发展到年末的近100家，几乎所有有影响的报业集团和主要报社都开通了手机报业务。这种新型的“融合媒介”赢利模式单一，创收能力有限。对于另一种“融合媒介”手机电视而言，现在对终端用户不能收费，推广手机电视的各个链条只能依靠广告收入。应当看到，新媒介有着良好的发展前景和提升潜力。随着媒介融合的进一步发展，DAB移动多媒体电视、手机动漫、手机游戏、手机博客等“融合媒介”将逐渐成为青年受众所青睐的时尚媒介。媒介经营管理者正在探索新的赢利模式，以后这些新媒介的赢利渠道会越来越宽。

④媒介融合更加注重人性化服务理念。媒介融合对于广大受众来说，有一个很大的实惠，就是可以使媒介尽可能为消费者在信息消费中提供“一站购齐”式的服务。这是媒介融合的动机之一，同时也是今后媒介融合的发展趋势之一。现代受众在信息消费中逐渐对信

息的获取渠道、传播途径以及信息附加值等有更高的要求。“融合媒介”可以为受众提供一站式信息服务和“一揽子”解决方案，这样既方便了受众，也可以使信息产品的制作成本大大降低，获得规模效益。从目前媒介融合的情况来看，其趋势之一是“三网合一”：即现有的电信网络、计算机网络以及广播电视网络相互融合，逐渐形成一个统一的信息通信网络系统，由一个全数字化的网络设施来支持包括数据、话音和视像在内的所有业务的通信，也就是电视、电脑以及手机的融合。

# 第九章　传播制度与媒介规范理论

## 9.1　复习笔记

**【知识框架(庖丁解牛)】**

- 传播制度与媒介规范理论
  - 传播制度与媒介控制的方式
    - 传播制度的含义
    - 媒介控制的方式
      - 政治权力
      - 经济集团
      - 广大受众
  - 传播制度的规范理论
    - 极权主义媒介规范理论
    - 资本主义制度下的媒介规范理论
      - 自由主义理论
      - 社会责任理论
      - 民主参与理论
    - 发展中国家的传播制度和媒介规范理论

**【本章概要】**

本章主要论述了传播制度与媒介规范理论的相关知识。本章考点以名词解释以及简答题为主，在学习时，需要着重对传播制度与媒介控制、关于传播制度的几种规范理论等内容加以把握，并深入了解极权主义制度下的媒介规范理论、资本主义制度下的媒介规范理论、我国和其他发展中国家的媒介规范理论等内容。

**【考点难点归纳(厚积薄发)】**

**考点一：传播制度与媒介控制的方式　★★★**

**1. 传播制度**

传播制度是指社会制度中对大众传播活动直接或间接地起着制约和控制作用的部分，一定的社会制度对大众传播的控制体现着与之相一致的传播制度。传播制度中既包括媒介与政府、媒介与受众的关系问题，也包括言论出版的自由与权利问题；还包括竞争与秩序、生产与消费、经济效益与社会效益等各种复杂的矛盾和问题。传播制度体现了全部社会结构和社会关系的复杂性。

### 2. 媒介控制的方式（见表 9-1）

表 9-1　媒介控制的方式

| 控制主体 | | 具体内容 |
|---|---|---|
| 政治权力 | 控制形式 | 包括：①法律控制；②政策控制；③制度控制 |
| | 控制目的 | ①禁止某些内容的传播。<br>②通过制定相关法律法规来规范大众传播体制，以此达到媒介为国家制度和意识形态服务，为实现各种国家目标服务的目的 |
| 经济集团 | 控制方式 | ①垄断控制：少数新闻寡头以强大的资本做后盾，对新闻媒介实行垄断。<br>②广告控制：通过为其他中小型媒介提供广告或赞助来间接地控制和影响他们的媒介活动。<br>③通过控制议会党团或院外活动集团对公营传播媒介的活动进行干预 |
| | 特点 | 各大经济集团为保障和维护自身的利益，常常利用垄断或广告等多种形式对大众传媒进行直接或间接的控制。这些控制方式在一定社会制度和传播制度的范围内运行，因此带有明显的制度性因素 |
| 广大受众 | | 控制方式包括：①直接通过社会舆论来实施。②个人的信息反馈与预馈。③对大众传播公开表述意见。④文化心理结构制约传播活动 |

**【考点拓展】潜网**

1955 年美国学者沃伦·布瑞德发表了文章《新闻编辑室里的社会控制》，通过对美国新闻编辑室进行深入调查提出了“潜网”的概念。布瑞德发现在编辑室内部存在一张微妙而又非常强劲的控制网络，它一方面确保媒介组织传播意图的顺利贯彻，另一方面又防范新手对现行规矩的冒犯。这张控制网络是一种无形的束缚，潜藏于心，要靠每个人去领悟、揣摩。

## 考点二：传播制度的规范理论　★★★★★

### 1. 极权主义媒介规范理论（见表 9-2）

表 9-2　极权主义媒介规范理论

| 要点 | 具体内容 |
|---|---|
| 定义 | 指以维护专制统治为目的的最古老的一种传播管理体制，主张媒介必须一切以权力或权威为转移，强调社会等级秩序以及上下级之间绝对的支配与服从关系，一切为统治者服务。极权主义媒介规范理论所针对的是新闻事业早期的情形，封建专制势力还占据着统治地位 |
| 理论来源 | 君主和政府拥有绝对权力的哲学思想 |
| 核心特征 | 出版特许和书刊检查管制 |
| 主要内容 | ①报刊是国家的公刊，必须对当权者负责。<br>②不得攻击占统治地位的道德和政治价值。<br>③新闻检查合法。<br>④违抗当权者是犯罪行为 |
| 负面影响 | 在此制度下，报刊和出版受到了统治者的严格管制 |
| 代表 | 英国颁布的《星法庭法令》《印刷限制令》；清政府颁布的《大清报律》；如今的新加坡、马来西亚及其他一些宗教国家，仍存在着某种程度的媒介事先检查制度 |

**2. 资本主义制度下的媒介规范理论**

（1）自由主义媒介规范理论，具体见表9-3。

**表9-3 自由主义媒介规范理论**

| 要点 | 具体内容 |
| --- | --- |
| 定义 | 自由主义理论体现了自由资本主义的时代特征，在18世纪英国资产阶级革命中同极权主义斗争而逐步发展起来，是自由主义思想发展的产物，反映了现代资本主义“观点公开的市场”和“自行调节的过程”的自由观念。它主张对新闻事业不加任何限制，允许媒介随意报道一切事实 |
| 评价 | ①早期自由主义理论有利于打破封建专制制度。<br>②随着资本主义发展到垄断阶段，成为维护垄断资本利益的理论。<br>③在全球信息化的今天，则演变成了个别传播大国推行文化帝国主义的理论依据。<br>④媒介兼并愈演愈烈，“一城一报”现象突出，媒介声音越来越少，一些重要但不流行的观点很难传递给公众 |

**【考点拓展】观点的公开市场与自我修正**

1644年，约翰·弥尔顿发表《论出版自由》，呼吁人们反对封建专制等级对出版与议论的控制，第一次公开发表出版自由的思想。主张应该有“观点的公开市场”，让真理去参加“自由而公开的斗争”，在斗争过程中，真理必然会自我修正，最终战胜错误而保留下来。他的思想奠定了资本主义传播制度的基础，“观点的公开市场”和真理的“自我修正过程”成为自由主义传播制度的基本原则。

（2）社会责任理论，见表9-4。

**表9-4 社会责任理论**

| 要点 | 具体内容 |
| --- | --- |
| 概述 | 报刊的社会责任理论是对自由主义媒介规范理论的修正，由美国新闻自由委员会提出，代表性著作为《一个自由而负责的新闻界》。社会责任理论强调自由是伴随着义务的，而享有我们特权地位的报刊，就对社会负有不可推卸的责任 |
| 产生背景 | 进入20世纪以后，传播媒介的垄断程度越来越高，传播资源越来越集中于少数人手中，所谓“观点的公开市场”理念与实际的社会状况发生了尖锐的矛盾，为应对关于美国报业煽情主义、商业主义还有政治不平衡与垄断倾向的广泛批评，社会责任理论应运而生 |
| 理论要求 | ①一个负责任的新闻业应该“在赋予事件意义的情形下，对当前事件提供一种完整的、真实的、全面与理性的叙述”。<br>②应该“成为交流意见与批评的论坛”，并且成为“公共表达的共同载体”，即允许发表不同意见。<br>③新闻界应该给予“社会中的既存团体一种具有代表性的图像”，而且也应该表达并阐明“社会的目标与价值”。<br>④报刊应反映社会各集团的利益，消除种族偏见。<br>⑤报刊是公众的代理人 |
| 对自由主义媒介规范理论的修正 | ①新闻自由不仅指消极的自由，即不受限制的自由，也包括积极的自由，即应该是“为了什么的自由”，而不是“摆脱什么的自由”。<br>②新闻自由伴随着义务和社会责任的道德责任而非不附带条件的自然权利。<br>③新闻自由不仅应保护媒介的自由，而且应保护作为受众的广大社会成员的自由 |

续表

| 要点 | 具体内容 |
| --- | --- |
| 现实影响 | ①社会责任理论的提出是历史的进步，一定程度上防止了报刊内容的浅薄化、煽情化和刺激化。<br>②在垄断竞争、利益至上的资本主义私有制条件下，传播业根本无法摆脱追逐利润和社会责任之间的矛盾，社会责任理论未能完全被实践所接受 |

(3)民主参与理论，见表9-5。

**表9-5 民主参与理论**

| 要点 | 具体内容 |
| --- | --- |
| 定义 | 又称受众参与理论，是20世纪70年代以后呼唤地方性与社区性广播电视的压力、社会信息化和媒介垄断背景下产生的一种新的媒介规范理论。民主参与理论允许民众个人和群体自主参与大众传播过程 |
| 主要观点 | ①任何民众个人和弱小群体都有知晓权、传播权、对媒介的接近和使用权、接受媒介服务的权利。<br>②媒介应主要为受众而不是媒介组织、职业宣传家或广告商而存在。<br>③社会各群体、组织、社区都应该拥有自己的媒介。<br>④小规模的、双向的、参与性的媒介相比于大规模、单向的、垄断性的巨大媒介，更合乎社会理想 |
| 现实影响 | 民主参与理论虽然具有一定的影响力，但基本属于体制外的一种民众诉求，没有改变西方国家媒介垄断的现状 |

**【考点拓展】公共新闻与公民新闻**

与民主参与理论相关的是关于公共新闻和公民新闻的讨论。公共新闻提出，记者有责任提高社会责任和公民参与民主进程的热情；新闻事业不仅应提高而且还应有利于改进公共或公民的生活质量。其中一个核心论点是，公共记者应该从普通公民的视角来报道新闻和事件，而不应该为高级政治人物或当地的精英人物代言。

公民新闻是指公民在“新闻和信息的采集、报告、分析和扩散中发挥积极作用”。按照杰伊·罗森的简单定义，就是“以前被认为是受众的人们运用他们所掌握的新闻工具相互告知”。但公民新闻也常常过于主观、外行，缺乏规制，因此妨害了新闻报道的质量。

### 3. 我国和其他发展中国家的传播制度和媒介规范理论(见表9-6)

**表9-6 我国和其他发展中国家的传播制度和媒介规范理论**

| 国家 | 具体内容 |
| --- | --- |
| 中国 | ①实行社会主义公有制。<br>②坚持中国共产党的领导，坚持党性原则。<br>③新闻事业的职能是：报道新闻、传播信息、引导舆论、提供娱乐。<br>④新闻事业是社会主义市场经济的重要组成部分，是国民经济发展的重要推动力 |
| 其他发展中国家 | 发展中国家传播制度由英国学者丹尼斯·麦圭尔总结，主要内容如下：<br>①大众传播活动必须与国家政策保持一致，目的是推动国家经济发展。<br>②媒介的自由是有限制的，媒介活动遵循经济优先和满足社会需求的原则。<br>③传播内容上，本国文化和本民族语言优先。<br>④交流合作方面，优先发展与地理、政治和文化比较接近的其他发展中国家的合作关系。<br>⑤当大众传播活动涉及国家发展和社会稳定问题时，国家有权对其进行检查、干预、限制甚至直接管制 |

**【考点拓展】马克思主义传播自由观**

马克思主义观点认为，任何自由都是具体的而非抽象的，任何自由都是建立在法律、道德观念基础上的。传播自由是道德问题，也是社会问题。传播自由是言论自由概念的延伸，核心是"人人享有主张和发表意见的自由；以及通过任何媒介和不论国界寻求、接受和传递消息和思想的自由"。党的机关报是人民享受充分新闻自由权利的坚强保证。"党报是党的喉舌，也是人民的喉舌"，这个概念包含着社会主义新闻事业的本质规定性，从而也揭示了社会主义新闻自由权利的广泛性和现实性。

## 9.2 课后习题详解

**1. 什么是传播制度？为什么说传播制度体现了全部社会结构和社会关系的复杂性？**

**答：**(1)传播制度的含义：

参见本章考点难点归纳相关内容。

(2)传播制度体现了全部社会结构和社会关系的复杂性，其主要原因有：

①传播制度反映了社会制度。社会制度是指社会的经济、政治、文化等制度的总称，它体现了社会结构和社会关系的复杂性。传播制度是社会制度或制度性因素对大众传播活动的制约和反映，也同样体现了社会结构和社会关系的复杂性。

②传播制度中包括各种复杂的社会关系和社会问题。传播制度中既包括媒介与政府、受众的关系问题，也包括言论出版的自由与权利问题；还包括竞争与秩序、生产与消费、经济效益与社会效益等各种复杂的矛盾和问题。因此，传播制度体现了全部社会结构和社会关系的复杂性。

**【真题链接】**结合实际阐述传播制度怎样体现了全部的社会结构和关系的复杂性。(电子科大2011年研)

**2. 国家和政府对传媒的政治控制主要包括哪些方面？**

**答：**参见本章考点难点归纳相关内容。

**【真题链接】**

(1)简述国家和政府对传播媒介实行政治控制的主要内容。(华农2010年研；北邮2009年研)

(2)政府对大众传播媒介的新闻生产的影响方式主要包括哪些方面？(中山大学2017年研)

**3. 在资本主义制度下，垄断资本主要通过哪些方式控制传播事业？**

**答：**参见本章考点难点归纳相关内容。

**4. 为什么说受众对传媒活动拥有监督控制的权利？受众行使这种权利的手段主要包括哪些方面？**

**答：**(1)受众对传媒活动拥有监督控制权的原因。

大众传播影响人们社会生活的方方面面，许多传播内容都与受众的利益息息相关，因此广大受众拥有对传播媒介活动进行监督的正当权利。

(2)受众行使监督控制权的主要手段。

受众对媒介活动进行社会监督控制的手段可以分为以下四种：

①受众的控制可以直接通过社会舆论来实施。报刊如果刊登了一篇有违民意的新闻、评论，立即会遭到舆论的指责和反对，这在传播史上是不乏其例的。

②受众的控制可以通过反馈、预馈的形式出现。受众是信息的接受者，他们有权要求得到自己需要的信息。所谓反馈就是受众对信息传播的反应和传播组织相应地进行的调节；预馈就是受众在信息传递前对传播组织提出的要求。这也有两种：a. 受众通过来信、来电、来访直接表述对大众传播的各种意见、建议和批评；b. 受众通过报纸订阅数、广播收听率和电视收视率显示自己对传播的意见。

③各种受众团体也会对大众传播公开表述意见。例如，美国少年儿童的家长和教师自动组织专门的团体，反对电视播放暴力镜头；消费者组成协会采用各种形式反对广告的浮夸失实等等。

④受众的文化心理结构也会对传播活动产生一定程度的约束。受众的文化心理结构是处在一定地域或一定时期内的受众所共有的意识观念和心理素质的综合体，比如，在公民的素质修养没有达到一定层次时，就会出现迎合低级趣味的耸人听闻的各种报道、作品和节目。

**【真题链接】**受众对媒介进行监督和控制的手段有哪几种？（华农 2014 年研；北邮 2008 年研）

**5. 简析极权主义的媒介规范理论。**

**答：**极权主义媒介规范理论所针对的是新闻事业早期的情形，封建专制势力还占据着统治地位。因此，它是以维护专制统治为目的的最古老的一种传播管理体制。其最大特点是主张媒介必须一切以权力或权威为转移，一切必须为统治者服务。

(1)极权主义的媒介规范理论产生的背景。

15 世纪中叶的欧洲，近代印刷技术发明，近代报刊应运而生。文艺复兴和宗教革命的发展推动了欧洲各国资产阶级革命思想的传播。封建王朝和专制政府为维护自身统治，迅速对资产阶级出版物采取严厉的管制和镇压措施。极权主义的媒介规范理论正是在这个过程中形成的。

(2)极权主义的媒介规范理论的主要内容。

①报刊是国家的公刊，必须对当权者负责。

②不得攻击占统治地位的道德和政治价值。

③新闻检查合法。

④违抗当权者是犯罪行为。

(3)对极权主义的媒介规范理论的分析。

极权主义的媒介规范理论是与极权主义制度相适应的，其目的是维护封建专制统治。这种媒介规范以权力的意志为转移，极大地限制了现代新闻传播业的发展。

**6. 简析自由主义的媒介规范理论。**

**答：**参见本章考点难点归纳相关内容。

**7. "观点的自由市场"和"自我修正过程"是现代自由主义理论中的两个重要原则，这两个原则所依托的基本假设是什么?**

**答：**美国学者F. S. 席伯特指出，"观点的公开市场"和"自我修正过程"是现代自由主义理论中的两个重要原则，是从弥尔顿的思想发展而来的。这两个原则的基本假设有：

(1)人是渴望了解并愿意服从真理。

(2)保证各种意见在"公开的市场"上进行自由竞争是接近真理的唯一方法。

(3)在意见相左时，应以承认他人的权利为前提，保障每个人自由表达自己意见的权利。

(4)在"百家争鸣"中能够产生最合理的意见即真理。

**8. 简析社会责任理论。**

**答：**参见本章考点难点归纳相关内容。

**【真题链接】**

(1)简析社会责任理论的含义和原则。(华南理工2016年研)

(2)简述媒介的社会责任理论。(复旦大学2017年研；上海理工2017年研)

**9. 简析民主参与理论。**

**答：**参见本章考点难点归纳相关内容。

**【真题链接】**

(1)传播制度中的民主参与理论的主要观点是什么?(南开大学2011年研)

(2)简析西方的"民主参与"理论。(电子科大2012年研)

(3)试析民主参与理论的产生及其主要观点。(华农2013年研)

(4)简述民主参与理论的主要内容。(陕西师大2016年研)

**10. 资本主义制度下的媒介理论经历了一个由"自由主义"到"社会责任"再到"民主参与"的变化过程，试析这种变化的原因和背景。**

**答：**资本主义制度下的媒介规范理论经历了一个由"自由主义"到"社会责任"再到"民主参与"的逐渐演变的过程。每一种理论都是与一定时期的社会政治、经济、文化状况相适应的，他们的产生和发展都有其历史背景和原因。

(1)自由主义媒介规范理论产生的原因和背景。

17至18世纪，欧洲各国进入资产阶级革命时期，资产阶级的自由主义思想深入人心，自由主义媒介规范理论在与极权主义制度和媒介规范理论斗争的过程中产生。该理论认为报刊应该是"观点的自由市场"，主张对新闻事业不加任何限制，允许媒介随意报道一切事实。这种理论反映了新兴资产阶级的要求，是与资本主义早期的社会政治经济发展相适应的。

(2)社会责任理论产生的原因及背景。

社会责任理论是继自由主义理论之后出现的又一种媒介规范理论。该理论由美国新闻自由委员会提出，代表性著作为《一个自由而负责的新闻界》。社会责任理论强调自由是伴随着义务的，而享有我们特权地位的报刊，就对社会负有不可推卸的责任。其产生的原因和背景如下：

进入20世纪以后，传播媒介的垄断程度越来越高，传播资源越来越集中于少数人手中，所谓“观点的公开市场”理念与实际的社会状况发生了尖锐的矛盾，为应对关于美国报业煽情主义、商业主义还有政治不平衡与垄断倾向的广泛批评，社会责任理论应运而生。

(3)民主参与理论产生的原因和背景。

民主参与理论又称受众参与理论，是20世纪70年代以后社会信息化和媒介垄断背景下产生的一种新的媒介规范理论。民主参与理论允许民众个人和群体自主参与大众传播过程。其产生的原因和背景具体而言，有以下两点：

①信息与传播的问题在社会生活中的作用越来越重要。

②媒介集中垄断程度达到新的高度，剥夺了一般民众接近和使用传播媒介的机会。民众要求自主利用媒介的意识不断提高，但又缺乏可以利用的传播资源，这一矛盾推动了民主参与理论的诞生。

**11. 我国社会主义制度下的媒介规范理论主要包括哪些方面？**

**答：**我国目前正处在社会主义初级阶段，建设高度的物质文明和精神文明是我国社会发展的首要任务。新闻传播是一定社会经济基础的反映，因此，我国目前的传播制度及其基本规范包含了以下几个方面的内容：

(1)实行社会主义公有制以防止私人和资本垄断、保障传播媒介和传播资源掌握在全体人民手中。

(2)坚持中国共产党的领导，坚持党性原则。始终遵循党的指导思想、组织原则和工作纪律。

(3)新闻事业的职能是：报道新闻、传播信息、引导舆论、提供娱乐。

(4)新闻事业是社会主义市场经济的重要组成部分，是国民经济发展的重要推动力。

**【真题链接】**

(1)简述我国现在的传播制度及媒介规范理论。(华中科大2018年研)

(2)我国社会主义制度下的媒介规范理论。(中山大学2021年研)

**12. 发展中国家的媒介规范理论主要包括哪些方面的内容？**

**答：**参见本章考点难点归纳相关内容。

**【真题链接】**

(1)简述发展中国家的媒介规范理论的理论要点。(华南理工2017年研)

(2)发展中国家的媒介规范理论。(电子科大2021年研)

## 9.3 考研真题与典型题

### 9.3.1 概念题

1. 传播制度(北京师大2019年研；北邮2007年研)

2. 媒介规范理论(厦门大学2017年研；电子科大2014年研)

3. 极权主义理论(上海大学2005年研)

4. 自由主义理论(暨南大学2019年研；河南大学2019年研；南林2019年研；华农

2011年研；上财2010年研；辽宁大学2008年研)

5. 社会责任论(广西大学2021年研；同济大学2020年研；湖南大学2017年研；中传2016年研；四川大学2014年研；华中师大2014年研；厦门大学2011年研；北京师大2010年研)

6. 民主参与理论(电子科大2021年研；扬州大学2021年研；北邮2012年研)

7. 观点的自由市场(武大2003年研)

8. 哈钦斯委员会(中国社会科学院2006年研)

### 9.3.2 简答题

1. 什么是传播制度？结合实际谈谈媒介控制对社会的影响。(中传2010年研)

2. 媒介控制的主要形态有哪些？(南京理工2011年研)

3. 简要评述"观点的自由市场"理论。(暨南大学2011年研)

4. 自由主义媒介规范理论有哪些主要观点？(华农2013年研)

相关试题：

(1)简述自由主义理论。(复旦大学2020年研)

(2)简述自由主义媒介规范理论。(四川外国语2021年研)

5. 简述"社会责任论"对报刊的基本要求。(南开大学2009年研)

6. 西方传播制度理论存在哪些缺陷？(浙大2004年研)

7. 分析CCTV、BBC与英国《太阳报》这三个传媒组织在目标上的差异。(人大2011年研)

8. 作为制度设计的"公共服务媒体"需要具备哪些基本条件？(北大2011年研)

### 9.3.3 论述题

试论资本主义制度下媒介规范理论的演变过程及背景。(黑龙江大学2014年研)

相关试题：简述报业的四种理论。(北大2021年研)

## 9.4 考研真题与典型题详解

### 9.4.1 概念题

**1. 传播制度**(北京师大2019年研；北邮2007年研)

**答**：参见本章考点难点归纳相关内容。

**2. 媒介规范理论**(厦门大学2017年研；电子科大2014年研)

**答**：参见本章考点难点归纳相关内容。

**3. 极权主义理论**(上海大学2005年研)

**答**：极权主义理论是西方的一种报刊理论。该理论所针对的是新闻事业早期的情形，封建专制势力还占据着统治地位。因此，它是以维护专制统治为目的的最古老的一种传播管理体制。其最大特点是主张媒介必须一切以权力或权威为转移，一切必须为统治者服务。极权主义的媒介规范理论的主要内容包括：①报刊是国家的公刊，必须对当权者负责；②不得攻击占统治地位的道德和政治价值；③新闻检查合法；④违抗当权者是犯罪行为。极权主义理论的代表人物有柏拉图、马基雅弗利、霍布士、黑格尔和特雷契克。

**4. 自由主义理论**（暨南大学2019年研；河南大学2019年研；南林2019年研；华农2011年研；上财2010年研；辽宁大学2008年研）

**答**：参见本章考点难点归纳相关内容。

**5. 社会责任论**（广西大学2021年研；同济大学2020年研；湖南大学2017年研；中传2016年研；四川大学2014年研；华中师大2014年研；厦门大学2011年研；北京师大2010年研）

**答**：参见本章考点难点归纳相关内容。

**6. 民主参与理论**（电子科大2021年研；扬州大学2021年研；北邮2012年研）

**答**：民主参与理论又称受众参与理论，是20世纪70年代以后社会信息化和媒介垄断背景下产生的一种新的媒介规范理论。民主参与理论允许民众个人和群体自主参与大众传播过程。民主参与理论的主要观点包括：①任何民众个人和弱小群体都有知晓权、传播权、对媒介的接近和使用权、接受媒介服务的权利；②媒介应主要为受众而不是媒介组织、职业宣传家或广告赞助人而存在；③社会各群体、组织、社区都应该拥有自己的媒介；④与大规模、单向的、垄断性的巨大媒介相比，小规模的、双向的、参与性的媒介更合乎社会理想。民主参与理论虽然具有一定的影响力，但基本属于体制外的一种民众诉求，没有改变西方国家媒介垄断的现状。

**7. 观点的自由市场**（武大2003年研）

**答**：观点的自由市场是自由主义媒介规范理论的核心观点，它从弥尔顿的出版自由思想发展而来。这个原则的基本假设是：人是渴望了解并愿意服从真理；保证各种意见在“公开的市场”上进行自由竞争是接近真理的唯一方法；在意见相左时，应以承认他人的权利为前提，保障每个人自由表达自己意见的权利；在“百家争鸣”中能够产生最合理的意见即真理。自由主义媒介规范理论认为，报刊应该成为“观点的自由市场”。

**8. 哈钦斯委员会**（中国社会科学院2006年研）

**答**：哈钦斯委员会即“新闻自由委员会”，是20世纪著名的学术团体。该委员会成立于1944年初，由美国芝加哥大学校长罗伯特·哈钦斯领导组成。委员会用两年多的时间，对美国新闻自由现状进行了调查，前后听取了多家报纸、杂志、广播电台以及多位电影界人士的证词和意见，在1947年发表了第一期报告《一个自由而负责的新闻界》（又称哈钦斯报告）。这份报告先明确了大众传播的社会责任和义务的原则，从根本上奠定了社会责任学说的理论基础，确立了大众传播社会责任思想的问世，也宣告了一个相较于传统自由主义传播理论更成熟的新闻自由观的诞生。

### 9.4.2 简答题

**1. 什么是传播制度？结合实际谈谈媒介控制对社会的影响。**（中传2010年研）

**答**：（1）传播制度。

参见本章考点难点归纳相关内容。

（2）媒介控制。

①政治权力控制。政治控制是媒介控制的主要方面，其目的是通过制定相关法律法规来规范大众传播体制，从而保障媒介为国家制度和意识形态服务，为实现各种国家目标服务。

②经济集团控制。各大经济集团为保障和维护自身的利益，常常利用垄断或广告等多种形式对大众传媒进行直接或间接的控制。这些控制在一定社会制度和传播制度的范围内进行，因此带有明显的制度性因素。

③广大受众的社会监督控制。大众传播的信息内容影响受众多方面的社会权益，因而广大受众对媒介活动拥有监督控制的权利。

④传播媒介的内部控制。包括制定媒介编辑和报道方针以服务于媒介的政治立场，对传播工作者的职业道德和行为规范进行自律等方面。

(3)媒介控制对社会的影响。

①所有制度下的媒介都将受到应有的控制，“维护新闻出版自由”已经成为神话。当前，政府在对待媒介的问题上采取相对慎重的态度，即用隐蔽的和间接的手段对其进行控制。

②许多媒介机构本身就是以赢取剩余价值为目的的企业，广告通常是重要的，有时甚至是最重要的利润之源。自然而然地，广告商(相当意义上的社会经济权力的运作者)的要求就会对媒介的内容、方针等方面产生重要的影响。广告的增加并没有带来期望中的媒介自由，它反而成了一种新的控制形式。当越来越多的媒介落入越来越少的财团手里时，传媒的讯息和观点性言论来源就不可避免地会越来越狭窄，而消费者可以选择的“自由”空间也自然大受其伤，媒介控制也便在这不易觉察的伤痛中得以合情合理地实现。

③媒介是按照自己对社会的认知理解，甚至以喜好来选择报道的内容，从而建构一定的社会现实的。对消费者而言，媒介给予的信息是预制的，即传媒对初始信息经过选择、过滤甚至再生成，而且它不会平等对待一个社会现实事件，而是按照自身立场来决定哪些事实应该被选择、被接受、被强调、被解释以及被赋予某种意义。媒介预制的真实与社会本身的客观的真实有非常大的差别，并且这种差别有时候很可能是实质性的。媒介正是通过这虚幻的、歪曲现实的“真实”来控制和影响其消费者。

④消费者所接触到的是经过无数道工序处理了的预制的信息。任何社会的大众传媒机构都是服务于占统治地位的社会集团的利益的，而且这种“服务”是在其直接或间接的操控下完成的，所以大众媒介即使在提供娱乐时，也在教给公众各种价值理念和行为规范，以使接受者能够作为现存社会的一员顺利进入和接受现存的社会制度。

**2. 媒介控制的主要形态有哪些？**(南京理工2011年研)

**答：**媒介控制的主要形态包括以下几种：

(1)政治权力的控制。

①政治权力的控制是媒介控制的主要方面。这种控制的目的，是通过制定相关法律法规来规范大众传播体制，从而保障媒介为国家制度和意识形态服务，为实现各种国家目标服务。

②政治控制的内容包括：a. 法律控制；b. 政策控制；c. 制度控制。

(2)经济集团的控制。

①大经济集团为保障和维护自身的利益，常常利用垄断或广告等多种形式对大众传媒

进行直接或间接的控制。由于这些控制是在一定社会制度和传播制度的范围内进行的，因此带有明显的制度性因素。

②垄断资本控制传播事业的方式主要有三种：a. 垄断控制：少数新闻寡头以强大的资本做后盾，对新闻媒介实行垄断；b. 广告控制：通过为其他中小型媒介提供广告或赞助来间接地控制和影响他们的媒介活动；c. 通过他们控制的议会党团或院外活动集团对公营传播媒介的活动进行干预。

(3)广大受众的社会监督控制。

广大受众对传播媒介的活动拥有进行社会监督的正当权利。受众对媒介活动进行社会监督控制的手段可以分为以下四种：

①直接通过社会舆论来实施。

②个人的信息反馈与预馈。

③对大众传播公开表述意见。

④文化心理结构制约传播活动。

**3. 简要评述“观点的自由市场”理论。**（暨南大学 2011 年研）

**答：**(1)“观点的自由市场”理论。

“观点的自由市场”是自由主义媒介规范理论的核心观点。自由主义媒介规范理论又称报刊的自由主义理论，是在 17 至 18 世纪资产阶级革命时期，在同极权主义制度及其规范理论的斗争中形成的。其核心反映了资产阶级自由主义的观点，即认为报刊应该是“观点的自由市场”，是实行自律的自由企业。

(2)自由主义理论的主要原理原则。

①人是理智的动物，人本身就是目的。

②政府有可能犯错误，应该受到监督。

③任何人拥有出版自由、言论自由及讨论的权力。

④应允许“观点的自由市场”的存在，真理能够战胜谬论。

⑤人们具有判断谬论的能力。

(3)对“观点的自由市场”理论的评价。

①它促进了现代新闻传播事业的发展，但并不能得到真正的实现，随着资本主义发展到垄断阶段，自由主义理论本身也发生了蜕变，成为维护垄断资本利益的理论。资本取代政府控制了报刊。带来的后果是煽情新闻泛滥，垄断扼杀了意见的自由市场，报刊种数下降，办报成本增长，严重威胁到报业的多样化，而报业多样化的动摇意味着自由市场的解体。

②这一理论的缺陷在于将新闻自由的主体片面强调为媒介，认为新闻自由主要是传播媒介的活动自由。过分强调自由和权利，而没有意识到世上没有绝对的自由，权利是伴随着义务产生的。片面强调媒介对政府的监督权，而没有指出由谁来监督媒介。

**4. 自由主义媒介规范理论有哪些主要观点？**（华农 2013 年研）

**相关试题：**

**(1)简述自由主义理论。**（复旦大学 2020 年研）

**(2)简述自由主义媒介规范理论。**(四川外国语2021年研)

**答：**自由主义理论体现了自由资本主义的时代特征，是自由主义思想发展的产物，反映了现代资本主义“观点公开的市场”和“自行调节的过程”的自由观念。

(1)自由主义的媒介规范理论产生的背景。

17至18世纪，欧洲各国进入资产阶级革命时期，资产阶级的自由主义思想深入人心。

(2)自由主义的媒介规范理论的主要内容。

自由主义理论的主要原理原则包括：①人是理智的动物，人本身就是目的。②政府有可能犯错误，应该受到监督。③任何人拥有出版自由、言论自由及讨论的权力。④应允许“观点的自由市场”的存在，真理能够战胜谬论。⑤人们具有判断谬论的能力。

(3)对自由主义的媒介规范理论的评价。

①自由主义理论对打破极权主义专制制度起到了重要的作用。

②随着资本主义发展到垄断阶段，自由主义的媒介规范理论成为维护垄断资本利益的理论；如今，则演变成了个别传播大国推行文化帝国主义的理论依据。

③自由主义的媒介规范理论只强调了传播者的权利，忽略了受传者的权利。

**5. 简述“社会责任论”对报刊的基本要求。**(南开大学2009年研)

**答：**“社会责任论”是主张有限制的新闻自由、承认政府对新闻业干预和控制的一种新闻观念，第二次世界大战后流行于西方国家。“社会责任论”是对“自由主义理论”的修正。“社会责任论”认为，自由是伴随着义务的，报刊应对社会承担责任，并以社会责任作为报刊业务政策的基础。它对报刊的基本要求体现在以下几个方面：

(1)“社会责任论”否认绝对自由的存在，强调自由是伴随着义务和责任的。它指出：“一个人的言论自由权利必须与别人的个人权利以及主要的社会利益相平衡”，言论自由并不是一项绝对的权利。自由必须以责任为前提。因此，报刊在被赋予一定权利的同时也要承担起一定的社会责任。

(2)“社会责任论”认为，报刊自由涉及三者的利益，即报刊拥有者的利益、公众利益和社会利益，报刊作为一种媒介，它的自由并不等同于公众的自由，而社会应当保护的是公众的自由。实际生活中，某些报刊拥有了社会给予的自由权利以后，反而损害了公众的利益，这是不能允许的。“社会责任论”认为应当明确提出公众的自由高于媒介的自由，社会必须保护公众“获知的权利”以及个人隐私不受侵犯、名誉不受损害的权利。

(3)“社会责任论”提出了“消极的自由”和“积极的自由”两个不同的概念。它认为，自由作为一种行动的权利，它的实现需要具备两个条件：一是没有来自外部的限制和控制；二要具备行动所必需的手段和设备。如果缺乏后一个条件而只要求摆脱限制，那只是一种空洞的自由，甚至是对自由的嘲弄。它指出，“自由主义报刊理论”鼓吹的自由概念是消极的自由，即“不受外界限制的自由”或者说是“免于……的自由”；而“社会责任论”所追求的是积极的自由，即“具有行动所必需的手段和设备”，或者说是“有做……的自由”。

(4)“社会责任论”主张政府应对传播媒介进行干预。它认为，政府不应当是报刊自由的旁观者，如果报刊不主动地负起责任，政府将以权力作为最后手段，强制它改正，没有任何东西能阻止政府干预大众传播。施拉姆等在《报刊的四种理论》中明确地表示这样的观点：“集权主义理论与最近发展的报刊社会责任理论有一些共同之点。二者都同意不能容许报刊降低国家文化。二者也都主张社会固定目标一旦确定，就不允许公众通讯工具不负责任地阻碍这些目标的完成。”

**6. 西方传播制度理论存在哪些缺陷？**（浙大 2004 年研）

**答：**大众传播总在一定的社会制度下进行，传播制度是指社会制度中对大众传播活动直接或间接地起着制约和控制作用的部分。资本主义的传播制度是现代多数西方发达国家现行的传播制度，包括媒介的自由主义理论、社会责任理论和民主参与理论。

（1）自由主义理论。

自由主义媒介规范理论的核心反映了资产阶级自由主义的观点，即认为报刊应该是“观点的自由市场”，是实行自律的自由企业。

①自由主义理论的缺陷有：a. 自由主义理论将新闻自由的主体片面强调为媒介，认为新闻自由主要是传播媒介的活动自由；b. 过分强调自由和权利，而没有意识到世上没有绝对的自由，权利是伴随着义务产生的；c. 片面强调媒介对政府的监督权，而没有指出由谁来监督媒介。

②自由主义理论还面临以下方面的现实困境：a. 资本主义制度下的自由主义理论所保障的是私有资本的利益而不是全体社会成员的利益。b. 资本取代政府控制了报刊，导致煽情新闻泛滥，垄断扼杀了意见的自由市场，报刊种数下降，办报成本增长，严重威胁到报业的多样化，而报业多样化的动摇意味着自由市场的解体。c. 随着资本主义发展到垄断阶段，自由主义理论成为维护垄断资本利益的理论；如今又演变成个别传播大国推行文化帝国主义的理论。

（2）社会责任理论。

社会责任理论强调大众传播媒介对社会和公众应该承担一定的责任和义务，主张媒介的自由不是绝对的，是对自由主义理论的修正。社会责任理论的缺陷有：

①没有改变少数人垄断媒介的现状。社会责任理论提出的第一个目的就是防止由传播事业的高度垄断而引起的资本主义内部的社会矛盾激化，但它只把希望寄托于“媒介自律”，难以从根本上解决问题，其效果是微乎其微的，没有改变少数人垄断媒介的现状。20 世纪 70 年代民主参与理论的兴起，就反映了一般民众对社会责任理论的失望心理。

②向政府发出呼吁，要求政府管束新闻媒介，而自由主义理论的核心问题便是政府无权干涉新闻媒介。

（3）民主参与理论。

民主参与理论又称受众参与理论，民主参与理论允许民众个人和群体自主参与大众传播过程。其核心价值是媒介应该多元化、小规模性、双向互动性、传播关系的横向性或平等性。

民主参与理论的缺陷有：民主参与理论提出及实施在一定程度上缓解了媒介垄断带来的社会矛盾，但基本属于体制外的一种民众诉求，没有改变西方国家媒介垄断的现状。

整体而言，资本主义国家占统治地位的媒介规范是自由主义理论和社会责任理论，政府和法律机构主要是通过这两种理论来协调和平衡国家内外的传播关系。

**7. 分析 CCTV、BBC 与英国《太阳报》这三个传媒组织在目标上的差异。**(人大2011年研)

**答:** CCTV、BBC 与英国《太阳报》这三个传媒组织属于三种不同的传媒体制,因此在目标上也存在差异。

(1) CCTV 是国家经营型体制。

国家经营型,又称政府经营型,指广播电视是由国家经营的广播电视事业,其领导机构是国家政府部门。CCTV(中国中央电视台)是这样的经营体制,由政府规定其工作任务,任命领导人,经费全部或部分由国家拨款,或兼营广告以筹措经费。现今中央电视台的资金大部分源于广告收入。

CCTV 是中国重要的新闻舆论机构,是党、政府和人民的重要喉舌,是中国重要的思想文化阵地,是当今中国最具竞争力的主流媒体之一。因此,CCTV 的经营目标在于按照国家意识形态安排报道内容,始终如一地表现国家精神,力求为执政者管理社会、疏通民意清除思想阻力。此外,它的目标还有传播新闻、社会教育、文化娱乐、信息服务等多种信息,成为全国公众获取信息的主要渠道,成为中国了解世界、世界了解中国的重要窗口。

(2) BBC 是公共机构经营型体制。

公共机构经营型,又称公共事业型,其广播电视是由公益机构、公众社团、社区组织或其他一些专业团体主办经营的。它通过国家立法而建立,受国家法律保护,既不属于政府,也不属于私人。其领导机构由各民间团体代表所组成的委员会任命,其经费来源主要或全部为受众缴纳的收听收视费。

BBC(英国广播公司)是英国一家由政府资助但独立运作的公共媒体,长久以来一直被认为是全球最受尊敬的媒体之一。BBC 是公共机构经营型的传媒体制,既非国家控制亦非商业媒介,强调对公众负责。它的主要目标就在于为公共利益服务。BBC 的创始年代,首届总经理里斯提出了公共广播的四个著名原则:公共服务而非商业动机,全民覆盖,集中控制,高质量的文化标准。

具体而言,BBC 是面向社会、为全社会服务的非营利媒介,节目类型不仅要满足主流社会群体,同时也要满足其他社会群体,特别是弱势群体的需要,反映他们的意见和呼声。它的目标在于肩负社会责任,承担传承教育与文化的使命;维护娱乐的高品位,是公共媒介的理想与目标。

(3) 英国《太阳报》是私营商业型体制。

私营商业型体制是按市场原则组建的传媒体制。报纸属于个人或股东,以报纸和报纸内容为商品,以受众为市场,以广告费为主要收入,以营利为经营目的。

英国《太阳报》是富商默多克拥有的新闻集团旗下的一份小开型日报,是全英国销量最高的报纸,虽然它的销量、知名度非常高,但批评指出,《太阳报》报道新闻的手法粗糙、不专业、不中立,常常以哗众取宠的手法来刺激销量。

《太阳报》属于私营商业型传媒体制,以营利为目标,广告是赚钱的主要手段,媒体的报道与经营反映出特有的市场特点与利益原则。因为它的主要目标是营利,所以对市场占有率极为重视,对市场价值的追求压倒对节目社会影响的考虑,广告达到法规所容许的最高限度。

**8. 作为制度设计的"公共服务媒体"需要具备哪些基本条件?**(北大2011年研)

**答:** 进入社会转型和变革的新时期，新闻媒介在社会公共服务领域所担负着的角色显得越来越重要。媒体天生具有公共关系和担当社会公共服务角色的职能。长期以来，媒体人传统的思维方式只是将媒体作为传播已往事实的新闻媒介，履行单向传播的定位；而要想成为真正的"公共服务媒体"，还需要具备一些基本条件，主要包括：

(1)建立公共服务平台，确保公民的表达权，鼓励公民积极广泛地利用公共媒介表达自己的要求和声音。构建公共服务平台需要网络技术、数字化媒体与传统媒体相结合。

(2)要有相关的制度保障，保障公民的知情权和表达权，以及媒体的自由监督、表达的功能。

(3)重视媒介赋权，要让公民认识到媒介的公共服务功能，培养公民的媒介素养。

(4)保持传媒的公共性、社会性，强调媒体的社会责任。

(5)媒体应重视民间的声音，注重民生性、广泛性，真正成为人民表达意愿、讨论社会事务的公共论坛、伸张权利的公器。

### 9.4.3 论述题

**试论资本主义制度下媒介规范理论的演变过程及背景。**(黑龙江大学2014年研)

**相关试题：简述报业的四种理论。**(北京大学2021年研)

**答:** (1)极权主义媒介规范理论。

极权主义媒介规范理论是维护专制统治的理论，体现了极权主义政治制度理论的观点，其最大特点是主张媒介必须一切以权力或权威为转移，一切必须为统治者服务。这一理论是15世纪中叶近代印刷技术发明后不久，在欧洲封建专制主义的气候下产生的，在现代仍有其残余。其主要内容为：

①报刊是国家的公刊，必须对当权者负责。

②不得攻击占统治地位的道德和政治价值。

③新闻检查合法。

④违抗当权者是犯罪行为。

(2)自由主义媒介规范理论。

自由主义媒介规范理论又称报刊的自由主义理论，其核心反映了资产阶级自由主义的观点，即认为报刊应该是"观点的自由市场"，是实行自律的自由企业。这一理论是17至18世纪资产阶级革命时期，在资产阶级同极权主义制度及其规范理论的斗争中形成的。其主要原理原则包括：

①人是理智的动物，人本身就是目的。

②政府有可能犯错误，应该受到监督。

③任何人拥有出版自由、言论自由及讨论的权力。

④应允许"观点的自由市场"的存在，真理能够战胜谬论。

⑤人们具有判断谬论的能力。

早期自由主义理论早期有利于打破封建专制制度，但随着资本主义发展到垄断阶段，自由主义的媒介规范理论成为维护垄断资本利益的理论；如今，则演变成了个别传播大国推行文化帝国主义的理论依据。

(3)社会责任理论。

社会责任理论是继自由主义理论之后出现的又一种媒介规范理论。它由美国新闻自由委员会在20世纪40年代提出，代表性著作是1947年出版的《一个自由而负责的新闻界》。社会责任理论强调自由是伴随着义务的，而享有我们特权地位的报刊，就对社会负有不可推卸的责任。

①产生的原因及背景。

进入20世纪以后，传播媒介的垄断程度越来越高，传播资源越来越集中于少数人手中，所谓“观点的公开市场”理念与实际的社会状况发生了尖锐的矛盾，为应对关于美国报业煽情主义、商业主义还有政治不平衡与垄断倾向的广泛批评，社会责任理论应运而生。

②现代社会责任理论大体包括了以下几个原理原则：

a. 报道真实，新闻和意见分开。

b. 允许发表不同的意见。

c. 报刊反映社会各集团的利益，消除种族偏见。

d. 报刊应阐明社会的目标和美德。

e. 报刊是公众的代理人。

③社会责任理论的现实影响。

a. 社会责任理论的提出是历史的进步，一定程度上防止了报刊内容的浅薄化、煽情化和刺激化。

b. 在垄断竞争、利益至上的资本主义私有制条件下，传播业根本无法摆脱追逐利润和社会责任之间的矛盾，社会责任理论未能完全被实践所接受。

(4)民主参与理论。

民主参与理论又称受众参与理论，是在20世纪70年代以后随着社会信息化的发展和媒介集中垄断程度达到新的高度，在美国和日本、欧洲等一些发达国家出现的一种新的媒介规范理论。民主参与理论允许民众个人和群体自主参与大众传播过程。

①民主参与理论的主要观点。

a. 任何民众个人和弱小群体都有知晓权、传播权、对媒介的接近和使用权、接受媒介服务的权利。

b. 媒介应主要为受众而不是媒介组织、职业宣传家或广告赞助人而存在。

c. 社会各群体、组织、社区都应该拥有自己的媒介。

d. 与大规模、单向的、垄断性的巨大媒介相比，小规模的、双向的、参与性的媒介更合乎社会理想。

②民主参与理论的现实影响。

民主参与理论虽然具有一定的影响力，但基本属于体制外的一种民众诉求，没有改变西方国家媒介垄断的现状。

(5)社会主义制度下的媒介规范理论。

我国目前的传播制度及其基本规范包含以下几个方面内容：

①实行社会主义公有制。

②坚持中国共产党的领导，坚持党性原则。

③新闻事业的职能是：报道新闻、传播信息、引导舆论、提供娱乐。

④新闻事业是社会主义市场经济的重要组成部分，是国民经济发展的重要推动力。

(6)发展中国家的传播制度和媒介规范理论。

①发展中国家的发展状况和条件。

发展中国家的社会制度是多种多样的，但国家发展状况总体来看有以下特点：经济落后、政局不稳、在大众传播方面对发达国家的依赖程度高。发展中国家的传播制度和理论是对这种现实状况的反映。

②根据英国学者 D. 麦奎尔的归纳和概括，发展中国家的传播制度和媒介规范理论大致包含了以下几个方面：

a. 大众传播活动必须与国家政策保持一致，目的是推动国家经济发展。

b. 媒介的自由是有限制的，媒介活动遵循经济优先和满足社会需求的原则。

c. 传播内容上，本国文化和本民族语言优先。

d. 交流合作方面，优先发展与地理、政治和文化比较接近的其他发展中国家的合作关系。

e. 当大众传播活动涉及国家发展和社会稳定问题时，国家有权对其进行检查、干预、限制甚至直接管制。

# 第十章　社会转型与受众变迁

## 10.1　复习笔记

【知识框架(庖丁解牛)】

- 社会转型与受众变迁
  - “大众”及大众社会理论
    - “大众”的概念及主要特点
    - 大众社会理论的形成和变化
    - 清水几太郎的“拷贝支配”论
  - 几种主要的受众观
    - 作为社会群体成员的受众观
    - 作为“市场”的受众
    - 作为权利主体的受众
  - 分众理论
  - “使用与满足”理论
    - “使用与满足”研究
    - 对“使用与满足”研究的评价
    - 受众的媒介接触动机和使用形态

【本章概要】

本章主要论述了社会转型过程中受众变迁的相关知识。本章考点以名词解释以及简答题为主，在学习时，需要着重对“大众”的概念及主要特点、“拷贝支配”论、大众社会论的受众观等内容加以把握。并深入了解几种核心受众观、分众理论、伊里调查、“使用与满足”研究等内容。

【考点难点归纳(厚积薄发)】

**考点一：“大众”及大众社会理论**

**1. “大众”的概念及主要特点(见表10-1)　★★★**

**表10-1　“大众”的概念及主要特点**

| 要点 | 具体内容 |
| --- | --- |
| 概念 | 19世纪末20世纪初，随着城市化和工业化出现的大批无根的、原子化的、同质化的、易受暗示的乌合之众，被称为“大众”(mass)。大众并不仅仅是一个关于量的概念，还是一个关于质的概念，它强调了群体结构的松散与构成者素质的低下 |

续表

| 要点 | | 具体内容 |
|---|---|---|
| 特点 | 规模大 | 人数远超其他社会群体或集团 |
| | 分散性和异质性 | 广泛分布于社会各阶层，其成员间社会属性各不相同 |
| | 匿名性 | 成员之间互不认识，隐姓藏名 |
| | 流动性 | 大众的范围视情况而定，具有流动性 |
| | 无组织性 | 缺乏自我意识和自我约束，大众行为主要依靠外部力量的刺激和动员 |
| | 同质性 | 行为倾向同一，易受外部因素影响和暗示 |

## 2. 大众社会理论的形成和变化（见表 10-2）★★

表 10-2 大众社会理论的形成和变化

| 要点 | 代表人物 | 具体内容 |
|---|---|---|
| 早期贵族主义观点 | 托克维尔［法国政治家］ | 认为大革命后涌现的只求功利不顾正义的人给社会带来混乱和危机 |
| | 勒朋［法国社会心理学家］ | 法国大革命中的群众缺乏理性、易受暗示和感染机制支配，他们的存在会破坏文明 |
| | 奥特伽［西班牙历史哲学家］ | 随着工业革命和大众传播的发展，大众这一平庸者的集合体出现，他们缺乏历史感、自我意识和义务意识，强调欲望和权利意识 |
| 对法西斯极权主义的批判 | 卡尔·曼海姆［德国社会学家］ | 他认为大众社会产生的基础是产业化、平权化、民主化和大众传媒的发展，受产业化所带来的功能合理性的影响，普通人的思考及责任能力被压抑甚至剥夺，“本质合理性”降低，大众与精英人物之间的社会差距不断扩大，这加深了一般大众的异化感、不安感和绝望感。这种大众情绪如果被精英集团利用，会引发大规模的大众行动，对社会产生极大破坏，德意日法西斯体制就是在这样的背景下确立的 |
| 战后美国的大众社会理论 | 密尔斯［美国社会学家］ | 不关心政治而注重消遣和娱乐的白领阶层与蓝领劳动工人共同构成美国社会中的“大众” |
| | 李斯曼［美国社会学家］ | 现代人习惯顾及周围状况和他人看法的“外向型”性格意味着他们的行为具有“趋同”倾向，这降低了社会成员的自主性，使其成为无个性的一般大众 |
| | 孔豪瑟［美国社会学家］ | 他认为一个正常的社会结构应该是三层结构：政治精英、中层组织、民众。中层组织主要功能在于：①保护民众免受政治精英的操控；②防止政治精英的决策直接为大众压力所左右；③对精英政治进行组织化和民主化控制；④提供交往和讨论的平台从而使民众对现实的感知更为真切；⑤中层组织的多样性导致利益和认同感的多样化，从而降低民众被动员到大规模集体行动中去的可能 |
| 对大众社会理论的评价 | ①只是一种看问题的视角或方法，不构成严密的理论体系。<br>②是一种精英史观。在该视角下，权力精英仍是历史的主导者，而大众只能被动地接受权力精英的操纵和控制 | |

### 3. 清水几太郎的“拷贝支配”论(见表 10-3) ★★

表 10-3　清水几太郎的“拷贝支配”论

| 要点 | 具体内容 | |
|---|---|---|
| 内容概要 | 现代社会是一个“拷贝支配”的社会。大众传播是对现实社会的反映和拷贝，这种拷贝随环境不断扩大而日益占支配地位。拷贝不等于现实本身，但现代社会的人们只能生活在拷贝的支配下 | |
| 产生原因 | 包括：①环境不断扩大；②社会成员无法直接接触社会生活 | |
| 抽象原理 | 利润原理 | 媒介在考虑自身利益和获取价值上，传媒组织就会提供受众需求的信息，而这些信息中包括很多的低俗、媚俗、黄色、暴力信息 |
| | 政治或宣传原理 | 大众传媒主要通过选择和加工拷贝来进行宣传，具有“麻醉”作用，有很强的煽动性 |
| 观点评价 | ①强调了受众及其社会生活无时无刻不受大众传媒的影响，在说明大众传播的单向性及其社会影响力方面具有重要作用。<br>②没有关注受众的自主性和能动性，具有片面性 | |

## 考点二：几种主要的受众观 ★★★★

### 1. 作为社会群体成员的受众观(见表 10-4)

表 10-4　作为社会群体成员的受众观

| 要点 | 具体内容 | |
|---|---|---|
| 主要观点 | 认为受众分属于不同的社会集团或群体，而不是大众社会论所认为的受众是孤立的个人的集合。受众的群体归属关系、群体利益和群体规范制约着对媒介的接触和利用。作为社会集团或群体的成员，受众在行动时具有能动性，一是“能动的选择”，二是“能动的解释” | |
| 伊里调查 | 概述 | 1940 年，社会学家拉扎斯菲尔德、贝雷尔森等人在美国大选期间，围绕民主党和共和党的大众传播竞选宣传，对选民投票意向的影响所做的一项实证调查的研究报告。结果表明，大众传播并没有直接左右选民投票意向的力量，所以单一的大众传播并不能直接改变人的态度，大众传播的效果受到群体背景或社会背景等多种因素的制约 |
| | IPP 指数 | 即“既有政治倾向指数”，拉扎斯菲尔德以社会经济地位、宗教、信仰、居住区域为变量，设计的一个显示调查对象的先有倾向的综合指标 |
| | 政治既有倾向假说 | 人们的选举投票行动并不取决于大众传播和竞选宣传，而基本上取决于迄今为止所持的政治态度 |
| | 选择性接触假说 | 受众在大众传媒面前并不完全被动，他们会能动地选择接触与自己既有立场和态度一致的内容 |

### 2. 作为“市场”的受众(见表 10-5)

表 10-5　作为“市场”的受众

| 要点 | 具体内容 |
|---|---|
| 主要观点 | 把受众看作市场，每个消费者都有一定的需求，他们对某些内容会有一些偏好。大众媒体为了最大限度地吸引受众、赚取利益，必须把整个市场按照人口统计学指标进行细分，按照不同群体的特征生产具有不同特征的节目。因此受众的使用动机与需要就成为媒体生产者关注的中心 |

续表

| 要点 | 具体内容 |
| --- | --- |
| 时间 | 19 世纪 30 年代，大众传媒开始进行企业化经营，把受众看作市场的观点逐渐形成 |
| 认识基础 | ①作为经营组织，大众传媒必须把自己的信息产品或服务在市场上销售出去才能实现经营目标。<br>②大众传媒销售的产品或服务必须具备一定的使用或交换价值，即能够满足消费者的多样需求。<br>③传媒活动是一种市场活动，媒介组织之间存在着激烈的竞争关系，而作为消费者的受众就是他们竞争的对象 |
| 局限性 | ①在市场思维的影响下，传播的有效性降低。<br>②未能从受众的立场出发考虑问题，忽略了受众的主体选择性和能动性 |

**【考点拓展】受众商品论**

受众商品论是加拿大传播政治经济学家达拉斯·斯麦兹的代表性理论，1977 年他发表的《传播：西方马克思主义的盲点》一文标志着该理论的形成。斯麦兹认为“大众媒介生产的消息、思想、形象、娱乐、言论和信息，都不是它最重要的产品，他们只是‘免费午餐’，其目的是引诱受众来到生产现场——电视机前，真正的商品是受众，媒介则根据受众的多寡和质量的高低向广告客户收取费用”，因此媒介的主要功能就是将受众集合，然后打包出售给广告商。受众商品论揭示了一个隐形的“受众、媒介和广告商”三角关系，广告商为媒介运作提供资金，媒介为广告商提供受众作为交换，而这些受众通过把他们的时间用来消费广告信息和购买其他商品来为广告商创造剩余价值。

该理论拓展了对于受众角色的认识，体现了对资本主义社会批判的深刻性，也揭示了媒介运作中“受众”商品及其整体形式被出卖的客观实在。

**3. 作为权利主体的受众**(见表 10-6)

**表 10-6　作为权利主体的受众**

<table>
<tr><th>要点</th><th colspan="3">具体内容</th></tr>
<tr><td>主要观点</td><td colspan="3">这是随着现代民主制度的完善而产生的一种受众观，它强调受众之间身份平等，对大众传播的信息具有理性的分析和批判能力，能够积极地参与社会管理和社会公共事务</td></tr>
<tr><td rowspan="4">受众的权利</td><td>传播权</td><td colspan="2">又称表现自由或言论自由权，是构成社会的各成员所享有的基本权利，指社会成员通过合法渠道和手段传播自己思想和观点的权利</td></tr>
<tr><td rowspan="2">知晓权</td><td>广义</td><td>指社会成员有权获知与自身所处的环境及其变化有关的信息以保障社会生活所需</td></tr>
<tr><td>狭义</td><td>指公民有权知晓国家的立法、司法和行政等公共权力机构的活动</td></tr>
<tr><td>媒介接近权</td><td colspan="2">又称“媒体接近权”。指大众即社会的每一个成员都有接近、利用新闻媒介发表意见以及开展各种社会和文化活动的自由与权利。这项权利还规定了传媒必须向受众开放的责任和义务</td></tr>
</table>

## 考点三：分众理论(见表10-7) ★★★★

表10-7 分众理论

| 要点 | 具体内容 |
| --- | --- |
| 分众的概念 | 以“划一性”为基础的“大众”社会分崩成个别化、差异化的小型群体，这是一种“被分割了的大众”的现象，被称为“分众” |
| 核心内容 | ①面向社会公众的信息传播渠道数量倍增，而新闻传播媒介的服务对象逐步从广泛的整体大众，分化为各具特殊兴趣和利益的群体。<br>②不同的传播主体对不同的对象用不同的方法传递不同的信息 |
| 理论依托 | 社会关系论和个人差异论 |
| 分众化趋势 | ①精英媒体阶段，媒体为社会精英和富裕人群服务。<br>②大众媒体阶段，媒体主要满足最广泛最普遍的需求。<br>③专业媒体阶段，各种各样的新型媒介以不同受众群体作为目标定位，满足多样化和个性化需求 |

## 考点四：“使用与满足”理论 ★★★★★

### 1. “使用与满足”研究(见表10-8)

表10-8 “使用与满足”研究

| 要点 | 具体内容 |
| --- | --- |
| 主要观点 | “使用与满足”研究始于20世纪40年代，后一度沉寂，60年代后再次活跃起来并产生较广泛的影响。传播学者卡茨将受众的媒介接触行为概括为一个“社会因素+心理因素——媒介期待——媒介接触——需求满足”的因果连锁过程，使用与满足认为受众是主动的，应该研究受众对媒体做了什么，而不是仅仅研究媒体对受众做了什么 |
| 过程模式 | ①受众为满足自身的心理、社会等需求接触使用。<br>②在接触和使用媒介时需具备两个条件：a. 身边必须有电视机或报纸等物质条件；b. 媒介印象，即受众对这一媒介是否能满足自身需求的评价。<br>③根据上述两个条件，受众选择特定的媒介和内容进行使用。<br>④接触使用媒介后产生两种结果：a. 需求得到满足；b. 需求未满足。<br>⑤无论满足与否，接触使用媒介的过程都将对以后的媒介选择产生影响 |

### 2. 对“使用与满足”研究的评价(见表10-9)

表10-9 对“使用与满足”研究的评价

| 要点 | 具体内容 |
| --- | --- |
| 意义 | ①将传播学研究从完全的媒介视角带入到受众视角的新领域。<br>②强调了受众的自主性和能动性，修正了“受众绝对被动”的观点。<br>③指出了大众传播对受众的态度和行为有一定影响，是对“有限效果论”的修正 |
| 局限 | ①该理论缺乏明晰的概念和理论框架。比如使用、满足、动机、需求等缺乏明确的界定。<br>②研究过程中使用受众的自我报告对各种动机进行分类和归纳过于主观，缺乏客观性与代表性。<br>③仅限于对受众媒介接触行为的考察而忽略了政治经济和文化，未能揭示受众与传媒的社会关系。<br>④未能指出作为社会实践主体的受众有着传播需求和权利的能动性 |

**3. 受众的媒介接触动机和使用形态**(见表 10-10)

**表 10-10　受众的媒介接触动机和使用形态**

| 要点 | 具体内容 |
|---|---|
| 广播媒介 | ①1944 年，赫卓格研究了广播中的《专家知识竞赛》节目的收听动机，发现竞争心理、获得新知和自我评价是人们喜欢这类节目的三种基本心理需求。<br>②人们收听肥皂剧的动机有：a. 逃避现实；b. 代理参加；c. 学习生活技巧等 |
| 印刷媒介 | ①20 世纪 40 年代，贝雷尔森对书籍和报纸的"使用与满足"情况进行了调查，将人们的读书动机概括为：a. 追求实际价值；b. 休息娱乐；c. 获得他人尊敬；d. 逃避现实烦恼等。<br>②人们对报纸的主要利用形态：a. 了解外部环境；b. 为日常生活提供便利；c. 休息与娱乐；d. 获得他人尊敬；e. 社交；f. 读报本身是一种习惯 |
| 电视媒介 | 20 世纪 60 年代末 70 年代初，麦圭尔等人在调查中发现各种电视节目为受众提供一些共通的满足类型，包括：①心绪转换效用；②人际关系效用；③自我确认效用；④环境监视效用 |

**【考点拓展】新媒体视域下"使用与满足"理论的发展**

传统的"使用与满足"理论认为，受众在知晓自己的需求后才进行媒介接触，进而产生媒介期待。但在新媒体时代，受技术因素的吸引，受众可能在好奇或占有欲的驱使下，尚未清楚自身需求就接触使用媒介，对媒介使用的满足感很大程度上来自媒介接触本身。新媒体的出现使得媒介平台发生了根本改变，受众在接收新媒体提供的信息时，也加强了对新媒体平台本身的使用，让受众新的需求寻求到了新的满足。

## 10.2　课后习题详解

**1. 什么是大众？大众的主要特点是什么？**

**答：**参见本章考点难点归纳相关内容。

**2. 简述大众社会理论的形成与演化。**

**答：**参见本章考点难点归纳相关内容。

**3. 什么是"拷贝的支配"？试分析这个观点。**

**答：**参见本章考点难点归纳相关内容。

**4. 简析作为"大众"的受众观。**

**答：**参见本章考点难点归纳相关内容。

**5. 试析作为"社会群体成员"的受众观。**

**答：**(1)作为"社会群体成员"的受众观的主要内容。

这种观点认为受众分属于不同的社会集团或群体，而不是大众社会论所认为的受众是孤立的个人的集合。受众的群体归属关系、群体利益和群体规范制约着对媒介的接触和利用。作为社会集团或群体的成员，受众在行动时具有能动性，一是"能动的选择"，二是"能动的解释"。

(2)对“社会群体成员”的受众观的评价。

把受众看做“社会群体成员”的观点是一个“群体”再发现的过程，受众的群体和社会属性又重新受到关注。这种观点打破了大众媒介具有巨大影响力的刻板印象，有效地冲击了直接效果观。为媒介效果中“有限效果论”的发展奠定了基础。

**6. 什么是“IPP指数”，它是如何设计的，主要说明什么问题?**

**答：**(1)“IPP指数”的含义。

IPP指数(Index of Political Pre-dispositions)，即“既有政治倾向指数”，是拉扎斯菲尔德以社会经济地位、宗教、信仰、居住区域为变量，设计的一个显示调查对象的先有倾向的综合指标。

(2)“IPP指数”的设计方式。

当时的美国，共和党支持者主要集中在社会经济地位高的阶层、新教徒和县区农村；而民主党支持者主要集中在经济地位低的阶层、天主教徒和大城市，“IPP”指数就是根据这一分布状况，以给予具备支持共和党背景的人较低得分、给予具备支持民主党背景的人较高得分的方法来计算的。

(3)“IPP指数”说明的问题。

“IPP指数”分析的结果说明，选民的投票结果很大程度上取决于他们的既有政治倾向。根据这一结果，拉扎斯菲尔德等人提出了“政治既有倾向假说”：人们的选举投票行动并不取决于大众传播和竞选宣传，而基本上取决于迄今为止所持的政治态度。而人们的政治态度，离不开他们所属的社会群体和社会背景的影响。

**7. 试析“受众即市场”的观点。**

**答：**参见本章考点难点归纳相关内容。

**【真题链接】**

(1)如何认识作为“市场”的受众?(华南理工2014年研)

(2)简述作为“市场”的受众。(中传2018年研；南京理工2010年研；北大2009年研)

**8. 为什么说受众是权利主体?简述受众的基本权利。**

**答：**(1)受众是权利主体的原因。

受众在使用和消费传媒信息的同时，还是构成社会的基本成员，他们有参与社会管理和社会公共事务的权利，因此说受众是权利主体。

(2)受众在大众传播过程中享有的基本权利包括：

参见本章考点难点归纳相关内容。

**9. 什么是分众?分众论的核心内容是什么?**

**答：**参见本章考点难点归纳相关内容。

**10. 梅里尔等人关于媒介专业化(分众化)发展趋势的三个阶段是什么?**

**答：**1971年，美国学者J. C. 梅里尔和R. L. 洛文斯坦在《媒介、讯息与人的新视角》一文中提出关于媒介专业化发展趋势的三阶段，即“精英媒体阶段”“大众媒体阶段”和“专业媒体阶段”。

(1)精英媒体阶段，媒体为社会精英和富裕人群服务。

(2)大众媒体阶段，媒体主要满足最广泛最普遍的需求。

(3)专业媒体阶段，各种各样的新型媒介以不同受众群体作为目标定位，满足多样化和个性化需求。

梅里尔等人的媒介发展三阶段理论符合当代媒介发展趋势，尤其在互联网普及的今天，专业媒体和分众媒体蓬勃发展，在互联网上，每一个都可以根据自己特定的需求找到相关的兴趣群体。然而，从普遍的社会影响力来看，分众媒体仍然不能与大众传媒相提并论。

**11. 如何理解受众作为"大众"的基本信息需求的类似性和作为"分众"的特殊信息需求的多样性?**

**答**：受众成员的媒介接触活动是一种满足个人的基本需求的活动。

(1)作为一般大众，受众成员都需要获得关于生产生活基本的社会信息，比如有关医疗、卫生、安全、教育、社会形势等方面的基本信息等，以了解外部环境调整自身行为。

(2)作为不同属性的分众，受众成员又对信息传播有着多样化的需求。分众是以"划一性"为基础的"大众"社会分崩成个别化、差异化的小型群体。作为"分众"的受众，对信息的需求有着多样化的特点。

在理解受众问题之际，绝对的"大众论"和绝对的"分众论"都是有其局限性的。应该强调的是，受众在具有普遍的基本信息需求的基础上，也有自己特定的信息需求，夸大任何一方面、忽视另一方面的观念或者做法都是片面的、不科学的。

**12. 什么是"使用与满足"? 如何理解受众需求?**

**答**：(1)"使用与满足"理论的主要内容。

"使用与满足"研究始于20世纪40年代，后一度沉寂，60年代后再次活跃起来并产生较广泛的影响。该理论认为，受众面对大众传播并不是被动的，实际上，受众总是主动地选择自己所偏爱和需要的媒介内容和讯息，而且不同的受众还可以通过同一媒介讯息来满足不同的需要，达到不同的目的。因此，不是媒介在操纵人，而是人在使用媒介。而人使用媒介只是为了满足其需要而已。"使用与满足"理论从受众角度出发，通过分析受众的媒介接触动机以及这些接触满足了他们的什么需求，来考察大众传播给人们带来心理和行为上的效用，开创了从受众角度出发考察大众传播过程的先河。

(2)对受众需求的理解。

"使用与满足"理论认为，受众需求是受众媒介接触行为的动力，受众正是基于特定的需求动机来"使用"媒介，从而使需求得到"满足"的过程。

①媒介满足受众需求的类型。

a. 对广播节目使用形态的考察。1944年，赫卓格研究了广播中的《专家知识竞赛》节目的收听动机，发现竞争心理、获得新知和自我评价是人们喜欢这类节目的三种基本心理需求。

b. 对印刷媒介的使用形态的考察。20世纪40年代，贝雷尔森对书籍和报纸的"使用与满足"情况进行了调查，将人们对报纸的主要利用形态概括为：了解外部环境；为日常生活提供便利；休息与娱乐；获得他人尊敬；社交；读报本身是一种习惯。

c．对电视媒介使用形态的考察。20世纪60年代末70年代初，麦圭尔等人在调查中发现各种电视节目为受众提供一些共通的满足类型，包括心绪转换效用；人际关系效用；自我确认效用和环境监视效用。

②传媒接触的社会条件因素。

传播学者卡茨将受众的媒介接触行为概括为一个“社会因素＋心理因素——媒介期待——媒介接触——需求满足”的因果连锁过程，提出了“使用与满足”过程的基本模式：

a．受众为满足自身的心理、社会等需求接触使用媒介。

b．在接触和使用媒介时需具备两个条件：第一，身边必须有电视机或报纸等物质条件；第二，媒介印象，即受众对这一媒介是否能满足自身需求的评价。

c．根据上述两个条件，受众选择特定的媒介和内容进行使用。

d．接触使用媒介后产生两种结果：需求得到满足或需求未满足。

e．无论满足与否，接触使用媒介的过程都将对以后的媒介选择产生影响。

(3)根据这个模式，影响受众需求的因素可以概括为两方面：①受众的心理因素。受众成员的需求与他的性格、兴趣等个人属性相关联。②受众的社会因素。受众成员的需求还受到他所处的环境或社会条件因素的制约。这里既包括他们完成社会化过程的环境，也包括他们的现实的政治、经济和文化的背景、社会地位、价值观、群体归属关系和人际关系等众多的因素。

【真题链接】简述“使用与满足”过程的基本模式的含义。(湘潭大学2017年研)

**13．早期“使用与满足”研究揭示的受众媒介接触动机和满足形态有哪些类型？**

**答：**早期“使用与满足”研究主要针对的是受众对广播媒介和印刷媒介的使用形态。

(1)对广播节目使用形态的考察。

1944年，赫卓格研究了广播中的《专家知识竞赛》节目的收听动机，发现竞争心理、获得新知和自我评价是人们喜欢这类节目的三种基本心理需求。

①竞争心理需求——受众在听到题目后抢先猜测答案，从而将自己置于与出场嘉宾或收听伙伴竞争的状态，从中获得竞争乐趣。

②获得新知的需求——从节目中学到新的知识，不断充实自己。

③自我评价的需求——通过核对自己答案的正确程度来判断自己的知识能力。

(2)对印刷媒介的使用形态的考察。

20世纪40年代，贝雷尔森对书籍和报纸的“使用与满足”情况进行了调查，将人们对报纸的主要利用形态概括为以下六种：

①了解外部环境——报纸是人们了解外部变化的耳目。

②为日常生活提供便利——通过观看天气、交通、购物等信息为日常生活提供便利。

③休息与娱乐——在读报时获得安宁。

④获得他人尊敬——经常披露从报纸上了解到的新闻或新知识，可以获得周围人的尊敬。

⑤社交——报纸内容可以为社交提供丰富的话题。

⑥读报本身是一种习惯——对许多人来说，读报成为习惯。

**14. 试析受众个人所处的社会环境条件对媒介接触行为的影响。**

**答：**受众成员的媒介接触活动是一种满足个人的基本需求的活动，这种需求受两大方面制约和影响：一是性格、兴趣等个人属性；二是环境或社会条件因素。

(1)制约受众媒介接触行为的社会环境条件。

一般来讲，制约受众媒介接触行为的社会条件较为复杂，主要包括：①个人完成社会化过程的环境；②现实的政治、经济和文化的背景、价值观；③社会地位、群体归属关系和人际关系。

(2)不同的社会环境条件会使受众产生不同的媒介接触动机，从而影响他们的媒介选择和反应方式。

施拉姆等人在研究中发现，少年儿童在家庭、学校中的处境影响他们的电视接触行为，那些家庭和睦、伙伴关系融洽的儿童喜欢看轻松、快活、有趣的节目而家庭不和或者处境不顺、与同学相处不融洽的儿童倾向于看暴力、刺激性节目。与儿童相比，制约成人媒介接触行为的社会条件更为复杂。

(3)受众个人所处的社会环境及由此内化的心理需求决定了人们接触传媒的目的。

在考虑到社会条件因素之重要性的基础上，传播学者卡茨将受众的媒介接触行为概括为一个“社会因素+心理因素——媒介期待——媒介接触——需求满足”的因果连锁过程，指出人们接触传媒的目的是满足他们的特定需求，这些需求与社会和个人心理有关。

**15. 试述竹内郁郎的“使用与满足”过程模式的内容和含义。**

**答：**1977年，日本学者竹内郁郎提出的“使用与满足”模式是对E. 卡兹等人的“使用与满足”过程模式的补充，该过程模式的内容和含义参见本章考点难点归纳相关内容。

**16. 如何评价“使用与满足”研究？**

**答：**参见本章考点难点归纳相关内容。

**【真题链接】**

(1)简述“使用与满足”理论并指出不足。(北邮2010年研；武汉理工2010年研)

(2)简述“使用与满足”理论。(四川大学2018年研；复旦大学2016年研)

# 10.3　考研真题与典型题

## 10.3.1　概念题

1. 大众(北邮2011年研)

2. 受众(中南财大2018年研；华南理工2017年研；华中师大2016年研；上海交大2015年研；复旦大学2012年研)

3. “政治既有倾向”假说(湖南大学2018年研；河北大学2013年研)

4. IPP指数(电子科大2011年研；南开大学2008年研)

5. 选择性接触(选择性注意)(山东大学2021年研；深圳大学2021年研；北大2019年研；厦门大学2018年研；四川大学2007年研)

6. 选择性理解(华南理工2007年研；华东师大2007研)

7. 选择性记忆(四川大学2007年研)

8. 个人差异论(上海交大2006年研)

9. 知情权/知晓权(同济大学2021年研;暨南大学2012年研;北京师大2010年研;北邮2008年研)

10. 媒介接近权(中南大学2020年研;华东师大2020年研;西北大学2015年研;中山大学2013年研;南京师大2011年研)

11. “使用与满足”理论(清华大学2019年研;华南理工2016年研;厦门大学2010年研;人大2008年研)

### 10.3.2 简答题

1. 简述受众传播权的价值和边界。(暨南大学2018年研)

2. 简述大众传播中的文化规范论。(四川大学2018年研)

相关试题:文化规范理论(名词解释,西南大学2021年研)

3. 试阐述准社会关系理论和“使用与满足”理论的关系。(武汉大学2018年研)

4. 试比较大众(mass)、公众(the public)、人群(crowd)和群体(group)几个概念。(北大2006研)

5. 关于受众的“选择性接触、选择性理解、选择性记忆”的理解。(人大2012年研)

6. 简述预估受众、实测受众、实际受众的含义。(人大2011年研)

7. 请简述受众的几大基本权利。(电子科大2016年研)

相关试题:

(1)谈谈你对“作为权利主体的受众”观点的理解。(暨大2013年研)

(2)在大众传播中,受众享有哪些权利?(华科2014年研;复旦大学2013年研;河北大学2011年研)

(3)简述受众权利的主要内容。(陕西师大2016年研)

8. 何谓“社会关系论”?它有何特点和意义?(上海交大2007年研)

### 10.3.3 论述题

1. 分析何种因素影响受众选择媒介的动机。(人大2011年研)

2. 试论网络时代的受众变化。(清华大学2007研)

3. 观点辨析:受众碎片化倾向,导致受众接触到不感兴趣的信息的机会减少;受众的选择性接触,导致大众传播在政治方面的传播效果十分有限甚至微弱。(人大2016年研)

4. 运用“使用与满足”理论,分析你最喜欢的一个电视栏目。(山东大学2018年研)

相关试题:请举例说明“使用与满足”理论。(南京师大2018年研)

5. 试论述传播学中“使用与满足”理论的主要观点,并论述在互联网时代,这个理论的合理性和可行性以及对新闻的内容生产的影响。(中山大学2017年研)

相关试题:使用与满足是什么?该理论对传播学的贡献是什么?综合现在的新媒体环境,说明其局限性。(北邮2021年研)

## 10.4 考研真题与典型题详解

### 10.4.1 概念题

**1. 大众**(北邮2011年研)

**答**:参见本章考点难点归纳相关内容。

**2. 受众**(中南财大2018年研;华南理工2017年研;华中师大2016年研;上海交大2015年研;复旦大学2012年研)

**答**:受众是指传播行为的接受者,是信息传播的目的地,是传播活动的一个重要环节,也是传播过程得以存在的前提和条件。大众传播过程中的受众或称阅听人、接受者、传播对象,是对大众媒介信息接受者的总称,具体可以包括报刊书籍的读者、广播的听众、电影电视的观众以及互联网的网民等。他们能够决定一条传播内容、一家传媒机构甚至传播者本身的发展前途。依据对信息的关注程度和内容的范围,受众可分为一般性受众和专门性受众;依据日常接收某一媒介内容的习惯和程度,受众可分为基本受众和潜在受众;依据接触媒介方式的差异,受众又可以分为读者、观众、听众和网民等。受众是千差万别的,只有事先对受众的思想观念、文化水平、兴趣爱好、信息接受方式等进行研究,才能使传播信息更容易被受众接受。

**3. "政治既有倾向"假说**(湖南大学2018年研;河北大学2013年研)

**答**:"政治既有倾向"假说是指人们的选举投票行动并不取决于大众传播和竞选宣传,而基本上取决于迄今为止所持的政治态度。拉扎斯菲尔德等人在《人民的选择》中提出"政治既有倾向"这一概念,是指人们在接触媒介信息或宣传之前已有的政治立场和态度。他们通过分析人们对1940年美国大选的IPP指数(既有政治倾向指数)发现:受众在接触大众传播的信息时并不是不加选择的被动接受,而是更愿意接触那些与自己的既有立场和态度一致或接近的内容,回避与之对立或冲突的内容。

**4. IPP指数**(电子科大2011年研;南开大学2008年研)

**答**:参见本章考点难点归纳相关内容。

**5. 选择性接触(选择性注意)**(山东大学2021年研;深圳大学2021年研;北大2019年研;厦门大学2018年研;四川大学2007年研)

**答**:参见本章简答题第5题答案。

**6. 选择性理解**(华南理工2007年研;华东师大2007研)

**答**:参见本章简答题第5题答案。

**7. 选择性记忆**(四川大学2007年研)

**答**:参见本章简答题第5题答案。

**8. 个人差异论**(上海交大2006年研)

**答**:个人差异论是由美国学者霍夫兰于1946年提出的一种受众理论,它建立在行为主义的“刺激—反应”论的基础之上，是从行为主义心理学派的角度出发来对受众加以研究的理论。其核心是：人的心理和性格虽然有遗传的因素，但主要还是后天形成的。每个人的成长环境和社会经历都不尽相同，他们的性格也就各有差异。因此，具体到大众传播学，并不存在整齐划一的受众。在大众传播提供的信息面前，每个人会因为心理、性格的差异而对信息做出不同的选择和理解，随之而来的态度和行为的改变也会因人而异。德福勒把差异归为五种：个人心理结构方面的，先天禀赋与后天习性的，认知态度价值标准方面的，社会理论所形成的观点或主张方面的，文化素质方面的。由于受众存在差异，受众的阅读行为存在“选择注意”和“选择理解”两大特点，带有主体性行为。这种观点是对“子弹论”的有力反驳。

**9. 知情权/知晓权**(同济大学2021年研；暨南大学2012年研；北京师大2010年研；北邮2008年研)

**答：**参见本章考点难点归纳相关内容。

**10. 媒介接近权**(中南大学2020年研；华东师大2020年研；西北大学2015年研；中山大学2013年研；南京师大2011年研)

**答：**媒介接近权又称“媒体接近权”，指大众即社会的每一个成员都有接近、利用新闻媒介发表意见以及开展各种社会和文化活动的自由与权利。这项权利也规定了传媒必须向受众开放的责任和义务。这一概念诞生于20世纪60年代的美国，并在西方国家产生了普遍的社会影响，至少表现在以下三个方面：①“反论权”，即社会成员或群体在受到传媒攻击或不实报道时，有要求传媒刊登或播出反驳声明的权利。②“意见广告”。③允许受众自主参与的“开放频道”。

**11. “使用与满足”理论**(清华大学2019年研；华南理工2016年研；厦门大学2010年研；人大2008年研)

**答：**“使用与满足”理论是起源于20世纪40年代的一个有关受众对媒介的使用动机的传播理论。传播学家E. 卡兹的《个人对大众传播的使用》是这一理论的代表作。“使用与满足”理论把受众成员看作是有特定需求的人，把他们的媒介接触活动看作是基于特定的需求动机来“使用”媒介，从而使这些需求得到“满足”的过程。该理论认为，受众面对大众传播并不是被动的，实际上，受众总是主动地选择自己所偏爱和需要的媒介内容和讯息，而且不同的受众还可以通过同一媒介讯息来满足不同的需要，达到不同的目的。该理论将传播学研究从完全的媒介视角带入到受众视角的新领域，强调了受众的自主性和能动性，修正了“受众绝对被动”的观点；指出了大众传播对受众的态度和行为有一定影响，是对“有限效果论”的修正。但过于强调个人和心理因素而忽视社会条件或社会结构因素的作用，有较浓的行为主义和功能主义色彩；仅限于对受众媒介接触行为的考察而脱离传媒内容的生产和提供过程，未能揭示受众与传媒的社会关系，有一定的局限性。

### 10.4.2 简答题

**1. 简述受众传播权的价值和边界。**(暨南大学2018年研)

**答：**受众传播权又称表现自由或言论自由权，是构成社会的每一个成员所享有的基本权利之一，指社会成员通过合法渠道和手段传播自己思想和观点的权利。

(1)受众传播权的价值。

①获知真理的前提。受众表达和传播的自由对真理获取的作用，起源于约翰·弥尔顿在其名著《论出版自由》中的论述。根据其理论，只有赋予人们表达自由的权利，才能真正实现意见的交流与传播，使人们更容易在自由的较量中相信和接受真理。辩证唯物主义告诉我们，事物是不断变化发展的，这就决定了我们不可能穷尽对一个事物的认识，而只能囿于某一个阶段。那么，为了追求真理所需的公开辩论，必须以自由的表达为前提。

②健全民主的基石。受众表达和传播的自由之于民主的价值，一方面在于它是人民表示同意和进行多数人统治的前提；另一方面则在于它能够实现民主监督，是“制约公共权力和避免民主从多数统治走向多数暴政的重要保障”。总之，公民能否充分地享有表达自由，是民主政治得以开展的前提，也是衡量政府是否是民主政府的标尺。

③自我实现的内在需要。人因为有意识而称其为人，这一本性决定了每一个心智健全的人都有把自我思想和对外界的理解表达出来的欲望，这是人生理和心理的本能需求。如果压抑表达，其智力就不能在与外界交换思维成果中获得正常的延伸发展，就谈不上个人的发展。并且，人作为社会性动物，就必然要与外界发生联系，要对外界表达自己的意愿，施加自身的影响，这是实现自我价值的需要，也是维护个人尊严的必要方式。

④维护社会稳定和促进文化繁荣的重要保证。历史一再表明，禁锢思想、压制言论是导致社会动乱和革命发生的根源。而在社会稳定的基础上，表达自由有利于促进文化和艺术的繁荣。只有在表达自由的条件下，才有可能出现百家争鸣、百花齐放的社会面貌；只有允许一些人去尝试表现新的文化样式，才能为传统的文化内容注入新鲜血液，从而增强民族的文化丰富性，丰富人民的精神生活。反之，对表达自由的控制和扼杀，除了导致社会动乱外，还会带来文化发展停滞不前的灾难性后果。

(2)受众传播权的边界。

受众的传播权，即言论自由、表达自由。同其他一切自由一样，是历史的、法律的产物，换言之，是一定时期特定政治、经济和文化条件下的自由。无论是《人权宣言》还是《世界人权和政治权利公约》都为言论自由划定了明确的“边界”，在强调人们有权享有自由的同时，也要求必须承担相应的义务和责任。在当代，围绕限制言论自由的问题，逐渐集中于若干个焦点，围绕这些焦点问题的一系列立法、司法活动，划定了言论自由的边界：

①保障受众传播权，就要保障公民的知情权，但这种保障是有限度的。政府和其他社会公共组织应当把自己掌握的信息向公众公开。但是，任何公开都是有限度的，几乎任何一个国家，都立法规定有些秘密信息豁免公开，如事关国家安全和防务、外交活动、刑事调查和检控、行政机关内部工作文件、立法机关辩论、对国民经济有重大影响而需保密的信息等。保守国家秘密，是对知情权的合理限制，是言论自由、表达自由的例外，目的在于使个人利益和公共利益之间形成合理平衡。这种保密义务，普通公民需要承担，大众媒介也不能豁免。

②受众享有的传播权不得侵犯他人的名誉权。对个人名誉的保护古已有之，今天的国际人权法同样把保护名誉作为可以制定法律对言论自由进行限制的重要理由。大众媒介进行信息传播活动，往往需要对特定人的言行开展报道及评论，这就很容易发生诽谤纠纷。

在保护公民合法的传播权的同时，限制诽谤也是一个重要的命题。

③受众享有的传播权不得侵犯他人的隐私权。隐私权是近百年来发展起来的一项权利，主要含义是用法律保护私人生活不受干扰的权利。特别地，有关隐私权的立法，从一开始就是为限制大众媒介而实施的。大众媒介以公开传播为己任，而隐私权则以保密为原则，如何使二者实现平衡，同样是一个复杂问题。

④审判公开应有限度，这方面的传播权存在限制。同言论自由一样，获得公正审判权也是《世界人权和政治权利公约》规定的一项基本人权。各国司法制度也大都有审判公开的规定，但审判公开是有限度的。即使是对于公开审理的案件，也有一些信息也是不允许公开的。关系国家安全和国防事务、外交事务、个人隐私、涉及未成年人的案件等，往往会由法官依法裁定进行不公开审理；公开审理的案件也有因特殊原因不得公开信息的，如性犯罪中的受害人、公开审理案件中的未成年涉案人、正在审理却处于未决状态的案件等。同时，许多国家还限制媒介记者在法庭上使用照相机、录音机、摄像机等现代采访器材，以免给案件的审理带来不必要的压力。

⑤色情淫秽物品对社会特别是未成年人具有危害性，世界各国一般都立法限制其制作和传播。一般来说，传播色情淫秽物品是一种对社会有很大负面影响的表达行为，任何社会均不可听之任之。

总之，随着时代的进步，各国的受众传播权的边界日益扩大，国际上对于人权保护的重视程度也是前所未有的。历史地看，受众传播权的实现程度是在与专制制度的斗争中逐步提高的，但是即使到了今天，言论自由还不曾、未来也不会成为绝对自由，它或多或少地与其他一系列自由和权利相冲突，各个国家都不能不对一定时期本国的言论自由划定边界，因此，受众传播权也总是有边界和限制的。

**2. 简述大众传播中的文化规范论。**(四川大学2018年研)

**相关试题：文化规范理论**(名词解释，西南大学2021年研)

**答：**大众传播中的文化规范理论是1975年美国著名传播学家梅尔文·德弗勒在其《大众传播理论》一书中总结的一个受众理论。文化规范论认为，受众能够从媒介内容中学到新的观点，这种观点可能加强或改变受众的原有看法。该理论强调大众传播的间接和长期的效果。

(1)文化规范论的主要观点。

①传播内容可以促使对象发生改变。如果大众传播媒介经常报道或者强调某事物，就会在受众中造成某事物是社会文化规范的印象，从而促使受众模仿，结果就形成了一些间接的影响。

②受众可以从大众传媒中获取新的见解，这种新见解可以加强其原有的价值观念，也可以改变其原来的看法态度，甚至会产生观念上的变化。传播媒介为社会树立了文化规范，人们看待事物时会受到这种新文化规范的影响。

(2)对文化规范论的评价。

①文化规范论与"议题设置"理论有一定的联系。文化规范论认为现代社会的大众传播充当着文化的选择者和创造者的角色，传播媒介为社会树立了文化规范。而人们在社会文化之中生活，久而久之就会形成与这种文化相符合的社会观、价值观。

②文化规范论肯定了大众传播对受众所造成的影响，并认为如果这种影响增强，会造成社会的“一体化”，为未来社会制造新文化。许多学者认为，大众传播改变人们的生活习惯、制造新的社会文化规范只是少数情况，多数情况下，大众传播所起的是加强现有社会文化规范的作用。

此外，梅尔文·德弗勒在他的《大众传播理论》一书中，与文化规范论一起归纳出受众理论、个人差异论、社会分化论、社会关系论等。埃尔登、希伯特等人将上述四种理论概括起来就是：人们就是传播工具的广大受众中的一员，每个受众对传播的内容信息的反应不相同。但是，具有相同经验和相同的社会关系的受众有相似的反应。更重要的是，人们作为受众，他们必须受到整个传播经验的影响。

**3. 试阐述准社会关系理论和“使用与满足”理论的关系。**（武汉大学2018年研）

**答：**准社会关系理论和“使用与满足”理论都是传播学研究中涉及受众传播效果的经典理论。前者起源于20世纪50年代精神病学研究领域。随后，该理论被引入到大众传播视野。半个多世纪以来，围绕这一理论所进行的研究不断深入并拓展。从研究内容上来看，该理论涉及的是受众与电视之间的虚拟性、单向性和即时性关系，其理论基础来源于“使用与满足”理论。

（1）准社会关系理论的内涵。

准社会关系是指受众和传媒人物表征之间形成的类似于现实社会关系的一种人际关系，具有虚拟性、即时性和单向性特征。霍尔顿·唐纳德和理查德·沃尔在其经典文献《大众传播和准社会交往：对远距离亲密行为的考察》一文中提出了该理论。这一理论描述了媒介使用者与媒介人物的关系，即某些受众特别是电视观众往往会对其喜爱的电视人物或角色产生某种依恋，并发展出一种想象的人际交往关系，由于其与真实社会交往有一定的相似性，所以霍顿和沃尔将其命名为“准社会交往”。一般把大众传媒受众和传媒中出现的人物表征之间形成的那种类似于人们通过日常面对面交流所形成的现实社会关系称为准社会关系；把它们之间这种预先有安排的、模拟性的给予和接受性交往称为准社会交往。

这种准社会关系实质上是一种单向性的，其主动权掌握在媒介人物表征手中。受众对这一关系的存在和发展并没有掌控能力，唯一能做到的就是以自己不去收看这个节目这种方式来终止与媒介人物表征的关系。因此，准社会关系不具有社会心理学意义上“关系”的特质，因为这是一种虚拟的、即时的、单向性的关系，没有双向互动交流和信息反馈。

（2）“使用与满足”理论的内涵。

“使用与满足”研究始于20世纪40年代，后一度沉寂，60年代后再次活跃起来并产生较广泛的影响。传播学者卡茨将受众的媒介接触行为概括为一个“社会因素＋心理因素——媒介期待——媒介接触——需求满足”的因果连锁过程。“使用与满足”理论认为受众是主动的，实际上，受众总是主动地选择自己所偏爱和需要的媒介内容和讯息，而且不同的受众还可以通过同一媒介讯息来满足不同的需要，达到不同的目的。

（3）二者之间的关系。

①“使用与满足”理论使得准社会关系发展的解释实现了向心理学发展的转向。学者麦奎尔、布拉姆勒和布朗指出，准社会关系理论在大众传播研究领域受到重视正是伴随着20世纪70年代早期“使用与满足”理论的提出而开始的。罗森格伦和温德尔提到，“使用与满

足”理论指出，人是有最基本的交往需求的，这些需求会促使人去参与社会交往，寻求满足；当现实社会交往受到限制时，人就会本能地转向寻求类社会关系的发展，以进一步满足自身的需求。“使用与满足”理论的这些观点，使对准社会关系发展的解释，从功能主义方向开始转向了心理学方向。

②准社会关系理论与“使用与满足”理论在传播学研究应用上有关联。“使用与满足”理论探讨受众行为，其中包括对各种不同媒介的“使用与满足”类型的研究。准社会关系理论则起源于精神病学研究领域，随着对该理论研究的加深，它逐渐被用来解释名人或电视节目观众之间形成的关系，由此进入到传播学领域，探讨受众与媒介的关系。准社会关系理论的重新发现和流行与美国电视对本国民众生活的强力影响是分不开的。美国学者进行这类研究的目的，是想找出媒介如何调动受众的多方面情绪，从微观层面探求受众与媒介之间的依赖机制，从而调适二者间的关系。在这个意义上，准社会关系理论与“使用与满足”理论在传播学的受众行为研究方面的应用，存在一定的关联性。

**4. 试比较大众(mass)、公众(the public)、人群(crowd)和群体(group)几个概念。**(北大2006研)

**答：**(1)大众是19世纪末20世纪初，随着城市化和工业化出现的大批无根的、原子化的、同质化的、易受暗示的乌合之众。大众并不仅仅是一个关于量的概念，而是一个关于质的概念，它强调了群体结构的松散与构成者素质的低下，有着规模大、分散性和异质性、匿名性、流动性、无组织性、同质性等特点。

(2)公众主要是一个政治概念，是指与公共关系主体—社会组织发生相互联系、作用，其成员面临共同问题、共同利益和共同要求的社会群体。卢梭曾把公众称为民主政治的基础，认为公众的意志——“公意”代表了共同体的最高意志，它是“不可摧毁的”。

(3)人群通常指众人、成群的人，是无组织和无秩序的个人的集合。人群在数量上一般多于群体。

(4)群体指一定数量的个体，基于某些因素和目的，以特定方式组合而成的系统。群体成员有共同的目标及群体身份的感知。

**5. 关于受众的“选择性接触、选择性理解、选择性记忆”的理解。**(人大2012年研)

**答：**1960年，美国学者克拉帕在《大众传播的效果》一书中，将受众的选择性心理归纳为选择性接触、选择性理解和选择性记忆三个方面。三个方面既有区别也有联系，它们像保护受众的三道防线，从外到内环绕受众，抵御负面信息。

(1)选择性接触是指受众在接触大众传播活动之际，并不是不加区别地对待任何媒介和内容，而是更倾向于接触与自己的既有立场、观点、态度一致或接近的媒介和内容，而有意无意地回避那些与自己既有倾向相左的媒介或内容。选择性接触行为更容易在强化受众既有立场和态度的方向上起作用，而不是导致它们的改变。这个概念由美国传播学家拉扎斯菲尔德等人在《人民的选择》中最早提出。

(2)选择性理解是指受众总要依据自己的价值观念及思维方式对接触到的信息做出独特的个人解释，使之同受众固有的认识相互协调而不是相互冲突。选择性理解是选择性定律的重心所在，受众对信息的选择性处理主要体现在选择性理解上。信息中包含的意义不是由传播者硬塞到受众手中的，而是由受众根据主观意愿自己从中发现的。即在对信息如何理解上主动权掌握在受众手中，而不是掌握在传播者手中。

(3)选择性记忆是受众在处理信息之际的选择性倾向之一，即受众在接触信息后，保留在记忆中的往往是那些与自己的既有兴趣、需求、立场、态度或观点一致或接近的内容，选择性记忆的倾向，在实验心理学中也得到了证明。它与选择性接触、选择性认知一样，都是制约传播效果的重要因素。

**6. 简述预估受众、实测受众、实际受众的含义。**(人大2011年研)

**答：**媒介受众有三重分身：预估受众、实测受众、实际受众。

(1)预估受众。

预估受众或称预期受众，是指传播者凭经验与直觉及粗疏的评估而预期的受众。它在传播者的意识或潜意识里“作为假想读者的肖像”出现，影响或参与了信息的编码和播报。辨识预估受众或根据经验，或采用个别访谈和召开座谈会的方法，操作简单，成本较低。由于预估受众、受传者的认知基模和主观感情等影响，因此，与实际受众的差距最大。有传播者承认：“通常不是现实读者的口味，而是在作者想象中形成的读者意念限定着文字作品的形式和主题思想。”可见，同现实受众相比，预期受众最先参与了信息作品的预构、即构与创造，提前在想象和虚设的国度里完成了同传播者的对话、争辩与交流，并同原始素材一起融入了信息作品的复杂构成之中。

(2)实测受众。

实测受众，是指研究者靠自身或委托专业调查机构遵照科学的调查研究程序测量出来的受众。一般而言，实测受众小于或等于实际受众。辨识实测受众成本较高，但随着科学方法的采用，实测受众与实际受众的差距大为缩小。如果将受众抽样调查变为普查，并尽可能降低受众在调查中提供虚假信息的可能(譬如采用更便捷地监测被调查者收视情况的设备)，实测受众会逼近实际受众。总体来看，实测受众的信息对媒体经营者和研究者而言，尽管非最优选择，但其成果却最能满足其调研的需求。

(3)实际受众。

实际受众，或称现实受众，是指现实环境中真正消费媒介产品或服务的受众。现实受众很少直接介入信息作品的预构、即构和初期编码。当媒介产品通过传播渠道呈献给受众后，实际受众会参与对作品的传播与扩散，参与同传播者的后续对话和沟通，参与了对符号意义的挖掘和创造。完整测量与调查实际受众可能性为零。因此，在研究中只能利用科学的调查方法，通过实测受众来代表实际受众的情况，从而对传播者的传播行为进行指导。

**7. 请简述受众的几大基本权利。**(电子科大2016年研)

**相关试题：**

**(1)简述受众权利的主要内容。**(陕西师大2016年研)

**(2)谈谈你对“作为权利主体的受众”观点的理解。**(暨大2013年研)

**(3)在大众传播中，受众享有哪些权利？**(华科2014年研；复旦大学2013年研；河北大学2011年研)

**答：**在大众传播中，受众享有传播权、知晓权和媒介接近权。具体参见本章考点难点归纳相关内容。

**8. 何谓“社会关系论”?它有何特点和意义?**(上海交大2007年研)

**答:**(1)“社会关系论”的主要内容。

“社会关系论”是由美国传播学家梅尔文·德弗勒在《大众传播理论》(1975)一书中归纳出的西方的一种受众理论。这一理论的形成主要得益于拉扎斯菲尔德、贝雷尔森、卡茨等人的研究成果。

这种理论认为,以往的受众理论(如个人差异论和社会分类论)都忽视了受众之间错综复杂的相互关系,而这种社会关系对于受众研究是极为重要的。受众的社会关系对受众有着巨大的影响,在受众的媒介接触中,社会关系经常既能加强也能削弱媒介的影响。

这些社会关系主要包括人际网络、群体规范和意见领袖等,具体到受众的社会关系则主要有他们所处的工作单位、社会组织以及各种非正式的群体等。

(2)“社会关系论”的特点。

“社会关系论”强调人与人之间存在的各种关系对受众会产生重大影响。

①在传播过程中,如果传者与受众或某个受者保持着紧密的社会联系,就会明显作用于传播的效果,关系越密切,影响就越大。

②受众彼此之间、受众与其有关的社会群体之间也是相互影响的,其影响并不亚于大众传播。与这一理论相关的“群体压力理论”认为,受众所处的社会组织、团体的意见和倾向会构成压力,影响受众的传播行为。

(3)“社会关系论”的意义。

①“社会关系论”为大众传播和人际交往提供了一个结合点,而结合的桥梁就是社会关系。

②“社会关系论”打破了大众媒介有巨大影响力的定见,描述和揭示了大众媒介的信息如何到达受众那里,以及他们是怎样做出反应的复杂关系。

### 10.4.3 论述题

**1. 分析何种因素影响受众选择媒介的动机。**(人大2011年研)

**答:**在大众传播中,受众常被视为被动的接受者,但研究者逐渐认识到,受众是主动的,他们会对媒介进行选择,“使用与满足”理论阐释了这一观点。“使用与满足”研究关注的主要内容是:由社会因素和心理因素产生了需求,这种需求又导致了人们对大众传播或其他信源的期待,这种期待引起了不同类型的媒介接触(或其他行为),其结果导致需求的满足和其他后果。

根据“使用与满足”研究的相关内容,影响受众选择媒介的动机的因素,既有个人层面的,也有社会心理和社会情境层面的;此外,经济因素也是影响其媒介选择的重要条件。

(1)个人层面的因素。

“使用与满足”理论认为,受众面对大众传播并不是被动的,实际上,受众总是主动地选择自己所偏爱和需要的媒介内容和讯息,而且不同的受众还可以通过同一媒介讯息来满足不同的需要,达到不同的目的。因此,不是媒介在操纵人,而是人在使用媒介。而人使用媒介只是为了满足需要。

在媒介使用的个人动机方面，大多数的理论观念是：媒介提供了潜在受众所期望得到的(因而也是可以预测的)回报，这些期望是以受众过去相关经验为基础的。这些回报可以视为“由个人来进行评价”的经验性心理效果(有时候可以称作媒介的“满足”)。这些理论可概括为“预期—价值”理论。

“预期—价值”理论强调了受众期待对动机的影响。该理论认为：受众的使用行为是基于过去经验所产生的预期，不是一个客观的标准，该模型区分了追求的满足和获得的满足，前者是基于过去经验的预期，后者是受众实际使用媒体后感到的满足。如果前者高于后者，那么受众的满意度就会较高，媒体接触行为将会重复发生。相反，受众就会减少甚至放弃现有的使用方式。

(2)社会心理层面的因素。

麦奎尔将受众对媒介的使用动机分成四个维度，分别是：认知—情感、主动—被动、保持—成长、内部—外部。它们共同组合成一个包含认知协调、归因、自我维护、身份认同等16个使用动机心理来源和结果的矩阵，如表10-11所示。

**表10-11　大众传播满足的心理动机范式**

| 状态 ＼ 意向 | 稳定性 ＼ 方向 | 主动 | | 被动 | |
|---|---|---|---|---|---|
| | | 内部的 | 外部的 | 内部的 | 外部的 |
| 认知的 | 保持 | 1. 认知协调 | 2. 归因 | 3. 归类 | 4. 客观化 |
| | 发展 | 5. 自主 | 6. 刺激 | 7. 达成目的 | 8. 功利主义 |
| 情感的 | 保持 | 9. 减少紧张 | 10. 表达 | 11. 自我维护 | 12. 强化 |
| | 发展 | 13. 进取 | 14. 联系 | 15. 身份认同 | 16. 示范 |

(3)社会情境层面的因素。

卡茨等人认为，受众对媒介的使用中，有五个方面的动机需求来自社会情境，具体表现在以下方面：

①社会情境产生紧张与冲突，人们产生降低压力的需求。

②社会情境导致人们意识到某个问题值得关注，产生环境监测和信息方面的需求。

③社会情境导致个人在现实环境中无法满足某种需求，需要使用媒体替代性地满足社会交往的需求。

④社会情境是某种价值得到重视，为了确认和强化这种价值，人们使用媒体。

⑤社会情境导致人们对某种熟悉的媒体内容产生期待，为了维持群体成员的资格，人们使用媒体。

(4)经济性因素。

①媒介易得性。“使用与满足”基本模型中提到：实际媒介接触行为发生的必需条件之一就是受众需具备接触媒介的物质条件。如果不具备这种条件，人们就会转向其他代替性的满足手段(如找人聊天等)。因此，媒介的易得性影响受众的选择。接触成本较小的媒介更倾向于被人选择。这也是现下的媒介组织不断更新和拓展自身传播形态，以覆盖更广的受众接触面的原因。

②消费效用与成本。作为市场主体，受众在进行媒介内容消费时受其消费预算的制约。

在这种制约下，受众会权衡不同媒介消费的效用与成本的相对关系，如果效用大于成本，常倾向于选择消费；反之，则倾向于选择不消费。在同时存在多种消费选择的情况下，受众会坚持效用最大化的原则，即选择消费均衡度最高的媒介或媒介组合。在进行了消费选择后，受众通过考虑边际效用来选择消费的多少。

**2. 试论网络时代的受众变化。**(清华大学2007研)

**答：**网络媒介传播中，受众的主动性越来越强烈地体现出来，传者和受者不再是简单的对立关系，而是互相转换的；大众传播由以往的“传者中心”转变为“受者中心”，受众以各种形式实现了对传媒活动的制约。网络时代受众的变化可以从以下几方面进行分析：

(1)受众群体分化，个人化消费趋势加剧。

点对点的网络传播和受众及时反馈使分众传播不断发展，无限细分。网络传播能极大地满足受众多元化的需求，真正促进了受众需求的个性化。传统的点对面的媒介传播模式使得个体只能作为受众群体中的一员，其个性需求的满足是通过受众自己在“大众化”的信息产品中进行挑选。受众的无限细分也使网络传播无限对准目标受众，根据个体的个别需求提供相关信息和服务。

(2)实时互动传播使受众的主体性增强。

传统的大众媒介是点对面的传播，传播者作为“把关人”处于控制地位，受众很少有主动选择的余地。网络传播打破了这种单向传播模式，受众可以在观看新闻的同时发表评论，信息传播的双向交互和“一对一”的特点使受众不再被动地接受而是主动地发现信息、选择信息、处理信息。彻底改变了受众被动接收的消费习惯，使传者和受者之间的关系发生了根本的变化。“受者中心”代替“传者中心”，受众地位受到充分的尊重，受众本位意识增强。

(3)受众具有双重角色。

网络时代的受众同时也是传播者。网络传播越来越个性化、人际化，受众能对收到的信息迅速作出反馈、发表意见，这种意见和反馈很快作为新的内容传播给广大公众。另外，受众通过博客、微博、微信等方式将自己搜集到的信息发布网上，许多成为传统媒体的信息来源，特别是进入Web2.0时代后，点对点的传播方式更加确定了受众的传播者地位。

(4)受众权利进一步扩大。

①网络具有交互性的特点，受众因此享有了前所未有的参与权。用户在网络上获取信息时可以有更多的自主权、选择权、意见反馈和交流的权利。

②网络传播还扩大了受众使用媒体的权利。网络传播在一定程度上降低了信息准入的门槛，使个人意见得以有力地传播。

③网络还使传统媒介的权利受到监督和制约。受众可以根据网上获得的多方信息对大众媒体的公正性、中立性和可信性提出质疑和挑战。

(5)网络受众心理的变化。

受众接触媒介时通常是寻求心理、娱乐心理和宣泄心理在起作用，网络受众的心理是在以上三种心理的基础上发展而来。由于网络在公开发布信息方面仍具备大众传播媒介的特征，受众在接收公开发布的信息时也拥有充分的人际互动。因此，网络受众不但持有接触大众传媒的心态，还有人际关系方面的心理需求，即要求被认同的心理、渴望交流的心理、虚拟代入的心理和逃避的心理。

**3. 观点辨析：受众碎片化倾向，导致受众接触到不感兴趣的信息的机会减少；受众的选择性接触，导致大众传播在政治方面的传播效果十分有限甚至微弱。**（人大 2016 年研）

**答：**题目中关于受众碎片化倾向和选择性接触的观点我不完全认同，我认为：受众的碎片化倾向确实在一定程度导致了接触不感兴趣的信息机会的减少，但是受众的选择性接触并没有导致大众传播在政治方面传播效果的有限或微弱。

（1）受众碎片化的影响。

受众的碎片化倾向是指资讯的获得不再执着于某个媒体的“全程依赖”，而是在不同方面、不同的环节上使用不同的媒体。碎片化倾向伴随着传播领域的分众化，但在“分众”的背后也有新的“聚众”需求。先细分，再归聚，从而形成特征明确的目标传播对象群体，以最小的传播代价获取最大化的传播效果。

受众碎片化带来的分众传播趋势，确实会使受众接触到不感兴趣的信息的机会减少。受众碎片化的倾向改变了以往集中轰炸式的传播方式，转而建立在对实证数据采集分析的基础之上。在受众进行信息选择的过程中，人的动机、需要、情绪、情感等因素都会起到相当重要的作用。当传播内容能够满足人们的动机和需要，并能够带来愉悦的心理和生理体验时，人们的注意力才会指向和集中到这些内容上来。因此，各类媒体为了获得最大的收益与关注度，开始刻意迎合受众的这一需求，提供信息推送的个性化服务，进一步强化了受众碎片化倾向。因此，从这个角度来说，受众接触到不感兴趣的信息的机会确实减少了。

（2）受众选择性接触对政治传播效果的影响。

选择性接触理论认为，受众在接触大众传播活动之际，并不是不加区别地对待任何媒介和内容，而是更倾向于接触与自己的既有立场，观点，态度一致或接近的媒介或内容，并且有意无意地回避那些与自己既有倾向相左的媒介或内容。在受众碎片化的倾向下，虽然受众接触不感兴趣信息的机会减少，受众的选择性接触特点也变得更加突出，但是大众传播在政治方面的传播效果并非十分有限。

①受众的选择性行为是在大众媒介提供的信息维度中进行的。受众的选择性行为是对客观世界信息的第二度选择，第一次选择是大众媒介信息传播者对客观信息进行的选择性传播。在这个意义上，受众的选择性行为是在第一层选择的限制下进行的，是一种被动下的主动行为。大众传媒可以通过议程设置为受众的选择范围确定框架，即使受众进行选择性接触，也是在大众传媒所提供的议程框架下进行的，会受到这种既有框架的影响，而不会完全随心所欲地进行解读。

②受众碎片化在某种程度上虽然强化了受众的选择性接触，但同时也是原本集中于少数阅听选项上的受众分散到越来越多的选项中的过程。在这一过程中，某一特定媒体吸纳的受众份额与受众规模会被逐渐稀释，换言之，原本只能接触到相对单一的政治信息的受众，在受众碎片化的环境中，可能会有相对更为丰富的选择。这也意味着受众接触到新的政治信息的机会增加，而不会因为长期接触单一媒体的政治信息而不断强化既有政治倾向。

③受众选择性心理并不只包含选择性接触，克拉帕在《大众传播效果》中提到的选择性心理包括选择性接触、选择性理解、选择性记忆三个层面。在选择性理解和选择性记忆阶

段，受众的信息解读往往受到其群体压力的影响，具有趋同心理。在现代社会，受众对周围意见环境的判断主要基于两个信息源泉，一是所处的群体，一是大众传播。在超越个人的感觉判断的问题上，受众受到大众传播媒介的影响更大。基于受众的群体属性，受众在信息选择和理解时，会考虑他人的意见和群体属性的规范。正如"沉默的螺旋"所假设的，大众传播承担向人们提供外部世界信息的活动，并且通过复数的渠道每日每时地、累积地报道几乎相同的内容，这种状况不可能不对人们的意见乃至舆论产生重大的影响。因此，在政治方面，大众传播的重复宣传是能够突破受众的选择屏蔽机制，发挥一定作用的。

综上所述，我认为：受众的碎片化倾向确实在一定程度导致了接触不感兴趣的信息机会的减少，但是受众的选择性接触并没有导致大众传播在政治方面传播效果的有限或微弱。

**4. 运用"使用与满足"理论，分析你最喜欢的一个电视栏目。**(山东大学2018年研)

**相关试题：请举例说明"使用与满足"理论。**(南京师大2018年研)

**答：**"使用与满足"理论是关于大众传播媒介效果的经典理论之一，用来研究媒介和受众的关系。该理论把受众成员看作有着特定"需求"的个人，把他们的传媒接触活动看作基于特定的需求动机来"使用"媒介，从而使这些需求得到"满足"的过程。

电视求职类节目作为很多卫视的主打品牌节目，近年来取得了不错的收视效果。天津卫视职场服务类节目《非你莫属》作为业内认可的最受大学生欢迎的电视节目，是求职类电视节目的典型代表之一。以下将运用"使用与满足理论"对《非你莫属》进行分析：

(1)《非你莫属》节目满足受众的心绪转换需求。

电视作为一种重要的大众传播媒介，它在人们工作之余发挥着重要的作用。现代人的生活节奏快，工作压力大，总有一种无形的压力，而娱乐是人们释放压力、放松身心的重要方式。不管是相亲节目、综艺节目、益智节目，还是户外竞技类真人秀节目，作为一种电视节目类型，都具有娱乐功能。《非你莫属》作为求职真人秀节目也不例外。电视真人秀求职节目比起具有严格程序的单位招聘，充满了娱乐趣味，喜剧色彩浓厚，能够帮助受众带来欢乐，纾解压力，从而满足心绪转换的需求。

(2)《非你莫属》节目满足受众的社会互动需求。

电视节目的人际关系效用表现在两个层面：①"拟态"人际关系，即观众对节目出场人物、主持人等所产生的一种"熟人"或"朋友"的感觉；②现实人际关系，通过谈论节目内容，可以融洽家庭关系，增加聊天的话题。热心观众每周都会定时去收看《非你莫属》，这对他们来说是一种习惯，长此以来，观众就会和节目主持人、Boss团的企业老板以及嘉宾建立一种熟人关系，他们会把观看《非你莫属》当作是一次与熟人，或者朋友见面的机会。另外，在看完节目之后，观众可以把这些有争议性的讨论带到生活中，与自己的家人、朋友、同事再次进行讨论，由此扩大了聊天的范围，建立起另一层人际关系。在这个意义上，《非你莫属》在某种程度上满足了受众对社会互动的心理需求。

(3)《非你莫属》节目满足受众自我调节的需求。

电视节目中的人物、事件、状况、矛盾冲突的解决方法等，都可以为观众提供自我评价和调节的框架。通过比较，观众能够引起对自身行为的反思，并在此基础上协调自己的观念和行为。《非你莫属》不仅给现场的5位应聘者提供应聘机会，更是给千千万万应聘者带来了很多实用的求职信息，如：企业需要怎样的人才？应聘者看重企业哪些条件？通过

《非你莫属》这个节目，应聘者也可以从企业 Boss 团全方位的评价中对自身的优点与不足做出明确的定位，使他们在将来的应聘过程中摆正心态、明确动机、少走弯路，从而获得更多更好的求职机会。

(4)《非你莫属》节目满足受众获得信息的需求。

电视节目具有环境监测效用。通过观看电视节目，观众可以获得与自己的生活直接或者间接相关的各种信息，以及把握社会环境的变化。人们通过观看不同类型的节目，可以在不同程度上满足各种信息的需求，如收看娱乐节目获得身心的放松，收看求职节目来了解求职市场和单位的需求。《非你莫属》节目中有一个亮点环节即“谈钱不伤感情”，该环节直接给出每位成功应聘者能拿到的薪资情况，这能够给受众和求职者提供三方面的有效信息：一是目前各行业的基本薪资；二是某行业某岗位的薪资水平；三是具备这些条件和能力的员工对应的工资情况。这些公开透明的信息便于社会上更多应聘者及时了解相关行业的就业信息，并为自己寻求更多权益保障。

综上所述，从“使用与满足”理论的角度看，《非你莫属》栏目正是满足了受众的以上几种基本的需求类型，从而获得受众的认可，取得巨大成功。

**5. 试论述传播学中“使用与满足”理论的主要观点，并论述在互联网时代，这个理论的合理性和可行性以及对新闻的内容生产的影响。**（中山大学 2017 年研）

**相关试题：使用与满足是什么？该理论对传播学的贡献是什么？综合现在的新媒体环境，说明其局限性。**（北邮 2021 年研）

**答：**“使用与满足”研究始于 20 世纪 40 年代，后一度沉寂，60 年代后再次活跃起来并产生较广泛的影响。传播学者卡茨将受众的媒介接触行为概括为一个“社会因素 + 心理因素——媒介期待——媒介接触——需求满足”的因果连锁过程。使用与满足认为受众是主动的，受众总是主动地选择自己所偏爱和需要的媒介内容和讯息，而且不同的受众还可以通过同一媒介讯息来满足不同的需要，达到不同的目的。

(1)使用与满足理论的主要观点。

1977 年，竹内郁郎在概括卡兹的理论的基础上提出了“使用与满足”过程的基本模式。其要点如下：

①受众为满足自身的心理、社会等需求接触使用媒介。

②在接触和使用媒介时需具备两个条件：a. 身边必须有电视机或报纸等物质条件；b. 媒介印象，即受众对这一媒介是否能满足自身需求的评价。

③根据上述两个条件，受众选择特定的媒介和内容进行使用。

④接触使用媒介后产生两种结果：a. 需求得到满足，b. 需求未满足。

⑤无论满足与否，接触使用媒介的过程都将对以后的媒介选择产生影响。

(2)互联网时代“使用与满足”理论的合理性与可行性。

①互联网时代“使用与满足”理论的合理性。

互联网时代，由于网络传播媒介本身就存在着这些巨大的优势，且随着网民规模持续扩大，互联网普及率平稳上升。网民在使用网络所提供的信息内容的同时，也渐渐地开始有意识地对网络本身进行了利用：人们使用网络媒介发布信息以满足表达的需求；使用网络媒介以开展各种活动；使用网络媒介参与和互动；使用网络媒介自我表达、价值实现和个性化满足等。因此，在互联网时代使用“使用与满足”理论考察人们对于网络媒介的接触和应用具有合理意义。

②互联网时代“使用与满足”理论的可行性。

“使用与满足理论”强调的是选择媒介的主动权应掌握在受众手中，而互联网的产生是在最大限度上满足了个人的信息需求。通过“使用与满足”理论分析受众对媒介的使用动机和获得需求满足的探究可以考察出大众传播给人类带来的心理和行为上的效用，它完全站在受众的立场，强调受众的作用，突出受众的地位。对网络中存在的该理论现象使得人们进一步认清了媒介可以产生认知或需求满足等不同层面的效果，这些效果对受众而言具有长期和深层的影响力。

(3)互联网时代“使用与满足”理论对新闻的内容生产的影响。

互联网时代与大众传媒时代最大的不同就是技术权的下放，为受众需求的满足的实现提供了技术保证。互联网在满足受众需求的过程中，受众的“使用与满足”理论也在推动媒介的发展，以新闻媒介为例，互联网时代的“使用与满足”理论对新闻的内容生产有多重影响。

①时间维度的改进，从定时到全时的发展。在当今信息社会，受众希望在第一时间获得最有效的讯息。互联网技术的发展大大简化了新闻发布环节，新闻媒介从原来“发布周期”走向每日定时定点发布，在技术和受众的进一步推动下，实现了“及时”传播，在一些突发事件和重大活动中，更是催生了与事件同步进行的“实时”传播。在最大限度上保障了受众对新闻时效性的需求。

②算法匹配下的“个人日报”。部分新闻媒介把个性作为算法的核心变量，凸显个人的喜好，据此定制个性化的“个人日报”。这在一定程度上会减少人们在信息消费中付出的时间和注意力成本，并且对用户需求的解读能力和匹配的精准度还会不断地提高。

# 第十一章　传播效果研究

## 11.1　复习笔记

### 【知识框架(庖丁解牛)】

- 传播效果研究
  - 传播效果研究
    - 传播效果的含义、层面和类型
    - 传播效果的研究课题和研究意义
    - 麦奎尔的三种理论
      - 常识理论
      - 现场理论
      - 社会科学理论
  - 传播效果研究的历史与发展
    - 早期的“子弹论”或“皮下注射论”
    - “传播流”研究与“有限效果论”
    - “说服性传播”的效果研究
    - 20 世纪 70 年代以后的宏观效果理论
    - 20 世纪 90 年代以后
  - 传播效果的产生过程与制约因素
    - 传播主体与传播效果
    - 传播技巧与传播效果
    - 传播对象与传播效果

### 【本章概要】

本章主要论述了传播效果研究的相关知识。本章考点以名词解释、简答题以及论述题为主，在学习时，需要着重对传播效果研究、传播效果研究的历史与发展、传播效果的产生过程与制约因素等内容加以把握。并深入了解“子弹论”“传播流”研究、“有限效果论”、创新与扩散理论、“休眠”效果等内容。

### 【考点难点归纳(厚积薄发)】

**考点一：传播效果研究　★**

**1. 传播效果研究概述**(见表 11-1)

**表 11-1　传播效果研究概述**

| 要点 | | 具体内容 |
|---|---|---|
| 传播效果的双重含义 | 微观含义 | 通过宣传或劝说的传播活动对受众的认知、心理和行为层面所引发的变化 |
| | 宏观含义 | 主要指在大众传播活动的作用下，信息接收者和社会环境所受到的全部影响和结果 |

续表

| 要点 | | 具体内容 |
| --- | --- | --- |
| 效果层面 | 传播效果 | 包括递进关系的三重效果：①知觉和认知层面效果；②心理和情感倾向层面效果；③言行层面上的效果 |
| | 大众传播社会效果 | 包括：①拟态环境认知和制约效果；②社会价值规范形成与监督效果；③公众行为引导效果 |
| 效果类型 | 包括：①符合传播者预期的短期效果；②符合传播者预期的长期效果；③与传播者意图无关的短期效果；④与传播者意图无关的长期效果 | |
| 研究课题 | 传播环节各因素相互作用后产生的课题包括：①传播者与传播效果；②信息内容与传播效果；③传播媒介与传播效果；④传播策略与传播效果；⑤受传者与传播效果 | |
| 研究意义 | 理论意义 | 发现和总结传播活动的规则和定律，强化对人类传播活动的学术认知 |
| | 实践意义 | 提供科学依据来指导媒介机构和新闻工作者的传播实践活动 |

## 2. D. 麦奎尔的三种理论(见表11-2)

**表11-2 D. 麦奎尔的三种理论**

| 三种理论 | 具体内容 |
| --- | --- |
| "常识理论" | 公众在接触和使用媒介时，其亲身体验后所形成的想法和主张，会通过评价的方式影响大众媒介的传播活动 |
| "现场理论" | 是传媒专业工作者所奉行的行业规范，此理论直接决定着大众媒体的经营状况和信息传播工作的正常推进 |
| "社会科学理论" | 以传播学理论为主，是相关学者对传播活动及其效果进行量化和质性研究后，所获得的系统性结论。其影响包括三部分：①影响公众，促使其对大众传媒的活动行使舆论监督权；②影响传媒工作人员，培养他们铁肩担道义的责任感；③影响传播法的制定和执行，为媒介经营和传播管理相关法律法规的出台和修订提供学术参考 |

# 考点二：传播效果研究的历史与发展 ★★★★★

## 1. 早期的"子弹论"或"皮下注射论"(见表11-3)

**表11-3 早期的"子弹论"或"皮下注射论"**

| 要点 | | 具体内容 |
| --- | --- | --- |
| 产生背景 | 时代背景 | 20世纪初，大众传播媒介得到了前所未有的发展，普及并渗透到人们的日常生活中。作为获得外界信息的主要渠道，受众对大众传媒产生了强烈的依赖和崇拜心理 |
| | 理论背景 | 心理本能反应机制和社会成员原子化理论的盛行 |
| 主要观点 | 传播媒介是万能的，受众成员是一个个孤立的人，处于消极被动的地位，只要大众媒介的枪口对准他们，就像子弹击中身体、药剂注射皮肤一样，对其产生立竿见影的效果。进而能够控制人们的思想和心理，甚至直接支配受众的行动 | |
| 缺陷 | 是一种唯意志论的倾向，认为控制了传媒也就控制了大众。该理论将大众传播的威力过分放大，却忽视了其他影响因素对传播效果的作用，否定了受众自身的能动性和选择偏好 | |

## 2. “传播流”研究与“有限效果论”

（1）伊里县调查，具体见表 11-4。

**表 11-4 伊里县调查**

<table>
<tr><th>要点</th><th colspan="3">具体内容</th></tr>
<tr><td>概述</td><td colspan="3">拉扎斯菲尔德等人在 1940 年美国总统大选期间，围绕大众传播的竞选宣传影响，在美国伊里县对选民投票意向进行了实证调研，该研究被称为“伊里县调查”。研究结果于 1944 年首次出版，著作名为《人民的选择》</td></tr>
<tr><td rowspan="5">发现</td><td>“政治既有倾向”假说</td><td colspan="2">政治既有倾向指受众在接收媒介宣传之前所持的政治立场倾向。当人们在就政治问题进行决策之际，他们的选择并不受制于短期的宣传活动和大众传播，而是基本取决于人们既有的政治立场和态度</td></tr>
<tr><td rowspan="2">意见领袖</td><td>定义</td><td>指拥有活跃的人际关系网络，能够主动接受新讯息，并传播带有一定主见或批判性的信息，从而在一定程度上影响他人态度，或改变他人行为的人</td></tr>
<tr><td>特征</td><td>①意见领袖只是在媒介环境中被赋予了领袖地位，其与被影响者一般处于水平关系而非垂直关系，否则难以沟通。<br>②意见领袖并不局限于某一群体或阶层，而是散布在社会各个群体和阶层之间。<br>③意见领袖可以在一个或多个领域施加影响。<br>④意见领袖交际广泛，有多个渠道吸收媒介讯息，同大众传播的联系紧密</td></tr>
<tr><td>两级传播理论</td><td colspan="2">①媒介信息先从广播和报刊流向人群中有影响力的舆论领袖，再通过这些舆论领袖的“过滤”和“加工”后到达与舆论领袖有社会接触的个体。这种信息从“大众传媒→舆论领袖→受众”的传播过程就是两级传播。<br>②在对农村中新事物的调查中，罗杰斯把“传播流”划分为“信息流”和“影响流”，认为信息经由前者的“一级传播”可直达受众，但在影响的发挥上，却要经过人际传播的多重过滤，形成“多级”或“N 级”传播</td></tr>
<tr><td>大众传播效果类型</td><td colspan="2">①无变化。<br>②小变化。<br>③强化或“补强”效果。“补强”即大众传播对受众心理既有立场的巩固和加强效果。大众传播不是影响受众唯一的动因，受传者有其能动性和选择偏好。大众传播最明显的作用并非逆转受众态度，而是加强和维护其现有的社会和政治信念。强化效果理论是有限效果论的核心观点之一。<br>④结晶。指那些非强烈固守观点的人，在接收到强化自己决定的信息后，态度逐渐明确的效果。<br>⑤改变。指新讯息与受众现有知识看法不同，通过大众媒体的宣传使受传者调整现有的认知，以适应传播者的观点。</td></tr>
<tr><td>结果</td><td colspan="3">①在大众媒体的影响下，只有极少数的选民放弃了最初支持的立场，这说明大众媒体的宣传大多只能明确或强化选民之前的政治立场和态度，很难将其改变。<br>②个人既有政治倾向和态度、社会属性和地位、宗教信仰等都会对选民投票产生影响。<br>③IPP 指数（政治既有倾向指数）进一步说明，人的既有政治倾向还是在很大程度上影响着他们的媒介接触</td></tr>
</table>

（2）创新与扩散理论，具体见表 11-5。

**表 11-5　创新与扩散理论**

| 要点 | 具体内容 |
|---|---|
| 理论概述 | 1962年，罗杰斯等人发表了研究报告《创新与普及》，这项研究对大众传播和人际传播作用进行了比较，同时对两级传播的概念做了重要的补充和修正。通过深入调查了解农村对新事物的接受和传播过程，罗杰斯总结出了新技术在社会系统中传播扩散的方式，提出"创新与扩散理论" |
| 主要观点 | ①在创新向社会推广和扩散的过程中，信息技术能够有效地提供相关的知识和信息，它经由大众传播可直达受众，但在说服人们接受和使用创新方面，人际传播则更为直接有效，因此创新推广的最佳途径是将大众传播和人际传播结合起来加以应用。<br>②"创新扩散"过程由四个环节构成：获悉、说服、决策、确认。<br>③大众传播扩散过程通常伴随着独特的S型曲线模式，这个模式在早期速度很慢，当接触程度达到一半时开始加速，而靠近最大饱和点时速度又放缓 |
| 理论启示 | ①大众传媒的影响力在信息扩散初期要最大化使用，将信息快速、广泛地传播出去。<br>②在人们接触和了解新事物之后，尽量在已有人际资源范围内作出安排，借助人际传播的能动性进行说服性宣传，以实现传播目的。<br>③进行创新的扩散时，要同时采用大众传播与人际传播。但是由于本理论缺少令人信服的解释，本质上是一个偏理想性的传播模型，在实践中会遇到一些例外 |

(3)"有限效果论"，见表11-6。

**表 11-6　"有限效果论"**

| 要点 | 具体内容 |
|---|---|
| 理论概述 | 1960年，克拉帕在《大众传播效果》一书中，提出"五项一般定理"。有限效果论认为，媒介绝不是不可抗拒的，而是只有比较有限的效果，因为在运行过程中，它们不得不穿越迷宫一样的模型和影响因子。这是对盛极一时的魔弹论的挑战与质疑 |
| 主要观点 | ①一般情况下，大众传播并非作为影响受众的必要而充分的条件存在，而是通过一连串中介因素和影响来起作用。个人、团体和阶级的属性以及社会组织，都可能对效果产生影响，而传播的主要效果是调节各因素之间的联系。<br>②大众传播最核心的作用是对受众已有态度的加强。即便有其他中介因素作为辅助的动因，大众传播都只能起到强化的作用，而很难导致变革。<br>③大众传播有时的确能起到改变现状的作用，但需要满足以下两种条件之一：a. 中介因素未起作用，媒介直接产生效果；b. 通常起强化作用的中介因素发生功能转化，成为促进变革的因素。<br>④受众差异性和主动性得以彰显，受众学会根据自己的偏好选择信息。<br>⑤传播效果的产生受到传播本身的因素(信息源、媒介文本的结构、媒介性质)以及公共舆论氛围等其他因素的影响 |
| 理论评价 | ①"有限效果论"是基于一系列量化研究成果而总结出的理论观点，但还是处于行为主义的"刺激—反应模式"所界定的研究框架之内。该理论过分贬低了大众传播的效果，它认为大众传播往往受到多方因素的制约，而很难发挥影响作用。其实在某些情况下，大众传播可能有相当显著的效果。<br>②其缺陷有：a. 只注重大众传播对受众态度和意见的影响，而忽视了对接受者的认知结构变化的分析；b. 只研究了大众传播的短期效果，几乎不研究它的长期效果。只完成了对事实的描述而并没有真正完成对事实的解释，还有许多问题有待进一步研究 |

**3. “说服性传播”的效果研究**

(1)“说服性传播”的效果，又称传播的说服效果，是指传播者通过说服性宣传，使受众的态度发生转变，从而满足自己的传播意图和目的的效果。它是一种“纯效果”。

(2)霍夫兰的心理实验——探究说服效果产生的制约条件。研究首先明确了传播过程中重要的变数，然后用仔细的试验去检测该变数与其他变数的关系。实验结论：效果的形成并不仅仅依靠于传播者的宣传意图，而是受到传播主体、信源可信度、说服策略、受众特质等各种因素的制约。

**4. 20 世纪 70 年代以后的宏观效果理论**

(1)进入 70 年代后，在传播媒介的广泛影响下，“有限效果论”受到传播学研究者的批判和反思，同时诞生了许多新的传播效果研究模型，其中包括议程设置理论、沉默的螺旋理论、知沟理论、教化分析以及第三人效果等。

(2)特点：

①传媒的影响由显在变为潜在，传媒的长期效果也越来越容易观察。研究视角从上一阶段的短期效果，转向于探索大众传播综合的、较长期的宏观社会效果。

②传媒强大的影响力重新回到研究视野之中。

③信息技术的发展，尤其是电视媒介的出现，为新理论的诞生创造了条件。

**5. 20 世纪 90 年代以后**

20 世纪 90 年代以后，媒介技术迅猛发展，媒介对社会变革的影响更加深刻。因此传播效果研究逐渐从大众传播学转向媒介环境学，重点研究信息技术对人类社会面貌的改变。

**【考点扩展】网络意见领袖**

在社会线索缺失的互联网环境中，作为高影响力者，网络意见领袖想要发挥其个人影响力，首先必须成为网络空间中的活跃分子。只有活跃的信息交换行为，才能使他们的思想和观点扩散到较大的范围以及影响更多的人。因此，网络意见领袖来源于网络活跃分子。网络意见领袖的特征有：①网络意见领袖与受其影响者处于同一群体并拥有共同的兴趣爱好。②网络意见领袖与受其影响者之间的关系缺乏稳定性。③网络意见领袖都具有出色的表达能力。④网络意见领袖都具有某种专长。

## 考点三：传播效果的产生过程与制约因素 ★★★★

**1. 传播主体与传播效果**(见表 11-7)

**表 11-7　传播主体与传播效果**

| 要点 | 具体内容 |
| --- | --- |
| 信源可信性效果 | ①可信性包含：a. 传播者的信誉，即能否将信息真实、客观、公平地进行传播；b. 传播者的威望，即从传播者的身份和从业经验出发，判断其对特定问题是否具有发言的权力和资格。以上是判断信源可信性的基础。<br>②可信性效果：信源可信性对受众理解传播内容不产生影响，而主要对是否接受传播的结论产生影响。一般认为信源的可信度越高，其说服效果越强 |

续表

| 要点 | 具体内容 |
| --- | --- |
| “休眠”效果 | 可信度低的信源发出的信息，受到可信性的反效果，其内容本身的说服力发挥的作用不高，从而使信息处于“休眠”状态。随着时间的推移，之前对信源的信任差异逐渐消失，传播内容本身的说服力逐渐显现。因此，信源的可信度对信息的即时效果具有十分重要的影响，而从长远来看，内容本身的说服力起最终作用 |

**2. 传播技巧与传播效果**

(1)“一面提示”与“两面提示”，见表11-8。

**表11-8 “一面提示”与“两面提示”**

<table>
<tr><th>要点</th><th colspan="3">具体内容</th></tr>
<tr><td rowspan="3">“一面提示”</td><td>含义</td><td colspan="2">指在对某些争议问题进行劝说或宣传之际，仅向传播对象陈述己方的观点或利己的论证材料</td></tr>
<tr><td rowspan="2">评价</td><td>优点</td><td>能够直接阐述己方观点，表达意思简明扼要</td></tr>
<tr><td>缺点</td><td>容易给人以盛气凌人之感，使被说服对象在心理上产生抗拒</td></tr>
<tr><td rowspan="4">“两面提示”</td><td>含义</td><td colspan="2">指在展示己方观点或有利论证的同时，也以某种方式引出“敌对论点”或于己不利的材料</td></tr>
<tr><td>免疫效果</td><td colspan="2">“两面提示”由于提前说明驳斥的论述，这种“说明”就像打好预防针一样，使听众能够抵御对手的劝说</td></tr>
<tr><td rowspan="2">评价</td><td>优点</td><td>角度全面，将两种立场均做说明，让人感到公平，同时能够使受众提前对反方观点“免疫”</td></tr>
<tr><td>缺点</td><td>它的论旨相对复杂，对受众的理解能力有较高要求</td></tr>
</table>

(2)“明示结论”与“寓观点于材料之中”，见表11-9。

**表11-9 “明示结论”与“寓观点于材料之中”**

<table>
<tr><th>要点</th><th colspan="2">具体内容</th></tr>
<tr><td rowspan="2">明示结论</td><td>优点</td><td>表达观点明确，使读者能够知晓传播者的目的和态度</td></tr>
<tr><td>缺点</td><td>行文较为突兀而容易引起读者反感</td></tr>
<tr><td rowspan="2">寓观点于材料之中</td><td>优点</td><td>给读者自己总结结论的感觉，可使他们在无意识的情况下被作者观点所影响</td></tr>
<tr><td>缺点</td><td>不明示结论模糊了文章主旨，升级了理解难度，读者很难揣测作者的意图</td></tr>
<tr><td>二者说服效果对比</td><td colspan="2">①在话题和意义比较复杂的情况下，将结论明示比暗示的效果要好。<br>②面对文化水平和认知能力较弱的对象，应该把结论讲得明白无误。<br>③让受众自己总结作者意图的方法，更适用于论题简单，意义明确或读者有一定知识积累、擅长阅读理解的场合</td></tr>
</table>

(3)“诉诸理性”与“诉诸感情”以及警钟效果，见表11-10。

**表11-10 “诉诸理性”与“诉诸感情”以及警钟效果**

<table>
<tr><th>要点</th><th colspan="2">具体内容</th></tr>
<tr><td rowspan="2">“诉诸理性”与“诉诸感情”</td><td>“诉诸理性”</td><td>指借助慢节奏的说理，冷静地阐述事实，运用合乎逻辑的言辞来传达说服意图</td></tr>
<tr><td>“诉诸感情”</td><td>主要通过表达情感来打动受传者，使其接受特定场面或氛围的感染，以达到预期的效果</td></tr>
</table>

续表

| 要点 | 具体内容 | |
|---|---|---|
| “诉诸理性”与“诉诸感情” | 关系 | 两者没有明确的优劣之分，面对不同的对象和情境，需要见机行事 |
| 警钟效果（恐惧诉求） | ①警钟效果是指在紧急关头先引发受传者紧张的情绪，然后通过提出新意见和方法消除他们的紧张感，促使他们的感知和应变能力发生一定方向的变化，以达到说服效果。<br>②“敲警钟”对受传者态度和行为均具有影响效果：<br>a. 它对事物后果的强调能够在最大限度上，引起人们的注意，促使他们接受传播者希望传播的内容；<br>b. 它所造成的紧迫感可促使接受者认为讯息中所推荐的行为可以解决威胁，因而迅速采取相应行动。<br>③研究表明，中等强度的恐惧诉求更具有劝服效果，重度的恐惧诉求效果最差，容易引发对象自身的防卫性反应，从而无法实现传播意图。因此“敲警钟”要掌握好分寸，不可造成过度恐慌 | |

**3. 传播对象与传播效果**（见表 11-11）

**表 11-11　传播对象与传播效果**

| 要点 | 具体内容 | |
|---|---|---|
| 传播对象的属性 | 包括：①社会人口统计学属性；②人际关系网络；③群体归属关系和群体规范；④性格、品性等个人特质；⑤个人以往积累的经验和经历等 | |
| 意见领袖的作用 | 在大众传播效果形成时，起着中介或过滤媒介讯息的作用 | |
| 群体归属和群体规范的影响 | ①作为现实社会关系网络的群体：个人因为共同爱好或信仰而聚集成为群体，在这个共同体中，除意见领袖的个人影响之外，受众所属的团体及其规范，具有补充或抵消大众传播劝说力的制约作用。群体归属感越强，与群体的价值观越不一致的观点越难改变群体成员。<br>②作为个人行为的情感寄托的群体：群体规范是过去和现在的群体归属关系所产生的纪律、信仰、行为模式的无意识内化。很多看起来完全出于个人选择的行为，其实是群体形成的行为规范的作用 | |
| 受传者的特质与传播效果 | 可说服性 | ①与特定话题相关的可说服性，受传者对于不同话题的意见接受度存在差异。<br>②与特定宣传策略或场景相关的可说服性。<br>③一般可说服性，即不受话题或宣传策略的直接影响，而与受传者个人特质密切相关的可说服性 |
| | 自信心假说 | 是贾尼斯从自信心角度对受传者个性与一般可说服性的关系进行研究后得出的结论。研究结果表明：自信心的强弱和劝服成功率的高低呈反比关系：一个人越有自信，那么他对自己意见的支持度就越高，极少改变主意；反之，越不自信的人，极容易被劝说 |

# 11.2　课后习题详解

**1. 什么是传播效果？它有哪些含义？**

**答：**传播效果是指受众在接收了传播媒介传递的信息后，在思想感情、立场态度、行为举止等方面所发生的变化。在社会信息的流动及社会信息系统的运行下，媒介对传播对象和社会环境均起到有效影响，传播效果研究涵盖多重理论和不同层面。

在传播学研究领域，传播效果具有双重含义：

(1)从狭义和微观方面看，传播效果是通过宣传或劝说的传播活动对受众的认知、心理和行为层面引发的变化。此类传播效果通常反映了传播者在进行生产和流通时所设定的预期目标。

(2)从广义和宏观方面看，主要指在大众传播活动的作用下，信息接收者和社会环境所受到的全部影响和结果，无论显性还是隐性、有意抑或无意、直接或者间接。

传播效果概念的双重含义，反映了这项研究相互关联又存在差异的两个主要分析角度。前者是对详细效果的陈述，主要研究大众传播过程对受传者和社会环境所产生的具体效果；后者是对它综合、全面过程的考察，重点研究传播系统的整体运行所带来的综合效果。在大众传播效果研究领域，学者更侧重于讨论其对社会发展变化的宏观影响。

**2．传播效果分为哪些层面？大众传播的社会效果的三个层面是什么？**

**答：**(1)传播效果按照逻辑上的递进顺序可以分为三个层面：

①知觉和认知层面效果。外部信息作用于人们的感官而在头脑中引起的知识量的增加和逻辑思维的变化。

②心理和情感倾向层面效果。传播内容通过对个人认识系统和价值体系产生影响，引发其心理或态度发生变化的结果。

③言行层面上的效果。指前两个层面发生变化后，从个人的言辞和行动所体现出的外显改变。从认知到态度再到行动，是传播效果形成、强化和显现的过程。

(2)大众传播活动的社会效果包括以下三个层面：

①拟态环境认知和制约效果。大众传播活动形成了拟态的信息环境，即公众从媒介中接触到的环境并不是客观环境镜子式的再现。大众媒介承担着为公众生产和传播即时信息的职能和责任，但它们通过对新闻和信息进行有意图地选择、生产、加工和流通后，创造的是被重新结构化的环境。大众媒体的这种作用在无形之中制约着人的认知和行为，影响着人们对周围环境的印象。这种社会观察受到制约的传播效果，被称为“视野制约效果”。

②社会价值规范形成与监督效果。大众传媒所传达的新闻和信息，通常包含着对社会现象和问题好与坏、应该与否的价值判断，影响着人们认知系统中概念和价值观的形成。大众媒体的宣传和批判通常起着形成与维护社会价值标准的作用。这种作用是通过媒体的舆论引导职能发挥出来的，它可以通过制造舆论形成新的社会秩序和行为规范，又可以通过社会舆论监督来调整现有的规定和范式。

③公众行为引导效果。除了对认知和价值观的影响，大众传播的效果还表现在社会行为示范层面。它们通过信息的报道和广泛传播，向社会公众提示具体的行为规范和方式，引发受众的纷纷效仿，强化其对行为模式的学习。

**3．联系实际，举例说明什么是传播的逆反效果。**

**答：**(1)传播逆反效果的内涵。

传播的逆反效果是指受众在接触、接受传播信息的过程中，由于原有立场、观点、所处的实际情况的影响，而产生与传播者愿望相反的心理对抗。

①受众的逆反心理主要表现为对所接收内容或传播者的反感、质疑、厌恶乃至否定、排斥，这种态度倾向导致传播过程受到阻碍甚至产生相反效果。具体的表现为：不接收外来信息；驳斥或故意歪曲外来观点；贬损传播者和寻求社会支持。

②导致受众产生逆反心理的原因是多方面的，主要表现为两个方面：a. 受众方面，受众对客观存在的事物现象和问题所持的判断呈相反性趋向，或者受众对所传事物表现的情感与传播者的情绪相背离。b. 传播者方面，当传播内容失实、虚夸、片面或极端，传播方式不当时，都会诱发受众的逆反心理。

逆反效果是新闻传播中的一种失误，应该尽力加以避免。

(2)传播的逆反效果示例。

有位学者在从事一项有关大众传媒的艾滋病报道对青年大学生传播效果的研究中发现，一些大学生受访者对濮存昕的艾滋病公益广告和李宇春担任艾滋病慈善大使的新闻报道持怀疑和抵触的态度。

一位受访者不认同濮存昕的广告宣传，在既有的艾滋病预防知识的基础上，该受访者认为为自己安全考虑，以防万一，要将艾滋病人集中隔离，至少自己不会去接触艾滋病人，并反感这样的公益广告，认为加重了健康人患病的风险。由于受众方面的原因，对该大学生的传播效果与广告者呼吁全社会善待、关爱艾滋病人的初衷恰恰相反，为逆反效果。另一位受访者表示看到过李宇春担任艾滋病慈善大使的新闻报道，认为那是李宇春的个人炒作或媒体的明星炒作，对此很反感，关爱艾滋病人应杜绝新闻炒作。这一逆反效果的产生既与该受访者既有的认知结构有关，也与媒体过分集中报道有关。

**【真题链接】**试述大众传播社会效果三层面。（中山大学2014年研；华南理工2013年研）

**4. 考察具体过程的传播效果之际，应留意哪些环节和要素？**

**答：**每一个完整的传播过程都是由传播主体、信息内容、传播媒介、传播策略、传播对象等单位和环节组成的，传播效果实际上是这些环节和要素相互影响的结果。因此，考察传播效果的具体呈现，应从以下要素入手：

(1)传播者与传播效果——考察传播者(包括媒体经营管理和内容生产工作者)的特性，他们在信息的搜集、选择、生产过程中所起的作用，以及传播主体的品格与权威性等对传播效果的影响。

(2)信息内容与传播效果——考察内容的话题、立场、价值输出等信息本质因素与传播效果的相关性。常用的研究方法是文本分析和话语分析。

(3)传播媒介与传播效果——信息是通过语言、文字、声音、图像、视频等介质传递的。考察这些传播载体或代表符号的意义、功能和效果，是本环节的重点。

(4)传播策略与传播效果——传播技巧是指通过说服性宣传引起公众注意，诱导其学习并效仿相应行为，从而实现传播者愿望和意图的手段，包括内容提示法、诉诸理性法、诉诸情感法等，此类研究对传播实践有很强的指导意义。

(5)受传者与传播效果——受传者并不是完全受制于传播者的单向接受者，相反，受传者的本质特性影响和控制着传播效果。受传者的属性不仅包括性格、爱好、需求等个人属性，同时包括他们的人际关系、群体归属等社会属性。这些个人属性和群体属性对传播效果产生了重要的作用。

**5. 什么是关于大众传播的影响和效果的“常识理论”“现场理论”和“社会科学理论”?**

**答:**“常识理论”“现场理论”和“社会科学理论”是英国传播学者麦奎尔针对大众传播的效果和影响问题提出的三种理论，其主要内容参见本章考点难点归纳相关内容。

社会科学理论不仅规避了“常识理论”的直接性和发散性，又不同于“现场理论”具有强烈的专业主义偏向。其本质在于，在大众媒体发挥宣传和引导作用后，从相关要素和环节对其实施制约，从而防止媒体垄断话语权而造成的危害。

**6. 什么是“子弹论”或“皮下注射论”? 它们反映了什么样的大众传播效果观?**

**答:**参见本章考点难点归纳相关内容。

**7. 试析“有限效果论”。**

**答:**参见本章考点难点归纳相关内容。

**【真题链接】**

(1)“有限效果论”包括关于大众传播效果的哪五项一般定理? 请逐项开列。(厦门大学2007年研)

(2)简述“有限效果论”的五个基本定理。(南京师大2018年研)

(3)传播效果从魔弹论发展到现在的有限效果论。(辨析题，西南财大2021年研)

**8. 简述以下概念和范畴：政治既有倾向假说、选择性接触、传播流、意见领袖、两级传播、“强化效果”或“补强”效果、“结晶”效果、传播效果的中介因素。**

**答:**(1)政治既有倾向假说。

参见本章考点难点归纳相关内容。

(2)选择性接触。

选择性接触是指受众并不是毫无区别地对待任何媒介内容，而是更倾向于支持那些与自己心理倾向相同或靠近的媒介内容；选择性接触行为的结果更容易在补强人们原有态度和立场，而并非改变他们的认知。这是拉扎斯菲尔德等在《人民的选择》中提出的概念。

(3)传播流。

“传播流”(communication flow)是指由大众传媒发出的信息，经过各种因素的中介作用，最终“流”向受传者的社会过程。拉扎斯菲尔德等人的《人民的选择》、卡兹等人的《个人影响》、罗杰斯的《创新与普及》以及克拉帕的《大众传播效果》是“传播流”研究的代表性成果。这些研究揭示了大众传播效果形成的众多制约因素，对否定“子弹论”起了重要作用。但由于过于强调媒介效果的无力性，后来被称为“有限效果论”。

(4)意见领袖。

参见本章考点难点归纳相关内容。

(5)两级传播。

参见本章考点难点归纳相关内容。

(6)“强化效果”或“补强”效果。

参见本章考点难点归纳相关内容。

(7)“结晶”效果。

参见本章考点难点归纳相关内容。

(8)传播效果的中介因素。

“中介因素”的概念是由传播学者卡兹和拉扎斯菲尔德在《个人影响》一书中提出的。他们认为，大众传播效果受到以下四种“中介因素”的制约和影响：

①选择性接触行为——受众对大众传播的信息会进行选择性注意、选择性理解和选择性记忆三个层次的过滤。这个机制充分体现了受众的能动性，说明受众更愿意接受与自己观点相符合的宣传内容，而他们选择回避的内容很难对其产生传播效果。

②媒介本身的特性——传播信息的渠道会影响传播的范围和效果。

③讯息内容——生产和加工信息时所使用的言辞和表达、方法和策略，都会影响传播效果。

④受众本身的属性——受众自身的立场和态度、他们所处群体的行为规范以及群体中意见领袖的引导，都会制约大众传播效果的发挥。

**9. 什么是“说服性传播”的效果研究？其代表学者和主要贡献是什么？**

**答：**(1)“说服性传播”的效果研究“说服性传播”的效果，又称传播的说服效果，是指传播者通过说服性宣传，使受众的态度发生转变，从而满足自己的传播意图和目的的效果。它是一种“纯效果”。在20世纪40年代至60年代，“说服性传播”效果研究是传播效果研究的一个重要领域。

(2)代表学者和主要贡献。

①代表学者。

“说服性传播”的效果研究的代表性学者是耶鲁大学心理学教授霍夫兰，他在二战期间进行的一系列军队心理实验，是关于大众传播说服效果最早的实证研究。

②主要贡献。

霍夫兰致力于考察说服效果的形成“条件”，揭示了效果的形成并不简单地取决于传播者的主观愿望，而是受到传播主体、信息内容、说服方法、受众属性等各种“条件”的制约。霍夫兰的研究以实验心理学为核心方法体系，其相关研究成果有：一面提示和两面提示、预防接种效果、休眠效果、恐惧诉求效果等。这些研究成为否定“子弹论”效果观的有力证据。

此后，在传播效果研究领域，霍夫兰的心理实验法和拉扎斯菲尔德的抽样调查法一起成为主要的实证调研方法。

**【真题链接】**霍夫兰的说服模型。(深圳大学2021年研；广外2021年研)

**10. 谈谈传播效果研究的发展过程和效果观的变化。**

**答：**参见本章考点难点归纳相关内容。

**【真题链接】**传播效果研究的历史和发展。(电子科大2021年研)

**11. 试述信源的可信性对传播效果的影响。**

**答：**从宣传或说服的角度而言，即便是相同内容的信息，不同的传播者，对于它的接受程度也不尽相同。这是因为，人们首先要从传播主体自身的特质对信息的可信度和价值做出判断。这就是信源的可信性对传播效果的影响。具体参见本章考点难点归纳相关内容。

**12. 试述传播技巧与传播效果的联系。**

**答：**参见本章考点难点归纳相关内容。

**【真题链接】**论述传播技巧与传播效果的联系。(中国政法大学2022年研)

**13. 试述传播对象的属性对传播效果的制约作用。**

**答：**参见本章考点难点归纳相关内容。

**14. 谈谈意见领袖的特点及其在大众传播效果形成过程中的作用。**

**答：**参见本章考点难点归纳相关内容。

**【真题链接】**简述意见领袖的特征。(南昌大学2020年研)

**15. 简述以下概念和范畴："休眠效果""一面提示"与"两面提示""免疫"效果、诉诸理性与诉诸感情、恐惧诉求(警钟效果)、自信心假说。**

**答：**(1)休眠效果。

"休眠效果"是霍夫兰等人提出的一个概念，它是指这样一种现象：可信度低的信源发出的信息，受到可信性的反效果，其内容本身的说服力发挥的作用不高，从而使信息处于"休眠"状态。随着时间的推移，之前对信源的信任差异逐渐消失，传播内容本身的说服力逐渐显现。因此，信源的可信度对信息的即时效果具有十分重要的影响，而从长远来看，内容本身的说服力起最终作用。

(2)一面提示与两面提示。

①一面提示是指在对某些争议问题进行劝说或宣传之际，仅向传播对象陈述己方的观点或利己的论证材料。

其优点在于能够直接阐述己方观点，表达意思简明扼要。其缺点在于容易给人以盛气凌人之感，使被说服对象在心理上产生抗拒。

②两面提示是指在展示己方观点或有利论证的同时，也以某种方式引出"敌对论点"或于己不利的材料。

这种方法的优点在于角度全面，将两种立场均做说明，让人感到公平，同时能够使受众提前对反方观点"免疫"。即使听众能够抵御对手的劝说。其缺点在于它的论旨相对复杂，对受众的理解能力有较高要求。在提示对方观点时如把握不好分寸，反而容易造成为对方做宣传的结果。

(3)免疫效果。

免疫效果是传播学者拉姆斯丁和贾尼斯在考察传播技巧对传播效果的影响时提出的概念，它是指在进行说服或宣传之际，使用"两面提示"的说法，由于提前说明驳斥的论述，这种"说明"就像打好预防针一样，使听众能够抵御对手的劝说。

(4)诉诸理性与诉诸感情。

"诉诸理性"是指借助慢节奏的说理，冷静地阐述事实，运用合乎逻辑的言辞来传达说服意图。"诉诸感情"主要通过表达情感来打动受传者，使其接受特定场面或氛围的感染，以达到预期的效果。两者没有明确的优劣之分，面对不同的对象和情境，需要见机行事。因此，对传播对象的充分了解是实现传播预期的重要前提。

(5)恐惧诉求(警钟效应)。

警钟效果是指在紧急关头先引发受传者紧张的情绪，然后通过提出新意见和方法消除他们的紧张感，促使他们的感知和应变能力发生一定方向的变化，以达到说服效果。研究表明，中等强度的恐惧诉求更具有劝服效果，强度的惧怕诉求效果最差，容易引发对象自身的防卫性反应，从而无法实现传播意图。因此敲警钟要掌握好分寸，不可造成过度恐慌。

(6)自信心假说。

自信心假说是贾尼斯从自信心角度对受传者个性与一般可说服性的关系进行研究后得出的结论。他借鉴临床试验的研究方法，以“社会不安感”“委曲求全性向”和“感情抑郁程度”为考察自信心强弱的三项指标，就公众自信心强弱与其可说服性的关系进行了定量实验。

研究结果表明：自信心的强弱和劝服成功率的高低呈反比关系：一个人越有自信，那么他对自己意见的支持度就越高，极少改变主意；反之，越不自信的人，极容易被劝说。这一模型被称为“自信心假说”。

## 11.3　考研真题与典型题

### 11.3.1　概念题

1. 子弹论(武汉理工 2010 年研)

2. 《人民的选择》(北京师大 2012、2010 年研)

相关试题：简述拉扎斯菲尔德在《人民的选择》中提出的理论假说。(简答题，北工商 2021 年研)

3. 传播流(南林 2019 年研；四川大学 2018 年研；厦门大学 2015 年研；西北大学 2015 年研)

4. 意见领袖(中山大学 2019 年研；北工商 2019 年研；北大 2018 年研；北京师大 2018 年研；浙大 2017 年研；湖北大学 2017 年研；华东师大 2014 年研；南开大学 2011 年研；厦门大学 2011 年研；中山大学 2011 年研)

5. 两级传播(暨南大学 2021、2019 年研；西南大学 2018 年研；中南大学 2017 年研；厦门大学 2016 年研；上海交大 2015 年研；华中师大 2015 年研；清华大学 2014 年研；上海大学 2013 年研；北大 2010 年研)

6. 有限效果论(上财 2010 年研)

7. 可信性效果(武大 2004 年研)

8. 休眠效果(西北大学 2021 年研；南京师大 2019 年研；华东师大 2018 年研；上海理工 2017 年研；中山大学 2014 年研；中传 2011 年研；电子科大 2011 年研)

9. 恐惧诉求(上海师大 2019 年研；北京师大 2008 年研)

10. “一面提示”与“两面提示”(湖南大学 2014 年研；中国政法大学 2008 年研)

11. 宣传策略中的“洗牌作弊法”(card stacking)(华南理工 2010 年研)

### 11.3.2　简答题

1. 试从创新与扩散理论的角度，阐述知乎大 V 的形成特点。(武大 2018 年研)

2. 简述意见领袖的作用及在传播中所起的作用。(华南理工 2018 年研)

3. 试述“伊里调查”的理论成果。(南开大学 2010 年研)

相关试题：伊里调查(名词解释，辽宁师大2021年研)

4. 大众传播研究中的"两级传播"理论是在什么样的研究背景下提出来的？它的提出对传播效果研究产生了怎样的冲击？(北大2008年研)

5. 网络意见领袖的特征。(华科2019年研；人大2011年研)

相关试题：意见领袖如何形成。网络意见领袖与传统意见领袖的区别。(北大2013年研)

6. 罗杰斯(E. Rogers)的创新扩散理论(diffusion of innovations)把个体采纳创新的过程分为哪几个阶段？他把创新的采用者分为哪几类？(清华大学2007年研)

相关试题：简述创新与扩散理论中"创新扩散"的过程。(西南交大2018年研)

7. 简述"创新扩散"假说与社会变革的关系。(北大2004年研)

8. 简要论述人际网络在创新的扩散中有何作用。(人大2011年研)

9. 简述20世纪90年代后媒介效果研究的新进展。(北大2010年研)

### 11.3.3 论述题

1. 请结合具体实例分析传播技巧和传播效果之间的关系。(山东大学2016年研)

相关试题：试论述传播技巧与传播效果的关系。(华科2018年研)

2. 传播效果研究经历了哪些阶段？各有哪些代表性的研究？(中山大学2017年研)

相关试题：

(1)简述传播效果研究的发展历程。(简答题，中国传媒大学2018年研)

(2)传播效果研究的历程和内容。(辽宁大学2021年研)

## 11.4 考研真题与典型题详解

### 11.4.1 概念题

**1. 子弹论**(武汉理工2010年研)

**答：**参见本章考点难点归纳相关内容。

**2.《人民的选择》**(北京师大2012、2010年研)

**相关试题：简述拉扎斯菲尔德在《人民的选择》中提出的理论假说。**(简答题，北工商2021年研)

**答：**《人民的选择》是指拉扎斯菲尔德与其同事共同完成的传播学著作，于1944年首次出版。拉扎斯菲尔德等人在1940年美国总统大选期间，围绕大众传播的竞选宣传，对选民投票意向的影响进行了实证调查，《人民的选择》就是对该研究结果的阐述和分析。因为调研地点选在俄亥俄州的伊里县，所以也有学者称之为"伊里调查"。研究发现媒体在总统大选中的传播效果并没有想象的那么显著，由此还提出了著名的"意见领袖"概念和"两级传播理论"。该研究直接否定了"子弹论"，开创了有限效果论的时代。

**3. 传播流**(南林2019年研；四川大学2018年研；厦门大学2015年研；西北大学2015年研)

**答：**传播流(communication flow)是指由大众传媒所传达的信息，经过各种因素的中介作用，最终"流"向传播对象的社会过程。这一研究的核心著作有拉扎斯菲尔德等人的《人民的选择》、卡兹等人的《个人影响》、罗杰斯的《创新与普及》，以及克拉帕的《大众传播效果》。“传播流”可以区分为“信息流”和“影响流”，“信息流”可以是一级的，即媒介信息可以无条件抵达普通受众；“影响流”是多级的，即媒介的影响需要经过所处共同体中意见领袖的中介作用才能影响普通受众。“传播流”研究强调人际传播在大众传播过程中所起的作用，揭示了传播效果形成过程中的众多制约因素环节，对否定早期“子弹论”的传播观起了重要作用，其代表学者是拉扎斯菲尔德、卡兹和罗杰斯等。

**4. 意见领袖**（中山大学 2019 年研；北工商 2019 年研；北大 2018 年研；北京师大 2018 年研；浙大 2017 年研；湖北大学 2017 年研；华东师大 2014 年研；南开大学 2011 年研；厦门大学 2011 年研；中山大学 2011 年研）

**答：**参见本章考点难点归纳相关内容。

**5. 两级传播**（暨南大学 2021、2019 年研；西南大学 2018 年研；中南大学 2017 年研；厦门大学 2016 年研；上海交大 2015 年研；华中师大 2015 年研；清华大学 2014 年研；上海大学 2013 年研；北大 2010 年研）

**答：**参见本章考点难点归纳相关内容。

**6. 有限效果论**（上财 2010 年研）

**答：**参见本章考点难点归纳相关内容。

**7. 可信性效果**（武大 2004 年研）

**答：**参见本章考点难点归纳相关内容。

**8. 休眠效果**（西北大学 2021 年研；南京师大 2019 年研；华东师大 2018 年研；上海理工 2017 年研；中山大学 2014 年研；中传 2011 年研；电子科大 2011 年研）

**答：**参见本章考点难点归纳相关内容。

**9. 恐惧诉求**（上海师大 2019 年研；北京师大 2008 年研）

**答：**参见本章考点难点归纳相关内容。

**10. “一面提示”与“两面提示”**（湖南大学 2014 年研；中国政法大学 2008 年研）

**答：**参见本章考点难点归纳相关内容。

**11. 宣传策略中的“洗牌作弊法”（card stacking）**（华南理工 2010 年研）

**答：**宣传策略中的“洗牌作弊法”（card stacking）是指选择采用陈述的方法，通过或真或假、清晰的或糊涂的、合法的或者不合法的叙述，对一个观念、计划、人或者产品做尽可能好或者尽可能坏的说明。例如引用电影评论的电影广告，引语都经过小心选择，只用最有利、最好听的语言。这种宣传方法与语义学上的偏向技巧基本上是一样的。“洗牌作弊法”也是把关人概念的雏形。

### 11.4.2 简答题

**1. 试从创新与扩散理论的角度，阐述知乎大 V 的形成特点。**（武大 2018 年研）

**答：**创新与扩散理论是传播效果研究的经典理论之一，该理论对于研究在现代网络环境下新观点、新现象的传播仍然具有重要意义。知乎大V目前是我国互联网平台上分享新观点的主力军，从创新与扩散理论的角度看，知乎大V的形成也符合该理论的主要观点。

(1)创新与扩散理论的主要内容。

创新与扩散理论是指一种新事物(如新观念、新发明、新风尚等)在社会系统中推广或扩散，与人际传播和大众传播密不可分，扩散的过程就是传播的过程。1962年，美国农村社会学家罗杰斯通过深入调查农村中的新事物(新品种、新农药、新机械)的采用和普及过程，出版了《创新的传播》一书，该书研究了社会进程中创新成果是怎样为人知晓并在社会系统中得以推广的，形成了创新与扩散理论。所谓创新的扩散，是指一项新的事物或观念，经过一段时间，通过特定渠道，为社会系统中的成员所接受或采纳的过程。创新与扩散理论的主要观点为：

①大众媒介与人际传播的结合是新观念传播和说服人们利用这些创新的最有效的途径，大众传播可以较为有效地提供新信息，而人际传播对改变人的态度与行为更有力。

②"创新扩散"过程至少包括四个环节：知晓(了解)、劝服、决定(决策)、确认(证实)。

③创新的采用者分为五类：革新者、初期使用者、前期追随者、后期追随者和迟钝者。创新的扩散过程中存在变革代表，他们是一种职业人士，并且朝着他们认为有利的方向影响人们的采用决定，常常起用地方意见领袖来协助某项创新的散布或者阻止有害创新的采用。

④大众传播在扩散的早期过程比以后更有影响，传播过程呈"S"型曲线，即在采用开始时速度很慢，当其扩大至居民一半时速度加快，而当其接近最大饱和点时又慢下来。

(2)知乎大V的形成特点。

①根据罗杰斯的创新与扩散理论，创新的采用者分为五类：大胆、热衷于尝试新观念，比其同事有更多见多识广社会关系的革新者；地位受人尊敬，通常是社会系统内部最高层次意见领袖的初期使用者(早期采纳者)；深思熟虑，经常与同事沟通的前期追随者；审慎、多疑，在创新流行的过程中大量出现的后期追随者；墨守传统的迟钝者(滞后者)。知乎大V由于其专业背景和广泛的社会关系，通常在创新扩散过程中承担初期使用者和前期追随者的角色。同时，知乎平台的用户即使不是最早的信息接纳者，但作为传播路径上的节点，也可以发挥积极的再传播作用。

②罗杰斯的创新扩散研究指出了意见领袖在创新扩散中的重要作用。知乎是一个覆盖多个专业领域的问答型知识分享平台，早期采用邀请制的实名注册方式，汇聚了各行各业的精英群体，问答质量和可信度较高。因此，知乎大V被认为是特定专业领域的意见领袖。在回答问题的过程中，一些乐于分享高质量内容、并拥有专业知识的用户，积极回答问题，喜欢用认真、负责的态度来分享知识、经验和见解，因而获得了更多的关注，拥有了更多的粉丝，一步步建立起在社区的影响力。

③创新扩散理论指出，大众媒介与人际传播的结合是新观念传播和说服人们利用创新的最有效的途径，大众传播可以较为有效地提供新信息，而人际传播对改变人的态度与行为更有力。知乎大V在网络社区中分享特定专业领域的知识，利用知识影响力，实现知识的再传播，既通过开放网络平台发挥了大众媒介的作用，又通过知识社交网络发挥了人际传播的作用，因此知乎大V与知乎用户的传播行为极大地加速了创新扩散的过程。

④创新扩散理论指出，大众传播在扩散的早期过程比以后更有影响，传播过程呈“S”型曲线。在内容贡献上，知乎大V可以被看作是一项创新，其影响力的扩散也符合“S”型模式，在迅速增长之后，也将逐渐到达饱和点，此时要想继续维持大V的影响力，就需要着力解决不断提高内容的质量，维护现有用户群，打造良性的生态圈。

**2. 简述意见领袖的作用及在传播中所起的作用。**（华南理工2018年研）

**答：**意见领袖是拉扎斯菲尔德等人经过伊里调查后在两级传播理论中提出的一个重要概念，它是指拥有活跃的人际关系网络，能够主动接受新讯息，并传播带有一定主见或批判性的信息，从而在一定程度上影响他人态度，或改变他人行为的人。其作用及在传播中所起的作用参见本章考点难点归纳相关内容。

**3. 试述“伊里调查”的理论成果。**（南开大学2010年研）

**相关试题：伊里调查**（名词解释，辽宁师大2021年研）

**答：**拉扎斯菲尔德和卡兹等人在时代—生活公司赞助下对总统大选中的宣传战进行了调查，以测定大众传播对选民态度的影响（史称“伊里调查”）。在这项研究中，他们发现大众传播并没有直接左右人们的态度的力量，决定选民投票意向的还有其他众多的因素，如“政治既有倾向”的作用、受众对不同媒介或内容的“选择性接触”机制、人际传播中的“意见领袖”的影响等。根据这项调查，拉扎斯菲尔德等人提出了“两级传播”的观点，认为大众传播只有通过“意见领袖”这一中继和过滤环节才能发挥影响。这项研究对否定“子弹论”起了直接的作用，开创了“有限效果论”的传统。

“伊里调查”的理论成果包括“政治既有倾向”假说、“意见领袖”和“两级传播”。具体参见本章考点难点归纳相关内容。

**4. 大众传播研究中的“两级传播”理论是在什么样的研究背景下提出来的？它的提出对传播效果研究产生了怎样的冲击？**（北大2008年研）

**答：**（1）“两级传播”理论提出时的研究背景。

①社会调查法和心理实验法的广泛应用。20世纪40年代开始，社会调查法和心理实验法普遍应用于传播学研究，学者们开始对传播效果产生的过程与机制进行实证考察。这一时期的主要研究领域之一是“传播流”研究，“传播流”是指由大众传媒发布的内容，经过各种因素的中介作用，最终“流”向传播对象的社会过程。构成这项研究的代表性成果有拉扎斯菲尔德等人的《人民的选择》、卡兹等人的《个人影响》、罗杰斯的《创新与普及》等。

②“伊里调查”。拉扎斯菲尔德等人在1940年美国总统大选期间，围绕大众传播的竞选宣传对俄亥俄州的伊里县600名选民投票意向的影响做了一项实证调查，7次追踪调查的结果表明，在整个竞选宣传期间，大部分人始终没有改变投票意向，而改变了原来意向的人只有8%。即大众传播并没有直接左右选民投票意向的力量，它只是众多的影响因素之一，而且不是主要的因素。这一结论显然与当时人们的认识和直观感觉大相径庭。为了弄清其原因，研究人员又对全部调查数据重新进行了分析。通过这次分析，他们提出了对后来的传播效果乃至整个传播学研究产生了重大影响的一系列理论假说，其中包括“意见领袖”和“两级传播”。

（2）“两级传播”理论对传播效果研究的影响。

伊里调查发现，在人们决定大选投票的过程中，有一些在公众身边对他们施加个人影响的人物，即意见领袖，这部分人在调查对象中占两成。研究人员将这些舆论领袖与普通受众作了比较，发现无论对任何形式的媒介渠道，意见领袖的接触频率和数量都远高于他人。据此，研究人员对传播过程做了这样一种猜想：大众传播并不是直接“流”向普通受众，而是由意见领袖作为中介，即传播的完整过程是“大众传播→意见领袖→一般受众”。这就是两级传播概念的产生。

“两级传播”理论为否定当时甚为流行的“子弹论”效果观产生了重要的影响，传播效果研究进入“有限效果论”阶段。该理论为人们研究大众传播过程中长期而又间接的效果提供了理论武器。他们最先明确而又集中地研究了大众传播过程中的社会关系和中间角色，引导人们研究传播效果中的一个新的重要问题：人际传播与偏见散布、创新吸纳和新闻交流等的关系问题。但该理论在测量方法、统计分析、抽样技术和实验方法等方面都存在明显的缺陷。该理论把人际关系影响大众传播过程的作用看得比传媒内容、传者形象和受者心理更重要，片面地、过分地夸大了人际关系在大众传播过程中的作用。

**5. 网络意见领袖的特征。**(华科2019年研；人大2011年研)

**相关试题：意见领袖如何形成。网络意见领袖与传统意见领袖的区别。**(北大2013年研)

**答：**(1)意见领袖的概念。

参见本章考点难点归纳相关内容。

(2)网络意见领袖的特征。

根植于互联网络虚拟平台的意见领袖，既具有传统社会意见领袖的本质特征，即选择性地传播有利于自己观点的信息，通过提供建议和观点影响他人，又因为其不同于现实社会的特殊生存环境，而具有如下几个特点：

①与传统社会意见领袖一样，网络意见领袖与受其影响者处于同一群体并拥有共同的兴趣爱好。不同的是，他们所属的同一群体是存在于网络社会的虚拟群体，这些群体是基于共同兴趣而建立。共同兴趣是意见领袖与受其影响者之间产生联系的基础，也是意见领袖发挥个人影响力的前提。而同一群体的身份使意见领袖的意见和观点更具说服力，更易获得群体成员的信赖和尊重。

②网络意见领袖与受其影响者之间的关系缺乏稳定性。网络意见领袖与受影响者之间的关系建立依靠双方持续对某一共同内容的关注，以及受影响者对自己所推崇的意见领袖及其言论的关注，因此双方缺乏全方位的认识和印象。而另一方面，意见领袖对其支持者的具体情况也不似现实社会中那般清楚。交往环境的虚拟性使意见领袖与受影响者之间的关系具有某些虚拟成分。加之虚拟群体成员与现实社会群体相比往往具有更高的流动性，因此与传统社会相比，受影响者对意见领袖的认可程度和忠诚度会受到许多因素的影响，网络意见领袖与受影响者之间的关系缺乏稳定性。

③网络意见领袖的行为表现非常活跃。积极的网络参与行为是网民成为意见领袖的前提条件，只有通过积极的参与行为，网民才能扩大个人的社交范围，提高自己的曝光度。网络意见领袖都是积极的信息传播者，只是不同类型意见领袖的活跃范围有所区别。事件型意见领袖只在某个特定事件中行为活跃，而群体型意见领袖则是所属群体一段时间内的活跃分子。以网络论坛为例，成员的发帖数量和论坛级别等信息在某种意义上反映了其参

与行为的积极程度，这种资历因素在某种程度上会提高参与者在群体中的信任度。

④网络意见领袖都具有出色的表达能力。网络虚拟空间中的人际交流是一种基于文本的计算机中介交流，在交流的过程中，人们无法根据年龄、性别、文化程度、收入、职业等社会线索来确定对方的社会身份，意见领袖在网络中的个人形象主要依靠文本等符号来塑造，个性化的文字表达成为意见领袖脱颖而出的必备条件。

⑤网络意见领袖都具有某种专长。只有那些在某一专业领域拥有丰富的知识和经验，或是在某一特殊事件中具备独特和深刻的分析能力，并在此基础上具备独到的话题分析能力，能够提供真知灼见的人才可能成为网络意见领袖。

**6. 罗杰斯(E. Rogers)的创新扩散理论(diffusion of innovations)把个体采纳创新的过程分为哪几个阶段？他把创新的采用者分为哪几类？**(清华大学2007年研)

**相关试题：简述创新与扩散理论中“创新扩散”的过程。**(西南交大2018年研)

**答：**创新扩散是指一种新事物，如新观念、新发明、新风尚等，在社会系统中推广或扩散的过程，它与人际传播和大众传播密不可分，扩散的过程就是传播的过程。罗杰斯的创新扩散理论认为，在传播和说服人们利用创新内容的过程中，要将大众传播与人际传播进行有机结合。

(1)创新扩散中个体采纳创新的过程包括以下几个阶段：

①了解——了解实际是对新事物的认知，了解一项创新的有关事实。这一过程中，大众传播能够发挥最大的效力。

②劝服——是指人们在了解到新事物及意义价值之后，对它进行评估，衡量它的优劣利弊。在此阶段，人际传播的作用最大，决定着一项创新能否扩散。

③决策——经过了解和评估后，人们对一种新事物便形成肯定或否定的态度，决定采纳还是拒绝。

④证实——人们在做出肯定或否定的决策后，设法寻求信息资料以证明自己的决策正确。

(2)罗杰斯把创新的采用者分为五类，以区分对创新采用率不同的个人或其他决策单位。

①创新者——大胆，热衷于尝试新观念，比其同事有更多见多识广的社会关系。

②早期采纳者——地位受人尊敬，通常是社会系统内部最高层次的意见领袖。

③早期追随者——深思熟虑，经常与同事沟通，但很少居于意见领袖的地位。

④后期追随者——疑虑较多，之所以采用创新通常是出于经济必要或社会关系不断增加的压力。

⑤滞后者——因循守旧，局限于地方观念，比较闭塞；参考资料是以往经验。

同一创新事物在不同的社会制度下被采用的速度取决于社会结构和社会规范的作用。此外，社会制度下各社会集团及组合方式等结构方面的因素也会影响到创新扩散的程度，反之，创新扩散也改变了社会制度。

**7. 简述“创新扩散”假说与社会变革的关系。**(北大2004年研)

**答：**(1)“创新扩散”假说与社会变革的含义。

"创新扩散"假说是由美国著名传播学者E. M. 罗杰斯于20世纪60年代提出的一个关于通过媒介劝服人们接受新观念、新事物的理论，侧重于大众传播对社会和文化的影响。

社会变革是指社会体系的结构和功能发生变化的过程。从传播的角度看，社会变革包括三个阶段：①新观念的形成和发展；②新观念得以向社会体系成员进行传播；③新观念被采纳或拒绝所造成的变化。

(2)"创新扩散"假说与社会变革的关系。

"创新扩散"假说与社会变革有着密切的关系，这主要表现在从"创新扩散"假说来看，社会变革过程是创新和发明的推广和扩散的过程。具体内容包括以下方面：

①社会变革就是一个新观念新事物从形成到向社会成员进行传播，进而被采纳的"创新扩散"过程。这个过程中包括新观念的知晓、劝服、决定、实施和确定五个环节。按采用时间先后，可以把社会成员分为革新者、早期采用者、早期追随者、后期追随者和滞后者五种类型。

②"创新扩散"假说将传播视为社会变革的基本要素之一，并把新观念、新事物的普及看作是一种特殊的传播形态。

③"创新扩散"假说认为，不同的传播渠道对创新扩散的作用也不同。其中，大众传播和外地渠道在普及新知识方面有较强的作用，而人际传播和本地渠道则在劝服人们接受新事物方面有更显著的效果，两者显示出一种互补的关系。

可见，"创新扩散"假说是罗杰斯对社会变革过程进行深入研究而获得的研究成果，这一假说与社会变革的关系是密不可分的。

**8. 简要论述人际网络在创新的扩散中有何作用。**(人大2011年研)

**答：**(1)创新扩散理论。

1962年，罗杰斯和休梅克通过深入调查农村中的新事物(新农药、新良种等)的采纳过程，出版了《创新与普及》一书，提出创新扩散的理论。创新扩散过程包括知晓(了解)、劝服、决定(决策)、确认(证实)四个环节。创新的扩散轨迹呈S型，对应五种不同的采用者。

①创新者，约占总人数2.5%，是新思想的把关人。

②早期采用者，约占13.5%，是意见领袖，既成功又谨慎的创新采纳者。

③早期追随者，约占34%，他们深思熟虑，谨慎地跟随潮流但很少领导。

④后期追随者，约占34%，他们对创新持怀疑态度，在大多数成员采用创新后才跟随。

⑤滞后者，约占16%，他们抵制创新，只有确信不会失败后才采纳。

罗杰斯等人发现，大众媒介与人际传播的结合是新观念传播和说服人们利用这些创新的最有效的途径，大众传播可以较为有效地提供新信息，而人际传播对改变人的态度与行为更有力。

(2)人际网络在创新扩散中的作用。

创新的扩散不是线性的，而是呈网络状。创新扩散的网络分为两类：一类是同质性网络或"强势网络链"；一类是异质性网络或"弱势网络链"。同质性是指进行沟通的两个个体之间相似程度较高，异质性则是指差异度较高。

大多数人际扩散网络都具有同质性。同质性网络中信息容易扩散，但是新观念通常通过社会地位较高且较具有创新精神的成员进入系统，高度同质性阻碍了创新的垂直流动。相反，异质性网络有利于加快扩散。当人际扩散网络异质时，追随者通常寻找社会经济地位高、教育背景良好、与大众媒体接触较多、眼界开阔、与创新代理人有频繁来往、最具有创新精神的人。这一点与意见领袖的特征基本相似。

实践证明，人际影响在劝服方面比任何一种媒介都更为经常、更为有效。这不仅见之于政治方面，而且在购物、时尚、看电影方面亦是如此。如在新药推广的研究中，那些与医疗圈结合密切的医生往往能够较先采用新药。

**9. 简述20世纪90年代后媒介效果研究的新进展。**（北大2010年研）

**答：**20世纪90年代后媒介效果研究的新进展表现在：对结构和文化条件有了更多的关注和理论思考，更加重视人际传播的作用，原本人际传播与大众传播研究相对分离的状态正被日益打破。这具体地集中反映在三个方面：

（1）全面考察效果发生过程中的诸因素。从研究的自变量来看，主要因素有：接触媒介之前的个人的基本情况（人口学变量、受众观念）、接触媒介的情况（内容、时间、媒介的类型）、接触媒介的情境（受众所处的环境、社会结构/组织环境）。从研究的因变量来看，主要有认知、态度和行为因素。这表明，媒介效果研究已经从原来的典型的S-R模式向O-S-O-R模式转变。

（2）对自变量的考察侧重对媒介内容与使用的细化。这方面效果研究的拓展主要表现为两个方面：①如何看待一般性扩散与特定内容之间的不同影响；②不同的内容特征与效果之间的关系如何，这方面的研究关心媒介内容中的哪些变量在受众对这些内容的理解和反应中发挥了作用。

（3）对因变量（态度、行为和认知）的考察较为均衡，侧重对认知的考察。“有限效果论”概括“媒介的效果反映在‘在什么样的情况下对什么样的受众产生什么样的效果’”这一经典结论的同时，在很大程度上也悲观地宣布媒介效果研究存在的不必要性和死亡。当下的媒介效果研究则在认同“有限效果论”的结论的同时，积极、乐观地去深入挖掘制约媒介效果有限的前置变量、中介变量等因素。

### 11.4.3　论述题

**1. 请结合具体实例分析传播技巧和传播效果之间的关系。**（山东大学2016年研）

**相关试题：试论述传播技巧与传播效果的关系。**（华科2018年研）

**答：**参见本章考点难点归纳相关内容。

**2. 传播效果研究经历了哪些阶段？各有哪些代表性的研究？**（中山大学2017年研）

**相关试题：**

**（1）简述传播效果研究的发展历程。**（简答题，中国传媒大学2018年研）

**（2）传播效果研究的历程和内容。**（辽宁大学2021年研）

**答：**人类对传播效果的研究历久弥新。传播效果研究，一般是指20世纪以来的现代传播效果研究，它是大众传播学的主要研究领域。这种研究之所以诞生于20世纪初，不仅受到信息技术发展的影响，还和当时特定的社会历史环境密切相关。从研究焦点来看，传播效果研究大致可分为三个阶段：20世纪30年代的“子弹论”；40年代至60年代的“有限效果论”；70年代至今的宏观理论发展阶段。这三个时期，效果观、媒介观和受众观都发生了巨大的变化。

(1)早期的“子弹论”或“皮下注射论”。

①产生背景。

a. 时代背景。20世纪初，大众传播媒介得到了前所未有的发展，开始普及并渗透到人们的日常生活中。作为获得外界信息的主要渠道，受众对大众传媒产生了强烈的依赖和崇拜心理。

b. 理论背景。包括两个主要理论：一是主张人的行为受到先天的“刺激—反应”机制主导的“本能心理学”；二是认为现代社会丢弃了传统社会中森严的等级秩序和密切的社会关系，使社会成员在获得自由的同时失去共同的价值观和行为规范，从而在有大众传播这种有组织性的说服或宣传活动面前处于“原子化”状态的“大众社会论”。

②主要观点。

传播媒介是万能的，受众成员是一个个孤立的人，处于消极被动的地位，只要大众媒介的枪口对准他们，就像子弹击中身体、药剂注射皮肤一样，对其产生立竿见影的效果。进而能够控制人们的思想和心理，甚至直接支配受众的行动。

③“子弹论”的缺陷。

它是一种唯意志论的倾向，认为控制了传媒也就控制了大众。该理论将大众传播的威力过分放大，却忽视了其他影响因素对传播效果的作用，否定了受众自身的能动性和选择偏好。

(2)20世纪40年代至60年代末的“有限效果论”。

随着对受传者能动性的重视，早期的“子弹论”遭到驳斥。20世纪40年代开始，传播效果研究开始向第二个时期迈进，有强效果论倾向的“子弹论”开始受到驳斥。这个时期的特色是，实证调研方法普遍应用于传播学研究，学者们开始对传播效果产生的系统与机制进行定量研究。这个时期的研究主要集中在三个方向：“传播流”研究；说服性传播的效果研究；“使用与满足”研究。

这些研究的共同结论是：大众传播没有力量直接改变受传者对事物的态度，在人们做出某种决策之际，许多其他因素起着重要的作用，其中包括个人的政治、经济、文化、心理的既有倾向，受传者对信息的需求和选择性接触机制，大众传播过程中的人际影响等。这一时期的研究焦点在于揭示制约和影响传播效果的各种因素和条件，其结论主要强调大众传播影响的无力性和有限性，因而被称为“有限效果论”时期。

①“传播流”研究。

该理论认为由大众媒体传达的讯息，要经过各种因素的中介作用，最终才能“流”向传播对象。这一研究的核心著作有拉扎斯菲尔德的《人民的选择》、卡兹的《个人影响》、罗杰斯的《创新与普及》以及克拉帕的《大众传播效果》，前三部被称为“传播流”研究的三部曲。这些研究揭示了大众传播效果的产生经历了一个错综复杂的社会过程，其间存在着众多的中间作用和制约因素，大众传播本身并不能起到左右人们态度的效果。

②“说服性传播”的效果研究。

在40年代至60年代，传播效果研究的另一个重要领域是“说服性传播”效果研究。“说服性传播”的效果，也称传播的说服效果，是指传播者通过说服性宣传，使受众的态度发生转变，从而满足自己的传播意图和目的的效果。它是一种“纯效果”。

③“使用与满足”的受众行为理论。

“使用与满足”研究从受众角度出发，通过分析受众的媒介接触动机以及这些接触满足了他们的什么需求，来考察大众传播给人们带来的心理和行为上的效用。“使用与满足”研究把能否满足受众的需求作为衡量传播效果的基本标准，这个视角具有重要意义：a. 它认为受众的媒介接触是基于自己的需求对媒介内容进行选择的活动，这种选择具有某种“能动性”，这有助于纠正大众社会论中的“受众绝对被动”的观点。b. 它揭示了受众媒介使用形态的多样性，强调了受众需求对传播效果的制约作用，对否定早期“子弹论”或“皮下注射论”的效果观起到了重要作用。c. “使用与满足”研究指出了大众传播对受众具有一些基本效用，这对40年代至60年代过分强调大众传播的无力性的“有限效果论”也是一种有益的矫正。在这个意义上，一些学者把它称为一种“适度效果”理论。

(3)20世纪70年代后的宏观效果论。

进入70年代后，在传播媒介的广泛影响下，“有限效果论”受到传播学研究者的批判和反思，人们采取了折中立场，既承认大众传媒有相当强的效果，也强调并非万能。这一时期诞生了许多新的传播效果研究模型，其中包括议程设置理论、沉默的螺旋理论、知沟理论、教化分析以及第三人效果等。虽然这些理论研究内容不同，但它们有共同的特点：①传媒的影响由显在变为潜在，传媒的长期效果也越来越容易观察。研究视角从上一阶段的短期效果，转向于探索大众传播综合的、较长期的宏观社会效果。②传媒强大的影响力重新回到研究视野之中。③信息技术的发展，尤其是电视媒介的出现，为新理论的诞生创造了条件。

这些新的大众效果理论既是对上一阶段“有限效果论”的驳斥与反思，也是社会信息化进程引发的必然结果。20世纪60年代以后，电视媒介的普及使公众的每日媒介接触时间数十倍增加，也因此诞生了“电视一代”。电视作为数字媒介的新形式，能够实现视听的双重体验和信息的实时传播，它的效果和影响无法在“有限效果论”的框架下进行分析。电视时代的莅临及之后各类新媒体的涌现，亟待与之相适应的新的效果理论。

从第一阶段的“魔弹论”到第二阶段的“有限效果论”，再到20世纪70年代后的宏观效果理论，学者对大众传播效果的研究经历了不断反思和深化的过程。从表面上看，早期的“子弹论”与70年代以后的宏观效果理论都是强效果论的体现，但两者之间存在本质上的区别：前者主张的是一种绝对的、直接的传播效果；而后者则是在考虑了其他制约和中介因素后，对大众传播的影响力和宣传效果的重新评价。

20世纪90年代以后，媒介技术迅猛发展，媒介对社会变革的影响更加深刻。因此传播效果研究逐渐从大众传播学视野转向媒介环境学，重点研究信息技术对人类社会的改变。

# 第十二章　几种主要的大众传播效果理论

## 12.1　复习笔记

### 【知识框架(庖丁解牛)】

几种主要的大众传播效果理论
- “议程设置功能”理论
  - 理论概要及特点
  - 对“议程设置功能”理论的研究
  - 意义、局限和网络传播环境的挑战
- “沉默的螺旋”理论
  - 理论概要及特点
  - “沉默的螺旋”理论的研究与评价
- “培养”理论
  - 产生背景及理论概要
  - “培养”理论关于社会与传播的基本观点
  - “培养”理论的外围
- 新闻框架与框架效果
  - 框架与媒介框架、新闻框架
  - 关于新闻框架的实证研究
  - 框架效果与受众框架
- 从“知沟”到“数字鸿沟”
  - “知沟”的产生背景及理论概要
  - 反命题——“上限效果”假说
  - 卡茨曼的“信息沟”理论
  - 数字鸿沟
- “第三人效果”理论
  - 理论概要及主要内容
  - 相关理论与实证研究
  - 价值意义及应注意的问题

### 【本章概要】

本章主要论述了几种主要的大众传播效果理论的相关知识。本章考点以名词解释、简答题以及论述题为主，在学习时，需要着重对“议程设置功能”理论(大众传播与环境认知)、“沉默的螺旋”理论(大众传播、社会心理与舆论)、“培养”理论(大众传播的潜移默化效果)、新闻框架与框架效果(大众传播与现实“建构”)、从“知沟”到“数字鸿沟”(大众传播与信息社会中的阶层分化)、“第三人效果”理论等内容加以把握。

### 【考点难点归纳(厚积薄发)】

**考点一：“议程设置功能”理论(大众传播与环境认知)　★★★★★**

## 1. “议程设置功能”理论概要及特点(见表12-1)

表12-1 “议程设置功能”理论概要及特点

| 要点 | 具体内容 |
| --- | --- |
| 概要 | 美国传播学者马尔科姆·麦库姆斯和唐纳德·肖在1972年发表的《大众传播的议程设置功能》中首次提出了“议程设置”概念。他们认为，大众传播在新闻报道中，通过赋予各种议题不同程度显著性的方式，主动发挥着为受众设置“议事日程”的功能，这影响着人们对每天发生事件的重要性感知。该理论的提出是基于对政治领域传播效果的研究，而后延伸到整个公共舆论的范围 |
| 特点 | ①在大众传播效果研究的三个层面：认知、态度和行为中，“议程设置”理论最重视第一个层面——认知层面的研究。<br>②通过一定时间的议程设置，传媒能够提高公众对某种情况的认识和关心，使这些议程成为需要人们采取某种行动的社会问题，从而间接而又长时间地影响社会。<br>③“议程设置”暗示了这样一种媒介观，即传播媒介是从事“环境再构成作业”的机构 |

## 2. 对“议程设置功能”理论的研究(见表12-2)

表12-2 对“议程设置功能”理论的研究

| 要点 | 具体内容 |
| --- | --- |
| 确认媒介议程和受众议程之间的因果关系 | ①早期的研究只验证了媒介议程和公众议程存在高度相关性，但并没有指出这两者之间谁是因、谁是果。<br>②1972年麦库姆斯和肖设计实验专门研究议程设置的因果关系，其研究成果证实了媒介(至少是报纸)在影响受众议程方面确有效果，而不是相反，即公众议程影响了媒介议程。<br>③1973年冯克豪瑟对新闻报道与公众对事件重要程度的感知，这两者之间的关系进行了更全面和深入的研究 |
| 作用机制趋于明确化 | ①“0/1”效果或“知觉模式”。<br>②“0/1/2”效果或“显著性模式”。<br>③“0/1/2……N”效果或“优先顺序模式” |
| 不同媒体“议程设置”的不同特点 | ①报纸：a. 对持续性话题的“优先顺序排列”影响显著；b. 构建“议程”的基本框架；c. 潜移默化地对个人认知系统产生影响。<br>②电视：a. 能够快速形成舆论中心；b. 突出强调热点话题，显著影响观众对当前最重大问题的感知；c. 为受众提供公共交际的谈资 |
| 从受众角度考察媒介议程设置效果产生的原因和条件 | ①导向需求：人们很难在复杂的信息中判断出应该关注的焦点，便需要在大众媒介的引导下，来判断外部信息的重要性程度。<br>②导向需求与议程设置效果的关联：<br>a. 对于自己能够直接亲身体验的议题，公众的导向需求较低，不易受到媒介内容的影响。<br>b. 对象事物越不明晰，受众的导向需求越高，越容易受到传媒的影响。<br>c. 使用媒介的知识成本越低，就越符合受众的导向需求 |
| “议程设置功能”与受众的不同属性结合考察 | ①受众所积累的经验和知识。<br>②受众接触媒介信息的数量。<br>③信息经由人际传播的频率。<br>④人口社会学属性 |

### 3. “议程设置功能”理论的意义、局限和网络传播环境的挑战(见表12-3)

表12-3 “议程设置功能”理论的意义、局限和网络传播环境的挑战

| 要点 | 具体内容 |
| --- | --- |
| 意义 | ①“议程设置”聚焦大众传播效果对受众认知层面的作用，重新提示了大众传媒的影响力，驳斥和反思了“有限效果论”阶段的传播效果研究。<br>②“议程设置”将媒介认定是“从事环境再构成作业的机构”的观点，引出大众传播过程背后的控制问题。诱导了学者对媒介议程设置过程中多方势力博弈，和最终信息呈现的内容和目的之间关系的思考。<br>③我国媒体的职能之一就是引导舆论，“议程设置”启发了研究者对传媒的舆论导向过程的探究。<br>④议程设置作为一种间接的传媒效果，提供了传播与社会研究的新的角度 |
| 局限性 | ①仅突出了传播媒介主动“设置”或构建社会议题的一面，忽略了本质上就受到民众关注的社会议题，这些影响力足够大的问题也会成为媒体报道的重点。<br>②“议程设置”虽是强效果论，但并不是所有的议题都可以引起议程设置的效果，还要在受众个体的层次上考察他们的媒介接触和议程设置效果 |
| 挑战 | 网络传播还无法撼动“议程设置功能”的影响，原因是：<br>①虽然网民的数量和网络普及率都在逐年增加，但社会公众对媒介的接触和使用仍存在差异，这体现在信息的获取渠道和关注内容上。<br>②网民在网络环境中，看似是平等且自由的，实际上还是很难脱离议程设置的影响，如网络中的大数据和推送算法都是在为创造“非现实”环境而服务。<br>③用户在网络中有多种获取信息的渠道，所以不会像依赖大众媒体那样，对某一网络平台产生强烈的依赖性。<br>④传统媒体的信源优势在网络传播中仍发挥重要作用，网络新闻中的很多内容并非原创，而是对主流媒体报道内容的二次加工 |

**【考点拓展】网络议程设置理论**

网络环境中，媒体与受众之间的权力关系发生转变，大众传播的“强大影响”受到质疑。面对这一挑战，麦库姆斯等学者借鉴了网络分析的理论框架，提出了议程设置的新层次：网络议程设置理论(NAS理论)。其核心观点是：影响公众的不是单个的议题或者属性，而是一系列议题所组成的认知网络；新闻媒体不仅告诉我们“想什么”或者“怎么想”，同时还决定了我们如何将不同的信息碎片联系起来，从而构建出对社会现实的认知和判断。

## 考点二：“沉默的螺旋”理论(大众传播、社会心理与舆论) ★★★★★

### 1. “沉默的螺旋”理论概要(见表12-4)

表12-4 “沉默的螺旋”理论概要

| 要点 | 具体内容 |
| --- | --- |
| 三个命题 | “沉默的螺旋”的概念是德国社会学者诺依曼于1974年提出的，在1980年出版的《沉默的螺旋：舆论——我们的社会皮肤》一书中，她对这个理论进行了全面的概括。该理论含有以下三个命题：<br>①该理论从社会心理的角度入手，认为人们在社会环境中具有一种“准感官统计”的能力，即个人在表达意见前会凭借感觉来确定哪种观点和行为模式是他们的环境所允许和不允许的，哪些观点和行为模式正在得势或失势。 |

续表

| 要点 | 具体内容 |
| --- | --- |
| 三个命题 | ②意见的公开表达和异常意见的人际支持呈螺旋式传播状态。<br>③大众传播通过创造“意见环境”来引导和控制舆论。在诺依曼看来，传播媒介对公众环境认知活动形成的影响有三个方面：a. 共鸣效果：大众传媒常常对某个事件或议题有一致反映，这使得受众不得不接触同一信息；b. 累积效果：特定主题或信息的传达会随着时间不断积累和重复；c. 大众媒介的广泛存在使得信息能够传播到世界各个角落(遍在效果) |
| 理论要点 | ①舆论的形成受到三种因素之间的关系和相互影响：大众传播、人际传播和社会交往、个人对社会环境中“舆论氛围”的感知。<br>②“沉默的螺旋”所提示的大众传播效果更为强大。由于大众传播的广泛传播力和权威性，经由大众媒体传达的信息常常成为个人估计意见气候的主要依据。<br>③这种周围环境所带来的恐惧或安全感，会引起人际互动中非主流意见的“沉默”和优势意见的“大肆宣传”，两者呈螺旋式扩展。同时能够推动社会环境中拥有绝对优势的“多数意见”——舆论的形成。长此以往，舆论场中的主流意见便会不断得到加强 |

## 2. “沉默的螺旋”理论的特点(见表 12-5)

**表 12-5　“沉默的螺旋”理论的特点**

| 要点 | 具体内容 |
| --- | --- |
| 舆论观 | ①该理论考察了舆论形成的机制，并强调舆论的社会控制功能。认为舆论是“公开的意见”，只有那些“被多数人持有、发表于公开场合”的意见才能称为舆论。<br>②舆论是“我们的社会皮肤”。一方面是指人们用舆论来感知社会“意见氛围”的变化，并调整自己以适应社会环境；另一方面舆论起着维持社会整合的作用，就像作为“人体器官容器”的皮肤一样，防止由于意见的过度分裂而诱发社会解体 |
| 效果观 | 该理论强调大众传媒有“创造社会现实”的巨大能力，其传播活动在认知、态度和行为三个层面皆具有完整效果，大众媒体报道的观点都会被当作“多数意见” |

## 3. 对“沉默的螺旋”理论的研究与评价(见表 12-6)

**表 12-6　对“沉默的螺旋”理论的研究与评价**

| 要点 | 具体内容 |
| --- | --- |
| 局限性 | ①“沉默的螺旋”并不是一种普遍现象。其理论成立的其中一个条件是个人惧怕被社会孤立，以及由这种“惧怕”所产生的对意见环境中“多数”或者“主流”观点的趋同行为，诺依曼没有完整且全面地论述此部分。该理论的非普遍性主要体现在：a. 公众在表达意见时并不是绝对会出现“对社会孤立的恐惧”，这一点受到部分条件的制约，制约条件包括有无他人的支持，以及对个人意见的确信度等；b. “多数意见”所带来的压力以及持反方意见的人对它的抵制力，受到问题的类型和性质的影响，并不一定具有绝对的压力效果；c. 在各个社会和国家的不同文化传统下，“多数意见”在社会中压力的强弱并不一致。<br>②在阐述舆论的形成过程时极力强调社会环境中“多数意见”所带来的压力，而忽视了舆论的变化过程以及“少数派”在舆论环境中公开发表意见的作用。少数派里“中坚分子”的意见输出在很大程度上会对多数派产生强烈的影响 |

续表

| 要点 | 具体内容 |
| --- | --- |
| 意义 | ①研究没有仅停留在表面现象，而是从社会心理学的角度分析了舆论的形成过程，强调了个体意见表达是一个社会心理的过程。弥补了传统的舆论学在这方面的缺失。<br>②突出阐释了大众传播对舆论形成的重要影响，并明确地指出这种影响是因为大众传播在营造“舆论氛围”上拥有巨大的能力。假说中分析了传播媒介在对主流信息的领导力、大众传播的公开性和广泛性、报道内容的相近性和积累性以及由此引发的公众对信息接触的选择困难，这些都对反思大众传播的“有限效果论”具有重要的启发 |

**【考点拓展】网络空间中的“沉默的螺旋”**

在互联网媒介环境中，“沉默的螺旋”效应因为更加垂直化的媒介环境形式、更加偏向于主流的意见展示模式和更加夸张的“孤立”行为而依然发挥着巨大的影响。互联网的匿名性并没有消解“沉默的螺旋”效应，我们应该思考如何建立一个更加成熟、鼓励理性的网络环境，以及一个更有效的网络监管模式。

## 考点三：“培养”理论(大众传播的潜移默化效果) ★★★★★

### 1. “培养”理论(见表12-7)

**表12-7 “培养”理论**

| 要点 | 具体内容 |
| --- | --- |
| 产生背景 | 20世纪60年代，电视在美国家庭中逐渐普及。那时，美国社会的暴力和犯罪问题相当严重，美国政府专门成立了“暴力起因与防范委员会”来研究对策，格伯纳主持的“培养分析”研究就是基于该委员会的支持和赞助。在研究并探讨了电视传媒的影响力和传播效果后，伯格纳提出了著名的培养理论，又称“培养分析”“教化分析”或“涵化分析” |
| 理论概要 | ①“培养分析”早期的研究重点有两个：a. 观看电视暴力与做出侵犯行为之间的因果关系；b. 分析电视暴力内容对受众认识社会现实的影响。研究结果显示，电视暴力画面与社会犯罪行为之间并无绝对的因果关系，但电视中经常播放的暴力画面影响了受众对现实环境危险性的分析，观看电视暴力画面越多，就越感到社会危险。<br>②人的头脑中形成的现实观与真正的客观现实是有差别的，特别是在媒介社会，这种差异十分明显。大众媒体在选择、加工新闻和信息时，形成一个“象征性现实”，接触媒介时间越久的人，其头脑中形成的现实观会越明显地受到媒介所提供的“象征性现实”的影响。而这种影响是在媒介所提供的包括视觉、听觉、触觉等多方位感觉系统中长期培养而成的，即所谓的培养理论 |

### 2. “培养”理论关于社会与传播的基本观点(见表12-8)

**表12-8 “培养”理论关于社会与传播的基本观点**

| 要点 | 具体内容 |
| --- | --- |
| “培养分析” | “培养分析”是基于一定的社会观和传播观。社会要存在，需要社会成员有一种共识，也就是对客观存在的事物及其关系有接近的认识。只有这样，人们的认识和行为才会有共通的标准，社会生活才能协调。社会传播肩负着塑造这种“共识”的重要任务。“培养分析”格外重视电视媒介在“共识”形成过程中的影响，当受众在电视中看到同现实生活相近的场景时，“培养”的程度会大大提升，即产生了所谓的“共鸣” |

续表

| 要点 | 具体内容 |
|---|---|
| 评价 | ①肯定了“共识”是社会成员形成统一整体的前提，重点突出了大众传播在塑造“共识”过程中的强影响力。<br>②指出大众传媒所营造的“象征性现实”与客观社会之间的差异，以及传播中的一些不良倾向（如暴力画面、对社会底层人民的描述等）所诱发的社会后果 |

**3. “培养”理论的外围**（见表 12-9）

**表 12-9 “培养”理论的外围**

| 要点 | 具体内容 |
|---|---|
| “制度分析” | 其主要目的是分析在电子媒介的内容制作和节目发行方面，各种制度所产生的压力和制约效果，揭示了大众传播为占统治地位的阶级和意识形态服务的本质 |
| “讯息系统分析” | 该理论揭示了媒介讯息系统的整体倾向性，认为大众传播的内容是基于一定的价值体系结构，将材料进行加工整理后所呈现的各种符号的有机组合 |
| “培养分析” | ①该理论考察的是大众传播的特定倾向对社会现实所造成的结果。<br>②“培养分析”的中心思想是：传播内容一般呈现特定的价值观和意识形态倾向，这些倾向可能引起重要的心理和社会结果，但这些效果是积累性的，在一个长期过程中不易察觉地发生。<br>③“培养效果”主要体现在形成当代社会观和现实观的“共识”，而电视媒介在这个过程中起着无可替代的强大影响，它不受社会属性的限制，能够广泛地“培养”全社会成员的共同印象 |

## 考点四：新闻框架与框架效果（大众传播与现实“建构”） ★★★★★

**1. 框架与媒介框架、新闻框架**

（1）框架。

1974 年，戈夫曼出版了《框架分析》一书，首次将框架的概念应用于传播情境中，他指出：“框架是人们用来识别和理解外部客观世界的认知结构。人们将日常生活的现实图景纳入框架之中，借助框架来分析社会情境，对生活中出现的行为赋予一定的意义。”其双重含义包括：

①人们头脑中储存的知识和信息是有层次地组织起来的，通过这个认知结构，便可以在特定信息提出之前就准备就绪。

②人们藉由框架来建构意义，以了解社会事件发生的原因和脉络。这是一种观察事物的世界观。

（2）框架的分类。

①个人框架，指公众个人关注的问题发生并产生意义时，其在大脑中进行不间断的选择、强调，以及将最终结果呈现出来时所使用的准则。

②组织框架，指组织中对于信息处理的共同认知结构或明确规范。在这种认知结构和这些规范的指导下分析和处理信息的实践结果，则能直接体现这个组织对该信息本质的基本认知以及其心理动机、政治立场、价值倾向和行为态度。

（3）媒介框架和新闻框架。

媒介框架(media frame)是新闻媒体或新闻工作者个人处理意义讯息时所依赖的思考基模，也是解释外在事物的基本结构，它广泛适用于各种对媒介信息生产和传播过程的研究。在新闻文本的选择、加工、和意义建构过程中应用此框架作为准则，即为新闻框架(news frame)。

①新闻框架是媒体机构选择和加工新闻事实的惯例和程序，受到规范该场域的公共利益原则以及政治和经济等因素之间的张力制约。

②在一定的新闻文本中，框架就是生产和加工信息时的一种语言意义的建构过程，将现实社会转换成讯息符号重点呈现出来。

③框架必然存在于新闻报道之中。

④新闻框架作为媒体呈现新闻事件的主导性框架，可以对受众成员产生作用，影响他们最终对议题的解释，这种影响也被称为“框架效果”(framing effect)。

**2. 关于新闻框架的实证研究**

(1)对媒介的生产框架形成机制的研究，即研究是什么因素制约了媒介新闻框架生产。

(2)新闻文本的框架研究，即考察新闻内容的构建和呈现的过程与效果。

(3)新闻框架的影响和效果研究与受众框架密不可分。

**3. 框架效果与受众框架**

(1)框架是人们进行信息处理的认知结构，媒介从业人员对事物的选择和凸显会影响受众对事物的理解、处理、价值判断、态度及行为反应，这些影响，统称为框架效果。

实验表明，方案文本的表述框架性质会影响决策行为：当决策方案呈现正面表述框架时(即“获得”)，人们偏向于选择肯定的方案；相反，如果是负面的(即“失去”)，人们更容易做出冒险的抉择。在认知心理学中，这一现象也称为“框架效应”。

恩特曼提出，新闻框架有4种功能：界定问题、因果解释、道德评价以及提出如何处理的忠告。然而，所有这些功能发挥效果的前提都是要与受众框架产生互动，即要经过受众框架的过滤。

(2)受众框架(audience frame)是指受众在接触媒介时，他们自身对新闻报道内容的选择、解读和判断的规则，即面对新闻媒介，受众并不是被动地接受，而是用自己的认识框架来对新闻的内容过滤。受众框架决定了受众是否接受、如何接受媒介的报道，影响和控制了受众对媒介现实和客观现实的理解与认知。

## 考点五：从“知沟”到“数字鸿沟”(大众传播与信息社会中的阶层分化) ★★★★★

**1. “知沟”理论产生的背景及主要内容(见表12-10)**

**表12-10 “知沟”理论产生的背景及主要内容**

| 要点 | 具体内容 |
| --- | --- |
| 示意图 | 见图12-1 |
| 理论背景 | ①20世纪60年代，美国旨在通过大众传播手段来缓解贫富儿童教育机会不平等，便制作了儿童节目《芝麻街》。然而，后来的传播效果调查表明，尽管该节目对贫富儿童都产生了良好的教育效果，但富裕儿童对节目的接触和学到的知识更多。因此，贫富儿童之间的知识差距不是缩小了，而是扩大了。 |

续表

| 要点 | 具体内容 |
|---|---|
| 理论背景 | ②1970年，蒂奇诺等人在一系列实证研究的基础上，建立起经验主义的理论假说：新闻媒介总是系统性地向某些人群传递信息，具有更高社会经济地位的人又总是比其他人获得更多更好的信息。随着时间的流逝，获得更多信息的群体和获得更少信息的群体之间的差异会日益增长，即他们之间的知识鸿沟会变得越来越宽。"知沟"理论由此诞生 |
| 主要内容 | 公众无论社会经济地位高低，都会在大众传播的信息传达活动影响下，提升自身的知识量积累。但因为社会经济地位高的人比社会经济地位低的人以更快的速度汲取信息知识，因此这两类人的知识差距会出现两极分化的趋势。蒂奇诺等人认为，除了经济因素引发的媒介接触和知识获取的差异以外，"知沟"呈现扩大趋势还有其他原因：①传播技能上的差异。②现存信息数量或背景知识的差异。③社交范围上的差异。④信息的选择性接触、接受和记忆的机制。⑤大众媒介系统自身的本性 |

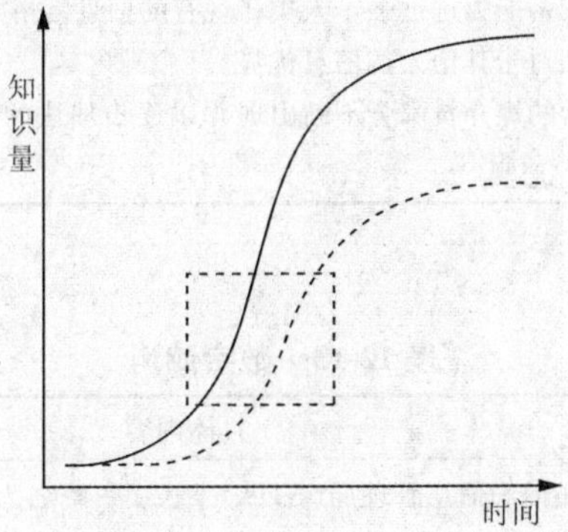


图12-1　"知沟"假说示意图

## 2. "知沟"理论的反命题："上限效果"假说（见表12-11）

**表12-11　"知沟"理论的反命题："上限效果"假说**

| 要点 | 具体内容 |
|---|---|
| 主要观点 | 1977年，艾蒂玛和克莱因提出"上限效果"假说。其观点是：个人对大众传播的信息传达的需求并不是无止境的，都存在着一定的"上限"（饱和点）。虽然由于个体的社会经济地位不同，达到某一上限的速度也有快有慢，但随着时间的推移，地位高者与地位低者都会先后获得饱和，最终结果是两者之间的"知识沟"不断变窄、变小 |
| 依据 | ①消息来源的性质决定的"上限"。<br>②受众认知结构具有的"上限"。<br>③既有知识已经达到"上限" |
| 评价 | ①尽管个人对某一领域知识的追求在一定阶段上会产生"饱和"状态，并暂停继续汲取相关知识，但同时他们就会开始追求其他领域的新知识，其知识总量在这一过程中必然会增加。<br>②知识是在过时和创新的过程中不断发展的，社会经济地位低的人即使通过不断获取知识，在某个领域的积累赶上了社会经济地位高者，这些知识的现实价值也早已大打折扣。因此，是不可能通过大众传播的"知识普及化"效果消除社会知识鸿沟，完全实现社会平等的 |

### 3. 卡茨曼的“信息沟”理论(见表12-12)

表12-12 卡茨曼的“信息沟”理论

| 要点 | 具体内容 |
| --- | --- |
| 背景 | 1974年，卡茨曼基于传播技术的发展提出了“信息沟”理论 |
| 主要观点 | ①新传播技术的应用必然会增大整个社会的信息流通量和公众信息接触量，这一点作用于每一位社会成员。<br>②并不是每个社会成员都能够均等地获得新技术应用所带来的利益。其理由包括：<br>a. 最早接触到新技术的是那些在社会交往中活跃、已存信息量大的社会成员。<br>b. 一定的知识成本是使用新媒介技术和接触其传播内容的前提，这个条件并不利于获取信息能力较弱的人。<br>c. 经济条件或其他资源的支持是使用新技术的前提，而在现实社会中这些资源的分配并不平等。<br>d. 现有信息水平正向影响接触新媒介技术的积极性，这在主观上也决定了社会经济地位高的人处于有利地位。<br>③电脑等机器的信息处理和积蓄能力远远强于人类；现有的信息富裕群体通过优先接触和熟练使用这些高新的信息处理机器，能够保持相对于其他人的信息优势。<br>④在社会信息化的过程中，新的媒介技术会不断出现并以逐步加快的速度更新，因此“信息沟”的发展趋势可能会是“老沟”未平，“新沟”又起 |

### 4. 数字鸿沟(见表12-13)

表12-13 数字鸿沟

| 要点 | | 具体内容 |
| --- | --- | --- |
| 概念背景 | | 1999年，美国国家远程通信和信息管理局(NTIA)发表了一篇名为《在网络中落伍：定义数字鸿沟》的报告，提出了“数字鸿沟”的概念。顾名思义，这一鸿沟更多地体现在互联网发展所带来的对于数字化媒体接触和使用的差异上。“数字鸿沟”主要体现在四个方面的差异，将其概括为“ABCD” |
| 四种差异 | A(Access) | 指人们在接入和使用互联网时，所配备的基础设施、软硬件设备等存在的差异，经济地位优越者在这个方面显然有绝对优势 |
| | B(Basic skills) | 指数字化时代掌握信息智能知识和技术的差异，这一点受到教育的强烈影响 |
| | C(Content) | 指互联网内容的特色、信息的服务对象、话语结构偏向的差异，其差异取决于传播内容对哪些群体更有益 |
| | D(Desire) | 指个人使用互联网的兴趣、动机、目的和获取信息模式的差异 |

## 考点六：“第三人效果”理论 ★★★★★

### 1. “第三人效果”(见表12-14)

表12-14 “第三人效果”

| 要点 | 具体内容 |
| --- | --- |
| 理论概述 | 1983年，美国社会学家戴维森发表了《传播中的第三者效果》，提出了“第三人效果”的理论假设。即在媒介信息环境中的人们，在判断大众传播的影响力时，存在着一种普遍的认知偏差，即更加偏向于高估大众传播对他人在态度以及行为上构成的作用力，认为特定的消息对“你”或“我”这样的人没有什么效果，但是对一般读者可能会产生很大的影响。在这种感知定势的影响下，大众传播的效果通常不是直接作用于其传媒指向的表面受众，而是借由与他们相关的“第三人”的反映活动实现的，这种间接传播机制被称为“第三人效果” |

续表

| 要点 | 具体内容 | |
|---|---|---|
| 主要内容 | ①第三人效果涉及一种感知假设：即当人们接触到信息的时候，都会预期此信息对其他人的影响力大于对自身的影响力，这会导致“高估”大众传播对他人的影响而“低估”对自己的影响。<br>②是一种间接效果论。“第三人效果”并不是将传播对象定位在目标受众，而是定位在与他们相关的“第三人”。因为“第三人效果”是公众在判断他人会受到认知和行为上变化的预期后，才进一步采取行为，而并不是接受到传播信息后形成的直接行为。大众媒体通过这种间接传播，实际上是在操控目标受众的行为。<br>③是考察大众传播的现实影响的一种发生机制。很多情况下，并不是“表面受众”自身对大众传播内容表现出实质性反应，而通常是他们的相关者较为关注这些信息 | |
| 对“第三人效果”的理论与实证研究 | 产生的心理学依据 | ①对免受负面信息影响的盲目乐观。<br>②虚幻的优越感。<br>③自我服务式归因 |
| | 产生的制约因素 | ①信息的合意性。<br>②信息来源特征。<br>③社会距离。<br>④个人差异 |

**2. “第三人效果”理论的意义和理解时应注意的问题**（见表 12-15）

**表 12-15 “第三人效果”理论的意义和理解时应注意的问题**

| 要点 | 具体内容 |
|---|---|
| 价值意义 | ①会引发受众的一种行为假设，即作为第三者认知的后果，人们可能采取某些相应的行动，以免他人受媒介内容影响后的行为影响到本人的权益和福利。例如“抢购”风潮、“群体逃难”等许多突发性社会集合行为。<br>②在媒介技术迅猛发展的信息时代，互联网中传播的信息也会引发“第三人效果”。<br>③研究“第三人效果”有很高的理论价值。强效果是它的最基本特征，除此之外，它还具备一系列自身独特的理论特性——认知过程的复杂性、引发行动的多样和不确定性、对环境和信息的依赖性、讯息致效的间接性 |
| 注意问题 | 考察大众传播的影响力，并不能仅从媒介的角度出发分析纯效果。“第三人效果”不只是受众单一心理偏向的表现，而是一个融合多种传播模式、受者特征、周围环境情况的复杂反映。换言之，这种效果的产生是和包括环境在内的各种必要条件密切联系的 |

## 12.2 课后习题详解

**1. 简述“议程设置功能”理论的概要及其特点。**

答：参见本章考点难点归纳相关内容。

**【真题链接】**

(1)简述“议程设置功能”理论的要义。(华南理工 2011 年研)

(2)简述议程设置理论的基本内容。(山东大学 2017 年研)

(3)议程设置的理论及新媒体环境下的变化特点。(中传2021年研)

(4)议程设置理论的概要及特点，以及在网络时代的新特点和新趋势。(东北财经2021年研)

(5)议程设置理论的内涵和发展。(华东师大2021年研)

**2. 议程设置的“0/1”效果、“0/1/2”和“0/1/2…N”效果分别指的是什么?**

**答:**“0/1”效果、“0/1/2”和“0/1/2…N”效果是考察大众传播“议程设置”效果的三种机制，具体如下:

(1)“0/1”效果又称“知晓模式”：该模式探讨知与不知的问题，是议程设置最基本的功能。就是说，一个议题是否被媒介展现，决定该议题是否被受众所认知。

(2)“0/1/2”效果又称“显著模式”：该模式探讨单一媒介议题的显著性的影响力。换言之，传播媒介对某个议题的强调程度，会影响受众认知这一议题重要性的程度。

(3)“0/1/2……N”效果又称“优先模式”：该模式探讨传播媒介对一组议题的优先次序的影响力。换言之，传播媒介长期处理一组议题时，对各议题给予的不同优先顺序，会使受众受到影响。

一般认为，大众传媒主要是通过以上三种机制来进行议程设置的。而且，从初步的“感知”到“重视”再到将一系列议题按重要性程度排出“优先顺序”，是大众传播对公众影响和效果依次累积的过程，越靠后的机制影响效果越大，也越深刻。

**3. 联系实际，谈谈不同媒介的议程设置具有什么不同特点。**

**答:**在1968年和1972年的两次调查中，麦库姆斯和肖都是把大众媒介的不同形式作为一个总体来考察的，在其之后的诸多研究则将不同媒介的功能特点加以比较，探究不同媒体“议程设置”的不同特点。具体而言:

(1)报纸对持续性话题的“优先顺序排列”影响显著，而电视能够快速形成舆论中心。

(2)报纸起到构建“议程”基本框架的作用，而电视报道突出强调热点话题，显著影响观众对当前最重大问题的感知。

(3)报纸在潜移默化之中影响个人认知系统，而电视则为受众提供公共交际的谈资。

**4. 谈谈受众的属性对媒介“议程设置”效果的影响。**

**答:**(1)从受众角度考察媒介议程设置效果产生的原因和条件。

①导向需求：人们很难在复杂的信息中判断出应该关注的焦点，便需要在大众媒介的引导下，来判断外部信息的重要性程度。

②导向需求与议程设置效果的关联:

a. 对于自己能够直接亲身体验的议题，公众的导向需求较低，不易受到媒介内容的影响。

b. 对象事物越不明晰，受众的导向需求越高，越容易受到传媒的影响。

c. 使用媒介的知识成本越低，就越符合受众的导向需求。

(2)“议程设置功能”与受众的不同属性结合考察。

①受众所积累的经验和知识(公众的直接经验越少，在获取信息上越要依赖于传媒)。

②受众接触媒介信息的数量(接触量越大，受媒介影响越大)。

③信息经由人际传播的频率（对媒介的议程设置效果有“抑制”和“强化”两种作用）。

④人口社会学属性（传媒的“议程设置”对知识水准高、政治关心程度高以及从事较高层次社会职业的人影响较小）。

【真题链接】“议程融合”发展及价值。（上海师大2021年研）

**5. 什么是“导向需求”？它与“议程设置”效果有什么关联？**

**答：**参见本章考点难点归纳相关内容。

**6. 什么是“属性议程设置”？其特点是什么？**

**答：**“属性议程设置”是对议程设置理论的发展，因此又称“二级议程设置”。该理论认为，每个对象都拥有不计其数的“属性”，正是这些特征与性质的存在才使得对象本身的“图像”得以完整。媒介通过报道这些特定属性，来实现传播目的。其特点有：

（1）如果说传统的议程设置理论关注的是媒介通过强调或者反复提及特定议题，将议题的重要性告知给公众，那么属性议程设置则关注媒介强调的议题所包含的某些属性。

（2）议程设置关注的是事件或者主体的显要性，而属性议程设置暗示的是属性本身比主体更特殊，它解释的是议程设置的“第二层面”——刻板印象的形成与形象的建构。

（3）属性议程设置在告诉人们“想什么”的同时，也能告诉人们“怎么想”。

**7. 试析媒介“议程设置”过程背后的力学关系。**

**答：**“议程设置”将媒介认定是“将环境重新结构化的机构”的观点，引出大众传播过程背后的控制问题。诱导了学者对媒介议程设置过程中多方势力博弈，和最终信息呈现的内容和目的之间关系的思考。

媒介议程设置不仅受到媒体报道发布的专业规定、新闻工作人员的价值导向，社会公共文化规范的制约，在大众媒体进行“议程设置”过程的背后，蕴含着复杂的政治、经济和意识形态的力学关系。换言之，传播媒介的活动依靠于占统治地位的信息源头。在资本主义社会，信息被政府机构和社会地位极高的大企业所垄断，它们进行信息操作的手段通常有两种，一是在定期举办的公开新闻发布会上释放信息，二是以“私下放风”的形式将信息传递给专业媒体机构。现代传播媒介对信息的激烈竞争大大加强了它们对这些稳定信息源的依赖，因此从本质上讲，资本主义社会中媒介的“议程设置”是统治阶级对社会舆论进行设置和控制的过程。“议程设置”理论的真正意义，在于揭示这些资产阶级学者力图掩盖的问题。作为社会主义媒介，舆论引导是我国的大众传媒的基本职能，而“议程设置”是引导舆论的第一个步骤。由此可见，作为党和人民喉舌的专业媒体机构，也是在政治力量的控制下，进行对舆论的正确引导行为。

**8. 简析“沉默的螺旋”理论的三个基本命题。**

**答：**参见本章考点难点归纳相关内容。

**9. 什么是“社会孤立”动机？它对人们公开的意见表达有什么影响？**

**答：**（1）“社会孤立”动机是指因为害怕被周围环境所孤立，从而做出趋同行为的动机。“沉默的螺旋”理论的重要条件之一是个人“被周围环境孤立的恐惧”，以及在这种“恐惧”导向下，所产生的对“多数意见”的趋同行为。根据诺依曼的看法，个体作为具有社会属性的动物，不可避免地拥有害怕被孤立的心理，因此不可避免地承受着屈从社会规范的压力。为了避免被孤立，人们不断审视周围的环境和意见气候，以感知和判断目前的意见分布情况和未来的走向。

(2)它会让人们对公开表达意见有所顾虑，但公众在表达意见前心理并不一定会产生“对社会孤立的恐惧”，这种环境感知是受到条件制约的变量。20世纪50年代所罗门·阿什的实验证明，有两个重要条件会影响趋同行为发生的概率：一个条件是有无来自他人尤其是其隶属群体的支持，哪怕只有一位支持者，也能起到降低趋同行为的概率。另一个条件是考察个人对自己的观点或信念的确信度。实验心理学研究证明，越是不确信自己观点的人，越会通过靠近他人的观点来加强自己的信念，因而受到多数派影响比较强烈，而对自己见解确信度高的人则不会轻易靠近或接受他人的观点。

**10. 如何理解“舆论是我们的社会皮肤”这个观点?**

**答:** 参见本章考点难点归纳相关内容。

**11. 诺依曼认为有三种因素使得当代大众传播对舆论有强大影响力，这三种因素具体是哪些?**

**答:** 诺依曼认为，在电视媒介高度普及的信息社会，使得大众传播对舆论有强大影响力的三个因素为:

(1)大众传媒常常对某个事件或议题有一致反映，这使得受众不得不接触同一信息(共鸣性)。

(2)特定主题或信息的传达会随着时间不断积累和重复(积累性)。

(3)大众媒介的广泛存在使得信息能够传播到世界各个角落(普遍性)。

**12. 什么是“意见气候”(opinion climate)? 它与信息环境的概念有什么关联?**

**答:** (1)意见气候。

意见气候是一个传播学上的概念，是指个体所处的社交、媒体、舆论环境中的意见分布情况，包括现有意见和未来可能出现的意见。德国社会学家诺依曼在“意见气候”和“多数意见”的基础上提出了“沉默的螺旋”假说。

(2)意见气候与信息环境概念的关联。

大众传播通过创造“意见环境”来引导和控制舆论。在诺依曼看来，舆论的形成不是社会公众群体意见的讨论结果，而是在“意见氛围”对公众惧怕孤立心理所产生的压力下，人们被迫趋向“优势意见”这一非合理行动的产物。诺依曼认为，在现代社会，人们主要通过两个主要信息来源判断意见分布环境：一是其隶属的社会群体，二是大众传播。在人们无法直接感知的问题上，大众传播起到了强化主流意见倾向的作用。她在1973年发表的一篇论文中就写道：“大众传播几乎垄断了人们获取外部信息的渠道，并且通过日复一日的传播报道，加强相似内容在公众脑海中的印象，这必然会对人们的意见乃至舆论产生重大的影响。”

**【真题链接】**意见气候(名词解释，西安交大2021年研)

**13. 试举几种关于舆论概念的基本观点。**

**答：**舆论又称“公众意见”或“公共意见”。在不同的学科领域，“舆论”代表着不同的概念。

(1)政治哲学的角度。政治哲学领域的学者把舆论看作是“公意”，是人类或社会集体的最高意志，是民主政治的基础。该观点的主要代表学者是卢梭。

(2)社会学的“有机体”概念。认为舆论不是个人观点的直接叠加，而是经由社会有机互动产生的整体信念。这个方向的核心观点是库利提出的“舆论不是100个个体分别制造出的100条船，而是他们合作制造的1条大船”。

(3)行为科学的观点。这是一个偏向于定量的视角，把舆论看作是个人意见的简单集合，产生的多数意见便被视为“舆论”，这种观点常用于现代舆论调查或“民意测验”之中。

(4)社会心理学的角度。这种观点把舆论看作是社会控制的机制，认为舆论可能不是经过统计后真实的“多数意见”，但至少是表面上的或感知中的“主流意见”，它利用人们的趋同心理来实现对个人行为的制约，从而对社会舆论进行控制。

**14. 结合“沉默的螺旋”理论，试论现代社会中大众传播、社会心理和舆论三者的关系。**

**答：**参见本章考点难点归纳相关内容。

**【真题链接】**

(1)什么是“沉默的螺旋”理论，结合实际论述。(上海交大2017年研)

(2)简述沉默的螺旋理论。(浙大2017年研；复旦大学2014年研)

(3)简述“沉默的螺旋”的理论要点。(山东大学2017年研)

(4)如何理解“沉默的螺旋”假设？(清华大学2017年研)

**15. 简述“培养”理论的基本内容。**

**答：**参见本章考点难点归纳相关内容。

**16. 大众传播在形成“社会共识”方面起什么样的作用？电视媒介在形成“共识”方面具有什么样的独特优势？**

**答：**(1)大众传播在形成“社会共识”方面的作用。

在现代社会，大众传播承担着提供“社会共识”的重要任务。

①大众传播作为受众了解外部信息的主要渠道，通过对象征性事物的选择、处理、存储和传播活动，引导社会主流舆论，使公众意见趋于相同。

②大众传播起着缓和社会各异质部分的矛盾与冲突、维护现存制度的功能。

传统社会中“共识”由教育和宗教信仰引导，而在现代社会中，大众传播替代了这些因素的作用。

(2)电视在形成“共识”方面的优势。

“培养分析”极为重视电视媒介在形成“共识”中的作用，认为电视在这个过程中发挥了自己的独特优势：

①受众接触电视的时间最长，电视是最受欢迎的媒介。

②不需要接触印刷媒介所必需的读写能力。

③电视是一个集合视觉的、听觉的和触觉的媒介，强调的更多的是带给受众的强烈体

验感。

④电视统治了“象征性环境”，用它关于现实的讯息取代了人们的经验和了解世界的方式，同时培养受众的世界观。

⑤电视具有广泛性和普及性(渗透到包括儿童、低学历者以及贫困阶层的群体)。

电视的这些特点，使得它发挥着远远超越历史上其他媒介的巨大影响力。

**17. 什么是“象征性现实”?**

**答:**“象征性现实”是指由大众传播提示的现实世界，它并不是客观世界“镜子”式的反映。传媒运用语义符号建构特殊的意义系统以描写现实图景，构成象征性现实。虽然“象征性现实”往往和客观现实有着很大的偏离，但它对人们认识和理解现实世界发挥着巨大的作用。

**18. “主流化效果”指的是什么?**

**答:**“主流化效果”是对培养理论的创新和发展，指大众传播，尤其是电视媒介，通过对象征性事物的选择、处理、存储和传播活动，引导社会主流舆论，使公众意见趋于相同的传播过程。受众因为经常接触电视而变得和电视出现的主流意见相近，他们在心中形成的对社会现实的判断更接近于媒介现实。

**19. 什么是“元传播”(meta-communication)?**

**答:**人类学家贝特森于1955年在其《一项关于玩耍和幻想的理论》一文中提出“元传播”的概念，“元传播”是指传播者为了传播而进行的传播活动，包括对如何诠释所用符号而设定的规则。这些信号通常包括了特定的资讯，即并非它通常所指的意义。贝特森认为，无论何种传播活动，都同时在传递着由三个元素构成的资讯组合：感官刺激的记号，此记号的指代，区别此指代与其他指代的规则。

**20. 简述框架的定义。**

**答:**1955年，贝特森在其发表的论文《一项关于玩耍和幻想的理论》中首次提出了“框架”的概念：框架是指对于理解彼此所使用的符号，传受双方共同设定的诠释规则。该理论重点在于考察人的认知与传播行为。1974年，戈夫曼出版了《框架分析》一书，首次将框架的概念应用于传播情境中，他指出：“框架是人们用来识别和理解外部客观世界的认知结构。人们将日常生活的现实图景纳入框架之中，借助框架来分析社会情境，对生活中出现的行为赋予一定的意义。”从概念中可以看出，框架包括双重含义：

(1)人们头脑中储存的知识和信息是有层次地组织起来的，通过这个认知结构，便可以在特定信息提出之前就准备就绪。

(2)人们藉由框架来建构意义，以了解社会事件发生的原因和脉络，这是一种观察事物的世界观。由此看来，戈夫曼的“框架”概念与皮亚杰的“基模”概念呈现高度近似性，两者的核心概念都建立在“认知结构”这一角度，认为它们既是对过去的经验或知识的积累，同时又对处理新信息、认识新事物发挥着引导作用。

**21. 如何理解新闻框架?**

**答:**20世纪80年代开始，框架理论被引入新闻与传播研究领域，“媒介框架”(media

frame)和“新闻框架”(news frame)两个学术概念由此产生。新闻框架可以从以下几个方面来理解:

(1)新闻框架是媒体机构选择和加工新闻事实的惯例和程序，这些原则，规范着媒体对新闻事件的判断、立场和态度。新闻框架的设定受到规范该场域的公共利益原则，以及政治和经济等因素之间的张力制约。

(2)在一定的新闻文本中，框架就是生产和加工信息时的一种语言意义的建构过程，将现实社会转换成讯息符号重点呈现出来。例如，在对美国进攻伊拉克这一事件的报道中，某家媒体在报道中较多使用“反恐”“反独裁”“解放伊拉克人民”等话语，而另一家则更多地使用“资源争夺”“入侵”“霸权主义”等词语，那么很明显，前者的新闻报道框架是“正义”的，而后者则是在“非正义”的框架下来解读这场战争。

(3)框架必然存在于新闻报道之中。一般情况下，新闻事件大多较为复杂，由于新闻发布时间的要求和版面的限制，记者不可能做到面面俱到，只能在其中挑选出主要内容，并放入一定的文本框架之中。大众媒体应帮助受众把新闻事件的性质和意义提炼出来。因此，坦卡德把建构新闻框架定义为“在系统性的思路下，通过判断、选择、处理、加工等方式交代新闻发生的背景，并阐明中心议题的活动”。这里所述的“中心议题”也就是新闻的核心内容。

(4)新闻框架作为媒体呈现新闻事件的主导性框架，可以对受众成员产生作用，影响他们最终对议题的解释，这种影响也被称为“框架效果”。受众阅读新闻是从个人框架对依靠新闻框架所生产的文本进行理解的过程，受众的能动性得到大大发挥。因此，对于某一新闻事件的个人观点和集体舆论都可以看作是受众框架和新闻框架共同作用的结果。要特别指出的是，对于偏离受众个人经验的复杂事件，媒介框架所起的引导作用会产生明显效果。

**【真题链接】**

(1)新闻框架理论的内涵、运行机制和具体功能。(浙江工商2021年研)

(2)简述新闻框架理论。(安徽师大2021年研)

**22. 新闻框架建构的两种主要机制是什么?**

**答:** 恩特曼的研究表明有两种机制影响着新闻框架的建构与实现。

(1)第一种是通过控制报道规模来建构框架，这是最基本的框架建构方式。其能够通过对报道数量和内容顺序的控制，来凸显或者淡化某个新闻事件的重要性或影响。

(2)第二种是文本内容的构建。对于同一新闻素材，大众媒体可以通过一些隐藏的技巧来呈现出不同的新闻框架。

**23. 在一篇新闻中，新闻框架会主要通过哪些要素呈现出来?**

**答:** 新闻框架的建构具有两层含义:

(1)“框限”，这一层决定新闻的取材范围。即对于大量的新闻素材，新闻工作者从中选取哪些内容进行加工和报道。这是新闻框架建构的基础，它决定了在新闻报道中会凸显或淡化哪部分内容。

(2)“内在结构”，这里主要指对于挑选好的新闻素材，如何进行处理和加工，通过使用一定的策略让其能够实现传播者的传播目的和意图。这一点受到媒介机构所设定的公共规范的影响，同时也受到传播者个人思维逻辑的影响。

【真题链接】

(1)从新闻框架的角度，谈一谈媒介建构与社会现实的关系。(南京林业2021年研)

(2)新闻框架的建构和实现的机制。(中国海洋大学2021年研)

**24. 什么是框架效果?**

答：参见本章考点难点归纳相关内容。

**25. 什么是受众框架?**

答：受众框架是指受众在接触媒介时，他们自身对新闻报道内容的选择、解读和判断的规则，也就是说面对新闻媒介，受众并不是被动地接受，而是有自己的认识框架来对新闻的内容过滤。受众框架决定了受众是否接受、如何接受媒介的报道，影响和控制了受众对媒介现实和客观现实的理解与认知。

受众框架具有多种模式，依据每个人的特性而定。也因此，受众对于相同媒介内容的解读会存在差异，出现“同向解读”“对抗式解读”“妥协式解读”等各种情况。大众媒体的报道内容在社会环境中所引发的舆论，其实是媒介框架和受众框架共同作用的结果。

【真题链接】

(1)框架效果理论及其研究范围。(大连理工2021年研)

(2)什么是受众框架?(东北财经2021年研)

**26. 新闻框架的四种具体功能是什么?**

答：参见本章考点难点归纳相关内容。

**27. 简述“知沟”假说的主要观点。**

答：参见本章考点难点归纳相关内容。

**28. “上限效果”指的是什么?如何评价这个假说?**

答：(1)主要观点。

1977年，艾蒂玛和克莱因提出“上限效果”假说。其主要观点是：个人对大众传播的信息传达的需求并不是无止境的，都存在着一定的“上限”(饱和点)。虽然由于个体的社会经济地位不同，达到某一上限的速度也有快有慢，但随着时间的推移，地位高者与地位低者都会先后获得饱和，最终结果是两者之间的“知识沟”不断变窄、变小。

(2)依据。

①消息来源的性质决定的“上限”。换言之，大众传播传达的知识是有范围的，知识水平也属于普通程度，无论社会经济地位高者还是低者，从大众传播中所获取的知识都不可能超出这个范围。

②受众认知结构具有的“上限”。当社会经济地位高者感觉到自己在某方面的知识已经足够的时候，他们就会自动减缓或暂停追求此类知识。

③既有知识已经达到“上限”。即如果受众个人的知识储备量已经高于大众传播信息中所含有的知识，他们便不会再利用大众传播去获取知识。

(3)评价。

参见本章考点难点归纳相关内容。

**29. 简述卡茨曼“信息沟”理论的要点，并予以分析。**

**答：**(1)“信息沟”理论的主要内容。

参见本章考点难点归纳相关内容。

(2)对“信息沟”理论的分析。

随着社会信息化进程的加速，信息沟逐渐显现。它不仅存在于社会经济地位高者和低者之间，而且广泛地表现在性别、年龄、工作、群体、地区、民族、国家以及异质文化之间。现代发展传播学的研究使命之一，就是探讨缩小或改善信息鸿沟的方案。

**30. 什么是“数字鸿沟”？它体现在哪几个方面？**

**答：**参见本章考点难点归纳相关内容。

**31. 媒介素养指的是什么？它包括哪些方面？**

**答：**(1)媒介素养的含义。1992 年在美国召开的全国媒介素养领导人会议达成了迄今为止影响最广的媒介素养定义共识——媒介素养是“理解、分析、评价与生产各种形式传播信息的能力”。霍布斯在 1996 年提出：媒介素养就是从基本的能够使用媒介到思考分析、再到利用媒介参与创造的过程。

(2)媒介素养的内容。媒介素养关注的是信息时代不同群体和个人的信息接收、处理和传播“能力”的问题。这种能力包含以下五个层面：

①体验层，是指体验媒介感受，获得言语、视觉、听觉的感悟和选择媒体快感的能力。

②理解层，是指理解媒介信息在制造、生产和传播过程中受到来自文化、经济、政治和技术等力量的强制作用，侧重于对信息的判断、理解和批判能力。

③知识层，是指了解媒介如何通过对政治、经济、文化等信息传递对社会产生影响的知识体系，其侧重点是认知信息如何进行有效传输的能力。

④能力层，是指公民所具有的获取、分析、评价和传输各种形式信息的能力，侧重的是对媒介传播信息的操作能力。

⑤作用层，是指公民理性地沟通媒介，使传媒的信息能为更广泛的大众服务，并自如、科学地驾驭传媒的能力。

**32. 媒介素养的研究和实践经历了哪些阶段？各有什么特点？**

**答：**媒介素养研究最早发源于对未成年人社会化过程的关注，研究的应用性很强，通常和媒介教育(media education)的实践结合在一起。在过去几十年间，媒介素养历经了四次可称之为“范式转移”的阶段：

(1)20 世纪 30 年代的保护主义立场：第一阶段以比较精英的观点视大众媒介为“下九流”的“带菌者”，传播了对社会、高尚文化尤其是青少年有害的信息，媒介素养教育的职责是给公众打预防针，防止侵害。

(2)20 世纪 60 年代强调提升对媒介内容的选择和辨别力：第二代范式认为并不是所有的媒介内容都是有害的，关键是如何引导受众进行明智的选择，在接触媒介时，去其糟粕取其精华。这一思想脉络与二战后传播科技推动下世界范围内大众媒介的飞速发展密切相关。

(3)20世纪80年代重点对媒介文本的批判性解读：第三阶段的范式转而强调大众媒介制造假性意识的巨大潜力，使受众在不知不觉中接受一种由外部文化强加的价值观念，而媒介正好代表了这种占统治地位的主流文化，所以媒介素养的首要任务是培养批判解读能力。

(4)20世纪90年代以来的参与式社区行动：近年来，对媒介文本的批判性解读这一范式遭到了来自理论和实践的双重挑战。在一些学者看来，媒介素养是一个远比基本的文本理解力和领悟力复杂得多的概念；而媒介素养运动也不断提醒人们，媒介教育的对象并不是那些对媒介一无所知的人，实际上，受众早已在和媒介共生的社会化过程中，积累了基于切身体验的相当丰富的媒介认知。而媒介素养的目标在于通过分析、推理、传播和自我表达技能的发展来提升自主权。

**【真题链接】**媒介素养是什么？媒介素养的研究经历了哪几个阶段？新媒体时代下受众应具备哪些媒介素养？(北邮2021年研)

**33. 如何理解"第三人效果"的概念？**

**答：**(1)"第三人效果"的概念及其理论缘起。

参见本章考点难点归纳相关内容。

(2)对"第三人效果"的理论与实证研究。

①"第三人效果"产生的心理学依据。

社会心理学中关于人的"自我强化"理论包括三个方面：a. 对免受负面信息影响的盲目乐观；b. 非客观的自我正面评价；c. 自我服务式归因。

②"第三人效果"产生的制约因素。

a. 信息的合意性。信息的合意性程度决定了该信息会带来负面影响还是正面影响，也就是是否符合人们的社会期许。在第三人效果中，人们认为负面信息对别人的影响程度要大于自身，而在所谓第一人效果中，则认为正面信息对自身的影响程度要高于别人。

b. 信息来源特征。当人们发现讯息来自不可信赖的消息来源，或是察觉到信息来源有明显的说服意图时，受众为了强化"自我认知"，或是为了"增强自尊"，便会倾向于强调讯息对他人的影响大于对自己的影响。

c. 社会距离。这种距离指的是自身和他人的亲疏关系。"第三人效果"研究表明：个人和对照群体的社会距离越大，第三者效果越明显。人们认为媒介内容对比较像自己或与自己比较接近的他人影响较小，对比较不像自己或与自己距离较远的他人影响较大。

d. 个人差异。包括：年龄因素；教育水平；预存立场；自我关联度；对相关信息的专业性。年龄越大、教育水平越高、媒介信息的观点与自身既有立场越是相似、媒介信息与自我关联越是密切、对媒介发布的信息的专业性越强，都会更容易引起"第三人效果"。

(3)"第三人效果"理论的意义和理解时应注意的问题。

①价值和意义。

a. 会引发受众的一种行为假设，即作为第三者认知的后果，人们可能采取某些相应的行动，以免他人受媒介内容影响后的行为影响到本人的权益和福利。例如"抢购"风潮、"群体逃难"等许多突发性社会集合行为。

b. 在媒介技术迅猛发展的信息时代，互联网中传播的信息也会引发“第三人效果”。

c. 研究“第三人效果”有很高的理论价值。强效果是它的最基本特征，除此之外，它还具备一系列自身独特的理论特性——认知过程的复杂性、引发行动的多样和不确定性、对环境和信息的依赖性、讯息致效的间接性。

②应该注意的问题。

考察大众传播的影响力，并不能仅从媒介的角度出发分析纯效果。“第三人效果”不只是受众单一心理偏向的表现，而是一个融合多种传播模式、受者特征、周围环境情况的复杂反应。换言之，这种效果的产生是不可能独立于包括环境在内的其他条件的。

**34. “第三人效果”产生的心理学依据是什么？**

**答：**社会心理学中涉及人的“自我强化”的理论，也可以用于解释“第三人效果”，可以当作“第三人效果”产生的心理学依据。“自我强化”包括三个方面：

(1)对免受负面信息影响的盲目乐观。人们在感知上倾向于认为“它对我是没有任何影响的，我只是担心它对其他人的影响”。

(2)非客观的自我正面评价。个人心理上倾向于从正面角度评价自己，认为自己很优秀。

(3)自我服务式归因。即夸大自己促成好事发生的作用，而推卸自己对坏事的影响。“自我强化”虽然明示了人性中不负责的一面，但它在某种程度上可以起到强化个人自尊和自我价值的作用，并同时影响人的言行。

从“自我强化”理论的视角来看，“第三人效果”的产生原因也就不难理解。人对自身容易产生过度自信的心理，认为自己能够抵挡得住大众传播的强效果，坚定立场不动摇，不受负面信息的影响。

**35. 信息的性质(正面/负面)和信源的可信性对“第三人效果”有什么影响？**

**答：**信息的性质和信源的可信性对“第三人效果”的影响具体如下：

(1)信息的性质。

媒介信息的议题和种类虽然百花齐放，但从其产生的社会影响的性质来讲可以分为两类：正面信息和负面信息。由于“自我强化”的心理机制，人们在面对负面信息的影响时偏向于认为对别人影响大，容易产生“第三人效果”倾向；而在评估正面信息的影响之际，则会呈现相反的倾向，即认为自己受到的影响更大。对于后者，有学者将其称为“第一人效果”或者“反转的第三人效果”。

(2)信源的性质。

信源的性质对“第三人效果”的作用包括两个方面：一是信源的可信程度，对于权威性低的信源所提供的信息，受众更容易认为对他人的影响力大；二是信源的说服性强弱程度，信息的说服或宣传色彩越强烈(如广告或竞选宣传)，受众就越容易产生“第三人效果”。因为在这两种情况下，人们更会倾向于表达自己的判断力，发挥自己的能动性，同时低估其他人的信息抵抗力。

**36. 什么是社会距离？社会距离与“第三人效果”有什么关联？**

**答：**(1)社会距离的含义。

社会距离(social distance)是指自身和他人的亲疏关系，社会距离有两种测量方式，一种是评估自己和他人的相似程度；另一种则是评估自己和他人的差异性。

(2)社会距离与“第三人效果”的联系。

“第三人效果”研究表明：个人和对照群体的社会距离越大，第三者效果越明显。人们认为媒介内容对比较像自己或与自己比较接近的他人影响较小，对比较不像自己或与自己距离较远的他人影响较大。

**37. 影响和制约“第三人效果”的个人因素有哪些？**

**答：**从目前的研究来看，作为“第三人效果”影响因素的个人因素主要有以下几种：

(1)年龄因素。受众年龄越大，越会自认为阅历和经验比普通人多，认为自己对某个议题了解的比其他人多，所以大众媒介讯息对其他人的影响大于对自己的影响。

(2)教育程度。教育程度越高的人，会有优越感，对许多议题都自认为是“专家”，这种心态容易让人低估他人对传播信息的判断力，并因而认为他人比自己容易被传播信息影响。

(3)既有立场因素。媒介信息的观点越是偏离受众的既有立场，他们就越会认为对他人的影响力高于自己，而对于同质性观点，受众则会觉得自己受到的影响更大，产生“反转的第三人效果”。

(4)自我关联程度。媒介所传达的信息与受众自己的关系越亲近，他们越会认为对别人的影响更大。

(5)对相关信息的专业度。对于媒介信息所涵盖的问题，受众了解的知识越多，就越容易出现“第三人效果”认知趋势。“第三人效果”是一种复杂的传播机制，其受到多维因素的影响和制约。戴维森本人也认为：“‘第三人效果’不是单纯的心理倾向表现，而是一个融合多种传播模式、受众特征、周围环境情况的复杂反应。”

**38. 如何理解“第三人效果”可能引发的后续社会行为？**

**答：**(1)“第三人效果”是一种社会心理学上的感知偏向。面对大众传播的某一特定信息，如果社会上大多数人的感觉和判断基本相同，那么其后续结果会发生什么样的社会行为，这是“第三人效果”理论重点考察的问题。

(2)1983年，戴维森在其论文中也点明了后续行为效果的研究意义，他提出有两种社会显性行为可能会影响“第三人效果”：一种是对限制媒体的集体支持；另一种则是与一些群体现象有关的集合行为。

①在第一种情况下，由于大多数人认为媒体中含有不良和有害信息，便支持限制媒体的传播内容和权力，对其进行规范和管制，这是“第三人效果”的后续社会影响。

②在第二种情况下，如当看到容易引起恐慌的相关社会突发事件的新闻报道时，根据“第三人效果”的心理倾向，人们认为此信息会引起其他多数人的立即行动，为了不使自己落后于他人，便也迅速开始抢购。戴维森认为，这并不是讯息本身所引发的效果，而是由受众在接触讯息后，根据自身特性与需求做出反应而产生的结果。

很多时候，负面信息更容易引发受众的“第三人效果”反应，并引发他们对限制媒体内容的一致同意。另一方面，在面对社会不稳定事件，如恐慌性购买、反战、反恐及其他群体性行为时，也会出现“第三人效果”现象。

(3)这些研究对理解现代社会的舆论特点和集合行为有一定帮助。但从现有研究来看，考察后续显性行为的研究还远远不够，行为类型有限，调研的方法也还有待于进一步开发和完善，这也是“第三人效果”研究今后的发展方向之一。

**39. 谈谈“第三人效果”研究的现实意义和学术价值。**

**答：**对于“第三人效果”的产生机制并没有一个合理的解释，但“第三人效果”又是大众传播影响下的一种强传播作用，且会引发之后的显性社会行为，因此，对“第三人效果”的研究具有重要的价值和意义。

(1)大众传播会引发受众的一种行为假设，即作为第三者认知的后果，人们可能采取某些相应的行动，以免他人受媒介内容影响后的行为影响到本人的权益和福利。例如“抢购”风潮、“群体逃难”等许多突发性社会集合行为。当前，随着信息全球化的进程，各种突发性事件的传播迅速且广泛。在这样的情况下，“第三人效果”理论启发我们，大众传媒既要承担起及时传达危机信息，以及“环境守望”的社会功能，又要沉着冷静、客观真实地核实、处理、报道危机信息，防止在群体传播时代，出现由谣言和炒作所引发的社会混乱现象。

(2)在媒介技术迅猛发展的信息时代，互联网中传播的信息良莠不齐，其中包括各种有害信息，对建立良好的网络传播环境进行立法迫在眉睫。但是有研究证明，互联网中的信息传播也会引发“第三人效果”。因此，针对互联网传播的立法需要听取民众意见，但又不能完全顺从“表面舆论”。应该在科学的调查研究基础上，结合受众的反馈建立法律规范和约束机制。

(3)研究“第三人效果”有很高的理论价值。强效果是它的最基本特征，除此之外，它还具备一系列自身独特的理论特性——认知过程的复杂性、引发行动的多样和不确定性、对环境和信息的依赖性、讯息致效的间接性。

考察大众传播的影响力，并不能仅从媒介的角度出发分析纯效果。“第三人效果”不只是受众单一心理偏向的表现，而是一个融合多种传播模式、受者特征、周围环境情况的复杂反应。换言之，这种效果的产生是不可能独立于包括环境在内的其他条件的。

**【真题链接】**“第三人效果”的心理学论述。(地大2021年研)

## 12.3　考研真题与典型题

### 12.3.1　概念题

1. 议程设置理论(中传2019年研；复旦大学2018年研；厦门大学2015年研；中央民大2015年研)

相关试题：议程设置(中山大学2021年研；湖南大学2021年研；东华大学2020年研)

2. 沉默的螺旋(广州体育学院2022年研；北邮2021年研；华科2020年研；南昌大学2020年研；广西大学2020年研；上海理工2019年研；清华大学2018年研；北京师大2018年研；南京大学2018年研；华中师大2018年研)

3. 培养理论(cultivation theory)(上海大学2019年研；中传2015年研；复旦大学2014年研)

相关试题：涵化理论(四川大学2018年研；西安交大2015年研)

4. 框架理论(frame theory)(复旦大学2021年研；北大2018年研；中山大学2018年研)

相关试题：媒介框架(北工商2021年研)

5. 知沟理论(清华大学2021年研；广西大学2018年研；华南理工2016年研；人大2013年研；暨南大学2013年研；复旦大学2011年研)

相关试题：知识沟(南昌大学2021年研)

6. 数字鸿沟(安徽大学2021年研；西安交大2021年研；复旦大学2020年研；北京师大2020年研；上海大学2020年研；北邮2019年研；浙传2019年研；南京大学2018年研；

7. “上限效果”假说(中国政法大学2008年研)

8. 媒介素养(北师大2021年研；西安工程2021年研；厦大2020年研；湖南大学2020年研；上海师大2019年研；华东政法2019年研；南京师大2018年研；中传2017年研；人大2016年研；上海交大2015年研；中央民大2015年研)

9. 第三人效果(第三者效应)(暨南大学2021年研；华侨大学2021年研；广州大学2021年研；北京师大2020年研；兰州大学2020年研；人大2019年研；四川大学2019年研；浙传2019年研；北大2018年研；中国地质大学2017年研；暨南大学2016年研；中传2015年研；南京大学2013年研；华南理工2013年研)

### 12.3.2 简答题

1. 媒体的“议程设置”功能就是“舆论导向”吗？这两者间有什么异同点？(深圳大学2007研；北大2004年研)

相关试题：

(1)媒介议程设置到公众议程设置的新发展及新问题。(北师大2021年研)

(2)简述新媒体环境下媒介间议程设置的变化。(兰州大学2021年研)

2. 简述关于社会传播的“文化指标研究”的主要内容。(北邮2008年研)

3. “知沟”形成的前提及主客观原因。(河北大学2010年研)

4. 受众的个人差异是影响媒介效果的重要因素。请选取一个传播学理论并以其为例阐述个人差异的影响。(北大2010年研)

5. 什么是数字鸿沟？其可能的社会后果是什么？(中山大学2013年研)

相关试题：

(1)简述数字鸿沟形成的原因。(中传2013年研)

(2)请你谈一谈对网络时代的新数字鸿沟的理解。(福建师大2021年研)

6. “媒介素养教育理念”的前两条(如下)，分别提醒公众需要意识到媒介哪两方面的局限？(人大2015年研)

(1)媒介是被构建的，媒介不是现实世界的映像，而是对现实的反映。

(2)媒介构建现实，人们对外部世界的观察和体验大多由媒介获得。

7. 从大众传播者和受众的角度出发，举例谈谈“第三人效果”和“第一人效果”所起的作用。(人大2013年研)

相关试题：用案例论述“第三人效果”引发的社会行为，“第三人效果”研究的现实意义。(论述题，北工商2021年研)

### 12.3.3 论述题

1. 论述“议程设置理论”与大众传播效果的关系，并谈谈你的评价。(北邮2011年研)

2. “议程设置功能”假说自提出之后，就引起了传播学界的广泛注目，许多学者纷纷对它进行探讨和验证，并形成了“议程设置功能”理论。请论述这个理论的基本观点，并结合新媒介的技术特点，论述该理论在现代媒介环境下面对的挑战及其不足。(武大2007研)

3. 阐述“沉默的螺旋”理论，并谈谈网络文化、网络传播在哪些方面对这个理论提出了挑战。(北邮2010年研)

4. 结合相关理论和社会现实，谈谈如何防止和解决信息富有者(Information-rich)与信息贫困者(Information-poor)的两极分化及由此产生的新的社会矛盾。(兰州大学2007年研)

## 12.4 考研真题与典型题详解

### 12.4.1 概念题

**1. 议程设置理论**(中传2019年研；复旦大学2018年研；厦门大学2015年研；中央民大2015年研)

**相关试题：议程设置**(中山大学2021年研；湖南大学2021年研；东华大学2020年研)

**答：**议程设置理论是关于大众传播与受众对于现实生活中各项大事及其重要性判断之间的关系的一种理论假说。由美国传播学者麦库姆斯和肖在1972年发表的《大众传播的议程设置功能》中首次提出。具体参见本章考点难点归纳相关内容。

**2. 沉默的螺旋**(广州体育学院2022年研；北邮2021年研；华科2020年研；南昌大学2020年研；广西大学2020年研；上海理工2019年研；清华大学2018年研；北京师大2018年研；南京大学2018年研；华中师大2018年研)

**答：**“沉默的螺旋”(the spiral of silence)是在舆论生成过程中，公众受到“社会孤立”动机的影响而产生的趋同现象。该理论假定，为了避免在重要的公共议题上被孤立，许多人会受到他们所处环境的主流或非主流意见的影响。如果他们感到自己属于少数意见群体，会倾向于隐藏自己的观点。相反，如果人们感觉自己属于主流意见，会比较愿意表达。结果被认为属于主流的意见越来越强制，而属于另类的意见越来越弱势。这就形成了所谓的“螺旋”效果。理论由德国社会学家诺依曼于1974年首次提出，1980年在《沉默的螺旋：舆论——我们的社会皮肤》中给予全面的概括。该理论包含三个命题：①该理论从社会心理的角度入手，认为人们在社会环境中具有一种“准感官统计”的能力，即个人在表达意见前会凭借感觉官来确定哪种观点和行为模式是他们的环境所允许和不允许的，哪些观点和行为模式正在得势或失势，再倾向于发声或者沉默。②意见的公开表达和异常意见的人际支持呈螺旋式传播状态。即一方的“沉默”造成“多数意见”的强势，“多数意见”的强势又迫使越来越多的“异常意见者”沉默。如此循环，形成螺旋式过程。③大众传播通过创造“意见环境”来引导和控制舆论。在诺依曼看来，传播媒介对公众环境认知活动形成的影响有三个方面：a. 大众传媒常常对某个事件或议题有一致反映，这使得受众不得不接触同一信息(共鸣性)；b. 特定主题或信息的传达会随着时间不断积累和重复(积累性)；c. 大众媒介的广泛存在使得信息能够传播到世界各个角落(普遍性)。

**3. 培养理论(cultivation theory)**(上海大学2019年研;中传2015年研;复旦大学2014年研)

**相关试题:涵化理论**(四川大学2018年研;西安交大2015年研)

**答:**参见本章考点难点归纳相关内容。

**4. 框架理论(frame theory)**(复旦大学2021年研;北大2018年研;中山大学2018年研)

**相关试题:媒介框架**(北工商2021年研)

**答:**框架理论是指研究主体如何构建认知或行为活动的一种理论指导。具体参见本章考点难点归纳相关内容。

**5. 知沟理论**(清华大学2021年研;广西大学2018年研;华南理工2016年研;人大2013年研;暨南大学2013年研;复旦大学2011年研)

**相关试题:知识沟**(南昌大学2021年研)

**答:**知沟理论是关于信息社会中大众传播与社会阶层化问题的理论。具体参见本章考点难点归纳相关内容。

**6. 数字鸿沟**(安徽大学2021年研;西安交大2021年研;复旦大学2020年研;北京师大2020年研;上海大学2020年研;北邮2019年研;浙传2019年研;南京大学2018年研;兰州大学2016年研;清华大学2015年研;中传2014年研)

**答:**"数字鸿沟"是指不同社会经济地位群体对于互联网发展所带来的数字化媒体接触和使用的差异。具体参见本章考点难点归纳相关内容。

**7. "上限效果"假说**(中国政法大学2008年研)

**答:**"上限效果"是从知识饱和的角度,反驳大众传播促使不同社会经济地位的群体之间产生"知识沟"的一种假说。1977年,艾蒂玛和克莱因提出"上限效果"假说。具体参见本章考点难点归纳相关内容。

**8. 媒介素养**(北师大2021年研;西安工程2021年研;厦大2020年研;湖南大学2020年研;上海师大2019年研;华东政法2019年研;南京师大2018年研;中传2017年研;人大2016年研;上海交大2015年研;中央民大2015年研)

**答:**媒介素养是指个人在媒介接触、信息处理、内容生产等方面所培养的素养。具体参见本章课后习题第31题答案。

**9. 第三人效果(第三者效应)**(暨南大学2021年研;华侨大学2021年研;广州大学2021年研;北京师大2020年研;兰州大学2020年研;人大2019年研;四川大学2019年研;浙传2019年研;北大2018年研;中国地质大学2017年研;暨南大学2016年研;中传2015年研;南京大学2013年研;华南理工2013年研)

**答:**"第三人效果"是对大众传播间接传播机制的一种假说。具体参见本章考点难点归纳相关内容。

### 12.4.2 简答题

**1. 媒体的“议程设置”功能就是“舆论导向”吗？这两者间有什么异同点？**（深圳大学2007研；北大2004年研）

**相关试题：**

**(1)媒介议程设置到公众议程设置的新发展及新问题。**（北师大2021年研）

**(2)简述新媒体环境下媒介间议程设置的变化。**（兰州大学2021年研）

**答：**“议程设置”功能与“舆论导向”在理论上有相似之处，却又有一定的差异，以下是对它们异同点的分析：

(1)媒体的“议程设置”功能不等于“舆论导向”。

“议程设置”作为一种理论假说，于1972年由美国学者麦库姆斯和肖首次提出。这个理论的核心观点是：大众传播在新闻报道中，通过赋予各种议题不同程度显著性的方式，主动发挥着为受众设置“议事日程”的功能，这影响着人们对每天发生事件的重要性感知。在资本主义社会中，媒介对新闻报道和舆论进行“议程设置”的过程，本质上受到统治阶级在各个方面的操控。

从我国的“舆论导向”研究成果可以看出，中国的大众传媒具有社会主义属性，其发挥着引导舆论的职能，这一点体现在大众媒体组织舆论、反映舆论、影响舆论、代表公民行使舆论监督权等多个方面，是指引公众关心社会事务、参与政治生活、发扬社会主义民主的主要方式。我国的大众媒体不仅公开承认自己具有舆论导向的功能，而且立场坚定地把引导社会舆论作为其核心任务之一。

(2)“议程设置”功能与“舆论导向”的异同。

①二者的理论联系。两个理论都是基于大众传播学的研究视角。“议程设置”是引导舆论的第一步，即媒体通过对新闻的选择性报道而将社会的注意力和舆论中心指引到特定的地方。因此，“议程设置”启发了学者对于“舆论导向”的内在机制和作用流程的进一步研究。

②二者的不同点。与带有资本主义属性的“议程设置”相比，“舆论导向”的作用不仅在于引导公众关注热点事件，它还起着引导全社会的认知倾向、价值观念、态度和行为的作用。

**2. 简述关于社会传播的“文化指标研究”的主要内容。**（北邮2008年研）

**答：**“文化指标研究”(cultural index studies)是起源于20世纪60年代后期的一项综合研究，它包括“制度分析”“讯息系统分析”和“培养分析”三个方面，这三者之间有着密切的联系。

(1)“制度分析”。

其主要目的是分析在电子媒介的内容制作和节目发行方面，各种制度所产生压力和制约效果，揭示了大众传播为占统治地位的阶级和意识形态服务的本质。大众传播报道偏向的原因有：

①相关法律法规对新闻活动的约束。

②传播背后占一定统治地位的经济因素的干预和影响。

③其他新闻媒体和各种利益集团所带来的压力。

④媒介的受众对信息传播过程的影响。

格伯纳等人认为，媒介内容偏向主要受到前三种制度上的压力，受众个人所带来的压力较小，一般不会对整体传播活动造成影响。

(2)“讯息系统分析”。

该理论揭示了媒介讯息系统的整体倾向性，认为大众传播的内容是基于一定的价值体系结构，将材料进行加工整理后所呈现的各种符号的有机组合。格伯纳相关研究中发现，美国的传播媒介在总体上体现的是统治阶级的利益传播媒介提示的“象征性现实”是按照一定的价值体系结构来创造的，这也是讯息系统分析的研究基点。

(3)“培养分析”。

“培养分析”是讯息系统分析的延伸，换言之，该理论考察的是大众传播的特定倾向对社会现实所造成的结果。“培养分析”的中心思想是：传播内容一般呈现特定的价值观和意识形态倾向，这些倾向可能引起重要的心理和社会结果，但这些效果是积累性的，在一个长期过程中不易察觉地发生。“培养效果”主要体现在形成当代社会观和现实观的“共识”，而电视媒介在这个过程中起着无可替代的强大影响，它不受社会属性的限制，能够广泛地“培养”全社会成员的共同印象。

“培养理论”的研究成果广泛流传于世界各国，引发学者的研究浪潮，研究对象也由早期的电视暴力画面和犯罪行为的关系扩展到家庭、工作、宗教信仰、种族、政治以及第三世界国家形象研究等多个领域。

**3. “知沟”形成的前提及主客观原因。**(河北大学2010年研)

**答：**参见本章考点难点归纳相关内容。

**4. 受众的个人差异是影响媒介效果的重要因素。请选取一个传播学理论并以其为例阐述个人差异的影响。**(北大2010年研)

**答：**媒介的传播效果是指传播对人的行为产生的有效结果。大众传播效果的形成过程并不是简单、一蹴而就的，而是受到多重因素的制约。其中受众的个人差异是一个重要的因素，受众个体差异对传播效果具有举足轻重的影响，传播学中的“知沟”理论就能很好地说明了这一点。

(1)“知沟”理论的内容。

参见本章考点难点归纳相关内容。

(2)受众个人差异对媒介效果的影响。

①受众传播技能上的差异影响传播效果。社会经济状况好的人和社会经济状况差的人在传播技能上是有区别的。他们的文化程度通常存在差异，而人们基本的信息处理能力如阅读、理解、记忆等均需要教育打下的基础。

②受众现存的信息数量或背景知识的差异影响传播效果。社会经济状况好的人基于其所受的教育，可能对某个问题早有了解，也可能通过以往的媒介接触而对此有更深入的了解。

③受众社会关系上的差异影响传播效果。社会经济状况好的人可能有更多的相关社会

关系，也就是说，这类人可能与同样了解公共事务和科技新闻的人们有交往，并且可能与他们就此类问题展开过讨论。

④受众信息的选择性接触、理解和记忆的机制上的差异影响传播效果。社会经济状况差的人可能找不到与他们的价值观和态度相协调的涉及公共事务或科技新闻的信息，于是他们就可能对此类信息兴趣索然。

**5. 什么是数字鸿沟？其可能的社会后果是什么？**（中山大学2013年研）

**相关试题：**

**(1)简述数字鸿沟形成的原因。**（中传2013年研）

**(2)请你谈一谈对网络时代的新数字鸿沟的理解。**（福建师大2021年研）

**答：**(1)数字鸿沟的定义。

参见本章考点难点归纳相关内容。

(2)数字鸿沟的社会后果。

在信息资源已经成为国家经济实力和国际竞争力的核心战略资源的今天，国家或地区之间由于因特网基础设施建设和操作技术普及水平等差异，造成了信息资源获取能力的巨大差距，进而影响了弱势国家的经济实力与国际竞争力；不同人群之间因为收入、受教育水平、所处地域及种族等方面的差异而造成了对因特网技术掌握和运用等的差异，进而导致了不同群体在社会中面临的机遇、待遇不等，出现了“信息落差”“知识分隔”和“贫富分化”等问题。

数字鸿沟已不止是国家间或国家内部在信息基础设施、数字技术的使用、电子化服务方面差别的问题，它牵扯到整个社会的贫富差距、信息资源多寡和资金、文化、就业、生活质量等问题，牵扯到国家或地区科技参与能力的强弱、经济的增长方式等更深层次的社会问题。

**6.“媒介素养教育理念”的前两条(如下)，分别提醒公众需要意识到媒介哪两方面的局限？**（人大2015年研）

**(1)媒介是被构建的，媒介不是现实世界的映像，而是对现实的反映。**

**(2)媒介构建现实，人们对外部世界的观察和体验大多由媒介获得。**

**答：**(1)媒介是对现实的反映，其报道内容与现实世界存在一定的差距，这提醒公众需要意识到媒介在现实世界中对事实报道的不足。

新闻报道往往是对事实简约化的报道，各大媒体对媒介现实与社会现实之间的关系存在众多不同的立场和观点。因此，生活世界和新闻报道之间不可避免地存在差距。新闻传播活动的最终结果——“新闻文本”，实际上是经历了一个从“社会现实——议题现实——媒介现实”的不断聚焦的过程。

(2)媒介构建现实，人们对外部世界的观察和体验大多通过媒介获得，这提醒公众需要意识到媒介对他们意识与行为造成的影响。媒介构建现实，以报刊、广播、电视为代表的大众传播的社会效果有三个层面：

①拟态环境认知和制约效果。大众传播活动形成了拟态的信息环境，即公众从媒介中接触到的环境并不是客观环境镜子式的再现。大众媒介承担着为公众生产和传播即时信息

的职能和责任，但它们通过对新闻和信息进行有意图地选择、生产、加工和流通后，创造的是被重新结构化的环境。大众媒体的这种作用在无形之中制约着人的认知和行为，影响着人们对周围环境的印象。这种社会观察受到制约的传播效果，被称为“视野制约效果”。

②社会价值规范形成与监督效果。大众传媒所传达的新闻和信息，通常包含着对社会现象和问题好与坏、应该与否的价值判断，影响着人们认知系统中概念和价值观的形成。大众媒体的宣传和批判通常起着形成与维护社会价值标准的作用。这种作用是通过媒体的舆论引导职能发挥出来的，它可以通过制造舆论形成新的社会秩序和行为规范，又可以通过社会舆论监督来调整现有的规定和范式。

③公众行为引导效果。除了对认知和价值观的影响，大众传播的效果还表现在社会行为示范层面。它们通过信息的报道和广泛传播，向社会公众提示具体的行为规范和方式，引发受众的纷纷效仿，强化其对行为模式的学习。

**7. 从大众传播者和受众的角度出发，举例谈谈“第三人效果”和“第一人效果”所起的作用。**(人大2013年研)

**相关试题：用案例论述“第三人效果”引发的社会行为，“第三人效果”研究的现实意义。**(论述题，北工商2021年研)

**答：**(1)“第三人效果”。

①“第三人效果”的提出及内容。

参见本章考点难点归纳相关内容。

②“第三人效果”的作用举例。

“第三人效果”假说具体表现为劝服传播所面对的受众认为，这种劝服对他人比对自己有更大的影响。而且无论是否为信息的直接受众，对媒介影响他人效果的预期，将导致自己采取某种行动。

如在网络游戏传播过程中，受众往往因其对网游的爱好而忽视了网游本身的暴力因素和可能带来的负面影响，这主要是因为受众认为自身所遭受的网游暴力干扰要远小于网游暴力对于其他玩家的影响，而网游的制作者和传播者正是利用了此种“第三人效果”来获取暴利。

(2)“第一人效果”。

“第一人效果”是在“第三人效果”研究过程中逐步发展起来的传播学研究热点。

①“第一人效果”又被称为“反转的第三人效果”，它是指当受众接受符合社会期待、能够引起人们正面感情的信息时，倾向于认为此类信息对自己的影响大于对其他人的影响。

②作用举例。如在调查中发现，某些公益广告会改变人们自觉的行为。关于乘坐地铁电梯时应该“左行右站”，手扶电梯等，在看过此公益广告的人中，大部分都会认为这是一种社会责任的表现，从而自觉地遵守这一准则。

关于第一人效果的研究，目前更多的是从心理学角度采用实证主义的方法进行，同时，鉴于研究过程中的诸多不可控因素，目前第一人效果研究只能停留在理论层面，更深一步地从理论到现实的应用，有待进一步探究。

### 12.4.3　论述题

**1. 论述"议程设置理论"与大众传播效果的关系，并谈谈你的评价。**（北邮 2011 年研）

**答：**（1）"议程设置理论"的定义和主要观点。

参见本章考点难点归纳相关内容。

（2）"议程设置理论"与大众传播效果的关系。

①建立共识，实现对话。通过议程设置，媒介可以使意见相左的团体就某些议题达成某种一致，从而实现不同团体的对话。

②提高责任，引导舆论。记者对新闻事件的评判在很大的程度上影响着公众对该事件相关的议题的关注，故记者的责任心很重要。

③构造事件，吸引眼球。公关人员要想捕捉公众的注意力，就应该以恰当的方式来构造相应的媒介事件。

（3）对"议程设置理论"与传播效果关系的评价。

参见本章考点难点归纳相关内容。

**2. "议程设置功能"假说自提出之后，就引起了传播学界的广泛注目，许多学者纷纷对它进行探讨和验证，并形成了"议程设置功能"理论。请论述这个理论的基本观点，并结合新媒介的技术特点，论述该理论在现代媒介环境下面对的挑战及其不足。**（武大 2007 研）

**答：**（1）"议程设置功能"理论的基本观点。

"议程设置功能"作为一种理论假说，由美国传播学者马尔科姆·麦库姆斯和唐纳德·肖在 1972 年发表的《大众传播的议程设置功能》中首次提出。他们认为，大众传播在新闻报道中，通过赋予各种议题不同程度显著性的方式，主动发挥着为受众设置"议事日程"的功能，这影响着人们对每天发生事件的重要性感知。大众传播只要对一些问题给予集中报道，并忽视或掩盖对其他问题的报道，就能影响公众舆论，人们则倾向于关注和思考大众传播媒介注意的那些问题，并按照大众传播给各个问题确定的重要性的次序，分配自己的注意力，大众传播通过调动受众的注意力来安排问题的轻重次序，从而间接达到影响舆论，左右人们观点和思路的目的。

（2）新媒介的技术特点。

①传播过程的双向性的增强。新媒介传播的双向性大大改善了受众的被动地位，增强了传受双方的互动性。

②多媒体化和媒介功能的融合。新媒介利用多媒体技术，将多样的传播功能融为一体，为人们收集、处理和传输信息提供空前便利，传播活动的质量和效率都得到提高。

③媒介资源的丰富化。丰富的媒介资源是数字化技术的巨大成果，少数大众传播机构垄断资源的状况得以改善，更多的社会成员、群体和组织有望成为能动的传播者。

④信息传播的全球化。电子通信、卫星和互联网络等新技术为跨国乃至全球传播提供了条件，把人类的传播范围扩展到整个世界，受众的认知、态度和行为受更多变量的影响。

（3）"议程设置功能"在现代媒介环境下面对的挑战及不足。

①受众地位的提高，传受双方互动性的增强、信息收集处理和传输的便利使得受众的主动性增强，媒介议程设置能力减弱。

②媒介资源的丰富化使得更多的社会成员参与并成为能动的传播者，受众设置议程的能力增强，媒体议程设置效果减弱。在某些情况下，受众已经开始设置媒体的议程。另一方面，受众获取信息的渠道增加，也使得大众媒体设置议程的难度增加。

③信息传播的全球化使得人类的传播范围扩展到整个世界，全球范围内信息共享，媒体议程设置难度加大。

④只强调了传播媒介设置或形成社会议题的一面，而没有涉及反映社会议题的一面。尤其在新媒介条件下，受众兼具传播者的角色，源于民间、具有广泛社会关注度的重要问题最终登上媒介议程的情况是常见的。

⑤从一般意义上讲，媒介的议程设置功能是强大的，但也不能将它的效果绝对化。

**3. 阐述“沉默的螺旋”理论，并谈谈网络文化、网络传播在哪些方面对这个理论提出了挑战。**(北邮2010年研)

**答：**“沉默的螺旋”理论是德国传播学者诺依曼于1974年首次提出，1980年在德文版《沉默的螺旋：舆论——我们社会的皮肤》中给予全面的概括。该理论认为，大众传播媒介在影响公众意见方面有强大的效果，并把舆论生成中起重要作用的因素称为“沉默的螺旋”。随着互联网技术的发展进步，网络环境发生了巨大的变化，网络文化、网络传播逐步改变了“沉默的螺旋”理论发生作用的条件，“沉默的螺旋”是否还是用当下的互联网环境已经成为学界激烈争论的话题。

(1)“沉默的螺旋”理论的主要观点。

参见本章考点难点归纳相关内容。

(2)网络文化、网络传播给“沉默的螺旋”提出的挑战。

①互联网的虚拟性对“社会孤立的恐惧”的挑战。“沉默的螺旋”理论中有一个假定：即当人们的意见不被多数人赞成时，容易产生被“社会孤立的恐惧感”。然而网络世界给人们提供了自由发表言论的平台，而较少地被舆论主持者所约束。当人们发表意见的时候，很少受他人的影响，没有心理负担，没有功利色彩，“我行我素”，独往独来，既不会受到社会心理机制的影响，也不会因为与他人意见不同而感到孤单。

②信息传播的快捷性对媒介控制的挑战。高速运转的互联网，一方面给人们的学习、工作、娱乐等带来极大便利，另一方面也给传统媒体带来巨大冲击力，尤其是给利益集团掌控舆论控制权带来难度。即使是网民的个人意见与大众传媒的“优势意见”相左，也不会影响他的观点传播与“蔓延”。即使当权者利用大众媒体强行传播，也丝毫不会削弱个人意见的广泛流传。

③“意见气候”的转换对“沉默螺旋”的挑战。随着互联网络的普及，人们越来越迷恋于网络而忽视传统媒体。网络的优势弥补了传统媒体的缺陷。但人们总是试图寻找属于自己的虚拟社区，用以畅快地抒发自己的感受。这些社区往往是一些世界观、价值观相似的公众的聚集地。因此在这和谐的网络社区内部容易形成意见气候。那些被孤立被排外的网民只能寻找那些支持他们观点的论坛、网站来得到在那边大多数派的支持和赞同，在他们的“地盘”，一些志同道合者找到了自己的组织，同时拥有了归属感，在那里形成反对派的“意见气候”。

近年来，传统媒体与新媒体之间的较量日益升级，“沉默的螺旋”理论进入了一个急速旋转的漩涡。但无论是优势意见还是劣势意见，代表的都是民众诉求，都应该得到相关部门或者他人的理解。我们要做的就是促成传统媒体与新媒体的良性互动，守住大众传媒的传播阵地，积极引导新媒体理性发表建议，使得国家机器正常运转，推动事件的解决走向一个安全互利共赢的渠道，继而推动社会发展。

**4. 结合相关理论和社会现实，谈谈如何防止和解决信息富有者(Information-rich)与信息贫困者(Information-poor)的两极分化及由此产生的新的社会矛盾。**(兰州大学2007年研)

**答：**“知沟”理论以及它的反命题“上限效果”假说的提出，显示出人们对信息社会中的知识获取差异的重视。在信息社会里，信息除了增加知识量的功能外，还是财富的象征，并在获取新财富上起着重要作用。因此，信息社会正存在着一个现实问题，就是如何防止和解决信息获取和积累的两极分化问题以及由此引发的新的社会矛盾。

(1)“信息沟”理论。

参见本章考点难点归纳相关内容。

(2)对策。

在媒介技术发展日新月异的情况下，缩小社会的“信息沟”乃至“知沟”至少必须在两个方面采取具体对策：

①在“硬件”方面，必须对不发达地区或低收入阶层制定特殊的扶持政策，例如对一定收入以下的家庭或地区实行价格优惠，以推进硬件在全社会的普及程度。

②在“软件”方面，必须提高全体社会成员的“媒介使用能力”(media literacy)。换言之，仅有了硬件的普及还不够，由于新媒介的使用需要一定知识和技能，如果不进行使用知识和技能的培养或教育，缩小社会“知沟”也只能是一句空话。

(3)“信息沟”乃至“知沟”研究对我国的社会发展具有重要的现实意义。

改革开放以来，我国的传播事业飞速发展，报刊、广播、电视的普及程度不断提高，大多数省份已经有了卫星电视，在接触大众传媒方面，城乡和地区之间的信息差距大大缩小。但是，在新传播媒介领域(例如电脑、网络、移动电话)，城市和农村、沿海和内地、东部和西部之间的差距十分明显。

在“媒介使用能力”方面，社会各阶层或群体之间的差距也正在出现并呈扩大的趋势。不少调查表明，我国电脑和网络的用户主要集中于男性、青少年、高收入、高学历阶层，而女性、中老年、低收入、低学历者对电脑的利用则较少；在拥有电脑的家庭中，许多人还只是将其作为“电子游戏机”来使用，而未能较全面地发挥它们的信息处理功能。此外，与发达国家相比，我国无论在“硬件”还是“软件”方面都有较大的差距。因此，研究“信息沟”“知沟”以及解决的对策，是我国社会发展和信息化建设中的一个重要而迫切的课题。

# 第十三章　国际传播与全球传播

## 13.1 复习笔记

### 【知识框架(庖丁解牛)】

- 国际传播与全球传播
  - 概述
    - 国际传播与全球传播的概念及主体
    - 全球信息化的影响
    - “现代性”与“全球化”
  - 世界信息传播秩序
    - 全球信息传播态势的不均衡性
    - 建立“新世界信息秩序”的三个阶段
  - 国际传播与全球传播研究的突出问题
    - 国际报道中的政治立场与意识形态问题
    - 信息主权与国家安全问题
    - 文化帝国主义

### 【本章概要】

本章主要论述了国际传播与全球传播的相关知识。本章考点以名词解释、简答题以及论述题为主，在学习时，需要着重对从国际传播到全球传播、国际传播与全球传播研究的若干重要课题等内容加以把握，并深入了解“新世界信息秩序”论争及其发展阶段、信息主权、文化帝国主义等内容。

### 【考点难点归纳(厚积薄发)】

**考点一：从国际传播到全球传播　★★★**

**1. 国际传播与全球传播**(见表13-1)

**表13-1　国际传播与全球传播**

| 要点＼类型 | 国际传播<br>(international communication) | 全球传播<br>(global communication) |
|---|---|---|
| 概述 | 国际传播是以国家政府为基本单位，基于大众传播的跨国传播活动，同时兼有组织和个人间的人际传播，具有浓厚的政治色彩，是民族国家生存和发展的关键因素 | 全球传播更具有广泛性和包容性，将国内传播与国际传播融为一体。在信息技术的迅猛发展下，以媒介为主导，传播范围为整个地球世界的传播称为全球传播。与国际传播的国家关系视角不同，全球传播的焦点更多集中在全人类范围。全球传播同样有很强的政治性，但异文化的交流和由此产生的世界影响也更加重要 |

续表

| 类型<br>要点 | 国际传播<br>（international communication） | 全球传播<br>（global communication） |
| --- | --- | --- |
| 主体 | 以国家为基本主体，其他行为体包括国际机构、超国家机构（政府间国际组织）、同盟或地区集团、跨国组织（国际非政府组织）、国内各种集团或组织、意见领袖 | 传播主体呈现多元化趋势，除了国家和社会外，跨国活动团体、商业化性质的企业、网络空间中的个体都在进行全球传播。虽然仍以大众传媒为主，但互联网正发展为全球传播的大平台，其影响力不断扩大 |

**【考点拓展】跨文化传播**

跨文化传播指不同文化背景的人们之间进行信息交流的过程，强调的是文化因素介入的传播形式，其研究的核心要点是对带有不同观点、信仰和价值观的人际间互相作用的意义分析，是对这些人由于不同的文化背景而产生的相应差异的分析。跨文化传播包括同一国家内部不同民族间的交流。

**2. 全球信息化的影响和冲击**（见表13-2）

**表13-2 全球信息化的影响和冲击**

| 要点 | 具体内容 |
| --- | --- |
| 全球信息化的影响 | ①全球经济一体化的趋势加强。经济信息的传播不再受到时空的限制，传播技术的发展实现了全球性信息的实时传播，促进世界范围内的经济交流。<br>②政治一体化加速发展，“地球村”成为美好愿景。国内与国际政治消息的界限模糊，传播更具有开放性，世界各国之间的关联加强，国内政治的全球影响力升级。<br>③文化输出和文化传播在全球化进程中占据重要地位，跨文化传播成为全球传播的焦点。随着文化层面的交融不断增加，异文化间的矛盾也更显日常化。文化传播不是单一的、独立的问题，其背后涵盖着复杂的政治、经济和意识形态相关问题 |
| “现代性”和“全球化”的相互关系 | ①吉登斯提出，当今世界系统的“现代性”制度具有四个突出特性：a.“信息系统管理与监控”；b.“资本与经济市场化”；c.“技术发展带来的产业化生产”；d.“国家安全危机状况下的军事力量”。<br>②“全球化”是现代社会发展的一个必然趋势，它与“现代性”的四个制度特性完美呼应。“全球化”是指“国家、政治、时空的区隔被打破，全球事务之间存在相互影响和制约的效应。以此种关系将地理意义上远隔的地区相互连结，并在全世界区域内不断强化这种关系”的过程。<br>③信息传播技术的进步和全球化信息系统的形成，是现代人类世界发展和变革的基本动因之一，这大大推动了现代化的进程，而现代化的多方制度也在有力推进着全球化的发展 |

## 考点二：关于世界信息传播秩序的争论 ★★★

**1. 世界信息生产和流通结构的不平衡**

现行的全球信息传播态势呈现偏向西方发达国家的“媒介中心主义”，这种不均衡性具体表现在：

（1）当今世界上各个国家对于信息的掌握程度存在严重的两极分化，主权国家在信息占有上存在绝对优势，这些信息富有国的媒体报道也成为很多第三世界国家的信源。

（2）而这些信息“供应商”，同时也是全球信息传播的“控制者和操纵者”，少数西方发达国家以自己强大的经济、技术和资本实力为基石，由其国家政府承担信息提供者和议程设置者的双重身份，在全球范围内有效地传递它们希望传递的消息。全球传媒包括传媒产业链和资金、技术以及媒体所有权、传播内容和运营模式几乎无一例外地从西方传媒大国流向发展中国家，造成了世界信息单向流通的文化后果。

（3）这种不平等结构维护的是少数西方资本主义国家的利益，它们不承认各种文化有其内在的独特性和存在价值，而把大多数第三世界国家置于受强制支配的地位。发达国家的“信息垄断”与欠发达国家所面临的“文化入侵”成为全球传播的主要矛盾，西方发达国家借助媒介权力中心，并非进行单纯的信息传播，而是进行带有侵略色彩的文化扩张。

因此在全球范围内建立一个平等互利的国际信息传播新秩序，消除信息领域的殖民化，改变国际信息流通不平等、不均衡和不对称的现象，成为当务之急。

**2.“新世界信息秩序”论争及其发展阶段**

现代媒介与传统的威权主义的结合，使得发展中国家意识到现代化进程加剧了其本已深刻的社会和经济的不平等，而且使它们依赖于西方传播发展的模式。因此到1970年，“依附”理论和对文化帝国主义的批判开始兴起，并且在国际上兴起了一场建立世界传播新秩序的运动。这场运动可以分为三个阶段，具体见表13-3。

**表13-3 “新世界信息秩序”论争及其发展阶段**

| 三个阶段 | 具体内容 |
|---|---|
| 1973—1978年 | 从第四次不结盟国家首脑会议（1973）提出的《阿尔及尔宣言》到《大众传媒宣言》（1978）发表。这一阶段是广大发展中国家提出主张的时期，彼时信息由西方垄断并进行单向流动，整个国际信息和传播秩序维持了不平等状况，而发展中国家的政治经济实力有所提升，发展中国家便针对西方国家的利益提出了“改变全球信息流动和传播体系不平衡”和“创造国际传播新秩序”的主张，以不结盟运动的各种峰会和联合国教科文组织为平台，与以美英为主的西方势力进行了频繁的斗争 |
| 1978—1980年 | 从《大众传媒宣言》的发布，到麦克布莱德委员会发表报告书《多种声音一个世界》（1980），这是交锋不断激化的阶段。作为联合国教科文组织的下属委员会，麦克布莱德委员会旨在调查世界信息传播的现状，探讨建立“新世界信息秩序”的路径。其报告书倡导建立世界信息与传播新秩序，主张通过一系列传播资源共享措施来改善发达国家和发展中国家信息传播资源不平等的状况，反映了广大发展中国家对平等、公平的传播结构的立场、观点与合理要求。报告书具有里程碑意义，其发表意味着发展中国家在“世界信息传播新秩序”争论中取得胜利。这一时期声势浩大的新秩序运动引起了西方国家的抵制。随后，美英两国接连退出联合国教科文组织以施加压力 |
| 美英退出联合国教科文组织至今 | 由于发达国家的退出，教科文组织遇到财政危机，不得不做出某些妥协，使建立世界信息与传播新秩序运动陷入低谷。但多数发展中国家坚定地支持建立“新世界信息秩序”的基本原则，新秩序的主张依然存在于学界与业界的讨论中。20世纪90年代，随着冷战的结束和全球信息化的发展，以美国为首的西方国家利用经济全球化的大趋势试图实现文化的全球化，全球传播中的信息主权以及文化冲突问题成为新的关注焦点 |

## 考点三：国际传播与全球传播研究的若干重要课题 ★★★★

**1. 国际报道中的新闻价值问题**（见表13-4）

表 13-4 国际报道中的新闻价值

| 要点 | 具体内容 |
|---|---|
| 定义 | ①新闻报道的选择，媒体在众多新近发生的事实中挑选哪些消息来进行报道。<br>②新闻内容的加工，新闻工作者从什么角度对事实进行陈述，或者额外赋予事实什么其他含义 |
| 特点 | ①全球性的西方媒体垄断了世界上 90% 以上的新闻，它们极为容易而有效地设置全球舆论的主要议题，从而编制了一张覆盖全球的新闻传播网络。<br>②国际新闻体现着传播媒介的政治立场和意识形态。在国际报道中存在着垄断的不平等结构下，大部分流通于世界的国际新闻都是根据少数西方发达国家的新闻价值标准而生产和加工出来的。<br>③在西方传媒的报道中，关于发展中国家的内容极少，而且往往都是歪曲性的角度，充满了对第三世界国家文化的偏见 |

## 2. 信息与国家主权问题(见表 13-5)

表 13-5 信息与国家主权问题

| 要点 | 具体内容 |
|---|---|
| 定义 | 信息主权是国家软实力的象征，指一个国家对自己的信息传播制度进行自主管控的权利，是全球传播时代国家主权的核心要素 |
| 内容 | ①对本国的信息、文化、传媒资本进行保护、挖掘和利用的权利。<br>②不受制于国外势力的干涉，独立自主确立本国信息内容的生产、加工、储存、传播的权利。<br>③国家管理和控制本国文化输出和他国信息输入的权利 |
| 意义 | 在信息时代，信息主权成为国际关系的权力核心，作为“软实力”核心的信息权力正日益影响国际事务的变革。信息全球化的背景下，各国信息系统与全球信息系统连成一体，来自外部的信息干扰可能使得国家的信息系统遭到破坏，进而危害国家的安全。一个国家应该保有本国信息资源和传播制度的主权，这是在信息全球化背景下保障国家主权完整且不受侵犯的决定性条件 |

## 3. 文化帝国主义(见表 13-6)

表 13-6 文化帝国主义

| 要点 | 具体内容 |
|---|---|
| 定义 | 现代西方新殖民主义者以其强大的政治、经济、资本、军事实力为后盾，以其意识形态和文化力量为前锋，对全球各民族进行文化上的渗透和控制，以达到重塑被压迫人民和民族的价值观、行为方式、社会制度、身份认同和文化认同，使之服从于全球帝国主义统治的利益和目标。其主要任务是通过文化渗透为资本的扩张扫除障碍。席勒认为，文化帝国主义就是在某个国家社会进入现代世界系统过程中，在西方发达国家的信息和文化“殖民”的作用下被迫接受世界系统中核心势力的意识形态，并使本国社会制度与这个全球系统相适应的过程 |
| 特点 | ①在经济全球化的大背景下和跨文化传播的媒介帝国时代，西方国家以强大的经济、资本、技术实力为后盾，采用“文化产业”策略将文化以市场化的方式向全球输出。<br>②是一种文化价值的扩张，信息被看作是文化商品，发达国家使之服从于市场原则并进行全球渗透，试图用资本主义的符号体系代替发展中国家的文化，占领发展中国家国民的思想和灵魂。<br>③因为信息产品的文化含量最高，信息产品便成为文化扩张的主要传播载体，例如影视产品的输出 |

## 13.2 课后习题详解

**1. 什么是国际传播？国际传播的主体有哪些？**

**答：**(1)国际传播的含义。

国际传播(international communication)是以国家政府为基本单位，基于大众传播的不同民族或国家间的传播，同时兼有组织与个人间的人际传播。国际传播具有很强的政治色彩和社会学意义，是国家民族生存和发展的关键因素。

国际传播起源于古代，几乎同国家的诞生同时发生。随后，在以国际交往扩大为重要表征的信息传播全球化发展进程中，国际传播逐渐演变成为国家生存和发展的一种基本方式，成为国际社会中一种基本现象。国家元首的互相访问、外交家的纵横捭阖，国与国之间政治、经济、军事的交往互动等，都属于国际传播的范畴。

(2)国际传播的主体。

①国家政府——国际传播的基本主体。

②超国家机构(supra-national organizations)——所谓的政府间国际组织，其决策在某种程度或范围内对其附属成员国政府拥有相应的约束力，如联合国、欧盟、世界贸易组织等。

③同盟或地区集团(alliances and regional blocks)——制度化程度不如超国家机构高，主要以条约或共同决议形式结成的、非永久的联盟组织，如北大西洋公约组织、前华沙条约组织以及东南亚国家联盟等。

④跨国组织或运动(trans-national organizations and movements)——即国际间非政府组织，如国际红十字会、国际奥委会、世界自然基金会等。

⑤有组织的集团或组织(sub-national groups)——如政党、工会以及跨国公司等。在许多场景，这些团体、组织或集团可能直接或间接影响国家外交政策，甚至引发全球性的话题讨论。

⑥意见领袖——在国际问题上能够引发广泛影响的社会活动领导者和知名专家学者。

**【真题链接】**国际传播和信息主权。(北大2021年研)

**2. 什么是全球传播？我们应该从哪些方面理解全球传播？**

**答：**(1)全球传播的含义。

参见本章考点难点归纳相关内容。

(2)我们可以从以下几个方面来理解全球传播：

①全球传播是人类的经济技术、信息技术和交通设施发展到一定程度的必然产物，是技术文明发展的必然。

跨国卫星电视、计算机通信网络等新媒介的发明和普及，创造了一个世界范围的信息传播系统，技术发展所带来的，是打破地理距离区隔的信息传播以及不同国家、民族和个人之间的跨文化信息交流的日常化。全球传播会促进不同地域、不同文化族群的交流协作和人类社会的长足发展。

②全球传播的主体呈现多元化。

在传统的国际传播中，传播主体主要是国家政府，以及各种各样的政府间国际组织。

而在全球传播当中，除了基本主体国家和政府间机构外，传播主体呈现多元化的趋势。随着世界市场的开拓和全球经济一体化形成，出现了专门从事国际贸易活动的跨国公司，这些跨国公司的对外传播活动一开始就是跨国界的，如东印度公司。同时伴随着互联网和新媒介的兴起和普及，跨国传递信息的权力被给予到网民个人。

③兼具多种媒体功能的互联网影响力越来越大。

从目前的形势而言，全球传播的主要媒介依然是广播、电视、报纸等大众传播手段。但与此同时，传播功能全面的互联网，正在发展为全球传播的大舞台，逐渐占据着越来越大的份额。

④在全球传播中，人们关注的问题范围有所扩大。

在以往的国际传播中，不同国家和民族之间的双边或多边关系是人们关注的重点，而在全球传播中，人们关心的事务和新闻已经不再局限于本国和本民族，作为"地球村"的一分子，有必要为人类命运共同体思考和行动。

⑤全球传播具有很强的政治色彩。

和国际传播一样，全球传播也具有很强的政治性，国际政治和国际关系依然是传播的重点。但与此同时，由于异文化的交往和信息传播日益频繁，不同国家、民族之间文化的矛盾也更显日常化。文化传播不是单一的、独立的问题，其背后涵盖着复杂的政治、经济和意识形态相关问题。

**【真题链接】**国际传播和全球传播的联系和区别。(电子科大 2021 年研)

**3. 谈谈全球信息化的冲击和影响。**

**答：**全球信息化是指随着数字技术的发展和全球化趋势的加强，无孔不入的互联网传播，有力地推动了全球经济、政治、文化的一体化进程，全球信息化时代莅临。在全球信息化时代，国与国之间的国际竞争在很大程度上说就是符号竞争，即信息博弈。谁能领导信息革命，谁拥有信息权力的优势，谁就能在未来世界格局中占据领导地位。一方面，全球信息化促进了信息、技术、经济和文化资本等要素在世界范围内的快速传播，使得市场流通各环节的全球经济一体化关系越来越密切。另一方面，它也给资本主义性质的压迫和剥夺提供了便利，使得全球性霸权主义横冲直撞，发展中国家在文化交流与竞争中更加处于不利地位，其社会秩序、生活方式、思想方式产生异化。具体而言，全球信息化对人类社会的冲击和影响表现在以下几个方面：

(1)经济全球化的发展增加了世界经济风险。经济信息的传播不再受到时空的限制，传播技术的发展实现了全球性信息的实时传播，促进世界范围内的经济交流，经济一体化成为大势所趋，各个经济体或国家之间的连锁影响效应不断加大。1997 年亚洲金融风暴中，泰国、印尼、韩国等国的货币大幅贬值，中国则坚持人民币不贬值，在危机中未受到直接冲击，这就是一个很好的例证。

(2)政治全球化的加速，不稳定因素增加。政治一体化加速发展，"地球村"成为美好愿景。政治全球化表现在两个方面，一是国内与国际政治消息的界限模糊，传播更具有开放性，二是世界各国之间的关联加强，国内政治的全球影响力升级。就前者来说，自我封闭的信息制度曾经助长了极权主义、专制统治和独裁政治，但在信息系统的开放进程中，大多数国内政治的重要动作都被置于全球范围的监督之下：本国的事件的影响更具国际化、全球化，而其他国家的事件也会对国家内部起到影响作用，这可以说是信息全球化的特征。就后者而言，国家在地理上的位置、两国之间的物理距离等都曾是决定国际事务的重要变量，尤其体现在军事行动上。而在信息传播技术水平高度发达的今天，现实距离的远近已经不再成为国际政治的决定性因素。

(3)文化输出和文化传播在全球化进程中占据重要地位，跨文化传播成为全球传播的焦点。随着文化层面的交融不断增加，异文化间的矛盾也更显日常化。文化传播不是单一的、独立的问题，其背后涵盖着复杂的政治、经济和意识形态相关问题。

【真题链接】试论“全球信息化”给人类社会带来的冲击有哪些？(南京理工2011年研)

**4. 随着跨国卫星电视的发展，传统的国际广播概念发生了哪些变化？**

**答：**(1)传统的国际广播。

广播为人类信息传播的国际化奠定了强大的技术基础，短波广播可以将信息传播到地球上任何地区，开辟了国际广播的新时代，国际广播在电视普及之前都是国际传播中最重要的电波媒介，它有如下特点：①只有短波电台可以进行全球信息传播；②除了物质技术外，国际广播还受到政治权力的影响，其运营权力掌握在政府或公共机构手中；③节目一般是专门为外国听众制作的，内容以本国新闻为主，为了宣传自身的政策和事务情况。

(2)跨国卫星电视崛起对传统国际广播的冲击。

电视的崛起，迅速抢占了广播的媒介垄断地位。传统的国际广播的影响严重受到新兴的跨国电视的冲击。这主要体现在：①新的跨国卫星电视以音像传输为主，清晰度高，覆盖面广，抗干扰性强；②其运营者和节目生产者除传统的政府或公共机构外，商业性的跨国电视台占大多数；③卫星电视的节目一般不是特地为海外观众制作的，大部门都是直接将国内频道转换过去，各个国家的电视观众可以从几种语言信道中选择自已熟悉的语言，除了新闻以外，娱乐性的节目如电视剧、电影、综艺等占据的份额越来越大；④国际传播媒介过去仅承担对外宣传职责，而如今则负责全面的文化输出任务。

**5. 世界信息生产和流通的失衡状态反映了什么性质的问题？**

**答：**参见本章考点难点归纳相关内容。

**6. 简述“新世界信息秩序”论争的过程及其实质。**

**答：**(1)“新世界信息秩序”论争的过程。

参见本章考点难点归纳相关内容。

(2)“国际传播新秩序”论争的实质。

这场争论的实质是控制与反控制、殖民与反殖民、侵略与反侵略的斗争。西方国家的根本目的是要通过信息在全球的自由传播，即通过推行文化帝国主义和新殖民主义，来对发展中国家进行文化渗透和强制，从而使其依附于西方国家，夺取整个地球作为市场。而发展中国家则力图打破这种不自由、不平等的局面，争取文化和信息传播的自主权，维护本国的意识形态稳定和文化安全。

【真题链接】简述“新世界信息秩序”论争。(电子科大2011年研)

**7.《关于信息非殖民化的新德里宣言》有哪些要点?**

**答:** 1976 年不结盟国家在印度举行峰会，发布了《关于信息非殖民化的新德里宣言》。这个宣言的内容包含以下四个要点:

(1)世界范围的信息流通处于严重的不平等状态。信息传播手段集中在个别西方发达国家手中，绝大部分国家尤其是第三世界国家只是这些主权国家的信息被动接收者。

(2)阻碍第三世界国家政治和经济发展的现行信息依附关系是殖民制度的后遗症，这种状况有使殖民统治被延长甚至恒久化的危险。换言之，它导致着极少数国家对新闻传播内容生产以及新闻传播内容选择加工的决策权的绝对控制，是某种程度上的文化殖民。

(3)全球信息来源掌握在发达国家管控的极少数几家世界通讯社手中，因为媒体机构虽然自身有信息来源渠道，但是在很大程度上只有依靠行政部门才能获得有关对外政策和国际事务的信息。绝大多数发展中国家获取外界的信息必须依赖于它们，甚至连歪曲自己形象的报道也只能被迫接受。发达国家的"信息垄断"成为全球传播的主要矛盾。

(4)在信息手段被少数发达国家垄断的形势下，所谓"信息传播自由"只是少数发达国家根据自己的意识形态和社会制度生产和传播信息的自由，此外，它还意味着其他绝大多数国家和民族客观、公正地传播信息和获取信息的权利在现实中受到剥夺和否定。

这个宣言在世界上产生了广泛的影响，是团结和领导广大发展中国家的重要文件。

**8. 解释下列名词概念:《大众传媒宣言》《麦克布莱德报告》《塔罗瓦尔宣言》。**

**答:** (1)《大众传媒宣言》。

《大众传媒宣言》是联合国教科文组织于 1978 年通过的一个宣言，其本意是要发表一项关于全球传媒规范的共同决议。但由于发达国家和发展中国家之间的矛盾冲突，这个宣言最终妥协为只规定大众传播一般行动的准则，并没有解决任何实际问题。因此，该宣言没有引起任何国家或集团的重视，甚至在新闻传播学界也没有多大水花。

(2)《麦克布莱德报告》。

《麦克布莱德报告》即《多种声音一个世界》，是联合国教科文组织成立的国际传播问题研究委员会(又称"麦克布莱德委员会")对国际传播从"国际传播的现状""建立信息的自由平等流动所面临的问题以及如何将这种信息流动与发展中国家的要求连接起来""如何根据国际经济新秩序的要求建立信息传播新秩序""如何将媒体用于产生关于世界问题的公共舆论"四个方面进行考察后，经过研讨和内部争论而生成的报告。该报告于 1980 年提出，在同年的贝尔格莱德大会上正式通过该决议。其倡导建立世界信息传播新秩序，主张通过放松版权法规、促进信息传播技术自由交流、鼓励第三世界国家出版业发展及更多的传播资源共享等措施来改善发达国家和发展中国家信息传播资源不平等的状况。这份报告反映了第三世界发展中国家的立场，该决议的通过，意味着发展中国家在"世界信息传播新秩序"的争论中取得了重大胜利。

(3)《塔罗瓦尔宣言》。

《塔罗瓦尔宣言》是部分资本主义国家全国性出版商协会组成的国际性行业组织——"世界自由出版委员会"(WPFC)于 1981 年在法国的"自由之声"集会所发表的决议。该宣言提出，联合国教科文组织发布的决议将会引发各国政府对新闻出版自由制度的管控，关于世界传播新秩序的论争本身对新闻和公民言论自由本就是有害的，西方国家在这个问题上已经付出了过于惨烈的代价，因此必须对其采取抵制手段。彼时的美国里根政府对《塔罗瓦尔宣言》表示了明确的支持态度。

**【真题链接】**《麦克布拉德报告》(名词解释，北工商2021年研)

**9. 试析国际新闻选择中的价值标准。**

**答：**(1)国际新闻报道的选择和加工是有一定价值标准的。国际报道中的新闻价值研究揭示，国际新闻体现着传播媒介的政治立场和意识形态。在国际报道中存在着垄断的不平等结构下，大部分流通于世界的国际新闻都是根据少数西方发达国家的新闻价值标准而生产和加工出来的。在西方传媒的报道中，关于发展中国家的内容极少，而且往往都是歪曲性的角度，充满了对第三世界国家文化的偏见。

这主要表现在西方国家打着自由主义和新闻专业主义的幌子，却并没有传播客观、中立、正确的信息。它们把美国和西欧描述为文明、民主、进步的中心；却通常仅挑选发展中国家存在的社会或阶级问题加以报道，内容和措辞上都充满着文化的偏见。

(2)在20世纪70年代末80年代初，国际传播学会曾受联合国教科文组织委托，完成了一项题为“媒介中的外国新闻”的大型研究。这项以29个国家为研究对象的报告显示：

①国际新闻报道具有独特的选择、生产、加工标准，这是全世界任何媒介的统一表象。

②所有的传播媒介，都重点服务于本国事件或人物的报道。

③在西方媒介支配着的世界传播系统下，美国和西欧在世界各地都是新闻话题中心。

④除了大量对西方国家文明、自由制度的描述外，还有关于世界其他地域纷争、灾害或混乱的“非正常事件”报道。

⑤对于第三世界和社会主义国家的报道，基本以负面事件报道为主，正面或其他新闻很少出现在国际新闻中，落后国家在富裕国家媒体中的形象被扭曲。

⑥国际新闻的主要提供者是少数几家西方媒体和通讯社，因为媒体虽然有自己的信源，但对于国际新闻在极大程度上只能依靠行政部门才能获得有关对外政策和国际事务的信息。而很多主权国家在信息的占有上存在绝对优势，许多发展中国家的官方媒体只能一些外部信源那里“选择”或“加工”新闻，它们的文化被核心国家的霸权文化所主导。

**10. 什么是信息主权？它与国家主权的关系是什么？**

**答：**参见本章考点难点归纳相关内容。

**【真题链接】**请简要回答什么是信息主权，以及如何理解信息主权的重要性？(武大2010年研)

**11. 试析冷战结束后个别超级大国推行霸权主义的主要策略。**

**答：**冷战结束后，以美国为首的超级大国并没有放弃争夺全球霸主的战略，反而加快了实施这一帝国主义性质侵略的步伐。除了军事政策外，经济和信息成为超级大国实现其世界霸主梦的常用手段，其主要策略是：

(1)直接利用军事实力对其他第三世界国家进行强制和镇压。

(2)使用经济手段的制裁，并制造大范围的金融动荡来左右别国经济局势。

(3)进行信息殖民，使用信息手段来干预其他国家内政，如利用民族矛盾激发他国内战和分裂，利用反体制势力或“人权”问题挑起他国政治和社会阶级的矛盾等。在全球传播技术发展迅猛的今天，信息手段已经成了个别强权国家侵入别国内政的最简洁、最常用的手段。

**12. 什么是文化帝国主义或媒介帝国主义？它有哪些特点？**

答：(1)文化帝国主义的定义。

参见本章考点难点归纳相关内容。

(2)文化帝国主义的特点。

在目前国际政治、经济和文化“内爆”合一的背景下，文化帝国主义是现代帝国主义以其强大的经济、资本实力为后盾对其他国家的经济、政治和文化控制总过程的一部分，是以跨国媒体为主体的信息产品的全球化和文化工业的全球化。

①在经济全球化的大背景下和跨文化传播的媒介帝国时代，西方国家以强大的经济、资本、技术实力为后盾，采用“文化产业”策略将文化以市场化的方式向全球输出。

②是一种文化价值的扩张，信息被看作是文化商品，发达国家使之服从于市场原则并进行全球渗透，试图用资本主义的符号体系代替发展中国家的文化，占领发展中国家国民的思想和灵魂。

③因为信息产品的文化含量最高，信息产品便成为文化扩张的主要传播载体，例如影视产品的输出。

霸权主义国家的文化扩张离不开大众媒介作用下的全球传播。在文化全球化的过程中，媒介帝国主义是文化帝国主义的具象，文化帝国主义则是媒介帝国主义的本质。文化的全球化是资本、信息和媒介三位一体的全球化。在全球时代，谁掌握了电子传播系统，谁就可以对全世界发号施令，传媒之所以有如此分量，这是因为信息时代的传媒是被高新的信息技术所全副武装的精锐利器，它凭借传播科技本身的跨越时空特性和发达国家雄厚的财力，通过全球性通讯社来操控世界范围内的新闻传播，从而将传媒产品向边缘国家倾销。

## 13.3 考研真题与典型题

### 13.3.1 概念题

1. 国际传播(河南大学 2019 年研；南昌大学 2017 年研；厦门大学 2010 年研)
2. 全球传播(中传 2016 年研；电子科大 2011 年研)
3. 跨文化传播(上海交大 2019 年研；上海大学 2013 年研)
4. 世界信息流通失衡(北邮 2008 年研)
5. 新世界信息秩序论争的三阶段(北邮 2009 年研)
6. 《阿尔及尔宣言》(武汉理工 2008 年研)
7. 《多种声音一个世界》(南昌大学 2021 年研；四川大学 2020 年研)
8. 信息主权(复旦大学 2021 年研；兰州大学 2019 年研；华南理工 2019 年研；南京师大 2019 年研；湖南大学 2017 年研；厦门大学 2016 年研；电子科大 2016 年研)
9. 文化帝国主义(厦门大学 2022 年研；同济大学 2021 年研；兰州大学 2019 年研；上海财大 2018 年研；云南大学 2018 年研；北邮 2013 年研；人大 2011 年研)

### 13.3.2 简答题

1. 何谓全球传播？全球传播有何基本特点？全球传播与国际传播是何种关系？(中传2013年研)

相关试题：怎样理解全球传播？(南京师大2018年研)

2. 请简要说出施拉姆在国际传播方面的某一个开创性研究的内容。(北京师大2007年研)

3. 简述席勒有关文化帝国主义的主要观点。(武汉理工2010年研；北邮2007年研)

相关试题：简述文化帝国主义。(华南理工2018年研)

4. 简述世界新闻传播的不平衡状态。(厦门大学2011年研)

### 13.3.3 论述题

1. 论述文化帝国主义理论的基本内容。(暨南大学2019年研)

2. 如何运用国际传播打造国家文化软实力？(华东政法2019年研)

3. 网络传播给国际传播带来了什么问题？(复旦大学2005年研)

## 13.4 考研真题与典型题详解

### 13.4.1 概念题

**1. 国际传播**(河南大学2019年研；南昌大学2017年研；厦门大学2010年研)

**答：**国际传播(international communication)是以国家政府为基本单位，以大众传播为主要传播方式的隶属于不同国家主体之间的传播，兼有群体和个人间的组织传播，具有很强的政治色彩，是国家民族生存和发展的关键因素。其主体包括国家(国际传播的基本主体)、超国家机构、同盟或地区集团、有组织的各种集团或联盟、以意见领袖为主的个人。

**2. 全球传播**(中传2016年研；电子科大2011年研)

**答：**参见本章考点难点归纳相关内容。

**3. 跨文化传播**(上海交大2019年研；上海大学2013年研)

**答：**跨文化传播是指不同文化背景的人们之间信息交流的过程，强调的是文化因素介入的传播形式，其研究的核心要点是对带有不同观点、信仰和价值观的人际间互相作用的意义分析，是对这些人由于不同的文化背景而产生的相应差异的分析。跨文化传播既是一种古老的人类历史文化现象，更是现代人的一种生活方式和重要技能，也是各国文化和世界文化发展繁荣的主要推动因素之一。其三个要素是：认知要素、言语语言和非言语语言。跨文化传播的研究始于第二次世界大战后的美国，其创始人是美国人类文化学者爱德华·霍尔。霍尔在《无声的语言》中首创了"intercultural communication"(跨文化传播)一词，因此被称为"跨文化传播研究之父"。20世纪70年代，跨文化传播学成为传播学的一个分支。

**4. 世界信息流通失衡**(北邮2008年研)

**答：**世界信息流通失衡是指在霸权主义国家的信息垄断之下，全球信息传播存在的由发达国家向不发达国家、由霸权主义国家向第三世界国家进行单向信息传播的状况，信息传播机会和内容呈现偏向西方发达国家的"媒介中心主义"态势，这种不均衡性具体参见本章考点难点归纳相关内容。

**5. 新世界信息秩序论争的三阶段**（北邮 2009 年研）

**答：**20 世纪 70 年代，发展中国家意识到现代化进程加剧了其本已深刻的社会和经济的不平等，而且使它们依赖于西方传播发展的模式，因此在国际上兴起了一场建立世界传播新秩序的运动。这场运动可以分为三个阶段：①1973—1978 年。从 1973 年《阿尔及尔宣言》发表到 1978 年的《大众传媒宣言》，这一阶段是广大发展中国家提出主张的时期，彼时信息由西方垄断并进行单向流动，而发展中国家的政治经济实力有所提升，便以不结盟运动的各种峰会和联合国教科文组织为平台，与以美英为主的西方势力进行了频繁的斗争。②1978—1980 年。从 1978 年《大众传媒宣言》的发布，到 1980 年麦克布莱德委员会发表报告书《多种声音一个世界》，这是交锋不断激化的阶段。报告书倡导建立世界信息与传播新秩序，主张通过一系列传播资源共享措施来改善信息传播资源不平等的状况，其发表意味着发展中国家在“世界信息传播新秩序”争论中取得胜利。随后，美英两国接连退出联合国教科文组织以施加压力。③美英两国退出联合国教科文组织至今。由于发达国家的退出，教科文组织遇到财政危机，使建立世界信息与传播新秩序运动陷入低谷，但新秩序的主张依然存在于学界与业界的讨论中。20 世纪 90 年代，随着冷战的结束和全球信息化的发展，以美国为首的西方国家利用经济全球化的大趋势试图实现文化的全球化，全球传播中的信息主权以及文化冲突问题成为新的关注焦点。

**6. 《阿尔及尔宣言》**（武汉理工 2008 年研）

**答：**《阿尔及尔宣言》是 1973 年第四次不结盟国家首脑会议通过的一份有关国际信息传播体制的宣言。其内容为：现存的传播渠道不仅是罪恶的殖民地时代的遗产，而且阻碍着各国之间自由、直接而迅速的传播与沟通；发展中国家必须团结起来，共同采取行动，来改变现存的传播渠道。一般认为，《阿尔及尔宣言》是“世界信息与传播新秩序”之争的开端。

**7. 《多种声音一个世界》**（南昌大学 2021 年研；四川大学 2020 年研）

**答：**参见本章课后习题第 8 题答案。

**8. 信息主权**（复旦大学 2021 年研；兰州大学 2019 年研；华南理工 2019 年研；南京师大 2019 年研；湖南大学 2017 年研；厦门大学 2016 年研；电子科大 2016 年研）

**答：**信息主权是国家软实力的象征，指一个国家对自己的信息传播制度进行自主管控的权利，是全球传播时代国家主权的核心要素。信息时代莅临，国家主权受到的外部威胁升级，信息主权的概念应运而生。它包括三方面的内容：①对本国的信息、文化、传媒资本进行保护、挖掘和利用的权利。②不受制于国外势力的干涉，独立自主确立本国信息内容的生产、加工、储存、传播的权利。即能有效摆脱其他国家的文化入侵和殖民，不依附于西方国家的传播系统和产业。③国家管理和控制本国文化输出和他国信息输入的权利。

**9. 文化帝国主义**（厦门大学 2022 年研；同济大学 2021 年研；兰州大学 2019 年研；上海财大 2018 年研；云南大学 2018 年研；北邮 2013 年研；人大 2011 年研）

**答：**参见本章考点难点归纳相关内容。

### 13.4.2 简答题

**1. 何谓全球传播？全球传播有何基本特点？全球传播与国际传播是何种关系？**(中传2013年研)

**相关试题：怎样理解全球传播？**(南京师大2018年研)

**答：**(1)全球传播的含义和基本特点。

参见本章考点难点归纳相关内容。

(2)全球传播与国际传播的联系。

二者的相互联系主要体现在其传播主体、传播信息范围和传播目的有很大的交叉性。

①它们最大的传播主体都是国家、社会及其代表，以及各种各样的政府间国际机构。

②在范围上，他们都是跨越国界的信息传播。

③在传播目的上，他们都有很强的政治色彩，国家利益、国际关系占核心地位。

(3)全球传播与国际传播的区别。

①含义不同。国际传播是以国家政府为基本单位，基于大众传播的跨国传播。而全球传播是国际传播的升级，传播媒介和系统技术化、科技化的发展，推进了世界一体化进程和全球传播的出现。

②研究的主体不同。国际传播的基本主体包括国家、超国家机构、同盟或地区机构、有组织的集团或团体和意见领袖。而全球传播的主体出现了多元化趋势，从目前的形势而言，全球传播的主要媒介依然是广播、电视、报纸等大众传播手段。但与此同时，传播功能全面的互联网，正在发展为全球传播的大舞台，逐渐占据着越来越大的份额。

③研究的范围不同。国际传播研究以国家为中心的问题，主要是国际政治和国家关系。在全球传播中人们关注的问题范围有所扩大。在以往的国际传播中，不同国家和民族之间的双边或多边关系是人们关注的重点，而在全球传播中，人们关心的事务和新闻已经不再局限于本国和本民族，作为“地球村”的一分子，有必要为人类命运共同体思考和行动。全球传播研究范围具体包括文化、国家发展、对外政策与外交、国际纷争及其解决、技术、新闻与信息流通、霸权主义、意识形态、大众传播制度、控制与政策、人权与民权、战争与和平、宣传及其影响等众多的争论领域。可见，全球传播研究的涵盖范围比传统的国际传播研究要大得多，它包含了全球信息化进程中的许多崭新课题。

**2. 请简要说出施拉姆在国际传播方面的某一个开创性研究的内容。**(北京师大2007年研)

**答：**在国际传播方面，施拉姆的开创性研究之一是对世界上14家主要大报对两个重大国际事件的报道方式进行内容分析，并进行比较传播体系的研究。

(1)研究对象。1956年11月2日，苏联坦克进入布达佩斯以粉碎匈牙利人的暴动；同日，英国、法国和以色列武装军队进攻埃及，以便对苏伊士运河危机做出反应。“冷战”双方都采取了军事行动，而且又不是彼此针对对方，这两起史无前例的事件成为了世界主要大报的重要新闻报道对象。

(2)施拉姆对世界上14家主要大报报道这两个事件的方式进行内容分析。通过比较分析他认为，每一份报纸的意识形态立场直接影响它的报道。例如，苏联《真理报》将苏伊士运河危机放在头版的显要位置，但是很少提到苏联在匈牙利的军事行动。美国《纽约时报》

对两个新闻事件都予以重点报道，但是法国《世界报》特别以布达佩斯为中心。施拉姆认为，只以一个国家为中心的传播学是过于有限的，他提倡进行比较传播体系的研究。

施拉姆的研究有助于开创国际传播领域的研究，尤其是国际新闻流通的研究，这个题目在20世纪80年代吸引了许多学者的注意。

**3. 简述席勒有关文化帝国主义的主要观点。**（武汉理工2010年研；北邮2007年研）

**相关试题：简述文化帝国主义。**（华南理工2018年研）

**答：**美国著名传播学者赫伯特·席勒在搜集了大量证据以后，于1969年出版了《大众传播与美利坚帝国》一书，率先提出了“文化帝国主义”（cultural imperialism）这一引起此后长期激烈争议的命题，矛头直指美国。在该书中，席勒提醒人们注意美国出口的电影、音乐和其他媒介产品对发展中国家本土文化的潜在影响。

席勒关于文化帝国主义的主要观点包括以下几个方面：

（1）美国的传媒公司醉心于破坏发展中国家的民族文化。由于美国的传媒产品制作得是如此完美、如此吸引人，以至于其他国家的人们很难抗拒它们。其带来的结果是，西方控制的国际大众传媒所宣扬的文化将取代民族文化，这种形势就如同早期殖民者拼命掠夺殖民地国家的自然资源，以使殖民国家发财致富一样。

（2）文化帝国主义是许多过程的总和。经过这些过程，某个社会被吸纳进入现代世界体系之内，而该社会的主控阶层被吸引、胁迫、强制或被贿赂，以至于他们塑造出的社会机构制度附应于，甚至是促进了世界体系之中位居核心位置而且占据支配地位之国家的种种价值观与结构。

（3）美国以维护国际间“信息的自由流动”为名支持其传媒公司在海外推销其产品。席勒于1973年、1976年、1979年、1981年先后出版了一系列著作阐释“文化帝国主义”理论。2000年5月，他的最后一部著作《生活在头号国家：一个美利坚帝国批判者的反思》出版，对这一理论做了最后阐释。席勒回溯了美国如何通过虚伪地声称维护国际间“信息的自由流动”原则和大力资助新技术的研究与开发等手段，来支持传媒公司在海外推销他们产品的历程，并指出了当代美国社会的资讯机器支撑美利坚帝国在海外进行冒险的途径与方式。

**4. 简述世界新闻传播的不平衡状态。**（厦门大学2011年研）

**答：**世界新闻传播的不平衡状态主要表现在以下几个方面：

（1）传播力量的不平衡。

①传播媒介的分配不均。西方少数发达国家凭着雄厚的经济实力和发达的科学技术，建立了异常强大的新闻传播事业，拥有大量现代化的新闻传播工具。而广大发展中国家由于经济不发达，文化教育事业落后，科学技术水平低，新闻传播事业基础与设施薄弱，新闻传播工具既缺乏又落后。

②新传播技术导致不平衡加剧。

a. 某些大国凭借着强大的经济、技术实力，企图在电波、网络空间构筑起新的霸权。冷战结束后，美国继续在国际舞台上打着一场“无硝烟的电子战争”，借助无孔不入的传播工具从意识形态领域实施和平演变战略。

b. 传播工具的普及率及其先进程度决定着信息量的获取能力。新传播技术领域更能体现出一个国家的经济实力和国民生活水平。

(2)传播流向的不平衡。

少数发达国家凭借其强大的现代化新闻传播媒介和设备，垄断了世界新闻的采集和发布市场。来自发达国家的新闻信息源源不断地流向发展中国家，而发展中国家向发达国家输出的新闻，不仅数量少，而且很难为发达国家的主流媒介接受。所以国际市场上的新闻流动，基本上是单向的，即由发达国家流向发展中国家，由“北”流向“南”。

(3)传播内容的不平衡。

西方发达国家的新闻机构并不是根据发展中国家的需要，而是根据自身的需要播报新闻的。它们按照西方的政治观点、价值观念、文化传统来筛选、采制新闻，因此报道内容存有很强烈的主观观念。如不惜笔墨着重刻画发展中国家的危机、暴力、灾荒、动乱，让人觉得那里毫无生气、落后愚昧。它们播发的新闻评论，往往包含明显的政治倾向，常常对发展中国家的事务说三道四，指手画脚。

世界新闻传播的不均衡状态，在政治、经济、思想、文化等方面给发展中国家带来很大的危害。西方新闻媒介有关发展中国家的报道内容严重失衡，在总体上扭曲了发展中国家的国际形象，损害了发展中国家的社会稳定和经济发展，阻碍了世界各国人民之间的相互了解和合作，也在根本上破坏了世界范围内自由采集、自由传播的现实基础。

### 13.4.3 论述题

**1. 论述文化帝国主义理论的基本内容。**(暨南大学2019年研)

**答：**文化帝国主义又称“媒介帝国主义”，是指发达国家基于强大的传媒资源优势，在全球范围内推行和普及自身文化，同化他国或其他民族的文化、思想、价值观等，同时实现自身的经济利益。代表性的两方观点是：

(1)席勒的“文化帝国主义”理论。

美国传播学者席勒认为文化帝国主义是“一个综合的过程，通过这个过程，把一个社会带入现代世界体系。这个过程具有一种社会机制，即通过吸引、压迫、强制，有时是贿赂手段使该社会主导的社会阶层形成符合现有世界体系统治中心的价值观，增强现有世界体系统治的结构”。文化帝国主义有三个特点：

①在经济全球化的大背景下和跨文化传播的媒介帝国时代，西方国家以强大的经济、资本、技术实力为后盾，采用“文化产业”策略将文化以市场化的方式向全球输出。

②是一种文化价值的扩张，信息被看作是文化商品，发达国家使之服从于市场原则并进行全球渗透，试图用资本主义的符号体系代替发展中国家的文化，占领发展中国家国民的思想和灵魂。

③因为信息产品的文化含量最高，信息产品便成为文化扩张的主要传播载体，例如影视产品的输出。

文化帝国主义假设文化具有极强的单向灌输功能，颇具20世纪初期有关大众传播效果“魔弹论”的意味。该理论主张文化是一个全球性的斗争“场域”。

(2)汤林森质疑“文化帝国主义”理论。

英国学者汤林森基于“文化”和“帝国主义”概念的歧异性，对文化帝国主义的命题提出了质疑。他认为这一命题并不清晰，就是一国有权力将他们的文化转置到别的国家。文化是人们对日常生活的理解，文化的传播与扩散非常复杂，一个国家经济的强大并不意味着有转置文化的可能。具体而言：

①大众传媒不是文化的核心，传媒主要是作为载体提供便利，对文化意义的理解，更重要的是文化消费者自身经验这个"中介"，及中介显示出的复杂个体经验。

②由于现代社会的庞大化和复杂化，所谓的民族和文化只是停留在人们意识的想象之中，文化的认同更多地来自私人领域，如个人的想象，因此文化帝国主义对文化民族身份的认同不会构成威胁。

③文化帝国主义的观点，突出了消费主义对人们的蒙蔽，却忽略了消费者选择的主动性和自由。资本主义本身所蕴含的现代社会应该具备的民主、自由、法制等思想，对发展中国家并非百害而无一利。

④对文化帝国主义的批判意味着对现代性的批判。现代性大致表征为理性、资本主义、民主、都市化、大众传媒等。现代性将全球紧密联系在一起，不会造成全球文化和价值观的一体化和同质化。

**2. 如何运用国际传播打造国家文化软实力？**（华东政法 2019 年研）

**答：**随着经济全球化和世界一体化进程的加快发展，世界传播格局亦在进行深刻调整。我国参与经济全球化的广度和深度的不断加大，如何运用国际传播打造国家文化软实力成为摆在我国政府和媒体人面前的重大课题。

(1)国际传播的内涵。

国际传播是指以国家社会为基本单位，以大众传播为支柱的国与国之间的传播。国际传播的基本主体包括国家、国际机构、超国家机构、同盟或地区集团、跨国组织或运动、国内各种集团或组织以及个人。国际传播具有很强的政治性，并与国家或民族利益紧密联系。日本学者生田正辉指出：国际传播的首要特征，是它与政治有着极为密切的关系，它是一种由政治所规定的跨国界传播。

(2)我国运用国际传播打造国家文化软实力的可行措施。

①在国际传播中提高语言能力与思想实力。外语国际频道要按照国际传播规律进行节目设置，要改进播报语态和风格，让节目更加贴近国外受众的收视习惯，不断增强新闻报道的亲和力和感染力，全面推进国际传播能力建设。积极建立新闻特约评论员和报道员队伍，提高新闻的时效性，努力追求新闻在对象国的第一落点和第一解释权。

②以增强国内传播力作为基础。国内传播力与国际传播力相互影响、相辅相成。经验表明，一个无法获得国内人民信赖的传播者，往往也很难在国际传播中获得信任，更难以在国际舆论的竞争中大有作为。具有国内竞争优势的传播者，更有能力和条件将其转化为国际竞争优势，在国际传播竞争中获胜。

③加强媒介设施建设与信息资源开发。建设强大的国际传播硬件设施，主体应是大众传播机构。新闻传播依赖强大的报业公司、广播电视公司和互联网公司，理论传播、文学作品更多依赖强大的学术出版业，影视作品则需要借助实力雄厚的影视制作和发行公司。大众传播机构建设这类硬件设施，需要较为雄厚的经济实力和相对友好的国际环境。各主体只有加强媒介设施建设与信息资源开发，才能在国际传播中提升我国文化软实力。

④在人才方面大做文章。从事对外传播的人才需要具有国际传播视野，必须懂得西方文化，熟悉西方人的心理特征，了解与西方文化进行对话的方法和路径，并能全面熟悉媒介竞争的环境，了解国际媒介竞争的趋势和方略，设计与西方传媒竞争的方法。

⑤变"对外宣传"为"对外传播"。媒体应该以更加开放的心态，以建立和谐世界的观念，同世界平等地去交流，这样世界人民才会更加了解中国。对各种批评，不敏感、不回避，应具备大国心态和大国风范。

在当前的国际竞争中，国家文化软实力不可或缺，尤其是在当今舆论格局下，世界重大新闻大多源自西方国家一些主要媒体，这些媒体对事实的选择及其体现的立场观点，在很大程度上影响着全球受众对事件的关注度和态度倾向，因此，我国要加快运用国际传播打造国家文化软实力。

**3. 网络传播给国际传播带来了什么问题？**(复旦大学2005年研)

**答：**如同一切进步技术一样，网络技术也是一把"双刃剑"。在全球数字化革命的浪潮中，网络传播的兴起在为国际信息传播带来极大便利的同时也滋生了很多问题。

(1)信息交流不平衡扩大。

长期以来，国际信息传播始终处于不平衡状态。少数西方发达国家凭借自身的经济和技术优势操纵了国际信息流通，而其他不发达和欠发达的国家则只能被动接受流入的信息以及被扭曲了的报道。第二次世界大战以后，这种不平衡日益引起第三世界国家的重视。随着信息传播技术的发展，特别是因特网的飞速发展，国际信息传播的不平衡进一步扩大了。

由于网络传播与生俱来的"无政府状态"，国家对网络传播进行行政干预和控制的可能性越来越小。广大第三世界国家如果不想拒绝新技术，不想游离于信息社会之外，就必须大力发展网络传播，而这就意味着向网络上自由流通的各种信息敞开大门。尽管第三世界国家也可以利用网络传播加强自己的对外传播，然而掌握了先进技术的西方发达国家已经占领了信息传播的制高点，在网上，发展中国家的声音与西方发达国家相比是微乎其微的。目前，连德国、加拿大这样的发达国家都感到了这种不平衡，发展中国家自不待言。

(2)文化冲突日益加剧。

网络传播在促进不同文化传统的交流的同时带来了全球范围的文化冲突。不同国家和民族有着在特殊的环境中经过长期发展积累经验而形成的不同的文化传统和风俗习惯，并具有适应环境、改进环境的功能。当这些不同性质的文化传统相互接近，进行交流时，实际上也就是不同文化相互融合和排斥的过程。

如今，因特网使全世界的国家和民族空前接近。网络空间信息流动的自由使各国、各民族文化发生剧烈碰撞，不同性质的文化在交流的过程中也就产生了不同形式和程度的文化冲撞。发达国家凭借自己的经济和科技实力，将通过网络强化本民族和国家的世界地位，同时向经济落后的国家和民族输入自己的文化价值观和意识形态。发达国家的信息内容通过先进的科技手段特别是网络传播直接送达世界各地，政府的干预和调控能力已大大削弱。而落后国家和民族为了争取到与发达国家的平等对话地位，也必须借助新技术，借助网络传播，来发展自己，这就不可避免地被迫接受发达国家的文化渗透。在这种形势下，民族文化冲突将可能日趋激烈，达到前所未有的程度。

网络文化冲突的最主要表现为语言冲突。语言是文化的核心部分，发挥着文化认同作用。人们在接受一种语言的同时，也自然而然地接受了这种语言所代表的价值观念和思维方式，还潜移默化地接受了这种语言所代表的文化传统。因此目前网上英语独尊的情况，必然会对上网的其他国家和民族的文化传统带来冲击。

(3)国际政治斗争的新武器。

大众传播媒介历来是国际政治斗争的武器之一，随着技术的发展，网络传播逐渐成为国际斗争的新武器。此时，掌握先进技术的西方发达国家处于绝对优势的地位。正如阿尔温·托夫勒在《权力的转移》一书中所指的，世界已经离开了依靠暴力与金钱控制的时代，未来世界政治的魔方将控制在拥有信息强权的人的手里，他们会使用手中掌握的网络控制权、信息发布权，利用强大的语言文化优势，达到暴力、金钱无法征服的目的。

总之，网络在给不同国家、民族和信仰的人们带来交流的自由和便利的同时，也给各国的信息主权、各民族的文化独特性及国家安全带来了前所未有的威胁和挑战。对此，世界各国尤其是发展中国家必须谨慎应对。

# 第十四章　传播学研究史和主要学派

## 14.1　复习笔记

**【知识框架(庖丁解牛)】**

- 传播学研究史和主要学派
  - 传播学的缘起与发展
    - 传播学的形成
    - 传播学的早期学术思想源流
    - 传播学的奠基者
    - 传播学的学科创立者
    - 信息论和控制论对传播学的贡献
  - 传播学的主要流派
    - 经验学派
      - 学派概述、特点、代表人物及理论观点
      - 经验性方法
    - 批判学派
      - 学派概述、特点及主要流派
      - 法兰克福学派
      - 政治经济学派
      - 文化研究学派

**【本章概要】**

本章主要论述了传播学研究史和主要学派的相关知识。本章考点以名词解释以及简答题为主，在学习时，需要着重对传播学的起源、形成与发展、传播学的主要流派等内容加以把握，并深入了解“镜中我”理论、“刻板成见”、意识形态“霸权”理论、哈贝马斯的批判理论等内容。

**【考点难点归纳(厚积薄发)】**

**考点一：传播学的缘起与发展　★★★★**

**1. 传播学的形成**(见表14-1)

表14-1　传播学的形成

| 要点 | 具体内容 |
| --- | --- |
| 形成原因 | ①传播媒介的发展，电子媒介技术的发展和社会影响力的扩大，使得学者们关注和研究信息与传播的问题。 |

续表

| 要点 | 具体内容 |
|---|---|
| 形成原因 | ②历史社会环境，在两次世界大战中，利用各种传播媒介开展信息宣传活动成为各国交战的重要手段，信息心理战对战争的进程产生了重要的影响，对宣传的研究也成为学界的热点。<br>③社会科学的发展，社会学、心理学、新闻学、政治学、文化人类学等社会科学的发展，为传播学提供了扎实的理论基础 |
| 诞生于美国的原因 | ①美国的传播事业最为发达，其环境和社会条件十分适宜传播学研究工作的开展。<br>②20 世纪 30 年代，德国纳粹上台后，欧洲学者逃亡美国躲避迫害，推动了美国传播学等社会科学的兴盛 |

## 2. 传播学的早期学术思想源流

（1）欧洲源流，具体见表 14-2。

**表 14-2　欧洲源流**

| 人物 | 具体内容 | |
|---|---|---|
| 塔尔德［社会学奠基人］ | 模仿理论 | 塔尔德认为，模仿是“最基本的社会现象”。模仿是通过个人之间的互动和传播发生的，因此传播也就是最关键的互动方式。模仿理论帮助了后继学者们从社会心理学角度研究传播对人的社会化功能，并极大启发了创新与扩散理论的发展 |
| | 对舆论的分析 | 出版《舆论与群集》，认为公众舆论是由理性公众通过报纸进行的意见整合。塔尔德首先将“公众”严格定义为“纯精神的集体，由身体分离且分散的个体组成，其结合完全是精神的纽结”，并认为报刊是公众的“精神纽带”，报刊推动了公众舆论的出现 |
| | 社会精英论 | 塔尔德的社会分层学说所提出的社会精英论对于后世的“两级传播”和“意见领袖”研究都产生了重要的影响。在他看来，精英不是唯一的，而是存在于各个阶层和集体中。这为后来拉扎斯菲尔德所提出的“两级传播”和“意见领袖”理论提供了理论渊源，并推动了社会分层理论的思想研究 |
| 齐美尔［形式社会学奠基人］ | 德国社会学家、哲学家，形式社会学奠基人。最早研究群体对个人行为的影响，并提出传播网络理论，认为社会的每个个体都是由特定的信息渠道相互连接的，社会犹如一张巨大的无处不在的传播网络，即“舆论的厨房”。主要著作有《社会分化论》《社会学》和《社会学的根本问题》等 | |

（2）美国源流，具体见表 14-3。

**表 14-3　美国源流**

| 人物 | 具体内容 | |
|---|---|---|
| 杜威 | 个人简介 | 哲学家、教育家，芝加哥学派的代表人物。代表作有《哲学之改造》《民主与教育》等 |
| | 理论学说 | ①提倡实用主义精神，摆脱了以内省思考为主的研究风格，转而用实际调查说话，用经验结果检验理论假设。<br>②对媒介技术发展对社会的促进作用表示乐观，现代技术将增进社会成员的相互理解，提高个人素质和政治参与意识。<br>③强调教育大众对媒介内容以及自己如何使用媒介内容进行批判性思考，媒介的职能就是“使公众对公众利益感兴趣”，报纸应成为公共教育和公共辩论的工具 |

续表

| 人物 | 具体内容 | | |
|---|---|---|---|
| 库利 | 个人简介 | | 社会学家和社会心理学家，芝加哥学派代表人物。代表作有《人类本性与社会秩序》《社会组织》《社会过程》 |
| | 理论学说 | | ①《社会组织》中，专设“传播”一章，系统深刻地论述了许多传播学问题，并开始研究传播现象。<br>②提出“初级群体”和“镜中我”两个概念 |
| 帕克 | 个人简介 | | 社会学家，芝加哥学派的代表人物。代表作有《群体与公众》《社会学科学导论》《移民报刊及其控制》 |
| | 理论学说 | | 提倡社会互动理论，认为社会性并非与生俱来，传播在人的社会性形成过程中起着重要作用。他将传播定义为：一个社会心理的过程，在这一过程中，个人能够假设他人的观点和态度，人们之间合理的和道德的秩序能够代替单纯心理的和本能的秩序。<br>开创了四个重要论题的学术研究，即大众传播、种族关系、人类生态学和集体行为 |
| 米德 | 个人简介 | | 社会心理学家，符号互动论奠基人，芝加哥学派代表人物。代表作是根据其生前讲课记录整理的《心灵、自我与社会》 |
| | 理论学说 | | ①提出人的社会化、社会角色获得、社会自我理论等具有重要学术价值。<br>②提出“主我”(I)与“客我”(me)理论，从传播的角度对人的自我意识及其形成过程进行了研究 |
| 李普曼 | 个人简介 | | 美国新闻评论家和作家，现代新闻学和传播研究的奠基人之一。主要著作有《民意》《公众舆论》《新闻与自由》等 |
| | 理论学说 | 拟态环境 | 信息环境并非“镜子”式地再现现实环境，而是传播媒介通过对象征性事件或信息进行选择和加工、重新加以结构化以后向人们提示的环境。信息环境会对人的认知和行为产生重要影响，是现代人构建主观真实的主要途径 |
| | | 刻板成见 | 来自人们直接经验对于事物的认识，指的是人们对某一类人或事物产生的比较固定、概括而笼统的看法。刻板成见可以帮助我们快速地理解事物，但是有时也会影响我们对新事物的接受。个人有个人的刻板成见，社会也有其社会成员广泛接受和普遍通行的刻板成见，因而也起着社会控制的作用 |

**3. 传播学的奠基者**(见表14-4)

**表14-4 传播学的奠基者**

| 人物 | 具体内容 |
|---|---|
| 拉斯韦尔 | ①最早提出传播“三功能说”。<br>②提出“5W”模式，确定了传播学研究的五个主要领域，对传播学理论体系框架的形成具有重要价值。<br>③主要论著有《世界大战中的宣传技巧》《传播在社会中的结构与功能》《世界历史上的宣传与传播》等 |
| 卢因 | ①提出“把关人”概念，“把关”理论成为研究传播内在控制机制的一种重要理论。<br>②研究群体传播 |

续表

| 人物 | 具体内容 |
| --- | --- |
| 霍夫兰 | ①为传播学研究引入心理实验方法。<br>②说服性传播研究表明了传播效果形成需要复杂的条件，如信息源、传播技巧、信息接收者等方面的条件，这否定了早期的"子弹论"效果论。<br>③主要论著有《大众传播实验》《传播与说服》 |
| 拉扎斯菲尔德 | ①提出了一系列理论假说，包括"两级传播"理论、"政治既有倾向""选择性接触"机制、"意见领袖"等。<br>②系统地运用社会调查和量化方法研究传播过程，对传播理论的体系化起了重要作用，被称为传播学研究的"工具制作者" |

### 4. 传播学的学科创立者(见表 14-5)

**表 14-5　传播学的学科创立者**

| 要点 | 具体内容 |
| --- | --- |
| 创立者 | 施拉姆。美国著名传播学者，被称为"传播学鼻祖""传播学之父" |
| 贡献 | ①创立了传播学，建立了第一个大学传播学研究机构。1949 年《大众传播学》的出版，标志着传播学的创立。<br>②著书立说，推进传播学的壮大，主要有《传播学概论》《大众传播学》《传播过程与效果》和《报刊的四种理论》等。<br>③大力推进传播学教育，授予了第一个传播学博士学位，扩大传播学在教育及学术界的影响，培养众多知名学者，形成"施拉姆学派" |

### 5. 信息论和控制论对传播学的贡献(见表 14-6)

**表 14-6　信息论和控制论对传播学的贡献**

| 要点 | 具体内容 |
| --- | --- |
| 香农：信息论 | ①提出了"信息"的一个传播学概念。<br>②在《传播的数学理论》中提出了香农—韦弗传播过程模式。<br>③解决了信息的度量问题，丰富了传播学的定量研究方法 |
| 威纳：控制论 | 在传播过程中引入反馈的概念，明确了传播过程的双向性和互动性 |

## 考点二：传播学的主要流派 ★★★★

### 1. 传播学的经验学派

(1)经验学派，具体见表 14-7。

**表 14-7　经验学派**

| 要点 | 具体内容 |
| --- | --- |
| 学派概述 | 经验学派又称传统学派、管理学派，是西方传播学的主流学派，尤其指以美国学者为代表的主流传播学。主张以经验材料或事实数据为依据，以经验性方法来揭示社会现象与传播规律 |
| 代表人物 | 包括：拉斯韦尔、拉扎斯菲尔德、霍夫兰、施拉姆等 |

续表

| 要点 | 具体内容 |
| --- | --- |
| 学派特点 | ①实用主义的研究目的。<br>②多元主义的社会观 |
| 理论观点 | ①早期的说服与态度改变研究、两级传播等强调大众传播效果和影响的有限性的理论，受到批判学派的强烈批判。<br>②后研究视角有所改变，提出了"议程设置"等较为强调传媒影响有力性的理论 |

(2)经验性方法，具体见表14-8。

**表14-8 经验性方法**

| 要点 | 具体内容 |
| --- | --- |
| 基本前提 | ①社会现象具有客观性。<br>②存在揭示社会现象客观性的研究方法。<br>③对社会现象的理论和假设都可以得到科学验证 |
| 主要原则 | ①研究程序的客观性和可重复性。<br>②理论假设拥有切实可靠的科学数据和材料。<br>③形成公认的理论模式或"定理" |
| 意义 | ①批判纯主观抽象的研究，重视经验材料或客观数据的使用，主张从环境或外部条件的变量出发来揭示现象、原因或规律。<br>②是社会科学的一种重要的研究方法 |
| 局限性 | ①经验性材料的有限性。<br>②研究方法的局限性。<br>③在考察宏观问题方面缺乏有效手段。<br>④真正的"纯客观"很难做到 |

## 2. 传播学的批判学派

(1)批判学派，见表14-9。

**表14-9 批判学派**

| 要点 | 具体内容 |
| --- | --- |
| 学派概述 | 受法兰克福学派的影响，批判学派于20世纪60年代自欧洲起源，以欧洲学者为主，至20世纪80年代成为传播学研究中的主流学派之一。批判学派实际上是对欧、美等国持不同于美国实证分析、经验研究派别立场，坚持批判观和方法所进行的研究的总称，是不同观点、不同方法的集合体 |
| 主要流派 | ①政治经济学派。<br>②文化研究学派。<br>③意识形态"霸权"理论。<br>④哈贝马斯的批判理论 |
| 特点 | ①否定和反对现行的资本主义制度。<br>②着重考察经验学派研究所忽视和规避的、与意识形态和社会发展相关的宏观问题。<br>③坚持思辨的研究方法，批判实证主义 |

（2）法兰克福学派，见表14-10。

**表14-10　法兰克福学派**

| 要点 | 具体内容 |
| --- | --- |
| 成员 | 包括：霍克海默、阿多诺、马尔库塞、本雅明 |
| 学派历史 | ①1923年，德国法兰克福大学的社会研究所成立。1930年马克斯·霍克海默担任所长，研究所的重点转向哲学和社会学，马克思主义和弗洛伊德的心理分析得到重视。文化与意识形态的研究成为社会研究所的一个重要主题。<br>②1933年希特勒掌权后，研究所成员开始长期的流亡之路。这个时期法兰克福学派的研究成果最为丰富，他们由反思德国法西斯为什么能掌权，转向批判整个资本主义制度甚至启蒙运动。在美国的文化工业中看到了极权主义和德国纳粹的影子，开创了大众文化批判的传统。<br>③1949年，应联邦德国政府之邀，霍克海默、阿多诺等人回到德国，1951年社会研究所重新开张。20世纪50年代回国后，用以表征“正统马克思主义与自由民主主义的批判者”形象的“法兰克福学派”这一名称出现。<br>④20世纪70年代后由于内部观点和兴趣的分歧，法兰克福学派作为一个观点一致的学术共同体逐渐“衰落”，许多法兰克福学派门下的成员产生了更大的影响 |
| 学派评价 | ①法兰克福学派的观点新颖锐利，对学术界启发颇大。对于现代的工具理性、实证主义和启蒙运动的批判颇具颠覆性。<br>②法兰克福学派也影响了传播研究，不仅批判实证研究，而且把大众文化等传播现象同意识形态、社会控制联系在一起，开创了批判地研究传播现象的传统 |

（3）政治经济学派，见表14-11。

**表14-11　政治经济学派**

| 要点 | 具体内容 |
| --- | --- |
| 学派概述 | ①传播的政治经济学派并不是一个紧密的团体，而是一个对现代社会的现象存在着大致相同观点和有着相似研究方法的松散的学术共同体。它只是一种考察和思考传播现象的视角，而不是一套有着确定命题和结论的理论。<br>②把大众传播看作是“一种交换的社会过程，其产品或是社会关系的标志，或是它的具体表现”。可以像分析其他经济现象一样，用政治经济的方法对大众传播产业的生产和再生产过程进行研究 |
| 代表人物 | ①北美的传播政治经济学创始人：达拉斯·斯迈兹、赫伯特·席勒。<br>②英国代表人物：莱斯特大学的彼得·戈尔丁和格雷厄姆·莫多克。<br>③法国学者：阿芒·马特拉 |
| 理论源头 | ①亚当·斯密等英国古典经济学者以社会整体为研究对象。<br>②马克思主义批判经济不平等、阶级压迫 |
| 研究方向 | ①坚持政治经济学传统，主要关注垄断、公共政策、商品化、全球化等经济学问题。<br>②试图把文化研究也包括进来，从物质生产的角度来解释经济因素对整个大众传播系统，乃至文化系统的影响 |
| 学派特点 | ①政治经济学派是整体的。<br>②政治经济学派是历史的。<br>③重点研究资本主义企业和公共干预之间的平衡。<br>④超越了技术上的效率问题，专注于公正、公平和公共利益等基本道德问题 |

(4)文化研究学派，见表14-12。

**表14-12 文化研究学派**

| 要点 | 具体内容 |
|---|---|
| 学派概述 | 又称伯明翰学派，代表人物：霍尔、莫利等。英国文化研究学派出现于20世纪60年代，是当时英国的新马克思主义者发展出的一个社会理论流派，以英国伯明翰大学当代文化研究中心为核心，专注于社会关系与意义之间的关系，主张从上层建筑和意识形态的相对独立性出发，对发达工业社会的普遍异化进行批判，唤醒主体意识，揭示大众传媒为占统治地位的利益和意识形态服务的倾向，并考察受众符号解读的多样性 |
| 理论核心 | ①该理论试图追溯历史上精英们支配文化的轨迹，批判这种支配的社会后果，并论证它如何继续作用于特定的少数群体或亚文化群。研究学者认为，媒介向精英提供便利的、微妙的，但是相当有效的方法，来推行他们利益的世界观。<br>②大众传媒通过为社会事物“赋予意义”，促进社会“合意”的生产与再生产，进而成为“国家意识形态装置”。但“意义的赋予”通常伴随着利益和意识形态的驱动，导致社会“合意”中往往隐含着统治阶级的利益和诉求 |
| 主要观点 | ①大众传媒在资本主义社会系统中占据重要地位，有助于社会关系的规定以及统治阶级实行统治。<br>②大众传媒包括文化产品的生产和消费两个过程。前者是社会事物“符号化”和“意义赋予”的过程，行为主体是媒介；后者是媒介符号信息“接收”和“意义解读”的过程，行为主体是受众。<br>③信息符号与一定的价值或意义体系相结合。即大众传媒是依据统治阶级的意识形态和世界观进行“意义赋予”的。<br>④由于符号文本的多义性和受众背景的个体性，受众可能对文本做出偏好性、妥协性、对抗性等不同的解读 |
| 研究方法 | ①文本分析。<br>②受众调查 |

## 考点三：意识形态“霸权”理论(见表14-13) ★★★★

**表14-13 意识形态“霸权”理论**

| 要点 | 具体内容 |
|---|---|
| 理论内容 | ①该理论由意大利共产主义者葛兰西在《狱中札记》一书中提出，又称为“文化霸权”“文化领导权”，是指一定阶级联盟为了自己的利益对整个市民社会的统治。<br>②葛兰西将社会分成两个部分：国家和市民社会。对于国家的统治，可以通过暴力或强制，但对于市民社会的控制，则不能单纯依靠外在的武力，必须诉诸文化，这种文化的领导权是建立在公民的“常识”和同意的基础上的。通过其在道德、精神方面的领导地位，让广大群众接受他们一系列法律制度或世界观来达到其统治的目的。他将市民社会看作整个国家和政治社会的基础，同时强调统治权的归属以及统治权对于市民社会的重要性。<br>③霸权的关键不在于强迫大众违背意愿和良知，屈从于统治阶级的权力压迫，而是让个人心甘情愿，积极参与到统治集团的世界观或者说霸权中来。因此，所谓文化霸权，其实质就是一种意识形态领导权 |
| 理论意义 | 大众传媒通过新闻、广告和宣传，把统治者的特殊诉求定义为社会的“普遍利益”，成为意识形态的“霸权装置”，由此形成虚假的“社会合意”，掩饰资产阶级进行“阶级支配”的本质 |

**考点四：哈贝马斯的批判理论　★★★★**

哈贝马斯是德国作家、哲学家、社会学家，是法兰克福学派第二代代表人物。代表作主要有《公共领域的结构转型》《交往与社会进化》《合法性危机》等。他批判了对“工具合理性”的片面追求，提倡“综合的合理性”，主张建立并拓展一种基于“理性合意”的、“没有支配和强制的传播关系”的新型社会关系。即只要双方具有合作精神，具备交往的基本前提、站在对方的角度真诚地倾听和理解对方的言行并相互协调，是可以在交往理性的引导下获得共识的。

# 14.2　课后习题详解

**1. 传播学形成于什么时期？有哪些因素推动了传播学的诞生？**

**答：**（1）传播学的形成时期。

传播学研究起源于二十世纪一二十年代，形成这门学科是在四五十年代的美国。传播学的形成是有基本前提条件的，它最初在美国出现也是有其历史背景的。

（2）推动传播学诞生的因素。

参见本章考点难点归纳相关内容。

**2. 谈谈传播学早期学术思想的主要代表人物及其贡献。**

**答：**（1）欧洲源流。

①塔尔德。塔尔德是法国社会学创始人之一，他对传播学的主要贡献参见本章考点难点归纳相关内容。

②齐美尔。参见本章考点难点归纳相关内容。

（2）美国源流。

①杜威。参见本章考点难点归纳相关内容。

②库利。美国社会学家和社会心理学家，芝加哥学派代表人物。代表作有《人类本性与社会秩序》，《社会组织》和《社会过程》。他的主要思想参见本章考点难点归纳相关内容。

③帕克。美国社会学家，芝加哥学派的代表人物。代表作《群体与公众》《社会学科学导论》《移民报刊及其控制》。具体参见本章考点难点归纳相关内容。

④米德。美国社会心理学家，符号互动论的奠基人，芝加哥学派代表人物。其代表作是根据生前讲课记录整理的《心灵、自我与社会》。他关于人的社会化、社会角色获得以及社会自我理论对社会心理学和传播学具有很大的影响。他的主要思想是“主我—客我”理论：从传播的角度对人的自我意识及其形成过程进行研究。在与他人互动的过程中，我们学会站在他人的角度看待自我的行为与角色，在此基础上，自我分为一个冲动的、充满欲望的、无约束的主我(I)和具有约束性的、与他人的期望相一致的概化的客我(me)，人的自我是在这两部分的互动所形成的动态过程。

⑤李普曼。美国新闻评论家和作家。现代新闻学和传播研究的奠基人之一。主要著作有《民意》《公众舆论》《新闻与自由》等。1922年出版的《公众舆论》一书中，开创了议程设置的早期思想雏形，该书也被公认为是传播学领域的奠基之作。李普曼强调大众传播的力

量，提出了“拟态环境”和“刻板印象”两个重要概念。是较早探讨大众传播的宏观社会效果的学者之一，具体参见本章考点难点归纳相关内容。

【真题链接】简述塔尔德的理论观点。(内蒙古大学2021年研)

**3. 传播学的四大奠基人和学科创始人是谁？他们各自的主要贡献是什么？**

**答：**(1)传播学的四大奠基人是拉斯韦尔、卢因、霍夫兰、拉扎斯菲尔德。传播学的学科创始人是威尔伯·施拉姆。

(2)四大奠基人和学科创始人的主要贡献：

①拉斯韦尔。拉斯韦尔是美国现代政治科学的倡始人之一，他早期的宣传研究被认为是奠定了传播学的基础，将定量的自然科学方法与社会研究进行结合，发展出内容分析法等。其主要论著有《世界大战中的宣传技巧》《传播在社会中的结构与功能》《世界历史上的宣传与传播》等。

a. 提出三功能说。拉斯韦尔较早地对传播的社会功能做出了全面的分析。他在1948年发表的《传播在社会中的结构与功能》一文中，将传播的基本社会功能概括为“三功能说”(环境监视功能、社会协调功能、社会遗产传承功能)，这三项功能是包括人际传播、群体传播、组织传播在内的一切社会传播活动的基本功能，“三功能说”依次从个人的角度、群体的角度、社会的角度对大众传播的作用进行阐释归纳，对如今的大众媒体如何正确地行使其社会作用提供了参考依据和要求。

b. 提出“5W”模式。1948年，拉斯韦尔在《传播在社会中的结构与功能》论文中首次提出了构成传播过程的五种基本要素，并按照一定结构顺序将它们排列，形成了后来人们称之“5W”模式。第一次将人们每天从事又阐释不清的传播活动明确表述为有五个环节和要素构成的过程，为人们理解传播过程的结构和特性提供了具体的出发点；确定了传播学研究的五个主要领域(控制研究、内容分析、媒介研究、受众研究和效果研究)，对传播学理论体系框架的形成具有重要价值。

②卢因。卢因是现代社会心理学、组织心理学和应用心理学的创始人，常被称为“社会心理学之父”，最早研究群体动力学和组织发展。卢因社会心理学在理论与实践上都有巨大的贡献。

a. 把心理学的实验方法引入社会学研究的同时，也给传播学研究提供了一种有效的分析手段。

b. 他对社会个体和群体行为的研究，给传播学中的效果研究开创了一个重要领域：在研究大众传播媒介对个人的影响时，要充分注意社会环境和个人所属群体的作用。

c. 他提出了著名的“把关人”概念，对信息流动的复杂性和那些能够允许信息通过或不许信息流通的人或机构等进行了科学的解释。

③霍夫兰。霍夫兰是耶鲁大学的实验心理学教授。霍夫兰和他的实验室的任务，是研究军内教育电影对提高士气所起的作用和效果，为此他们进行了一系列心理实验。主要著作有《大众传播实验》《传播与说服》《个性与可说服性》等。

a. 较完善地把心理学控制试验的方法用于传播效果的研究。用这种方法得出的结论虽然与社会实践可能有一定的距离，但对传播的效果仍不失为一种有意义的预测。

b. 他对军事教育电影的研究为打破“魔弹论”的神话提供了更有价值的证据。

c. 他注意到影响说服效果的多种因素，尤其是说服者及其发出的信息者两个因素，并提出了改善说服效果的一系列有价值的建议，为“可说服性”这个当代传播学的重要课题奠定了基础。

④拉扎斯菲尔德。拉扎斯菲尔德在传播学四大奠基人中是对后来的传播学发展影响最大的一位。他的主要贡献有：

a. 他提出了一系列理论假说。包括“两级传播”理论、“政治既有倾向”“选择性接触”机制、“意见领袖”等重要的概念和理论假说。

b. 拉扎斯菲尔德系统地运用社会调查和量化方法研究传播过程，对传播理论的体系化起了重要作用，被称为传播学研究的“工具制作者”。

⑤威尔伯·施拉姆。施拉姆是美国传播学的始创者和集大成者，人们称之为“传播学鼻祖”“传播学之父”。他建立了第一个大学传播学研究机构，编撰了第一本传播学教科书，授予了第一个传播学博士学位，也是世界上第一个具有传播学教授头衔的人。他对于传播学的巨大贡献在于：

a. 创立传播学。把美国新闻学与社会学、心理学、政治学等其他学科综合起来进行研究，在前人研究基础上归纳总结与修正，使之系统化、结构化，最终创立传播学，这是其最大功绩。1949 年其第一本权威性著作《大众传播学》出版，标志着传播学的创立。

b. 不断著书立说，推进传播学的壮大。主要有《大众传播学》《传播过程与效果》《报刊的四种理论》等。

c. 大力推进传播学教育，扩大传播学在教育及学术界的影响，培养众多知名学者，形成“施拉姆学派”。

**4. 香农的信息论对传播学研究有什么贡献？**

**答：**香农的信息论对传播学研究的贡献包括以下几个方面：

（1）提出了“信息”的一个传播学概念。

从通信的角度定义了“信息”的概念：信息就是能够用来消除或减少不确定性的东西。这一理论从功能的角度确定了信息的重要性和地位。香农提出一个机器对机器或人—机—人通信的传播模式，即著名的从信源到信宿的“5W + 噪音传播模式”。信息理论的概念为传播学提供了新的视野，香农的理论为传播学过程的很多其他模式提供了动源。这一理论的启发性在，它扩展了从宏观角度考察信息传播过程诸要素之间的关系，并启迪人们发现新的要素。

（2）在《传播的数学理论》中提出了香农—韦弗传播过程模式。

①香农—韦弗模式首次尝试以图解的形式构建模型，从而更直观简洁、更具概括性地阐明理论和说明问题。

②香农—韦弗模式提示了传播控制的可能，无论信息是以何种方式和何种途径进行传播的，噪音和途径就是控制手段。这也引发了对作为传播途径的大众媒体的所有权对传播效果和传播内容的影响的研究。

（3）解决了信息的度量问题。

香农的信息理论还解决了信息的度量问题，丰富了传播学的定量研究方法。

**【真题链接】**香农的信息论对传播学的贡献。（广州大学 2021 年研）

**5. 威纳的控制论对传播学研究有什么贡献?**

**答:** 传播学不仅借用了“三论”的理论模式，而且“三论”也是以研究人类社会信息交换规律为对象的传播学的理论基础。美国数学家香农的信息传播模式、威纳的反馈模式，贯穿了整个传播过程和传播领域的研究过程。从哲学意义上说，“三论”同起于一源，都源于“系统”的概念。系统概念是联系概念的发展，由于“联系”构成“系统”，其哲学思想体系，对传播学有着方法论的意义。

控制论对传播学的贡献主要有以下三方面:

(1)控制论促成传播科学的精确化。

“三论”沟通了自然学科和社会科学的联系，改变了科学发展的图景和人们的思维方式，为科学研究提供了崭新的方法，扩大了人们研究问题的深度和广度，极大地提升了人类认识世界、改造世界的能力。控制论在社会科学领域中已得到越来越广泛的应用。这种应用为社会科学提供了模型化、数学化的工具，有力地促进了社会科学的精确化，使它从定性研究向定量研究发展。现代传播学中的制度、规范、法规、政策和管理，受众与传播效果等几乎所有的宏观、中观和微观领域，都渗透着控制论的思想。

(2)控制论提出传播系统平衡思想。

威纳把传播看作社会的神经系统，系统的存在和维系，在于信息的流动。如果一个系统由于环境的变化而导致正常状态的严重偏离，那么它就需要信息的充分交流。对于社会而言，社会反馈是社会控制的要义。倾向于稳定的社会正是信息交流丰富的社会，而管理者的任务就是要在信息的反馈中作出积极的反应和调整。作为方法论学派，技术控制论的思想在社会科学领域的传播学研究方面显示出厚积薄发的态势。控制论从自然角度论证传播现象，不仅为“经验—功能”学派提供传播功能的认识模式，也启发社会科学学者关注媒介(机器)本身如何影响社会和人的发展，构成了传播学新的方法论学派，开启了传播学的崭新视角。

(3)控制论深入揭示传播的本质。

控制论是研究各种系统的控制和调节的一般规律的科学，它横跨技术系统、生物系统、社会系统和思维系统，是一门横断科学，具有重要的方法论意义。控制论的基本概念是信息概念和反馈概念。控制论和信息论关系十分密切，因为控制系统的关键在反馈，而控制论所讲的反馈就是信息反馈。威纳控制论的理论基点，就是把控制系统当作一种信息系统。控制论对传播学的主要贡献就是它的反馈论。从根本上说，反馈是信息的反向传播，任何传播活动都离不开反馈。传播是信息的双向流通过程，正是通过反馈这一环节，传播活动的各方面才发生关系，才能同处一个传播系统之中。反馈论进一步揭示了传播的本质规律，纠正了对传播做线性的、单向的描述的片面性，极大地推进了传播研究。

**6. 什么是传播学经验学派?谈谈美国经验学派的特点。**

**答:**(1)传播学经验学派。

参见本章考点难点归纳相关内容。

(2)美国经验学派的特点。

①在方法论上采取经验主义立场，主要采用量化和实证方法来考察传播现象。

②在研究目的上持实用主义态度，焦点集中于考察微观、个人层面的传播过程，尤以

传播的说服效果为核心领域。

③在社会观上坚持多元主义观点，否认资本主义社会的阶级支配关系，强调社会是一个由多元利益相互竞争、相互制衡的共同体。

**7. 谈谈经验性方法的意义及其局限性。**

**答：**(1)经验性方法的意义。

经验性研究方法批判纯主观抽象的研究，重视经验材料或客观数据的使用，主张从环境或外部条件的变量出发来揭示现象、原因或规律。经验性方法论是社会科学的一种重要的研究方法。

(2)经验性方法的局限性。

①经验性材料的有限性。许多关乎社会现象或人类行为活动的材料无法量化、测定和观察。

②研究方法的局限性。问卷调查或控制实验等经验性研究方法地有效性难以验证。

③在考察宏观问题方面缺乏有效手段。只能研究社会微观层面或小群体层面上的现象。

④真正的“纯客观”很难做到。常常受到研究者自身性格、背景、价值观等主观因素的影响。

**8. 什么是传播学批判学派？批判学派在方法论、社会观和传播观上与经验学派有什么分歧？**

**答：**(1)传播学批判学派。

受法兰克福学派的影响，批判学派于20世纪60年代自欧洲起源，以欧洲学者为主，至20世纪80年代成为传播学研究中的主流学派之一。继承了早期法兰克福的核心精神，从不同的角度对现代资本主义社会传播过程中的不平等权力关系进行揭露，通过理论实践，否定现有体制，解放大众。从理论来源上看，大部分批判理论与马克思主义有一定的联系。包括法兰克福学派、政治经济学派、文化研究学派(伯明翰学派)、女性主义理论等。批判学派实际上是对欧、美等国持不同于美国的实证分析、经验研究派别立场，坚持批判观和方法所进行的研究的总称，是不同观点、不同方法的集合体。批判学派无论在方法论还是在学术立场上都与经验学派有着很大的区别。

(2)批判学派和经验学派的分歧。

参见本章考点难点归纳相关内容。

**【真题链接】**

(1)简述经验主义学派与批判学派对传播研究的不同态度。(中山大学2017年研)

(2)传播学经验学派与批判学派的区别。(华科2020年研)

(3)批判学派与经验学派相比特点是什么？(西北大学2020年研)

(4)论述经验学派、批判学派、媒介环境学派的特色。(郑州大学2021年研)

(5)简述经验学派和批判学派的特点。(北师大2021年研)

**9. 批判学派中包含了哪些主要流派或理论？各有什么特点？**

**答：**(1)批判学派概述。

批判学派是在社会科学的法兰克福学派的影响下，以欧洲学者为主形成和发展起来的学派。20世纪60年代起源于欧洲，至20世纪80年代已成为传播学研究中的主流学派之一。

批判学派实际上是对欧、美等国持不同于美国实证分析、经验研究派别立场，坚持批判观和方法所进行的研究的总称，是不同观点、不同方法的集合体。批判学派的主要流派有：政治经济学派、文化研究学派、意识形态“霸权”理论和哈贝马斯的批判理论。

(2)政治经济学派。

传播政治经济学将传播活动作为一种经济活动，从生产、分配、流通、交换及其宏观决策活动的政治经济学思路来观察媒体及其传播行为。该学派依据马克思关于若一个阶级是社会上占统治地位的物质力量，则同时也是社会上占统治地位的精神力量，支配着物质生产资料的阶级同时也支配着精神生产资料的观点，从经济基础对上层建筑的决定作用来揭示资本主义社会大众传媒支配与控制的现状。该学派关心的一个焦点问题是现代媒介高度集中和垄断的趋势及其带来的社会后果。

代表人物及理论观点：

①席勒的“文化帝国主义”：以强大的经济和资本实力为后盾，通过含有文化价值的产品和商品的销售而实现全球性的文化支配，其中主要通过信息产品的传播而得到实现。

②斯密塞的“受众商品论”：传播业的主要商品是受众，大众媒介的运营就是媒介公司吸引受众，然后将他们移交给广告主的过程。

③莫斯可的“商品化、空间化、结构化”：传播过程和传播科技对商品化起推动作用，商业媒介组织活动在地理和制度上的延伸，媒介组织结构与传播参与者之间相互构建的关系。

④戈尔丁和默多克：他们认为，高度的独占和集中正是垄断资本控制着文化生产和流通的明证，大众传媒的活动最终是为了维护垄断资本的利益、意识形态和统治权力。

⑤加汉姆论文化产业：文化与媒体产品这种单位生产成本高，而批量生产后单位成本大幅下降的特点，使得媒体文化产业的投资者倾向于通过增加受众数量来降低产品成本。

⑥乔姆斯基的“宣传模式”：任何媒体在发布信息之前都会经过五重过滤模式。

⑦马特拉的“传播世界”：新型的文化传播中蕴藏着新的权力结构，这将最终导致自由理性的丧失和民主国家概念的消失。

(3)“文化研究”学派。

又称“伯明翰学派”，主张从上层建筑和意识形态的相对独立性出发来研究资本主义社会的大众传播，采用文本分析的研究方法揭示大众传媒为占统治地位的利益和意识形态服务的倾向，考察受众符号解读的多样性。

①代表人物：

a. 霍加特《文化的用途》：对英国的工人阶级文化进行了研究。

b. 威廉斯的文化理论：指出文化双重含义；提出四种传播体制。

c. 汤普森《英国工人阶级的形成》：阐述了汤普森关于阶级和阶级“形成”的理论。

d. 霍尔的“编码解码理论”：电视话语生产和流通有三阶段：话语意义生产即制码阶段、节目成品阶段、观众解码阶段。

e. 莫利的受众研究：进一步丰富受众能动性概念。

f. 费斯克的通俗文化理论：提出“两种经济”和“生产性受众观”。

②“文化研究”学者的主要观点有：

a. 大众传媒在资本主义社会系统中占据重要地位，有助于社会关系的规定以及统治阶级实行统治。

b. 大众传媒包括文化产品的生产和消费两个过程。前者是社会事物“符号化”和“意义赋予”的过程，行为主体是媒介；后者是媒介符号信息“接收”和“意义解读”的过程，行为主体是受众。

c. 信息符号与一定的价值或意义体系相结合。即大众传媒是依据统治阶级的意识形态和世界观进行“意义赋予”的。

d. 由于符号文本的多义性和受众背景的个体性，受众可能对文本做出偏好性、妥协性、对抗性等不同的解读。

(4)意识形态“霸权”理论。

在现代资本主义社会，支配阶级不再主要依靠国家、军队、法院等“强制装置”，而主要是通过意识形态“霸权装置”来维护自身利益，以私有制为基础的大众传播制度就是重要的意识形态“霸权装置”之一。代表人物及理论观点：

①葛兰西的“国家 = 政治社会 + 市民社会”：现代资本主义的统治一方面依赖强制性的暴力和国家机器，另一方面在合理性上依赖于意识形态的霸权。与暴力不同，霸权重视的是文化方面的控制。

②阿尔都塞的“意识形态国家机器”：社会结构的生产和维持必须结合国家的意识形态功能来回答。意识形态国家机器和强制性国家机器共同构成了国家的上层建筑。国家存在并维持的关键点归根结底是意识形态国家机器。

(5)哈贝马斯的批判理论。

参见本章考点难点归纳相关内容。

(6)批判学派的特点。

①否定和反对现行的资本主义制度。

②着重考察经验学派研究所忽视和规避的、与意识形态和社会发展相关的宏观问题。

③坚持思辨的研究方法，批判实证主义。

**【真题链接】**

(1)政治经济学派(名词解释，北工商2021年研)

(2)简述传播政治经济学的三个主要任务。(简答题。北邮2021年研)

**10. “文化研究”学者的主要观点是什么？**

**答：**“文化研究学派”又称“伯明翰学派”，主张从上层建筑和意识形态的相对独立性出发来研究资本主义社会的大众传播，采用文本分析的研究方法揭示大众传媒为占统治地位的利益和意识形态服务的倾向，考察受众符号解读的多样性。主要代表人物有霍加特、威廉斯、汤普森、霍尔、莫利、费斯克等。“文化研究”学者的主要观点参见本章考点难点归纳相关内容。

**【真题链接】**

(1)简述文化研究学派的代表人物和主要观点。(北邮2013年研)

(2)简述文化研究的重要学者及其代表著作。(中传2018年研)

(3)文化研究学派的主要观点。(北外2021年研)

## 14.3 考研真题与典型题

### 14.3.1 概念题

1. 库利(厦门大学2010年研)

2. 芝加哥社会学派(中传2013年研;北大2008年研)

相关试题:芝加哥学派(福建师大2021年研)

3. 李普曼(地大2021年研;东北财经2021年研;南京大学2017年研;复旦大学2016年研;华中师大2015年研;清华大学2013年研)

4. 刻板印象(中山大学2018年研;中传2017年研;人大2014年研;厦门大学2012年研)、刻板成见(西南交大2020年研)

5. 拉斯韦尔(安徽大学2021年研;重庆师大2021年研;辽宁师大2021年研;南京师大2019年研;四川大学2011年研)

6. 拉扎斯菲尔德(华南理工2011年研;南京大学2008年研)

7. 施拉姆(北工商2021年研;华南师大2020年研;南京师大2017年研;厦门大学2016年研;人大2013年研;湖南大学2010年研)

8. 传播学经验学派(南京师大2020年研)

相关试题:经验学派(北大2021年研;天津师大2021年研;广州大学2021年研)

9. 阿多诺(T. W. Adorno)(中传2013年研)

10. 葛兰西(南开大学2005年研)

11. 葛兰西的文化领导权(hegernony)理论(北大2011年研)

12. 公共领域(人大2016、2011年研;南京大学2016年研;北邮2013年研;清华大学2013年研;暨南大学2011年研;北大2010年研)

13. 文化工业(浙大2019年研;中传2018年研;重庆大学2018年研;复旦大学2010年研)

14. 法兰克福学派(浙传2021年研;北京师大2020年研;西南交大2018年研;北大2014年研;中传2011年研;北邮2011年研)

### 14.3.2 简答题

1. 解释学派的定义、研究兴趣及研究方法。(北邮2011年研)

2. 请谈一下芝加哥学派对传播学早期发展的影响。(北大2006年研)

3. 请简述李普曼的《舆论学》一书的主要观点。(中山大学2011年研;北京师大2010年研)

### 14.3.3 论述题

1. 传播学研究的主要学派有哪些?以微信这个研究对象为例,不同学派会提出什么研究问题、借用什么理论、采用什么方法?(深圳大学2018年研)

2. 传播学的基础学科(社会科学)有哪些?试述传播学与其中一门学科的渊源与互动。

(中传2005年研)

3．试评传播学批判学派的意识形态的“霸权理论”。(南京理工2010年研)

相关试题：

(1)传播学批判学派(中南大学2020年研)

(2)霸权(名词解释，北大2021年研)

4．阐述李普曼与拟态环境理论，并结合当前信息社会的特点，谈谈你对这个理论的理解。(北邮2010年研)

## 14.4 考研真题与典型题详解

### 14.4.1 概念题

**1．库利**(厦门大学2010年研)

**答：**库利是美国社会学家和社会心理学家，芝加哥学派代表人物。具体参见本章考点难点归纳相关内容。

**2．芝加哥社会学派**(中传2013年研；北大2008年研)

**相关试题：芝加哥学派**(福建师大2021年研)

**答：**芝加哥社会学派是源于1892年美国芝加哥大学建立的世界上第一个社会学系，并造就了一大批名闻遐迩的社会学家：斯莫尔、米德、托马斯、帕克、伯吉斯等，他们因具有相对一致的学术旨趣、长期的制度支持、占主流地位的出版物和“将社会作为一个整体来研究的经验论方法”而被人们尊称为社会学“芝加哥学派”。芝加哥社会学派的贡献首先体现在它为社会学这门在欧洲孕育多年的学科奠定了最初的学科化和制度化基础，并且真正开始赋予社会学以经验和实践的品质。

**3．李普曼**(地大2021年研；东北财经2021年研；南京大学2017年研；复旦大学2016年研；华中师大2015年研；清华大学2013年研)

**答：**李普曼是美国新闻评论家和作家，现代新闻学和传播研究的奠基人之一。主要著作有《民意》《公众舆论》《新闻与自由》等。1922年出版的《公众舆论》一书中，开创了议程设置的早期思想雏形，该书也被公认为是传播学领域的奠基之作。李普曼强调大众传播的力量，提出了“拟态环境”和“刻板印象”两个重要概念。是较早探讨大众传播的宏观社会效果的学者之一。

**4．刻板印象**(中山大学2018年研；中传2017年研；人大2014年研；厦门大学2012年研)、**刻板成见**(中央民大2010年研)

**答：**刻板印象(stereotype)又称刻板成见，是李普曼在他的代表作《舆论》中提出的概念。具体参见本章考点难点归纳相关内容。

**5．拉斯韦尔**(安徽大学2021年研；重庆师大2021年研；辽宁师大2021年研；南京师大2019年研；四川大学2011年研)

**答：**拉斯韦尔是美国著名政治学家、社会学家，是传播学“四大先驱”、传播学奠基人之一。他是宣传分析方法的创始人，在传播内容与效果研究方面贡献重大。拉斯韦尔对传播学的贡献主要表现在三个方面：①他首先用政治学观点对传播学进行系统的研究，是公认的"宣传和政治符号理论发展的先驱"。②他提出了著名的"5W"传播模式和传播"三功能说"，前者比较完善地描述了传播的过程，并为当代传播学研究指明了方向，后者则为以后赖特等学者对传播功能作出进一步的理论阐述奠定了基础。③他用定量语义学的方法，比较了有意义的政治符号在不同时间和地点在主要新闻机构的分布，为传播学研究运用内容分析的方法提供了有益的经验。拉斯韦尔的主要代表作有：《世界大战时期的宣传技巧》《宣传、传播与公众舆论》《世界传播的未来：质量与生活方式》《世界历史上的宣传与传播》等。

**6. 拉扎斯菲尔德**(华南理工2011年研；南京大学2008年研)

**答：**拉扎斯菲尔德是奥地利裔美国著名社会心理学家、选举研究学者，传播学学科奠基人之一，与政治学家拉斯韦尔、社会心理学家卢因和霍夫兰并称为传播学的"四大先驱"。他在社会学上最有影响的成就首推应用社会学的研究方法，特别是定量的研究方法和技术。他重视社会调查方法，讲究严格的社会统计程序和操作化过程，强调精确的定量测量和定性评价分析。他是民意测验中采纳社会调查方法的首创者，是传播效果研究的开创者。他的一系列应用研究，推进和提高了美国和欧洲社会学经验研究的发展与质量。其著作有《社会科学中的数学思维》《人民的选择》《定性分析》和《应用社会学导论》等。

**7. 施拉姆**(北工商2021年研；华南师大2020年研；南京师大2017年研；厦门大学2016年研；人大2013年研；湖南大学2010年研)

**答：**参见本章考点难点归纳相关内容。

**8. 传播学经验学派**(南京师大2020年研)

**相关试题：经验学派**(北大2021年研；天津师大2021年研；广州大学2021年研)

**答：**传播学经验学派是美国传播学研究的主流学派，又称传统学派。主要代表学者有拉斯韦尔、拉扎斯菲尔德、霍夫兰、克拉帕、施拉姆等。这个学派主要是从行为科学的角度出发，采用经验性实证方法研究传播现象，因而被称为经验学派。其主要研究领域和理论有：传播过程模式研究、说服与态度改变研究、"传播流"研究、"政治既有倾向"理论、选择性接触理论、补强理论、意见领袖与两级传播理论等。由于该学派的主要理论观点强调大众传播效果和影响的有限性，又被称为"有限效果理论"。20世纪70年代以后该学派受到了批判学派的激烈批评，研究视角有所改变，提出了"议程设置功能"等较强调传媒影响力的理论。

**9. 阿多诺(T. W. Adorno)**(中传2013年研)

**答：**阿多诺(T. W. Adorno)是德国哲学家、社会思想家，法兰克福学派批判理论的主要代表人物之一。1931年，阿多诺加入法兰克福社会研究所，后与该研究所的其他成员一起流亡美国。1941—1948年，阿多诺是加利福尼亚大学(伯克利)社会分化研究规划组织的负责人之一。1949年，他以社会学教授身份返回法兰克福大学任教，并从1958年起任法兰克福社会研究所所长，直至逝世。其主要著作有：《启蒙的辩证法》(1947，与M. 霍克海默合著)、《权威主义人格》(1950)、《否定的辩证法》(1966)、《美学理论》(1970)等。

**10. 葛兰西**(南开大学2005年研)

**答：**葛兰西是意大利共产党的创始人，他在《狱中笔记》中最早提出“文化霸权”理论，并将“霸权”作为社会学研究的一个主要概念。葛兰西对马克思主义的学说作出了独创性的解释和发展，尤其是他的文化霸权理论，对西方意识形态理论的发展产生了重大的影响。葛兰西将社会分成两个部分：国家和市民社会。对于国家的统治，可以通过暴力或强制，但对于市民社会的控制，则不能单纯依靠外在的武力，必须诉诸文化，这种文化的领导权是建立在公民的“常识”和同意的基础上的，通过其在道德、精神方面的领导地位，让广大群众接受他们一系列法律制度或世界观来达到其统治的目的。他将市民社会看作整个国家和政治社会的基础，同时强调统治权的归属以及统治权对于市民社会的重要性。霸权的关键不在于强迫大众违背意愿和良知，屈从于统治阶级的权力压迫，而是让个人心甘情愿，积极参与到统治集团的世界观或者说霸权中来。因此，所谓文化霸权，其实质就是一种意识形态领导权。葛兰西极大启迪了学界对大众文化的研究，改变了长期以来对大众文化或支持或反对的简单二维思想，帮助社会对大众文化重新进行反思和界定。

**11. 葛兰西的文化领导权(hegernony)理论**(北大2011年研)

**答：**“文化领导权”理论是意大利共产党的创始人葛兰西提出的理论。其内容是无产阶级必须建立起自己的知识分子阶层，通过占有文化领导权，从而最终获得政权。按照葛兰西的理论，领导权的建立和破坏不像阶级力量冲突的暴力展现，而是无形地、一点一滴地改变着每个人意识中的观点和意向。葛兰西指出，“文化领导权”的实质是要为某个统治阶级提供广泛的社会和群众基础及“合法性”因素，其中心环节是要争取被统治者的自发同意和拥护，其主要手段是对全社会实行文化、精神、政治的领导，通过长期渗透和潜移默化，从而广泛播撒到日常生活的各个层面和各个角落。

**12. 公共领域**(人大2016、2011年研；南京大学2016年研；北邮2013年研；清华大学2013年研；暨南大学2011年研；北大2010年研)

**答：**公共领域(public sphere)在传播学中是指一种介于私人领域与国家权利领域之间的机构空间和时间。在这个空间里，个体公民聚集在一起，就共同关心的公共事务进行公开的讨论和辩论，形成某种接近于舆论的一致意见，并组织对抗压迫性的国家和公共权力，从而维护总体利益和公共福祉。这个概念是哈贝马斯在其《公共领域的结构转型》一书中提出的，用来描述大众媒体应该在民主社会中扮演什么角色的理想模型。随着概念的发展，公共领域的内涵已经有所扩大，如果不局限于公共领域的特定历史形态，把它看作是一个“理想类型”的话，只要是能够贯彻自由、开放、平等、理性精神，独立于国家和市场，由公民参与的论坛，都可以被称为公共领域。它既可以是面对面的聚会，也可以是在此基础上代替直接交流的各种媒体。公共领域具有以下特点：①开放性，即向所有公民开放；②自由与独立，不受任何权力机构和个人的强制，自由集合，自由讨论；③关注普遍利益，谋求公利而非私利；④需要借助媒介进行传播和辅助，以保证信息的充分沟通与交流。

**13. 文化工业**(浙大2019年研；中传2018年研；重庆大学2018年研；复旦大学2010年研)

**答：**文化工业是法兰克福学派代表人物霍克海默与阿多诺在《启蒙辩证法》一书中提出的一个概念。概括而言，文化工业概念的批判性含义包括两个层面：①文化工业以艺术为名义，兜售的其实是可以获取利润的文化商品，使大众的闲暇时间变为另一种被剥削的劳动。②文化工业具有浓厚而隐蔽的资产阶级意识形态，在人们忘乎所以地享受文化快感时，隐蔽地操纵了人们的身心乃至潜意识活动。它是一种使控制变得更密不透风，使统治秩序变得更坚固的“社会水泥”。这个概念暗示了现代大众文化的本质属性，表明它不过是商品生产与消费体系的产物。阿多诺认为，“文化工业”作为凭借现代科技手段大规模地复制、传播文化产品的娱乐工业体系，广泛地产生于发达工业社会。它批量地制作和传播大众文化的手段和载体，以独特的大众传播媒介如电影、电视、收音机和报纸、杂志等，操纵了非自发的、物化的虚假文化，成为束缚意识的工具和独裁主义的帮凶，并以较从前更为巧妙有效的方式(即通过娱乐)来欺骗和奴役大众，从而最突出地显示了启蒙向意识形态的倒退，进入了大众蒙昧的阶段。

**14. 法兰克福学派**(浙传2021年研；北京师大2020年研；西南交大2018年研；北大2014年研；中传2011年研；北邮2011年研)

**答：**法兰克福学派是当代西方的一种社会哲学流派，是以德国法兰克福大学的“社会研究中心”为中心的一群社会科学学者、哲学家、文化批评家所组成的学术社群，以批判的社会理论著称。该学派由法兰克福社会研究所的领导成员在20世纪30—40年代初发展起来，其社会政治观点集中反映在霍克海默、阿多诺、马尔库塞、哈贝马斯等人的著作中。在西方社会科学界，法兰克福学派被视为“新马克思主义”的典型，以从理论上和方法论上反实证主义而著称。它继承了青年黑格尔派施蒂纳等人的传统，受叔本华、尼采和狄尔泰的非理性思想影响，并受新康德主义、韦伯的“文化批判”和社会学的启迪，借用马克思早期著作中的异化概念和卢卡奇的“物化”思想，提出和建构了一套独特的批判理论，旨在对资产阶级的意识形态进行“彻底批判”。在法兰克福学派的理论家们看来，批判理论超越一切哲学之上，并与每一种哲学对立；这种批判否定一切事物，同时又把关于一切事物的真理包含在自身之中。

### 14.4.2 简答题

**1. 解释学派的定义、研究兴趣及研究方法。**(北邮2011年研)

**答：**(1)解释学派的定义。

解释学派是传播学的一个研究学派，它注重探讨每一个受众个体给予被接受的讯息的独特意义，强调传播讯息对于个人的主观意义。

解释的范例具有关注于按照世界的本来面貌理解世界，关注于在主观经验的层次上理解世界的基本性质的特征。它在个体意识和主观性的领域范围内寻求解释，在与行为的观察者相对的参与者的关联框架范围内寻求解释。

(2)解释学派的研究兴趣。

传播学的解释方法强调传播讯息对于个人的主观意义。个人如何从媒体讯息中获得意义是解释研究的一个范例。由于注重个体如何“解读”媒体信息的问题，媒体传播研究发生了重要的新转折，一般传播学理论逐渐放弃了被动的受众思想，而以异常活跃、异常有选择的受众概念取而代之，这种受众操纵着讯息，而不是被讯息所操纵，他们是传播过程中完美的合作者。解释学派的中心问题是意义。

(3)解释学派的研究方法。

对于讯息的解释，解释学派通常采用相对不那么有结构而更侧重定性的调查方法来进行研究，将定量方法和定性方法有效地结合起来。解释研究往往是归纳的，从经验的层面移向理论的层面。理论能够确定研究的方向，但是理论通常并不被用来获取用于检验的特定假设。解释的方法具有某些弱点，例如在实地进行大量记录的困难，以及通过文字的形式处理、概括大量定性资料的困难。解释学派的学者一般通过观察和相对松散的访谈来收集定性的资料。他们寻求厚重的描述，即人们对于被深度提供的现实的解释。此外，定性的研究方法还可能碰到道德问题。

**2. 请谈一下芝加哥学派对传播学早期发展的影响。**(北大2006年研)

**答：**芝加哥学派对传播学的早期发展有非常重要的影响，具体表现在以下几个方面：

(1)芝加哥学派代表着社会科学在美国的第一次重大的繁荣。对那些重要的欧洲理论而言，特别是对德国社会学家G. 西梅尔的理论而言，芝加哥学派起着思想登陆点的作用。

(2)芝加哥学派使美国有关社会问题的社会科学研究有了明显的经验主义方向。芝加哥学派是改良的、进步的和实证的，它试图通过研究这个世界的社会问题而对之进行改造。芝加哥学派的问题是：在迅速成长的城市中拥挤不堪的移民贫民窟里，诞生于乡村社区的美国民主制能否有生存之地。它认为大众传播是美国民主社会面临城市社会问题而生存下去的一个可能的手段。

(3)芝加哥学派的学者建构了一个以人类传播为中心的人格社会化的理论概念体系。对于芝加哥学派的社会学家来说，要成为社会的存在、人类的存在，就需要传播。他们攻击对于人类行为的直觉解释，取而代之强调一种后来被称作符号交互论的观点。

(4)芝加哥学派构筑了后来的以媒体效果为重点的大众传播研究的模型。芝加哥学派在20世纪20年代后期进行了关于电影对儿童的影响的佩恩基金研究，这些研究为许多后来的传播效果研究提供了一种早期的模式。

**3. 请简述李普曼的《舆论学》一书的主要观点。**(中山大学2011年研；北京师大2010年研)

**答：**李普曼是美国著名政论家，他于1922年出版的《舆论学》被看作是传播学的奠基之作。该书的主要观点如下：

(1)刻板成见。刻板成见来自人们直接经验对于事物的认识，指的是人们对某一类人或事物产生的比较固定、概括而笼统的看法。刻板成见可以帮助我们快速地理解事物，但是有时也会影响我们对新事物的接受。个人有个人的刻板成见，社会也有其社会成员广泛接受和普遍通行的刻板成见，因而也起着社会控制的作用。李普曼认为大众传播不仅是“拟态环境”的重要创造者，还是社会“刻板成见”的主要构建、维持和改变者。在李普曼看来，对于普通民众来讲，世界实际上是“不可触、不可见、不可思议的”，对于“以自我为中心的人”而言，外部世界已经过于辽阔而无法把握了。人们每天忙于生存或是其他地方事务，没有过多精力来亲自体验和感受这个世界，因此，人们通常抱着一种固定的看法来便捷地看待外部世界。这意味着人们根据自己头脑中未受到挑战的画面来构想遥远复杂的外部世界。

(2)拟态环境。李普曼认为，人们的行为与三种意义上的“现实”发生着密切的联系：①实际存在着的不以人的意志为转移的“客观现实”；②传播媒介经过有选择的加工后提示的“象征性现实”(即假环境)；③存在于人们意识中的“关于外部世界的图像”，即“主观现实”。人们的“主观现实”是在他们对客观现实的认识的基础上形成的，而这种认识在很大程度上需要经过媒体搭建的“象征性现实”的中介。经过这种中介后形成的“主观现实”，已经不可能是对客观现实“镜子式”的反映，而是产生了一定的偏移。

(3)议程设置在《舆论学》中的体现。议程设置的研究最早也起始于李普曼的《舆论学》。虽然书中没有使用“议程设置”这一名词，但是他表达了这样的基本思想：媒体创造了人们头脑中的象征性的想象，这些想象有可能与人们经历的“外在”世界完全不同。他论证指出，大众媒体是现实世界的某个事件和我们头脑中对这个事件的想象之间的主要连接物。议程设置过程描绘了舆论在一个民主制中如何发挥作用。40年后，科恩继续为议程设置的发展做出了贡献，他指出，新闻界在告诉人们“怎么想”方面都不大成功，但是在告诉人们“想什么”方面却异常有效。到1972年麦库姆斯和肖的文章发表在《舆论季刊》上，议程设置才被命名。

### 14.4.3 论述题

**1. 传播学研究的主要学派有哪些？以微信这个研究对象为例，不同学派会提出什么研究问题、借用什么理论、采用什么方法？**(深圳大学2018年研)

**答：**目前，传播学的主要学派包括经验学派(empirical school，又被称作“经验—功能学派”、管理学派)、批判学派(critical school，又被称作“结构主义符号—权力学派”)和媒介环境学派(media ecology school，又被称作“技术—控制论学派”)。以经验学派和批判学派为例，二者以微信为研究对象时，在研究焦点、理论范式和研究方法上都存在一定的区别，具体分析如下：

(1)经验学派。

经验学派是西方传播学的主流学派，尤其指以美国学者为代表的主流传播学。在研究方法上，该学派主张从经验事实出发，运用经验性方法(采用社会学、心理学的方法，强调定量分析，注重实证、微观)研究传播现象。他们将学术研究与政治、商业利益结合，研究如何传播、如何有效传播等传播自身的规律，落脚点在传播效果与受众。经验学派的主要代表人物有拉斯韦尔、拉扎斯菲尔德、霍夫兰、施拉姆等；包括哥伦比亚学派、耶鲁学派、芝加哥学派等不同流派。

以微信为研究对象，经验学派可能提出的问题如“微信的传播过程模式”“微信熟人社交的态度改变研究”“从使用与满足视角分析微信”等；在理论工具上可能运用使用与满足理论、结构功能主义理论等；在研究方法上采取以定量和统计为主的实证主义的研究方法，如问卷调查、实验法、观察法、深度访谈等。

(2)批判学派。

批判学派植根于欧洲悠久的历史和文化传统，主要以“法兰克福学派理论”和“马克思主义”为理论基础。批判学派实际上是对欧、美等国家的不同于美国实证分析、经验研究的派别立场，坚持批判观和方法进行的研究的总称，是不同观点、不同方法的集合体。批判学派的主要流派有政治经济学派、文化研究学派、法兰克福学派等，还发展了葛兰西的意识形态“霸权”理论和哈贝马斯的批判理论。该学派的研究以思辨为主，强调定性、全面、宏观，反对实证主义。他们着重关心“为谁传播”的问题，关注传播体制和社会各要素间的关系，落脚点在于传播的意义。

因此，批判学派对微信进行研究时，可能关注研究问题如“利用微信平台的文化权利建构”“微信对大学生社交的影响”“微信相册自我呈现的文化研究”“信息时代大众狂欢的反思——微信朋友圈文化现象的分析与批判”等。批判学派可能使用的理论工具如符号象征理论、文化霸权理论、大众文化理论等。在研究方法上，批判学派主要采用哲学、社会学、政治经济学、文化研究等方法，强调定性分析，不排斥定量分析。

**2. 传播学的基础学科(社会科学)有哪些？试述传播学与其中一门学科的渊源与互动。**(中传2005年研)

**答：**传播学作为一门研究人类信息传播活动及其规律的科学，是在借鉴、吸收其他学科研究成果的基础之上形成的。因此，传播学具有多学科综合而成的特点，这种多学科交叉性，使传播学成为边缘学科。它既属社会科学，又被视为人文科学，而且带有明显的自然科学的痕迹；它既有传播学自己的理论范畴、学术话语，又更多地借用了其他学科的理论范畴。因此不同学科的学者都可以从自己的角度研究传播学，从而使传播学的研究成果异彩纷呈，各成体系。

(1)传播学的基础学科(社会科学)包括：新闻学、社会学、人类学、心理学、政治学、语言学、文化研究、符号学等。

(2)传播学与新闻学的渊源与互动表现在以下几个方面：

①在大众传播学产生之前，新闻学是唯一专门研究大众传播现象和活动的学科，因此可以说，新闻学是传播学的基础和前身。

新闻学起源于19世纪的德国，于20世纪末在美国兴盛起来。随着新闻实践的逐步深化、新闻媒介种类的增多，新闻学原有的研究范围无法涵盖日益发展的新闻业。新闻事业逐步扩大至大众传播媒介业，“新闻”概念逐步让位于“大众传播”概念。这时便出现了大众传播学，它以人类社会的所有大众传播行为为研究对象。大众传播学研究进一步深化的结果便是传播学，即从个别的传播规律——大众传播，再深入研究，上升到普遍的传播规律，即人类的传播活动过程及其规律。由此可见，传播学的基本发展轨迹为新闻学→大众传播学→传播学。三者既相互关联，又有明显的区别。

新闻学是“研究人类社会新闻活动规律的一门科学。新闻学研究的课题是：人类社会的各要素对人类行为活动的决定和影响以及新闻活动的自身发展、新闻活动对社会的反作用”。

大众传播学则是一门边缘科学，它在学术上是直接扎根于同属行为科学的心理学、社会学和政治学等学科之中并同这些学科相互借用假设、理论和知识，其最重要的意义在于它聚集于在大众媒介中的及围绕它们的人的活动，以期得到关于大众传播过程和效果的可靠知识。

传播学要解释人类传播过程的基本性质，就必须从诸如语义学、文化人类学、社会学和社会心理学这样一些学科领域得出许多很有研究价值的线索，并把它们结合起来，充分描述整个人类传播，然后方可估量出使用复杂媒介的大众传播的地位。

②新闻学经历了一个多世纪的变迁、发展，自己也出现了某种程度上的变革。

施拉姆分析整理了1937年到1956年《新闻学》季刊的内容，指出了新闻学发展的四个趋势：

a. 从定质分析到定量分析。一般而言，定量分析较具客观性，因为它能以精确数字证明一个普通的现象或事实。而定质分析则失之主观，往往以部分的特殊代表普遍的全体。

b. 从人文方法到行为科学方法。传统报学是以哲学、文学为基础，而大众传播学亦属行为科学之一支，它是以社会学、心理学、统计学为基础，走向实验的阶段。

c. 从伟人研究到过程与结构的研究。传统新闻学只以文学方法对报业经营者作传记性描述，而大众传播受牵制的因素变化多端，以致形成环境相连、交错复杂的因果关系。

d. 从区域性角度到国际性角度。由于国际传播的发展，新闻学的研究范围已不能局限于一国或一个区域，它必须伸展至国际范围。

③传播学的许多研究成果、概念、范畴和方法等也被近年来的新闻学研究所应用。

德国著名的新闻学教授席格弗里德·维申伯格博士提出了一个新闻业关系——新闻学研究对象图。他指出，新闻学研究对象包括以下四个方面：

a. 媒介制度(规范关系)——社会背景环境、历史基础和法律基础、传播政策、专业标准和道德标准。

b. 媒介机构(结构关系)——经济要求、政治要求、组织要求、技术要求。

c. 媒介内容(功能关系)——信息源和推荐群体、报道样式和播出形式、真实性的建立、“作用”与“负作用”。

d. 媒介活动(角色关系)——人口统计特征、社会态度和政治态度、角色自我理解和公众形象、专业化和社会化。

从这几个方面可以看出新闻学研究与传播学研究的交融。

**3. 试评传播学批判学派的意识形态的“霸权理论”。**(南京理工2010年研)

**相关试题：**

**(1)传播学批判学派**(中南大学2020年研)

**(2)霸权**(名词解释，北大2021年研)

**答：**意大利共产党的创始人A. 葛兰西在《狱中笔记》中最早提出“文化霸权”理论，并将“霸权”作为社会学研究的一个主要概念。葛兰西对马克思主义的学说作出了独创性的解释和发展，尤其是他的文化霸权理论，对西方意识形态理论的发展产生了重大的影响。文化霸权又称“文化领导权”，指一个阶级主宰另一个阶级的意识形态及文化，通过控制文化内容和建立重要习俗以统一意见来达到支配目的，是传播强国的跨国传媒集团为了主宰其他民族的文化，而在强制性传播中掀起的一场全球化运动。

具体来看，霸权是指一个社会集团凌驾于其他社会集团之上的权力或优势。这种区别性的权力在民族国家间的政治—经济—文化关系中、任意民族国家各社会阶层内部可以找到。霸权还是集聚和维持权力的一种手段。

葛兰西将社会分成两个部分：国家和市民社会。对于国家的统治，可以通过暴力或强制，但对于市民社会的控制，则不能单纯依靠外在的武力，必须诉诸文化，这种文化的领导权是建立在公民的"常识"和同意的基础上的。通过其在道德、精神方面的领导地位，让广大群众接受他们一系列法律制度或世界观来达到其统治的目的。他将市民社会看作整个国家和政治社会的基础，同时强调统治权的归属以及统治权对于市民社会的重要性。霸权的关键不在于强迫大众违背意愿和良知，屈从于统治阶级的权力压迫，而是让个人心甘情愿，积极参与到统治集团的世界观或者说霸权中来。这种文化的领导权是建立在公民的"常识"和同意的基础之上的。因此，领导力量并不是一味地动粗用强，还会通过一定程度的让步和妥协，寻求咬合点，与被统治者达成一致。所谓文化霸权，其实质就是一种意识形态领导权。

而大众媒介则是统治阶层通过推广他们的哲学、文化和道德准则来维持其权力、财富和地位时运用的工具。大众传媒中的主要意识形态在一个相互衔接的系统、人们习以为常的社会实践行动中得到了支持和强化。

文化霸权包含三个理论层面：

(1)市民社会。葛兰西笔下的"市民社会"是指民间社会组织的集合体，是创建新的意识形态和散布统治阶级思想的"公共领域"，是复杂的意识形态、文化关系的总和。它是由"政党、工会、教会、学校、学术文化团体和各种新闻媒介构成的，它作为宣传和劝说性的机构代表的是舆论"，众所周知，市民社会是整个国家和政治社会的基础。

(2)统治权和领导权。葛兰西认为，一个社会集团的霸权地位表现在"政治统治权"和"文化领导权"两方面，而文化领导权起着比政治统治权更为根本的作用。在资本主义的社会里，统治与被统治的争斗并不是简单地显现为赤裸的反抗和压迫。统治阶级除了依靠暴力来维持社会的秩序之外，更重要的是还必须通过意识形态的领导来争取被统治者的自发同意和拥护，从而使得统治合法化。文化霸权所给予我们的不是一种静止的或静态的统治模式，而是一种动态的统治方式，一切都正在进行中，是统治与反抗之间的一种不断变化的动态的平衡，或如葛兰西所说的"运动中的平衡"。

(3)有机知识分子阶层。葛兰西认为，知识分子在文化领导权的行使过程中发挥着关键性作用。他从更广义的角度看待知识分子，并要求他们完成在社会各个领域诸如生产领域、意识形态领域等中承担领导或指导性工作。所谓"有机知识分子"，就是指各社会阶级的有机组成部分，每一个阶级在自己的发展过程中，都会造就出自己的知识分子阶层，他们和自己的阶级有机地统一在一起，在国家生活中明确地表达他们的阶级在政治、经济、文化领域中的集体意愿。知识分子是具有阶级性与社会干预性的，是实现思想文化领导权，即文化霸权的力量。

葛兰西的"文化霸权"理论极大启迪了学界对大众文化的研究，改变了长期以来对大众文化或支持或反对的简单二维思想，帮助社会对大众文化重新进行反思和界定。

**4. 阐述李普曼与拟态环境理论，并结合当前信息社会的特点，谈谈你对这个理论的理解。**(北邮2010年研)

**答**：现代社会巨大而复杂的环境已经远远超出了人们的感性经验范围。李普曼认为，人们再也不是主要凭借直接经验去认识客观环境，而是通过大众媒介提供的信息环境即“拟态环境”去把握它。

“拟态环境”是指传播媒介通过对象征性事件或信息进行选择和加工、重新加以结构化以后向人们提示的环境。然而，由于这种加工、选择和结构化活动是在一般人看不见的地方(媒介内部)进行的，所以人们通常意识不到，而往往把“拟态环境”作为客观环境本身来看待。在这整个的过程中，作为传播者的大众媒介以其所理解的方式精心编织与描绘了一个关于客观现实世界的图景，而广大公众却在不曾意识到这个过程的情况下，欣然接受和认可这幅图景以及附着于其背后的关于这个世界的理解、意义与想象。

由此可见，在李普曼眼中，公众是事实的“局外人”，他们接受信息的自由仅限于被媒体操纵的结构化的“拟态环境”中。

(1)“拟态环境”由被媒介精英操纵走向公众参与构建。

李普曼的“拟态环境”理论包含两个预设：①在现代社会，公众仅凭自己的能力无法认识广阔的客观世界；②传播者与受众是二元对立的关系。

基于以上两个预设可以看出，李普曼的“拟态环境”实质是指在公众无知、缺乏理性和行动力的情况下，理性的媒介精英所操纵而构建的信息环境。但这个理论的成立是在李普曼取消了公众的理性主体和传播主体之后才成了顺其自然的逻辑现实。

“拟态环境”的理论缺陷首先在于把人类社会盲目简单化，其次还夸大了公众理性和行动力的缺失。这种观点有失偏颇。真正构成社会动力的是“全面、自由发展的人”，这样的人是同世界建立起各种各样关系、积极参与社会交往的有生命的个体，不是接受少数“社会贤能”理性导引的“局外人”，而是自然潜能充分发挥、社会关系高度丰富的交往主体。因此，人在传播领域也不能被简单地分为二元对立的传者与受者。在当代语境下，传者与受者还存在着信息互动、角色互换的关系。李普曼对公众理性认知能力消极否定，并持有“局内人”与“局外人”的成见，从而就消解了公众与少数“社会贤能”作为理性主体与传播主体的平等权力。历史地看，李普曼所指的媒介精英极具理性、着眼全局利益的观点值得商榷。实质上，李普曼把“社会贤能”“局内人”在某种意义上想象成了集中人类品德、理性与良知的代表。

在当下的信息时代，随着传播技术的不断发展、社会自由民主观念的深入人心甚至变成制度设置，公众的信息渠道和交往范围得到了极大扩展，随之而提升的是他们运用理性关注世事的能力。李普曼“拟态环境”中处于20世纪初的可以被社会精英随意操纵的公众已为历史陈迹，代之而起的是有着交往需求和行动能力的公众。这些公众既是信息的接收者，也会成为信息的发布者，他们参与现代社会中“拟态环境”的构建。

(2)“拟态环境”的非结构化趋向。

李普曼提出“拟态环境”理论的20世纪初是传统媒体独大的时代。那个时代，经媒体操作进行选择、加工的“信息环境”具有内部统一性的即结构化的特征。在当代，公众参与构建冲击了“拟态环境”的结构化特征，从而出现了“拟态环境”的非结构化趋向。“拟态环境”的非结构化是指“拟态环境”内部呈现原生态、多样性、无序化的特征。

在当今时代，公众接收信息的渠道增加了网络、手机等新媒体。新媒体的出现及其地位的提升给信息环境带来两大变化，一是信息渠道的多元化，二是信息把关的弱化。

网络是崛起中的新媒体的典型代表，它是促使“拟态环境”出现非结构化趋向的主要动力。网络是一个自由的信息平台，甚至是对现实世界的全面模拟。相对于传统媒体，公众可以在网络上更自由地获取自己需要的信息，但他们已不止满足于被动接受。他们会对当前的信息做出判断而有选择地接收，甚至会否定已有信息的真实性，动用网络的力量扩展交往范围或亲自行动起来去挖掘信息。如近年来“人肉搜索”的兴起及“躲猫猫”事件中网友们的亲自调查就是例证。另外，网络还是一个信息发布平台。公众会根据自己的兴趣爱好，发布自己认为有价值的信息。这些行为既扩大了信息环境中的信息量，又增加了信息的多样性。

网络信息的海量在事实上弱化了信息的把关功能。把关功能的弱化，在一定程度上带来负面影响，造成信息内容的泥沙俱下，质量参差不齐，甚至呈现混乱无序的状态。但另一方面，由于缺少过滤和加工，也使得信息的内容更加原生态。

在信息渠道多元化和信息把关弱化的环境下，公众发布信息出于各种动机，其信息形式和内容也相对自由。他们不同于传统媒体受相对统一的新闻价值观和发布信息所固有的逻辑模式以及国家意识形态的严格控制的影响。因此，公众的信息呈现多元化、原生态的特征；但从另一个侧面看却显得这些信息不成一个逻辑整体。

(3)“拟态环境”理论的重建。

李普曼的“拟态环境”理论是基于个人经历及所处的特定时代赋予他的某些理论前见而提出的，但这些理论前见正是其时代的社会现实的反映。在那个时代，公众处在对媒介的未启蒙状态，当他们相信了媒介提供的那看似符合理性与逻辑的一切事实，会渐渐地形成媒介依赖，不由自主地越来越少思考，甚至不思考。这样就出现了一位美国作家所观察到的电视转播月食的可悲景象：人们本来把头伸到窗外就可以看到真实的东西，却宁愿在荧光屏上凝视它的“映像”。于是，人越来越异化，成了没有思考能力和批判能力的“单向度的人”。在这种状况下，公众被媒介精英操作也就成了必然。

历史地分析，李普曼只是从媒介的视角出发，塑造了一个“拟态环境”的媒介神话。在这个神话中，李普曼把社会精英塑造得能力非凡，而只把受众当作击而必中的靶子。现实中，受众有一定的批判能力和行动力。他们不会对“拟态环境”的信息不加判断就全盘接受，更不会根据自己所不相信的媒介真实去做出下一步行动。

在现代，李普曼所谓的被社会精英操纵的结构化的“拟态环境”已转变为公众积极参与构建的非结构化的“拟态环境”。这种非结构化的“拟态环境”内部呈现原生态、多样性、无序化的特征。

# 第十五章　传播学调查研究方法

## 15.1　复习笔记

【知识框架(庖丁解牛)】

- 传播学调查研究方法
  - 调查研究的基本过程
    - 准备阶段
    - 实查阶段
    - 数据处理阶段
  - 抽样调查法
    - 抽样方法
    - 问卷设计
  - 内容分析法
    - 定义与特点
    - 程序与技术
  - 控制实验法
    - 方法用途
    - 主要条件
    - 程序与技术
    - 实验类型

【本章概要】

本章主要论述了传播学调查研究方法的相关知识。本章考点以名词解释以及简答题为主，在学习时，需要着重对传播学与调查研究、抽样调查法、内容分析法、控制实验法等内容加以把握。

【考点难点归纳(厚积薄发)】

**考点一：调查研究的基本过程(见表15-1)　★★**

表15-1　调查研究的基本过程

| 要点 | 具体内容 |
|---|---|
| 准备阶段 | ①选择课题，明确调查目的。<br>②选择调查方法。<br>③设计调查方案。方案应包括：a. 调查目的；b. 调查对象；c. 调查范围；d. 调查方法；e. 数据分析和处理技术；f. 实施日程；g. 费用预算等。<br>④调查员培训 |

续表

| 要点 | 具体内容 |
| --- | --- |
| 实查阶段 | 选定并接触调查对象，收集数据。方法有面接法、留置法、邮寄法、电话调查等 |
| 数据处理阶段 | 数据的整理和统计、数据分析整理、调查结果的解释 |

## 考点二：抽样调查法 ★★★

### 1. 抽样方法（见表15-2）

**表15-2 抽样方法**

| 要点 | 具体内容 |
| --- | --- |
| 简单随机抽样 | ①通过逐个抽取的方法从对象总体中抽取样本，且每次抽取时每个单位被抽到的概率相等。<br>②一般用于小规模的调查 |
| 系统抽样 | ①又称等距抽样，抽样时，研究者可先随意选取一个样本作为起始样本，然后按照一定间隔加以抽取。<br>②最主要的优势是经济性，简单省力，但前提是其样本必须是随机排列的 |
| 分层抽样 | ①当样本对象的性质差异较大时，可对象按照一定属性预先分成若干类别，这些类就是所谓的“层”。然后再对各层中的样本分别进行随机抽取。<br>②当样本属性差异太大时，可以分多层来进行抽样 |
| 多级抽样 | ①当调查规模、样本数量太大时，可以将样本分为几级抽取对象，这样使得大面积调查易于实施。<br>②由于每抽取一级都会产生误差，级数越多则误差越大，因此多级调查的分级一般不会超过三级 |

### 2. 问卷设计（见表15-3）

**表15-3 问卷设计**

| 要点 | 具体内容 |
| --- | --- |
| 构成 | ①基本项目。<br>②指导材料，即指导调查对象如何填写问卷。<br>③问题，即问卷的主体部分，可分为闭合式问题和开放式问题。<br>④结束语，向调查对象表示感谢 |
| 一般原则 | ①尽量采用口语以适应文化层次不同的调查对象。<br>②尽量使用通用的语汇，避免特殊群体的专用语汇、专业语汇和缩写词。<br>③用语应当科学、明确，避免出现暧昧、多义的词语。<br>④问题不要脱离实际，不做虚构想象式的提问。<br>⑤不做主观诱导式的提问，不带倾向性。<br>⑥不要使用调查对象记忆模糊的问题。<br>⑦在一个问项中，要避免双重提问。<br>⑧留意某些问题的提问顺序，避免前项提问对后项提问的回答产生特定影响。<br>⑨尽可能把调查对象容易拒绝回答的问题放在问卷的后面 |
| 回答方式 | 包括：①多项选择法；②评价法；③排序法；④自由回答法 |

**考点三：内容分析法(见表15-4) ★★★**

**表15-4 内容分析法**

| 要点 | | 具体内容 |
|---|---|---|
| 定义 | | ①内容分析法是一种对于传播内容进行可观、系统和定量的分析与描述的研究方法。<br>②美国学者伯纳德·贝雷尔森在1952年在其著作《内容分析：传播研究的一种工具》中将其定义为："内容分析就是对传播内容进行客观、系统和定量的分析与描述的一种方法" |
| 特点 | | 包括：①客观性；②系统性；③普遍性 |
| 程序和技术 | 选定分析对象 | 内容分析可分为全数分析和抽样分析。分析对象有限时，可选择全数分析。在大众传播内容分析中，一般采用抽样分析 |
| | 内容的解析操作 | 制定分类标准、确定分析单位，将讯息的各部分纳入不同类型范畴。对语言文字素材进行内容分析的分析单位有：①单词或象征符；②句子或段落；③整条讯息 |
| | 量化表示的方法 | ①出现的有无。<br>②出现的频度。<br>③传播的时间量和空间量。<br>④传播的强度 |

**考点四：控制实验法(见表15-5) ★★**

**表15-5 控制实验法**

| 要点 | 具体内容 |
|---|---|
| 方法用途 | 控制实验是探索因果关系的有效工具 |
| 主要条件 | 包括：①信源；②信息内容；③传播方法和技巧；④受传者的社会条件；⑤受传者的个性条件 |
| 程序与技术 | ①确定假设命题。<br>②简化因素、确定变量。<br>③控制与实验。<br>④统计分析。<br>⑤提出实验报告 |
| 实验类型 | ①"单一事后测试控制实验"。<br>②"前后测试控制实验"。<br>③"所罗门4组控制实验" |

## 15.2 课后习题详解

**1. 谈谈调查在传播学研究中的地位和作用。**

**答：**(1)调查在传播学研究中的地位。

实地调查法是美国传播学研究中的传统方法，20世纪30年代，乔治·盖洛普(George Gallup)就利用这种方法进行过民意测验。传播学的奠基人之一保罗·拉扎斯费尔德是最早将这种方法引入传播学研究的学者，他在1940年总统大选期间对选民进行调查，分析他们的投票意向与接触大众传播媒介之间的关系。他的这一研究后来成为传播学定量研究中的经典。

传播学研究中的调查是一种完整、系统的研究方法，主要包括调查设计、问卷设计和统计分析三大部分。考察社会现象离不开调查，调查是传播学研究的基本方法。

(2)调查在传播学研究中的作用。

①调查以广大受传者为研究对象，强调"实地性"考察，是获得经验资料的基本方法，通过调查可以了解现实的传播环境、传播关系、传播效果，收集和提供关于理论假设的科学数据和材料。

②调查所获得的经验资料是形成理论或假说的基础。在传播学研究中，调查的应用范围十分广泛，且基本不受人为控制因素的影响，可以比较客观、准确和全面。

**2. 传播学的调查研究大致可分为哪些阶段？各阶段的主要工作是什么？**

**答：**(1)准备阶段。

①选择课题，明确调查目的。

②选择调查方法。

③制定调查方案：a. 调查目的；b. 调查对象；c. 调查范围；d. 调查方法(问卷或实验程序)；e. 数据分析和处理技术；f. 实施日程；g. 费用预算等。

④调查员培训。

(2)实查阶段。

选定并接触调查对象，收集数据。方法有面接法、留置法、邮寄法、电话调查等。

(3)数据处理阶段。

整理和统计数据、数据分析整理、调查结果的解释。

**3. 简述几种主要的随机抽样方法。**

**答：**抽样调查法是指从研究对象的全部单位中抽取一部分单位进行考察和分析，并用这部分单位的数量特征去推断总体的数量特征的一种调查方法。具体参见本章考点难点归纳相关内容。

**4. 问卷设计的基本原则有哪些？**

**答：**实地调查主要通过记录现场的观察和谈话或请调查对象填答问卷来收集资料。因此，问卷的结构设计将直接影响到资料的收集，其作用至关重要。

为了保证问卷的科学性、客观性和准确性，在问卷设计、制作的过程中，应遵循一些基本原则。东京大学教授铃木裕久认为，在以一般社会成员为对象的调查中，应留意以下九个方面：

(1)尽量采用口语以适应文化层次不同的调查对象。

(2)尽量使用通用的语汇，避免特殊群体的专用语汇、专业语汇和缩写词。

(3)用语应当科学、明确，避免出现暧昧、多义的词语。

(4)问题不要脱离实际，不做虚构想象式的提问。

(5)不做主观诱导式的提问，不带倾向性。

(6)不要使用调查对象记忆模糊的问题。

(7)在一个问项中，不要出现询问性质相同的两个问题，即避免双重提问。

(8)留意某些问题的提问顺序，避免前项提问对后项提问的回答产生特定影响。

(9)尽可能把调查对象容易拒绝回答的问题放在问卷的后面。

**5. 选择你感兴趣的传播学课题，制作一份调查问卷。**

**提示：**本题为开放性题目，具体答案略。

**6. 什么是内容分析？它有哪些特点或原则？**

**答：**(1)内容分析的定义。

从广义上来说，内容分析包括了对传播过程中的讯息内容的各种特性进行整理、分类、概括、解释、推测以及评价的各种活动，文章讲评、文学评论等也在这个范畴之内。

作为传播学调查研究的一种实证方法，内容分析法(content analysis)用系统的方法分析传播的讯息内容，与具有一定客观性的调查程序联系在一起。美国学者伯纳德·贝雷尔森在1952年在其著作《内容分析：传播研究的一种工具》中曾对其下过一个经典的定义："内容分析就是对传播内容进行客观、系统和定量的分析与描述的一种方法。"

(2)内容分析的特点或原则。

①客观性。对传播信息进行分析时，须按操作化的分类标准将所有的研究内容加以归类。它减少了研究人员主观偏向对分类结果的影响，至少也将归类过程中的这种偏差限制在某种已知的范围内。这种分类操作方式的可重复性，也是其客观性特点的表现。

②系统性。这种研究不是只分析传播信息的个别片段，而是对相当长的时间段内或者对相当广的范围内的传播信息整体进行研究。当整体过于庞大而无法逐一分析研究时，则采用科学方法，研究有代表性的样本，并由此达到认识整体的最终目的。这类研究的结论不是建立在支离破碎的引证之上，而是建立在对整体特征的把握和描述之上。

③普遍性。内容分析是为了获得更深刻、更精确、更全面的认识，得出科学、完整、符合事实的结论，而不是纯粹的"描述性"信息。

**7. 内容分析主要应用于哪些研究目的？**

**答：**(1)获得"文化指标"(cultural index)。

在现代社会的大众传播渗透到了社会生活的方方面面，其内容显然是反映社会状态和特点的重要指标。这种内容分析既可以用于纵向分析不同时期的社会变化，也可以用于同一时期的社会横向比较。

(2)把媒介提示的"拟态现实"与客观现实加以比较。

通过内容分析可以对媒介提示的"拟态现实"与客观现实之间的一致程度进行考察，以防止媒介对现实进行歪曲报道。

(3)考察内容提供者的意图。

即欧洲批判学者所采用的"文本分析"法。由于文本由特定的人所制作，文本的语义则不可避免地会反映人的立场、观点、价值和利益。所以，通过对文本的内容分析，可以推断出文本制作者的意图。霍尔的"文化研究"就是这一类型。

(4)以内容分析考察传播效果。

内容分析最主要的部分是以考察传播效果为目的的内容分析。

**8. 什么是“文化指标”？为什么说大众传播内容是反映社会现实的重要“文化指标”？**

**答：**(1)文化指标是一套标示变迁和符号环境系统的标准体系，其作用是帮助决策和指导有效的社会行为。在涵化分析理论中，格伯纳提出文化指标项目是对电视节目的安排和由收视培育的关于社会现实的概念所进行的周期性分析。

(2)大众传播内容是反映社会现实的重要“文化指标”。格伯纳认为，社会结构和媒介内容的关系和核心在于：变化变过起源于科技革命所带来的讯息生产，这种大众产品经快速分配后，创造出新的符号环境。在现代社会，大众传播渗透到了社会生活的方方面面，所谓文化指标，即一套标示变迁和符号环境系统，其作用是帮助决策和指导有效的社会行为，其内容显然是反映社会状态和特点的重要指标。如通过分析我国某一时间段的传媒流行词，分析这个词的出现频度、使用场合、经常与哪些行为范例相联系以及包含的价值意义等，可以判断这一流行词究竟反映了什么样的社会文化现象。这种内容分析既可以用于不同时期传播内容的纵向比较分析，也可以用于同一时期的社会横向比较。

**【真题链接】**简述文化指标研究的三个方面。(北工商 2021 年研)

**9. 试述几种主要的内容分析量化表示方法。**

**答：**内容分析中常用的量化表示方法有以下几种：

(1)出现的有无。判断某一事物或属性在特定内容中是否出现，出现用 1 表示，未出现则用 0 表示。出现的频度并不重要，重要的是计算某种属性在特定的讯息中“出现”和“未出现”的比例。

(2)出现的频度。每当某种属性出现一次便加以累计的表示方法，一般用于两组或几组讯息之间的比较。如通过对比不同报社消息稿中某一特定词语出现的频度，可以推断不同报社对某一事件的不同态度。

(3)传播的时间量和空间量。大众传播内容分析中经常使用的一种量化表示法。如分析电视台对某一事件的报道所占用的节目时间或是报纸报道这一事件的版面空间，可以推断电视台或报纸对这一事件的重视程度以及对其的立场态度。

(4)传播的强度。不仅考虑某种属性出现的次数或频度，而且把强烈程度也考虑在内的一种量化表示法。语气和用词的不同可以表现出不同的传播强度，如“批评”“警告”和“严厉警告”就表达了主体对于事件不同的态度，从低到高体现出了不同的传播强度。

**10. 传播学中的控制实验主要关注哪些条件？**

**答：**传播学中的控制实验主要关注的条件有：

(1)信源的条件。信源的可信性和传播效果之间的关系。信源的可信度越高，其说服效果越大；可信度越低，说服效果越小。同时存在“休眠效果”，随着时间的流逝，信源可信度对信息的影响减弱，最终影响说服效果的是内容本身。

(2)信息内容的条件。不同的信息内容能否导致不同的认知和行为反应。

(3)传播方法和技巧的条件。测试不同的内容提示法、说理法和诉求法等方法技巧会产生怎样的说服效果。如“一面提示”与“两面提示”“明示结论”与“寓观点与材料之中”“诉诸理性”与“诉诸情感”会产生不同的说服效果。

(4)受传者的社会条件。测试受传者的社会关系、群体压力、群体规范等对他们接收信息产生的影响。社会关系主要包括人际网络、群体规范、意见领袖等，这些社会关系会增强或削弱媒介的影响。

(5)受传者的个性条件。受传者的个人心理和性格，个人所处的社会环境、文化背景不同，对他们的信息处理过程及结果会产生不同的影响。

**11. 什么是“所罗门4组控制实验”？其特点是什么？**

**答：**(1)“所罗门4组控制实验”。

所罗门4组控制实验是传播学中经常用到的控制实验类型之一，这种实验是把实验对象随机分成4组，对他们分别加以不同的实验条件，以对测试结果进行多方面的比较。其中包括第1组的事前测试和事后测试的比较，第1组的事后测试与第3组的事后测试的比较，第2组的事前测试与第3组的事后测试的比较，第3组的事后测试与第4组的事后测试的比较等。

(2)“所罗门4组控制实验”的特点。

①如表15-6所示，“所罗门4组控制实验”是“单一事后测试控制实验”和“前后测试控制实验”的综合，兼具二者的优点，既可以对第1、2组进行有无刺激的前后比较，又可以对第3、4组在不做事先测试的条件下，观察两组之间因信息刺激提示的有无而产生的差异。

②所罗门4组设计：控制组、实验组各两组，两种类型的组中各有一组接受前测，实验结束对4组都进行后测，每组被试随机分布。这是仅施后测控制组设计和前测—后测控制组设计的组合，有利于克服分组测试的霍桑效应，并通过增加对照组的数量，减少测试误差。

③有研究显示，分组测试的方案有时也不能测出真实的培训效果，因为会出现“霍桑效应”——受训者可能因为有机会参加培训而积极性高涨，工作绩效得到提升，但这与培训本身的关系并不大。为克服这一误差，学者所罗门(Solomon)设计了“所罗门四小组”方法，通过增加对照组的数量，尽量减少测试误差。

**表15-6 传播学控制试验的主要类型**

| 类型 | 被验组 | 测试1 | 刺激提示 | 测试2 |
|---|---|---|---|---|
| 类型1 | | | | |
| 单一后测试 | 第1组 | | ○ | ○ |
| 控制实验 | 第2组 | | | ○ |
| 类型2 | | | | |
| 前后测试 | 第1组 | ○ | ○ | ○ |
| 控制实验 | 第2组 | ○ | | ○ |
| 类型3 | | | | |
| 所罗门4组 | 第1组 | ○ | ○ | ○ |
| 控制实验 | 第2组 | ○ | | ○ |
| | 第3组 | | ○ | ○ |
| | 第4组 | | | ○ |

注：○表示有实验操作。

**12. 选择你感兴趣的课题，设计一份“前后测试控制实验”的方案。**

**提示：**本题为开放性题目，具体答案略。

# 15.3　考研真题与典型题

## 15.3.1　概念题

1. 调查研究法(survey research)(华南理工2010年研)

2. 民族志方法(Ethnography)

相关试题：民族志(上海理工2019年研)

3. 焦点组方法(北邮2011、2010年研；北大2007年研)

4. 抽样(人大2005年研)

相关试题：

(1)随机抽样(清华大学2021年研；厦大2021年研)

(2)等距抽样(西北大学2021年研)

5. 操作化(operationalization)(北大2006年研)

6. 随机抽(取)样(random sampling)(厦门大学2021年研；北邮2010年研)

7. 滚雪球抽样(中传2016年研；北大2011年研)

8. 分层抽样(武汉理工2010年研；北大2009年研)

9. 抽样调查法(南开大学2008年研)

10. 系统抽样(大连理工2021年研)

11. 信度、效度(北大2008年研)

12. 内容分析法(content analysis)(厦门大学2021年研；西北大学2021年研；深圳大学2019年研；南京大学2017年研；上海理工2017年研；复旦大学2013年研)

相关试题：内容分析(南京师大2018年研)

13. 控制实验(北大2011年研)

14. 参与式观察(北大2013年研)

## 15.3.2　简答题

1. 简述抽样调查法中的主要随机抽样技术。(电子科大2013年研)

2. 比较传播学定量研究中调节变量和中介变量。(北大2011年研)

3. 请简述内容分析法作为实证方法的含义及其研究程序。(华南理工2016年研)

相关试题：

(1)内容分析法是什么？(深圳大学2019年研)

(2)内容分析法的实施过程。(北工商2019年研)

(3)内容分析法的功能及其操作步骤。(复旦大学2013年研)

4. 请从方法及应用的角度，简述媒体内容分析与文本分析的区别。(北大2012年研)

以下为历年考研试题精选，未附答案，供读者参考

1. 如何使用大数据对传播内容开展研究？(北邮2019年研)

2. 简述信度和效度的关系。(同济大学2019年研；北大2018年研)

3. 请简述你理解的在传播学领域的定性研究方法，其基本的逻辑思维方式是怎样的？(中传2015年研)

4. 请解释实验研究中为什么需要控制组？(中山大学2016年研)

5. 请简述抽样调查的方法，并简述随机抽样和非随机抽样的区别。(清华大学2019年研)

### 15.3.3 论述题

1. 大数据方法和抽样方法的关系。(北大2019年研)

2. 请说明为什么在定量研究中要进行定类、定序、定距、定比等变量的区分？在传播学研究中，请举例说明抽样调查、内容分析的研究对象分别有哪些。(北大2010年研)

3. 什么是横向(cross-sectional)研究和纵向(longitudinal)研究？这两类研究的优缺点各是什么？请从自己的研究兴趣出发，设计一个横向研究和纵向研究的研究方案。(北大2012年研)

以下为历年考研试题精选，未附答案，供读者参考

1. 有学者认为定量研究和定性研究在方法论上，是不同的研究范式，请以此为基础说明它们的不同。(北大2015年研)

2. 目前我国医患关系紧张是社会关注的焦点，请就医患关系问题，设计一项传播研究并阐释。(北大2015年研)

## 15.4 考研真题与典型题详解

### 15.4.1 概念题

**1. 调查研究法(survey research)**(华南理工2010年研)

**答：**调查研究法(survey research)是对一部分人或特定“人口”样本(杂志订阅者、报纸读者、电视观众、一个社区或国家的人口)进行的研究。如果按照统计学原理进行调查，从样本中得出的概括性结论可以推广到全体人口，并且具有相当程度的确定性和可信性。

**2. 民族志方法(Ethnography)**

**相关试题：民族志**(上海理工2019年研)

**答：**民族志方法(Ethnography)是从人类学的“田野研究”中发展出来的一种研究方法，也可以归入文化研究的范畴。对于西方的人类学研究者而言，这种方法可用于理解非西方民族的仪式、文化和生存方式。民族志研究方法包括两个方面：①田野工作，在这个阶段，研究者深入现场，实地进行周密的观察、记录，并参与异文化的日常生活。②民族志写作，田野工作完成后，详细地描述、说明所观察到的现象和文化，成为其他学者和读者了解研究者田野工作过程、异文化的情况以及民族志工作者的个人思考和理论观点的途径。

**3. 焦点组方法**(北邮2011、2010年研；北大2007年研)

**答：**焦点组方法是一种定性研究方法，它是指由一个经过训练的主持人以一种无结构的自然的形式与一个小组的被调查者交谈，以获得对有关问题的深入了解的研究方法。焦点组方法在20世纪80年代和90年代成为受众研究的主要方法。这种方法的优势是：它更接近于一种“自然的”，与媒介使用和媒介内容联系在一起的意义和观点的产生过程。通过

群体内部的动力作用，调查者能够引起、刺激和进一步精确化、细化对受众的理解和认知。

**4. 抽样**（人大 2005 年研）

**相关试题：**

**（1）随机抽样**（清华大学 2021 年研；厦大 2021 年研）

**（2）等距抽样**（西北大学 2021 年研）

**答：**抽样是指以概率论为基础，按随机原则从被研究的总体中抽选部分单位进行调查，并根据调查结果进一步估计和推断总体特征的一种非全面统计调查方法。抽样可以分为随机抽样和非随机抽样。针对调查对象的性质、研究目的和工作条件的不同，随机抽样通常采取四种形式：①简单随机抽样，按总体原有状况，不加任何限制，保证各个单位以及单位的各种组合都同等可能被抽到。②等距抽样（系统抽样），在已进行随机排序的总体单位中，每隔一定间隔抽取一个单位，组成样本进行观察。③分类（层）抽样，根据事先了解将总体单位预先分类，使各类之内的单位性质尽量接近，从每类之内按一定比例随机抽选调查单位，共同组成样本。④多级抽样，这是在大规模调查中经常使用的方法，如在进行“全国农村家庭电话普及状况调查”的抽样时，分别将“县”“区”“家庭”作为第一、二、三级抽取单位，为避免误差过大，在应用中一般最多分为三级。

**5. 操作化（operationalization）**（北大 2006 年研）

**答：**操作化又称具体化或分解化，是指在社会调查研究中，将抽象的概念和命题逐步分解为可测量的指标与可被实际调查资料检验的命题的过程。它是对复杂的社会现象进行定量研究的一种方法，在现代社会调查研究中被广泛地应用。操作化是现代社会调查研究方法必经的一个阶段，其作用在于：①使概念或命题具体化，使调查研究得以进行；②使概念或命题量化，从定性、定量两个方面进行对社会现象的分析，避免了对社会现象分析的片面性；③对社会现象的分析建立在量的基础上，使定性分析即结论建立在科学的基础上，而不是一种主观的臆断。

**6. 随机抽（取）样（random sampling）**（厦门大学 2021 年研；北邮 2010 年研）

**答：**参见本章考点难点归纳相关内容。

**7. 滚雪球抽样**（中传 2016 年研；北大 2011 年研）

**答：**滚雪球抽样是一种经典的社会学研究抽样方法，主要用于调查目标未知或特定群体成员难以找到的社会研究。其方法是，先随机选择一些被访者并对其实施访问，再请他们提供另外一些属于所研究目标总体的调查对象，根据所形成的线索选择此后的调查对象。这一过程会继续下去，形成一种滚雪球的效果。这一方法通常用于探索性研究。滚雪球抽样的优点是便于样本量的控制，易于控制抽样成本；不足是由于采用人际介绍等方式，样本（被访者）之间可能十分相似，因而无法很好地代表整个总体。

**8. 分层抽样**（武汉理工 2010 年研；北大 2009 年研）

**答：**分层抽样又称分类抽样，即将对象总体中的所有单位按照一定属性预先分成若干类别（层），分别进行随机抽取。分层抽样的好处是：①使大规模的抽样变得较为容易，便于调查过程的管理；②可以提高推断的精确度；③便于数据处理阶段对不同属性的群体进行分析比较。

**9. 抽样调查法**(南开大学2008年研)

**答:** 抽样调查法是指从研究对象的全部单位中抽取一部分单位进行考察和分析，并用这部分单位的数量特征去推断总体的数量特征的一种调查方法。其中，被研究对象的全部单位称为“总体”；从总体中抽取出来，实际进行调查研究的那部分对象所构成的群体称为“样本”。在抽样调查中，样本数的确定是一个关键问题。抽样的方式分为随机抽样和非随机抽样两大类。

**10. 系统抽样**(大连理工2021年研)

**答:** 参见本章考点难点归纳相关内容。

**11. 信度、效度**(北大2008年研)

**答:** 信度是指可靠性，指测量结果的一致性或稳定性，也指测量工具能否稳定地测量所测的变量。换言之，信度是指同一或相似母体重复进行调查或测验，其所得结果相一致的程度。效度是指测量工具测出变量的准确程度。换言之，效度是指测量的有效性，即测量工具能准确、真实、客观地度量事物属性的程度。

**12. 内容分析法(content analysis)**(厦门大学2021年研；西北大学2021年研；深圳大学2019年研；南京大学2017年研；上海理工2017年研；复旦大学2013年研)

**相关试题：内容分析**(南京师大2018年研)

**答:** 内容分析法(content analysis)是传播学定量研究方法之一，传播学先驱拉斯韦尔最早使用这一方法对宣传内容进行了研究。内容分析法是一种对明示的传播内容进行客观、系统和定量描述的调查方法。内容分析具有以下三个特点：①客观性。必须要有明确的客观规则，保证不同的分析者分析同一素材能够得出相同的结论。②系统性。讯息内容或类型的取舍选择要有首尾一贯的标准，防止分析者仅选择支持自己见解的材料。③普遍性。将讯息属性和传播者以及受传者的特征联系起来，其目的是获得具有科学价值和理论意义的结果，而不是纯粹的“描述性”信息。内容分析的基本过程是“确定课题→选定对象→实施调查→整理分析→提出结论”。

**13. 控制实验**(北大2011年研)

**答:** 控制实验是心理学研究中常用的研究方法。在传播学中，控制实验主要是用于测试特定的信息刺激或环境条件与人的特定心理或行为反应类型之间的因果关系。这一方法由卢因和霍夫兰从实验心理学中引入传播研究领域。控制实验法主要包括三个方面：控制实验的环境；控制实验的对象；控制自变量和因变量。控制实验法在传播学领域的应用主要依赖于三个条件：①能否建立一个包含因果联系的假设，这一联系指自变量和因变量之间的关系；②被观察的变量(自变量与因变量)是否能与其他变量隔离开，以确保研究者观察到的是自变量与因变量的直接关系，而不是其他；③自变量是否能够被操作或改变。控制实验法的优点：研究的内在逻辑性较强。控制实验法的不足：大多数情况下，控制实验是在人为的实验室条件下进行的，难以在实验室中模拟现实生活中过于复杂的环境和条件。

**14. 参与式观察**(北大 2013 年研)

**答**：参与式观察是指研究者深入到所研究对象的生活背景中，在实际参与研究对象日常社会生活的过程中所进行的观察。其优点是，可为获得社会现实的真实图像提供很好的方法。参与观察时，由于身临其境，观察者可以获得较多的内部信息，这也是记者喜欢进行隐性采访的原因。其缺点是，所得到的资料往往缺乏可靠性。参与式观察的程序是不明确的，观察无系统，其资料难以用数量表示，其研究结果也无法重复。

### 15.4.2　简答题

**1. 简述抽样调查法中的主要随机抽样技术。**(电子科大 2013 年研)

**答**：参见本章考点难点归纳相关内容。

**2. 比较传播学定量研究中调节变量和中介变量。**(北大 2011 年研)

**答**：调节变量和中介变量是为了挖掘复杂因果关系所引入的变量。

(1)调节变量。

调节变量是一种影响自变量 X 对因变量 Y 作用强度的变量。调节变量有助于在研究中识别自变量对因变量产生影响的边界条件。

例如，如果已有研究发现自变量与因变量关系不一致，其关系时而正向时而负向，时而增强时而减弱，时而存在时而消失，这种错综复杂的关系暗示研究者可能有一个或多个潜在的调节变量在对因变量起作用。调节变量可以清晰地展示自变量与因变量之间在何时、何种情境下存在怎样的关系。在传播学领域，霍夫兰的心理研究(如“两面提示”等)是应用调节变量的典型案例。

(2)中介变量。

中介变量是一种由自变量引起，对因变量产生影响的变量，即自变量(X)通过中介变量影响因变量(Y)。引入中介变量的意义在于揭示自变量对因变量影响的原因和作用机制。

(3)二者的异同。

①相同点：a. 调节变量和中介变量的存在往往都不是单一的，可能存在多重调节变量和多重中介变量；b. 调节变量与中介变量都应用于有关因果关系的研究中。

②不同点：调节变量不直接受到自变量的影响，大多数情况下，其属于因变量和自变量之外的外部变量；而中介变量直接受到自变量的影响，同时对因变量产生影响。

**3. 请简述内容分析法作为实证方法的含义及其研究程序。**(华南理工 2016 年研)

**相关试题：**

**(1)内容分析法是什么？**(深圳大学 2019 年研)

**(2)内容分析法的实施过程。**(北工商 2019 年研)

**(3)内容分析法的功能及其操作步骤。**(复旦大学 2013 年研)

**答**：内容分析法(content analysis)是传播学定量研究方法之一，传播学先驱拉斯韦尔最早使用这一方法对宣传内容进行了研究。内容分析法是一种对明示的传播内容进行客观、系统和定量描述的调查方法。内容分析具有以下三个特点：

(1)客观性。必须要有明确的客观规则，保证不同的分析者分析同一素材能够得出相同的结论。

(2)系统性。讯息内容或类型的取舍选择要有首尾一贯的标准，防止分析者仅选择支持自己见解的材料。

(3)普遍性。将讯息属性和传播者以及受传者的特征联系起来，其目的是获得具有科学价值和理论意义的结果，而不是纯粹的“描述性”信息。

内容分析的基本过程是“确定课题→选定对象→实施调查→整理分析→提出结论”。

**4. 请从方法及应用的角度，简述媒体内容分析与文本分析的区别。**(北大2012年研)

**答：**(1)定义。

传播学家伯纳德·贝雷尔森曾于著作《内容分析：传播研究的一种工具》中将内容分析法定义为“一种对具有明确特征的传播内容进行的客观、系统和定量的描述的研究技术”。文本分析法一般定义为：按某一研究课题的需要，对一系列相关文本进行比较、分析、综合，从中提炼出评述性的说明。

两种方法都以用文字、图形、符号、声频、视频等记录保存下来的资料内容作为分析对象。由于其分析方法的不同，在传播学研究中，两者分属于定量分析与定质分析。

(2)区别。

①分析对象不同。内容分析法适用的对象可以是用任何形态被记录和保存下来并具有传播价值的内容。如对科学文本内容的分析、非科学领域的一般文本的分析以及无文本实体的语言传播的分析，甚至可推广到动作、行为等非语言内容的分析。文本分析却以文本的外部特征为主，故只适用于有实体形态的文本。而且一般而言，内容分析法直接针对单个样本做技术性处理；文本分析法则常常是对某一课题系列文本的分析综合。

②研究方法不同。内容分析法通过对直接显示的内容的量化处理，运用统计知识对传播的内容(content)进行分析与归类，将内容分解为分析单元，由此来判别单元所表示的客观事实。文本分析法主要采用符号学和结构主义的分析方法，通过对文本本身的文字、符号、语境等来解析、鉴别并作归类整理，于此基础之上挖掘文本的间接的、潜在的动机和效果。

③研究步骤不同。内容分析法有以下步骤：a. 内容抽样。选取进行内容分析的样本。b. 决定分类项目与分析单元。按预先制定的分析项目表格，按分析单元进行系统判断、记录各项目的客观表现。c. 评判记录。按照预先制定的分类项目表格，按分析单元顺序，系统地判断并记录各类项目出现的客观事实和频数。d. 信度分析。分析多个研究者对相同项目判断的一致性。而文本分析法是一种根据文本的实际情况进行解析的过程，步骤并不固定，一般为文本查阅、鉴别评价、归类整理。

④研究目的不同。内容分析的主要目的在于描述传播内容的固有倾向，说明信息来源的特征等。因此，其过程通常为对内容加以分析性归类，分析其强调什么、忽略什么，对于结果的描述也往往是定量的统计描述。文本分析主要探寻受众对意义的不同解读方式和文本中所隐藏的意识形态的操纵力量。如英国的文化研究学派等。其结果总是对实施资料作出评述性说明。

### 15.4.3 论述题

**1. 大数据方法和抽样方法的关系。**(北大2019年研)

**答：**作为一种新兴数据形态，大数据给人的第一印象就是“数据大”。而且大数据的“大”不仅是就其数据量本身而言，更重要的是其所宣扬的“要总体而非样本”的数据采集理念。正如舍恩伯格在《大数据时代》一书中所指出的，大数据相对于传统数据的一个本质特征就是大数据“不是随机样本，而是全体数据”。用抽样调查的专业话语来说，就是大数据的采集跳过了抽样环节，而直接面对总体本身。

(1)大数据方法弥补传统抽样方法的不足。

①样本趋近总体。传播学定量研究为调查某一社会现象在总体中的情况，在抽样框中随机抽取一定比例的样本，通过描述和统计等一系列方法，得到样本之中不同变量间的关系，并以此为依据推论总体之中这些变量之间的状况。而以大数据为经验材料的研究不涉及随机抽样的问题，而是将全部总体纳入到分析的框架内，得出的变量之间的关系也无需参数检验，而直接用于反映总体趋势。

②利用非传统方式获取数据。一方面，大数据不同于传统问卷调查依靠被研究者的主诉来获得资料，而是直接利用技术手段对被研究者的行为进行检测。另一方面，大数据的获取不依赖传统的社会统计部门。大数据往往基于现代科技手段，采取实时监控、测量、存储的方式整合海量信息。

③通过归纳建立模型。传统的定量研究先提出假设，并设计基于假设的待检验模型，进而通过分析数据证明或证伪假设及相关统计模型。而大数据方法是通过对海量的数据进行分析，寻找变量之间的关系，而后建立模型。这也就意味着通过大数据方法建立的模型并不反映必然规律，而是在非实验控制的条件下，一系列影响因素综合作用的结果。虽然这种模型具有模糊性与偶然性，却可以在一定程度上预测现象发展的趋势。

④呈现相关关系而非因果关系。舍恩伯格等认为，大数据“不是因果关系，而是相关关系”。定量研究目的是为变量的变异性提供因果解释，用其他变量解释所要研究的变量的变异性。而应用大数据，尤其在商业领域，其目的是销售商品，这种情况下商家只需要了解用户的行为与销售额的相关关系为何，并以此作为决策依据，向用户推荐可能需要的商品，指导商业活动，而不需要为这种相关性做出解释。

(2)大数据存在不足，无法取代传统抽样方法。

大数据的使用虽然也建立在统计与计算的基础之上，但是却有着不同于传统定量研究范式的方法论特征，这些特征使得研究者在运用大数据的过程中不可避免地遇到一些方法论困境，这就要求研究者在分析和结论推演时谨慎行事，无法取代传统的定量研究。

①被研究者的主观性问题。大数据更多强调对个体活动的监测来获取数据，而非如传统的定量调查采取问卷的方式。其中隐含的预设是，个体的主诉是含混不清的，被研究者有意隐瞒或是无意遗忘都可能会影响到数据的信度与效度，而对个体活动监测得来的数据就可以避免被研究者主观意向的介入对数据质量的影响，但是在研究之中，排除被研究者的主观参与而对其行为的监测存在很多问题。

a. 传播学的研究对象是社会现象，社会现象需要人的参与，但是个人的行为与社会现象是两个不同的概念。行为必须与外部世界中的他人发生联系并主观指向他人才能被称为社会现象，所以任何社会现象都有作为主体的人的主观参与，仅仅依靠观察个人的活动轨迹并不能说明发生了某种社会现象。

b. 当我们利用行为监测来获得可供研究的经验数据时，数据的完整性依靠于我们监测的手段和方法的可及性与适用性。

c. 虽然大数据的使用者声称用监测其行为的方式替代了被研究者的自我叙述，避免了其主观意志的干扰，但是在互联网的虚拟环境下，数据化的信息有很大一部分来自被研究者的介入。

②研究对象的局限性。大数据方法把总体作为分析的样本，直接分析总体的情况并建立模型，免去了随机抽样的过程。这种方法认为，将总体作为样本，避免了随机抽样过程中的抽样误差的产生，能够精确地反映总体的变化趋势。但是大数据方法能够获取的"总体"本身是存在偏差的。

a. 由于大数据抓取方式的特殊性，研究者的分析可能产生系统性偏误。也就是说，研究者仅能获得"能够被抓取"的信息，而大量不能被抓取的信息则被排除在了总体之外。

b. 即使在同一数据收集平台上，由于不同的个人活跃性不同，其信息被抓取的概率也不同，因此这些大数据的形成既不是抽样，也远非随机，而是具有极大的偶然性。偶然关联，一种统计学上的相关，而不具有任何推论价值。

③变量关系的真伪问题。如前所述，一般情况下人们在使用大数据时仅仅关注两个事件的相关关系。而对传播学研究来说，研究者需要描述特定社会现象的变异，再通过了解该社会想象与其他社会现象(变量)的因果关系，为该现象的变异提供解释依据。

a. 在一些领域应用的大数据变量间的关系为虚假关系。

b. 由于大数据旨在一个较大的数量级上关注两个变量变异的总体趋势预测，所以往往忽视样本内部个体之间的差异，试图用一个变量完全解释另一个变量的变异，导致层次谬误。

c. 利用大数据方法获取资料是否要进行显著性检验、应该如何进行相关检验，依然存疑。

④数据缺失问题。不管是辨别相关关系的真伪，还是避免层次谬误，都离不开数据本身包含的变量的规模，只有在数据包括足够丰富的其他变量时，我们才能够引入或者控制这些变量，已达到解释因变量变异的目的。

a. 如果一个大数据样本量巨大，但只包括单一的变量，那么只能对这个大数据中的这个变量进行描述统计，则这个大数据不能作为传播学分析的材料。

b. 一些网络大数据由于其获取形式的非常规问题，导致数据本身的模糊性和混杂性，致使不可避免地出现数据缺失的情况。

**2. 请说明为什么在定量研究中要进行定类、定序、定距、定比等变量的区分？在传播学研究中，请举例说明抽样调查、内容分析的研究对象分别有哪些。**(北大2010年研)

**答：**(1)定量研究方法是从一组单位中收集各单位的可对比的信息，并进而对资料作出更广泛的定量分析。运用定量研究方法就是要对可比较的一组单位进行观察，这些单位可以是个人，也可以是群体或机构。定量研究方法需要测量才能比较，测量需要作出准确的分类，以便比较研究对象的各种差异，这些差异有些是以等级区分的，有些是以数量区分的。因此，通过对差异的比较和分析就能找出现象之间的因果联系。由于对研究结果的精确性要求不同，在定量研究中就有了定类、定序、定距、定比等变量的区分。

(2)抽样调查是传播学研究中常用的一种定量方法。它是从研究对象的整体中选出一部分代表加以调查研究，然后用所得结果推论和说明总体的特性的方法。抽样调查可用于传播者研究、受众研究、媒介研究、效果研究以及内容分析前的准备阶段。比如，传播学四大奠基人之一的霍夫兰所作的耶鲁项目研究，就是通过抽样调查的方法选择受试者进行试验研究，对比其前后态度和行为的变化来说明传播效果的。

(3)内容分析法也是媒介以及传播研究中一种非常重要的方法，是一种对传播内容进行客观、系统和定量描述的研究方法，具有客观、方便、经济等优点。内容分析的种类可归纳为：实用语义分析，语义分析和符号载体分析。内容分析的研究模式有推理模式和比较模式两类。从定义可以看出，内容分析法主要是用于研究传播内容的。

内容分析法最早产生于传播学领域。第二次世界大战期间美国学者 H. D. 拉斯韦尔等人组织了一项名为“战时通讯研究”的工作，以德国公开出版的报纸为分析对象，获取了许多军政机密情报，这项工作不仅使内容分析法显示出明显的实际效果，而且在方法上也形成了一套模式。20 世纪 50 年代美国学者贝雷尔森发表《传播研究的内容分析》一书，确立了内容分析法的地位。真正使内容分析方法系统化的是 J. 奈斯比特，他主持出版的“趋势报告”运用的就是内容分析法，享誉全球的《大趋势》一书就是以这些报告为基础写成的。

**3. 什么是横向(cross-sectional)研究和纵向(longitudinal)研究？这两类研究的优缺点各是什么？请从自己的研究兴趣出发，设计一个横向研究和纵向研究的研究方案。**(北大 2012 年研)

**答：**(1)横向研究与纵向研究的定义及比较。

①横向研究又称“横断研究”，是指在某一个时刻点上，对一个或多个对象进行的“横断面”研究，即研究事物具有共时性特征。

其优点包括：a. 节省时间与经费，易于实施；b. 历时短，数据收集与存储较为便利，受各类因素干扰导致研究终止的可能性相对较小；c. 可同时对多个对象进行研究，概括性强，代表性高；d. 信度与效度值较高，并便于检验。

其缺点包括：a. 属于短期研究，缺少前瞻性与回顾性发展，长期效度有待检验；b. 研究过程中易受组群效应影响；c. 研究题材易出现追逐热点、研究雷同等情况；d. 历时短，不利于对研究方法等做出及时调整。

②纵向研究是指在多个时间点上收集相同对象在一个或多个变量上的数据，研究其随时间的变化情况，或者跟踪一些变量的影响的一种历时研究方法。

其优点包括：a. 可排除观察对象世代差异对研究的干扰；b. 可产生预测性成果，有较强的指导意义；c. 动态数据的提供利于二次使用与挖掘；d. 历时长，利于在研究过程中对研究方法等做出改善。

其缺点包括：a. 研究成本高；b. 因不可预期的干扰而导致数据缺失或项目终止的可能性大；c. 时效性差，研究历时长，易出现疲劳等状况，从而影响成果的有效性。

(2)研究设计方案。

研究问题：娱乐类电视节目为何受到观众的喜爱？

①横向研究方案：观察现下收视率较高的娱乐类电视节目，如《快乐大本营》和《奔跑吧兄弟》，对其内容进行分析，得出量化数据。辅助问卷调查，向收看节目的受众发放问卷，统计分析节目受欢迎的原因。

②纵向研究方案：追溯生活情感类服务节目的发展历程，观看不同阶段节目的形态变化、主题类型和解说词风格等，采访节目的制作人员，并结合不同阶段的社会特点，分析其受欢迎的原因。